Conseils a l'Eglise

Ellen G. White

Copyright ©2021

LS Company

ISBN:978-1-0879-7859-8

Copyright© 2021

Preface

Etant donné que le mouvement adventiste s'est étendu dans toutes les parties du monde, les membres qui parlent et lisent les différentes langues ont désiré avoir *Les Témoignages pour l'Eglise* qui, totalement ou partiellement, ont édifié et béni l'Eglise à travers le monde. Il est impossible de publier dans chaque langue tout le contenu des neuf volumes des *Témoignages* et beaucoup d'autres livres de l'Esprit de Prophétie. Cependant, on présente dans ce volume une sélection des conseils généraux tirés de ces sources qui s'avèreront d'un grand service et d'une aide pratique à l'Eglise.

Le choix du matériel, soigneusement regroupé en soixante et six chapitres dans ce volume, est l'œuvre du Comité de Publications des écrits d'Ellen White, en charge des écrits de Mme White au siège mondial de l'Eglise adventiste du septième jour à Silver Spring, Maryland, aux Etats-Unis d'Amérique. Il a fallu un travail minutieux pour rassembler, arranger, traduire et publier dans ce livre une sélection de matériels tirés de plusieurs ouvrages d'Ellen G. White. Compte tenu de l'espace limité, on n'a pu inclure que les conseils les plus essentiels sur des thèmes vitaux. Cette sélection présente une grande variété de sujets. Dans certains cas, la sélection se confine à quelques paragraphes cités à la fois d'une variété de sources. Les références des livres, dont les extraits ont été choisis, sont citées sous une forme abrégée à la fin de chaque chapitre. En se référant à la clé des abréviations, l'on pourra facilement trouver le livre auquel les lettres se réfèrent. Il n'est fait usage d'aucune ellipse indiquant une omission de paragraphes ou des phrases.

Il ne faut pas confondre l'introduction, écrite par le Comité de Publications des écrits d'Ellen White, avec les écrits de Mme White elle-même, qui commencent par le premier chapitre.

C'est avec satisfaction et joie que ce livre est maintenant mis à la disposition de ceux qui ont attendu si longtemps sa publication. Puissent les précieux conseils et instructions contenus dans ces pages approfondir la conviction de chaque lecteur dans les vérités du message adventiste, élargir son expérience chrétienne et augmenter son attente de victoire dans les derniers temps lorsque notre Seigneur reviendra.

[2]

Table des matières

Preface iii
Introduction : Le don prophétique d'Ellen G. White 15
    Préparation pour rencontrer Christ 15
    La vision du grand conflit entre Christ et Satan 17
    Comment le prophète reçut-il la lumière 21
    La vie et l'œuvre de Mme E. G. White 26
    Mme White telle que les autres l'ont connue 29
    Des messages qui ont transformé des vies 34
    La vision qui ne pouvait être racontée 38
    Les témoignages et le lecteur 42
    Tests pratiques d'un vrai prophète 44
Chapitre 1 — Une vision de la récompense des fidèles 47
    Ma première vision 47
Chapitre 2 — Le temps de la fin 53
Chapitre 3 — Prépare-toi à la rencontre du Seigneur 58
Chapitre 4 — Union avec le Christ et amour fraternel 61
    Un avec le Christ en Dieu 61
    L'union avec le Christ et avec les uns et les autres constitue
        notre seule sauvegarde 61
    L'harmonie et l'union constituent notre meilleur témoignage 63
    Collaboration 64
Chapitre 5 — Christ, notre justice 66
Chapitre 6 — La vie sanctifiée 70
    Les véritables preuves de sanctification 72
    Daniel : un exemple de vie sanctifiée 73
    Dieu éprouve ceux qu'il apprécie 76
    Conseils à ceux qui recherchent l'assurance de l'acceptation
        de Dieu 77
    Les sentiments seuls ne sont pas un signe de sanctification . . 78
Chapitre 7 — Dieu a une œuvre pour toi 81
    Les véritables disciples de Christ témoigneront pour lui 82
    Une place pour chaque membre de la famille 84
    Témoigner en allant dans de nouvelles localités 85

Manifestation pratique de la religion	87
Chapitre 8 — "Me voici, Seigneur, envoie-moi"	89
Vos talents répondent à un besoin	90
Dieu désire accorder l'effusion du Saint-Esprit	91
Perdre du temps est un danger	92
Les ouvriers doivent former les membres d'église	95
Chapitre 9 — Les publications de l'Eglise	100
Chapitre 10 — Croire en un Dieu personnel	103
Dieu le Père révélé en Christ	104
Christ donne aux hommes le pouvoir de devenir enfants de Dieu	105
Dieu s'intéresse à chacun de ses enfants	106
Chapitre 11 — Les chrétiens appelés à être les représentants de Dieu	108
La formation du caractère à la ressemblance du Christ	108
Vivre courageusement aujourd'hui	109
Représenter Dieu par une vie désintéressée	111
Le péché impardonnable	112
Confesser ou renier Christ	113
Chapitre 12 — Dans le monde, mais pas du monde	114
L'intégrité du chrétien	114
Le croyant - un homme d'affaires exemplaire	115
Relations d'affaires avec le monde	117
Chapitre 13 — La Bible	118
Etude diligente et systématique	119
L'illumination divine promise au lecteur	120
L'amour pour l'étude de la Bible n'est pas naturel	121
L'étude de la Bible fortifie l'intellect	122
Christ dans toute la Bible	123
Chapitre 14 — Témoignages pour l'Eglise	125
Pour diriger les hommes vers la Bible	126
Jugez les "Témoignages" d'après leurs fruits	127
Le but de Satan est de semer le doute	128
Ignorer les "Témoignages" n'est pas une excuse	129
Mauvais usage des "Témoignages"	131
Critiquer les "Témoignages" est un danger	131
Chapitre 15 — Le Saint-Esprit	135
Le Saint-Esprit demeurera jusqu'à la fin	137

Chapitre 16 — Garder intact le lien entre Dieu et l'homme ... 139
    Le moyen le plus destructeur de Satan 140
    L'alcool réduit l'homme à la servitude 141
    Le tabac : Un poison lent 142
    La fumée du tabac est particulièrement néfaste pour les femmes et les enfants 143
    Le thé et le café ne nourrissent pas le système 144
    L'emploi des médicaments 144
    Les Adventistes du Septième Jour — Un modèle pour le monde 145

Chapitre 17 — Pureté de cœur et de vie 147
    Ne souillez pas le Temple de Dieu 148
    Les conséquences de la pollution morale 151

Chapitre 18 — Le choix d'un époux ou d'une épouse 154
    Qualités à rechercher chez la future épouse 155
    Qualités à rechercher chez le futur époux 156
    L'amour est un don précieux de Jésus 157
    La prière et l'étude de la Bible indispensables pour prendre la bonne décision 158
    Conseil de parents ayant la crainte de Dieu 159
    Avertissements à l'intention de ceux qui désirent contracter mariage 161
    Conduite répréhensible 162

Chapitre 19 — Mariage de chrétiens avec des incroyants 165
    Deux hommes peuvent-ils marcher ensemble, sans en être convenus ? 167
    Réponse du chrétien à l'incrédule 168
    Il vaut mieux rompre un engagement déraisonnable 169
    Conseil au conjoint qui se convertit seul après le mariage .. 170

Chapitre 20 — Le mariage 171
    La cérémonie du mariage doit être simple et joyeuse 171
    Conseils à de jeunes mariés 172

Chapitre 21 — Une vie conjugale heureuse et épanouie 176
    L'union de deux existences 177
    Aplanir les difficultés 178

Chapitre 22 — La relation entre époux et épouse 181
    Légalité et sainteté du mariage 181
    Privilèges du mariage 182

Abnégation et Tempérance 182
Satan s'efforce d'affaiblir la maîtrise de soi 183
Les maris doivent être prévenants 184
Des exigences déraisonnables 185
Vous avez été rachetés à un grand prix 186

Chapitre 23 : La mère et son enfant.................... 187
   L'art d'être parent 188
   Quand les responsabilités de la mère doivent être allégées.. 190
   Recommandation à la mère qui allaite 190
   Amour et prévenance constants 191
   Nécessité de faire preuve de maîtrise de soi dans
      l'éducation des enfants 192

Chapitre 24 — Le père et la mère chrétiens 194
   Le caractère sacré de la mission d'une mère 194
   L'influence positive de la mère 196
   Le chef du foyer devra imiter Christ 197
   Parents, œuvrez de concert pour le salut de vos enfants 198
   Conseils relatifs au nombre d'enfants 199

Chapitre 25 — Le foyer chrétien 201
   L'ameublement devra être simple et peu coûteux 203

Chapitre 26 — L'influence spirituelle dans le foyer 205
   Culte de famille matin et soir 206

Chapitre 27 — Les finances dans le foyer 209
   Ne devez rien à personne 210
   Ne pas économiser en négligeant l'essentiel 211
   Devoirs des Parents dans l'éducation de leurs enfants 211
   Conseils aux époux et aux épouses en matière de gestion
      des finances 213

Chapitre 28 : Les activités familiales pendant les congés et
   les anniversaires 215
   Accorder la priorité à la cause de Dieu 216
   Anniversaires : Une occasion de louer Dieu 216

Chapitre 29 — La récréation 218
   Divertissements utiles et profitables à la fois aux riches et
      aux pauvres 219
   Rapports et habitudes convenables 221
   Détente et Divertissement personnels 222

Chapitre 30 — Les avenues de l'esprit doivent être protégées . 226

Chapitre 31 : Le choix des lectures 228
L'influence des lectures malsaines................... 228
Lectures funestes à l'âme 230
Mise en garde contre les lectures excitantes pour l'esprit... 231
Le Livre des livres............................... 232

Chapitre 32 : La musique 234

Chapitre 33 : Les critiques et leurs effets 236
Une attitude charitable envers tous 236
L'homme envieux ne voit aucun mérite en l'autre 238
Jalousie et critique................................ 239
Le fruit de la Critique 240
Seule la critique personnelle est noble 243

Chapitre 34 — Conseils sur l'habillement 245
Les principes essentiels dans l'habillement 245
Instructions bibliques 246
L'influence du mode vestimentaire 247

Chapitre 35 — Un appel à la jeunesse 250
Développer l'amour des choses spirituelles 251
Elévation du niveau spirituel 252
Le caractère céleste doit s'acquérir sur la terre 254
Assurez-vous l'amour de Dieu...................... 254
Pesés dans les balances........................... 255

Chapitre 36 : La discipline et l'éducation appropriées à nos enfants 258
Les parents doivent donner leur accord................ 260
Le danger d'une éducation trop sévère 261
Laisser grandir les enfants dans l'ignorance est un péché... 262
La paresse est un péché 264
Parents, amenez vos enfants à Christ 265
Ne négligez pas les besoins de l'esprit 266
Il ne faut jamais corriger un enfant quand on est en colère.. 268
L'importance d'une honnêteté absolue envers les enfants... 268
L'importance du développement des caractères 269
Une expérience personnelle dans l'assistance des enfants .. 271
Les parents ont besoin de plus de directives divines 272
Enseigner le respect et la courtoisie 273

Chapitre 37 — L'éducation chrétienne 275
La responsabilité de l'église 276

- Le soutien moral de nos institutions 278
- Des enseignants totalement soumis à Dieu 279
- Les qualifications d'un enseignant 280
- La Bible dans l'éducation chrétienne 282
- Les risques liés à la scolarisation précoce des enfants 283
- L'importance de former aux devoirs de la vie pratique 284
- La dignité du travail 285
- La langue maternelle ne devrait pas être négligée 286
- Les œuvres des sceptiques interdites par Dieu 287
- Les résultats de l'éducation chrétienne 287
- Responsabilité de l'élève 289

Chapitre 38 — L'appel à une vie de tempérance 291
- "Vous ne vous appartenez pas" 292
- L'obéissance : Une affaire de devoir personnel 293
- La vie de Dieu dans l'âme est le seul espoir de l'homme ... 294
- Réforme sanitaire présente 296

Chapitre 39 — L'importance de la propreté 297

Chapitre 40 — Les aliments que nous consommons 300
- Le plan original de Dieu pour le régime de l'homme 301
- L'art de cuisiner 301
- Aliments trop assaisonnés 303
- Manger régulièrement 304
- Application des principes de la réforme sanitaire 305
- Contrôler l'appétit et les passions 307

Chapitre 41 — Les aliments carnés 309
- La cause de beaucoup de maladies 310
- Instruction pour un changement de régime 313

Chapitre 42 — Fidélité dans la réforme sanitaire 316
- Un appel à une décision ferme 318
- "Faites tout pour la gloire de Dieu" 319
- Eduquez le peuple 321
- Les extrêmes déforment la réforme sanitaire 322
- Considérez les conditions locales 323
- Dieu peut alors bénir 324

Chapitre 43 — L'Eglise sur la terre 326
- L'autorité de l'Eglise 328
- Paul dirigé vers l'Eglise pour recevoir des instructions 329
- Conseil au sujet d'une erreur qui se propage 330

Chapitre 44 — L'organisation de l'Eglise................. 332
   Les églises organisées par les prophètes................. 333
   Règlement de litiges au sein de l'Eglise................ 334
   Le danger de considérer son propre jugement comme
      infaillible.. 335
   Le choix des conducteurs de l'église locale............. 336
   Prévoir des lieux de culte............................ 336
   Rencontre régionale - Les camps-meetings............. 337

Chapitre 45 — La maison de Dieu....................... 339
   Disposition de prière dans la maison de Dieu........... 339
   Avoir le sentiment de la présence de Dieu.............. 341
   Les enfants doivent être révérencieux.................. 342
   Habillez-vous de telle sorte que Dieu soit l'objet des pensées.344

Chapitre 46 - Comment traiter ceux qui s'égarent........... 345
   Christ et la discipline dans l'Eglise.................... 347
   Le devoir de l'Eglise envers ceux qui refusent ses conseils.. 349
   A qui doit-on se confesser?.......................... 350
   Christ seul peut juger............................... 351

Chapitre 47 — L'observation du saint sabbat de Dieu....... 353
   Souviens-toi du jour du Sabbat....................... 354
   Les vêpres... 356
   Les heures les plus sacrées de la famille................ 357
   L'Ecole du Sabbat.................................. 359
   A l'Ecole du Sabbat................................. 362
   Un jour à se reposer des quêtes mondaines............. 363
   Les bénédictions du respect du Sabbat................. 366

Chapitre 48 — Conseils sur l'économat.................. 367
   "De chaque homme qui donne volontiers".............. 368
   La dîme est une institution divine...................... 369
   Le privilège d'être un collaborateur de Dieu............. 370
   Dieu demande un dixième des bénéfices qu'il donne...... 372
   Dieu évalue les dons en fonction de l'amour qui a incité le
      sacrifice... 373
   La bonne disposition des biens....................... 374
   Quand les richesses s'accroissent, n'y attachez pas votre cœur376
   Une promesse faite à Dieu est obligatoire et sacrée........ 377
   Les offrandes d'action de grâces réservées aux pauvres.... 378
   Nos possessions et l'aide à l'œuvre de Dieu.............. 378

L'esprit d'abnégation et de sacrifice	379
Chapitre 49 — L'attitude du chrétien face au besoin et à la souffrance	381
Notre devoir envers les pauvres de l'église	382
Comment aider les nécessiteux	383
Soin aux orphelins	385
Chapitre 50 — Les chrétiens du monde entier deviennent un en Christ	386
Christ et la nationalité	388
Etablir l'unité : illustration	389
L'union fait la force	390
Chapitre 51 — La réunion de prière	392
Les prières publiques ne devraient pas être longues	392
Plus de louanges dans la prière	393
Dieu s'intéresse aux petites choses	394
Chapitre 52 — Le baptême	396
Soigneuse préparation des candidats	397
La préparation des enfants pour le baptême	398
Chapitre 53 — La sainte cène	400
Le serviteur des serviteurs	401
Ordonnance de préparation	403
Un mémorial du second avènement du Christ	404
Chapitre 54 — La prière pour les malades	407
Les conditions d'exaucement de la prière	407
Chapitre 55 — L'œuvre médicale	413
Des institutions à établir	414
Le travail précurseur de l'évangile	415
Un travail qui fait appel à tous	415
Le travail médical ouvrira les portes à la vérité	417
Chapitre 56 — Relations avec les autres confessions religieuses	419
S'adresser aux dirigeants et aux fidèles d'autres confessions religieuses	420
Chapitre 57 — Notre attitude à l'égard des autorités civiles et de la loi	422
Le serment	424
Notre attitude à l'égard de la politique	424
Le danger de faire d'imprudentes déclarations	425
Les lois du dimanche	427

Chapitre 58 — Les ruses de Satan 429
   Ne pas s'aventurer sur le terrain de Satan 430
   Nul ne peut servir deux maîtres 431
Chapitre 59 — La fausse science, robe de lumière moderne
          de Satan 433
   Lorsque l'erreur apparaît comme une vérité 433
   Une tentative de séduction des élus eux-mêmes 435
   Le plan de Satan pour la déification de la nature 436
   Avertissement contre les religions à sensation 438
   Le besoin de réveil à une vie spirituelle 438
   L'amour et la connaissance de la Parole, notre sauvegarde.. 440
   Le besoin de soumission totale 441
Chapitre 60 — Les prodiges mensongers de Satan 442
   Se soumettre au contrôle d'un autre 443
   La magie et la superstition 444
   La prière de la foi 445
Chapitre 61 — La crise à venir 447
   Le sabbat est le point de la controverse 449
   Préparez-vous pour la tempête 450
   Les jugements de Dieu 452
Chapitre 62 — Le temps de crible 453
   Victoire pour ceux qui cherchent la délivrance 453
   Les deux armées 456
Chapitre 63 — Des choses à ne pas oublier 458
   La fin est proche 460
   Le danger de croire que le Christ tarde à venir 460
   La soi-disant nouvelle lumière trompera un grand nombre . 461
   Importance de la dévotion personnelle 461
   Les chrétiens aiment penser aux choses célestes et à en parler 462
   Le peuple de Dieu avance sans douter ni craindre 463
Chapitre 64 — Christ, notre souverain sacrificateur 465
Chapitre 65 — Josué et l'ange 469
   L'église du reste 472
   Couvert de la robe de justice du Christ 473
Chapitre 66 — "Voici, je viens bientôt" 475
   Votre délivrance est proche 476
   La promesse du triomphe final 477
   La récompense des fidèles 479

Un dernier mot d'encouragement, de confiance et d'adieu . . 481

Introduction : Le don prophétique d'Ellen G. White

Préparation pour rencontrer Christ

Tous les Adventistes du septième jour attendent impatiemment le moment où Jésus viendra les prendre pour les amener dans la demeure céleste qu'il est allé préparer pour eux. Dans cette merveilleuse cité, il n'y aura plus de péché, plus de déceptions, plus de faim, plus de pauvreté, plus de maladie, plus de mort. Quand l'apôtre Jean contemplait les privilèges qui attendent les fidèles, il s'exclama : "Voyez quel amour le Père nous a témoigné, pour que nous soyons appelés enfants de Dieu ... ! Nous sommes maintenant enfants de Dieu, et ce que nous serons n'a pas encore été manifesté ; mais nous savons que lorsqu'il paraîtra, nous serons semblables à lui, parce que nous le verrons tel qu'il est." 1 Jean 3 :1, 2.

Le but de Dieu pour son peuple est que nous soyons semblables à Christ en caractère. Depuis le commencement, à travers le plan qu'il avait conçu, Dieu voulait que les membres de la famille humaine, créés à son image, puissent développer des caractères semblables à Dieu. Pour accomplir cela, nos premiers parents en Eden ont dû recevoir des instructions du Christ et des anges dans une conversation face à face. Mais après le péché d'Adam et Eve, ils ne pouvaient plus parler librement aux êtres célestes de cette manière.

Pour que la famille humaine ne soit plus abandonnée sans guide, Dieu choisit d'autres moyens pour révéler sa volonté à son peuple dont l'un fut les prophètes. A Israël, Dieu expliqua : "Lorsqu'il y aura parmi vous un prophète, c'est dans une vision que moi, l'Eternel, je me révèlerai à lui, c'est dans un songe que je lui parlerai." Nombres 12 :6.

Dieu veut que son peuple soit informé et éclairé, sachant et comprenant non seulement les temps dans lesquels il vit, mais aussi ce qui doit arriver. "Car le Seigneur, L'Eternel, ne fait rien sans avoir révélé son secret à ses serviteurs les prophètes." Amos 3 :7. Ceci fait ressortir le contraste entre le peuple de Dieu "les enfants de lumière" (1 Thessaloniciens 5 :5) et le peuple du monde.

L'œuvre des prophètes implique beaucoup plus que faire des prédictions. Moïse, un prophète de Dieu qui a écrit six livres de la Bible, a écrit très peu de choses concernant ce qui allait arriver dans l'avenir. Son œuvre est décrite par Osée dans son sens le plus large : "Par un prophète l'Eternel fit monter Israël hors d'Egypte, et par un prophète Israël fut gardé." Osée 12 :14.

Un prophète n'est pas quelqu'un qui est désigné par ses amis, ni par luimême. Le choix d'une personne à devenir prophète se trouve entièrement entre les mains de Dieu. Des hommes et des femmes ont été de temps en temps choisis par Dieu pour parler en son nom.

Ces prophètes, ces hommes et ces femmes choisis par Dieu en tant que moyens de communication, ont parlé et écrit ce que Dieu leur a révélé par une vision sainte. La précieuse Parole de Dieu contient ces messages. A travers ces prophètes, les membres de la famille humaine ont été amenés à comprendre le conflit qui a lieu pour les âmes, le conflit entre le Christ et ses anges et Satan et ses anges. Nous sommes amenés à comprendre ce conflit à la fin des temps, et le moyen prévu par Dieu de prendre soin de son œuvre et de parfaire le caractère de son peuple.

Les apôtres, les derniers des écrivains de la Bible, nous ont donné une image claire des événements des derniers temps. Paul a écrit au sujet des "temps difficiles", et Pierre nous a averti contre des moqueurs, marchant selon leurs propres convoitises, disant : "Où est la promesse de son avènement ?" L'Eglise en ce temps sera en conflit, car Jean a vu Satan "allant faire la guerre au reste." L'apôtre Paul identifie les membres d'Eglise des derniers temps (L'Eglise du reste) comme "ceux qui gardent les commandements de Dieu" (Apocalypse 12 :17), faisant donc d'eux une église qui garde les commandements. Cette Eglise du reste a le "Témoignage de Jésus" qui est "L'esprit de prophétie." Apocalypse 19 :10. Paul déclare que l'Eglise qui attend impatiemment la venue du Christ sera en retard si elle n'a pas de don. 1 Corinthiens 1 :7, 8. Elle sera bénie par le don de prophétie du Christ.

Il est donc clair, que dans le plan de Dieu, l'Eglise des derniers temps, lorsqu'elle est venue à l'existence, a dû avoir en son sein l'Esprit de prophétie. Comme il est raisonnable que Dieu parle à son peuple dans les derniers jours de l'histoire de la terre comme il le fit à son peuple dans les siècles passés, lorsqu'il avait des besoins spécifiques.

Quand cette église de la prophétie, l'Eglise Adventiste du Septième Jour, est venue à l'existence au milieu des années 1800, une voix a été entendue parmi nous, disant : "Dieu m'a montré dans une sainte vision." Ce n'étaient pas des paroles arrogantes, mais celles d'une servante de dix-sept ans qui a été appelée à parler pour Dieu. A travers soixante-dix ans de ministère fidèle, on a entendu cette voix guider, corriger et instruire. Et on entend encore cette voix aujourd'hui à travers des milliers de pages écrites par la messagère choisie du Seigneur,

Ellen G. White.

La vision du grand conflit entre Christ et Satan

La petite école dans un petit village à l'est des Etats-Unis était remplie d'hommes et de femmes ce dimanche après-midi de mi-mars 1858, réunis pour un service. Le frère James White conduisait les funérailles d'un jeune homme et prêchait le sermon. Quand il eut fini de parler, Madame White s'est sentie poussée à prononcer quelques paroles à l'endroit de ceux qui pleuraient. Elle se leva et parla pendant une ou deux minutes, puis marqua une pause. Les gens levèrent la tête pour écouter ses prochaines paroles. Ils étaient un peu surpris par l'exclamation : "Gloire à Dieu" répétée trois fois et de plus en plus forte. Madame était en vision.

Le frère White parla aux gens des visions que madame White avait reçues.

Il leur expliqua en disant qu'elle commença à avoir des visions depuis qu'elle avait dix-sept ans. Il leur dit que bien que ses yeux étaient ouverts, et qu'elle semblait regarder quelque chose au loin, Mme White était absolument inconsciente de ce qui se passait autour d'elle et ne savait rien de ce qui lui arrivait. Il se référa à (Nombres 24 :4) et 16 qui parlent "De celui qui entend les paroles de Dieu, de celui qui voit la vision du Tout-Puissant, de celui qui se prosterne et dont les yeux s'ouvrent."

Il expliqua aux gens qu'elle ne respirait pas pendant la vision. Puis il alla dans (Daniel 10 :17) pour expliquer l'expérience de Daniel pendant qu'il était en vision : "Maintenant les forces me manquent, et je n'ai plus de souffle." Le frère White invita ceux qui le voulaient à venir devant pour examiner Madame White. Il permettait toujours aux gens de venir la voir de près et était content quand il y avait un médecin présent qui pouvait l'examiner pendant qu'elle était en vision.

Tandis que les gens s'avançaient plus près, ils remarquèrent que madame White ne respirait pas, et pourtant son cœur continuait à battre normalement, et la couleur de ses joues était naturelle. On apporta un miroir qu'on plaça devant son visage, mais il n'y avait aucune hydratation sur le miroir. Puis on apporta une bougie qu'on alluma et plaça près de son nez et de sa bouche. Mais la flamme resta droite sans vaciller. Les gens pouvaient voir qu'elle ne respirait pas. Elle marcha dans la salle, balançant ses bras gracieusement tandis qu'elle racontait dans de petites exclamations ce qu'on lui révélait. Comme Daniel, au début, il y eut une perte de force naturelle ; puis une force surnaturelle lui fut communiquée. Voir Daniel 10 :7, 8, 18, 19.

Pendant deux heures, madame White était en vision. Pendant deux heures, elle ne respira pas. Puis à la fin de la vision, elle respira profondément, fit une pause d'au moins une minute, respira à nouveau, et bientôt respira naturellement. Au même moment, elle commença à reconnaître son entourage et à être consciente de ce qui se passait autour d'elle.

Celle qui vit souvent Mme White en vision, Mme Martha Amadon, donne la description suivante :

"En vision, ses yeux étaient ouverts. Il n'y avait pas de souffle, mais des mouvements de grâce de l'épaule, des bras, des mains, l'expression de ce qu'elle voyait. C'était impossible à quelqu'un d'autre de faire bouger ses mains et ses bras. Souvent, elle ne prononçait que des paroles et parfois des phrases qui exprimaient à ceux qui étaient autour d'elle la nature de la vision qu'elle avait, soit du ciel soit de la terre.

"Sa première parole en vision était 'gloire', qu'on entendait d'abord de très près, puis s'évanouissait dans le lointain. Cela se répétait parfois....

"Il n'y avait pas d'excitation parmi ceux qui étaient présents pendant une vision ; rien ne causait la peur. C'était une scène solennelle et calme....

"A la fin de la vision, lorsqu'elle perdait de vue la lumière céleste, alors qu'elle revenait sur terre une fois de plus, elle s'exclamait avec un long soupir, en reprenant d'abord le souffle naturel : 'Qu'il fait sombre !' Elle était alors souple et sans force."

Mais il nous faut retourner à notre histoire de la vision de deux heures dans l'école. De cette vision, Mme White écrivit : "La plupart des choses que j'avais vues dix ans auparavant concernant le grand conflit des âges entre Christ et Satan, se sont répétées et j'ai reçu des instructions de les mettre par écrit."

Dans la vision, il lui semblait être présente, regardant les scènes tandis qu'elles apparaissaient devant elle. D'abord, il lui semblait être au ciel, où elle fut témoin de la chute de Lucifer. Puis elle fut témoin de la création du monde et vit nos premiers parents dans leur demeure en Eden. Elle les vit céder à la tentation du serpent et perdre leur demeure Edénique. En succession rapide, l'histoire de la Bible passa devant elle. Elle regarda l'expérience des patriarches et prophètes d'Israël. Elle assista à la vie et à la mort de notre Sauveur Jésus Christ et à son ascension au ciel où il officie en tant que Souverain sacrificateur depuis lors.

Après ces choses, elle vit les disciples aller de l'avant prêcher le message évangélique aux confins de la terre. Cela fut suivi rapidement par l'apostasie et les ténèbres des âges ! Puis elle regarda en vision la réforme, tandis que des hommes et des femmes nobles prenaient position pour la vérité, au risque de leur vie. On lui fit voir les scènes du jugement qui commença au ciel en 1844 jusqu'à nos jours ; puis elle fut transportée dans l'avenir et vit la venue du Christ dans les nuées du ciel. Elle assista aux scènes du millénium et de la nouvelle terre.

Avec ces représentations vivides devant elle, Mme White, en rentrant chez elle, décida d'écrire ce qu'elle avait vu et entendu dans la vision. Environ six mois plus tard, un petit volume de 219 pages est sorti de l'imprimerie portant le titre : *Le grand conflit entre Christ et ses anges et Satan et ses anges*.

Le petit livre fut reçu avec beaucoup d'enthousiasme car il décrivait de façon très frappante l'expérience qui attendait l'Eglise, et dévoila les plans de Satan et la manière avec laquelle il essayera de tromper l'Eglise et le monde dans le dernier conflit de la terre. Combien les adventistes étaient reconnaissants de savoir que Dieu leur parlait dans ces derniers temps à travers l'Esprit de prophétie comme il l'avait promis !

Le récit du grand conflit, si brièvement relaté dans le petit volume des *Dons Spirituels*, fut plus tard réédité dans la dernière moitié des *Premiers Ecrits* où on peut les trouver aujourd'hui.

Mais tandis que l'Eglise grandissait et que le temps passait, le Seigneur dans plusieurs visions successives révéla l'histoire du grand conflit dans les grands détails. Et Mme White l'a réécrite entre 1870 et 1884, en quatre volumes appelés *l'Esprit de Prophétie*. Le livre intitulé *l'Histoire de la Rédemption* présente les parties les plus importantes du grand conflit tirées de ces livres. Ce volume, publié en plusieurs langues, apporte à beaucoup de gens ce qui a été montré dans ces visions du grand conflit. Plus tard, dans les cinq volumes de la série du "Conflit des âges" : *Patriarches et prophètes, Prophètes et rois, Jésus-Christ, Conquérants pacifiques et La tragédie des siècles*, Mme White présenta, dans les petits détails, toute l'histoire du conflit entre le bien et le mal.

Ces volumes, qui sont en parallèle avec le récit biblique de la création à l'ère chrétienne et conduisent l'histoire jusqu'à la fin des temps, offrent une grande lumière et beaucoup d'encouragement. Ce sont ces livres qui font des Adventistes du septième jour des "enfants de lumière". Nous voyons à travers cette expérience l'accomplissement de l'assurance : "Car le Seigneur, l'Eternel, ne fait rien sans avoir révélé son secret à ses serviteurs les prophètes." Amos 3 :7.

Ecrivant comment la lumière lui est parvenue, Mme White dit : "Par l'illumination du Saint Esprit, les scènes du conflit permanent entre le bien et le mal ont été ouvertes à l'auteur de ces pages. De temps en temps, il me fut permis de contempler l'œuvre, à différentes époques, du grand conflit entre Christ, le Prince de la vie, l'auteur de notre salut et Satan, le Prince du mal, l'auteur du péché, le premier transgresseur de la loi sainte de Dieu.... Comme l'Esprit de Dieu a révélé à mon esprit les grandes vérités de sa parole et les scènes du passé et de l'avenir, on m'a invité à faire connaître aux autres ce qui m'a donc été révélé : retracer l'histoire du grand conflit pendant les âges passés, et surtout la présenter comme pour répandre une lumière sur la lutte du futur qui approche très vite."

Comment le prophète reçut-il la lumière

A un moment donné de l'histoire des enfants d'Israël, comme nous l'avons déjà vu, le Seigneur dit au peuple comment il allait communiquer avec eux à travers les prophètes. Il dit : "Ecoutez bien mes paroles ! Lorsqu'il y aura parmi vous un prophète, c'est dans une vision que moi, l'Eternel, je me révèlerai à lui, c'est dans un songe que je lui parlerai." Nombres 12 :6.

Nous avons déclaré plus haut que la vision du Grand conflit de 1858 fut accompagnée par certains phénomènes physiques. On pourrait très logiquement se poser la question de savoir pourquoi les visions furent-elles données de cette manière. C'était sans doute pour établir la confiance du peuple et le rassurer que le Seigneur parlait vraiment par les prophètes. Mme White ne se référait pas souvent dans les détails concernant sa condition pendant qu'elle était en vision, mais à une occasion, elle a dit : "Ces messages ont donc été donnés pour justifier la foi de tous, que dans ces derniers temps, nous pouvons faire confiance à l'Esprit de prophétie."

Comme l'œuvre de Mme White s'est développée, elle peut être testée par ses résultats. "Vous les reconnaîtrez à leurs fruits." Mais il faut du temps au fruit pour se développer, et le Seigneur au début donna des preuves en rapport avec le don des visions qui aidèrent les gens à croire.

Mais toutes les visions ne furent pas données en public, accompagnées par des phénomènes physiques. L'Eternel promit de communiquer aussi avec les prophètes par des songes. Nombres 12 :6. Ce sont des songes prophétiques tels que ceux de Daniel. Il déclare : "La première année de Belschatsar, roi de Babylone, Daniel eut un songe et des visions se présentèrent à son esprit, pendant qu'il était sur sa couche. Ensuite, il écrivit le songe, et raconta les principales choses." Daniel 7 :1.

Tandis que Daniel racontait ce qui lui était révélé, il disait à plusieurs reprises : "Je regardais pendant ma vision nocturne." De même, dans l'expérience de Mme White, les visions lui étaient données quand son esprit était au repos pendant les heures de la nuit.

Ses écrits contiennent toujours la déclaration d'introduction : "Dans les visions nocturnes, certaines choses m'ont été clairement présentées." Dieu parlait souvent au prophète dans un songe prophétique. Des questions peuvent être soulevées concernant la relation entre un songe prophétique ou une vision nocturne et un songe ordinaire. Voici ce qu'écrivit Mme White à ce sujet en 1868 : "Il y a beaucoup de songes qui résultent des choses ordinaires de la vie avec lesquelles l'Esprit de Dieu n'a rien à faire. Il y a aussi de faux songes et de fausses visions qui sont inspirés par l'esprit de Satan. Mais les songes de l'Eternel sont classés dans la Parole de Dieu avec des visions. De tels songes, prenant en compte les personnes qui les ont eus, et les circonstances autour desquelles ils ont été donnés, contiennent eux-mêmes les preuves de leur authenticité."

Une fois, très tard dans la vie de Mme White, son fils, frère W.C. White, cherchant des informations pour aider ceux qui étaient moins informés, lui fit cette demande : "Maman, tu parles souvent des choses qui te sont révélées pendant la nuit. Tu parles des songes dans lesquels tu reçois la lumière. Nous avons tous des songes. Comment sais-tu que Dieu te parle à travers les songes dont tu parles souvent ?"

"Parce que" répondit-elle, "le même messager angélique se tient debout à côté de moi, m'instruisant dans les visions de la nuit ainsi que dans celles du jour." L'être céleste à qui on se réfère était à d'autres occasions reconnu comme "l'ange," "Mon gardien," "Mon instructeur," etc.

Il n'y avait pas de confusion dans l'esprit de la prophétesse. Pas de doute quant à la révélation qui lui était faite pendant la nuit, car les mêmes circonstances en rapport avec celle-ci ont permis de clarifier que les instructions venaient de Dieu.

A d'autres occasions, tandis que Mme White priait, parlait ou écrivait, elle recevait des visions. Ceux qui étaient autour d'elle ne savaient rien de la vision, à moins qu'il y ait eu une pause quand elle priait ou parlait en public. Une fois, elle écrivit : "Une fois que j'étais engagée dans une prière sincère, je n'étais plus consciente de ce qui se passait autour de moi ; la salle était remplie de lumière, et j'entendais un message adressé à une assemblée qui semblait être la Conférence Générale."

Parmi les visions données à Mme White à travers tout son ministère de soixante-dix ans, la plus longue vision a duré quatre heures et la plus courte juste un moment. Elles duraient souvent une demi-heure où un peu plus longtemps. Mais aucune règle ne peut être établie qui couvrirait toutes les visions, car c'était comme le disait Paul : "Après avoir autrefois, à plusieurs reprises et de plusieurs manières, parlé à nos pères par les prophètes." Hébreux 1 :1.

La lumière a été confiée au prophète par des visions, mais ce dernier n'a pas écrit pendant qu'il était en vision. Son œuvre n'était pas une tâche mécanique. Excepté des occasions rares, le Seigneur ne lui dictait pas les paroles. Ni l'ange ne guidait la main du prophète pour lui préciser les paroles à écrire. De l'esprit, éclairé par les visions, le prophète parlait ou écrivait des paroles qui devaient véhiculer la lumière et l'instruction au public, qu'il lise le message ou l'entende oralement.

Nous pourrions nous demander comment l'esprit du prophète était-il éclairé : Comment recevait-il les informations et les instructions qu'il devait transmettre au peuple ? Comme on ne peut établir la règle de qui que ce soit pour le don des visions, de même on ne peut établir une quelconque règle pour déterminer la manière dont un prophète a reçu le message inspiré. Dans chaque cas, cependant, cela a été une expérience remarquable qui a fait une impression indélébile sur l'esprit du prophète. Et comme ce que nous voyons et expérimentons fait une impression beaucoup plus profonde sur nos esprits que ce que nous entendons, ainsi les représentations chez les prophètes, où ils semblaient être témoins des événements dramatiques, ont fait une impression profonde et durable sur leurs esprits. Mme White écrivit une fois : "Mon attention est souvent dirigée vers des scènes qui se déroulent sur la terre. Parfois, je suis projetée dans le futur et on me montre ce qui va avoir lieu. Puis encore, on me montre des choses comme elles se sont déroulées dans le passé."

A partir de cela, il devient clair qu'Ellen White a vu ces événements avoir lieu, vraisemblablement comme un témoin oculaire. Ils se sont reproduits devant elle en vision et ont fait forte impression sur elle.

A certaines occasions, il lui semblait prendre part à la scène qui lui était présentée et qu'elle sentait, voyait, entendait et obéissait, bien qu'évidemment elle n'y prenait pas part. Mais l'impression que cela exerçait sur elle était inoubliable. D'ailleurs sa première vision a été de cette nature.

A d'autres occasions, tandis qu'elle était en vision, Mme White semblait être présente dans des réunions, des foyers ou des institutions situées dans des endroits très éloignés. Ce sentiment d'être présente à de tels rassemblements était si frappant qu'elle pouvait rapporter avec détails les actions et les paroles prononcées par les différentes personnes. Une fois, pendant qu'elle était en vision, Mme White eut la sensation d'être transportée dans une tournée de nos institutions médicales, visitant les salles telles qu'elles étaient, en voyant tout ce qui s'y faisait. De cette expérience, elle écrivit : "Les conversations frivoles, les gestes idiots, les rires inutiles tombaient dans mes oreilles.... J'étais étonnée de voir la jalousie et d'écouter des paroles envieuses, des conversations insouciantes qui faisaient honte aux anges de Dieu."

Puis, d'autres conditions plus agréables étaient révélées dans les mêmes institutions. Elle fut conduite dans une salle "d'où venait une voix de prière. Comme ce son était le bienvenu !" Un message d'instruction fut écrite sur la base de la visite dans les institutions et des paroles de l'ange qui semblait la guider à travers les différents départements et les salles.

La lumière était souvent révélée à Mme White à travers des représentations symboliques. Une d'entre elles est clairement décrite dans les phrases suivantes, tirées á'un message personnel envoyé à un dirigeant ouvrier, qui était vu en danger :

"Une autre fois, tu m'as été présenté comme un général, monté sur un cheval, et portant une bannière. Quelqu'un est venu et a pris de tes mains le drapeau qui portait les paroles : 'Les commandements de Dieu et la foi de Jésus', et il a été foulé dans la poussière. Je t'ai vu entouré d'hommes qui t'associaient avec le monde."

Il y eut des moments aussi où des points de vue contraires et différents étaient présentés à Mme White. L'un illustrait ce qui allait se passer si certains plans ou règles étaient suivis, tandis que l'autre illustrait le travail à domicile. On peut citer une excellente illustration de ceci en rapport avec le lieu de l'usine de produits alimentaires à Loma Linda, à l'ouest des Etats-Unis. Le directeur et ses associés planifiaient de construire un grand bâtiment près de l'immense bâtiment du Sanatorium. Tandis que les plans étaient élaborés, Mme White, chez elle, à des centaines de kilomètres, a reçu une nuit deux visions. Voici ce qu'elle dit de la première vision : "Il m'a été montré un grand bâtiment où on fabriquait beaucoup d'aliments. Il y avait aussi de plus petits bâtiments près de la boulangerie. Tandis que j'étais debout près de là, j'entendis des voix des gens qui se disputaient sur le travail qui s'y faisait. Il y avait un manque d'harmonie parmi les ouvriers, et la confusion était totale."

[10]

Elle vit alors le directeur bouleversé qui essayait de raisonner avec les ouvriers pour apporter l'harmonie. Elle vit des patients qui entendaient ces disputes et qui "exprimaient des paroles de regret d'avoir une usine alimentaire établie sur ces jolies terres," si près du sanatorium. "Puis quelqu'un apparut sur la scène et dit : 'On a fait passer tout ceci devant toi comme une leçon de choses, afin que tu puisses voir le résultat de la réalisation de certains plans.'"

Puis la scène changea, et elle vit l'usine alimentaire "à une distance des bâtiments de l'auditorium, sur la voix qui mène vers le chemin de fer." Ici l'œuvre était dirigée d'une manière humble et en harmonie avec le plan de Dieu. Pendant les quelques heures de la vision, Mme White écrivait aux ouvriers à Loma Linda, et ceci a soulevé la question de l'endroit où devrait être construite l'usine alimentaire. Si leur plan original avait été exécuté, nous aurons été embarrassés des années plus tard avec un grand bâtiment commercial juste à côté du Sanatorium. Ainsi, on peut voir que de plusieurs manières, la messagère du Seigneur a reçu des informations et des instructions à travers des visions pendant le jour ou pendant la nuit.

C'est à partir d'un esprit éclairé que la prophétesse parla et écrivit, transmettant le message d'instruction et d'information au peuple. En faisant cela, Mme White fut aidée par l'Esprit du Seigneur, mais sans aucun contrôle mécanique. Elle avait la liberté de choisir les paroles par lesquelles transmettre le message. Pendant les premières années de son ministère, elle déclara : "Bien que je sois dépendante de l'aide de l'Esprit de Dieu pour écrire mes visions comme quand je le suis en les recevant, cependant, les paroles que j'utilise pour décrire ce que j'ai vu sont les miennes, sauf quand elles sont celles prononcées par un ange, que je mets toujours entre guillemets."

Comme plusieurs auteurs de la Bible, Mme White choisissait parfois, sous la direction du Saint Esprit, d'utiliser le langage des autres auteurs, quand elle appréciait surtout leurs formulations et leurs expressions.

La vie et l'œuvre de Mme E. G. White

Ellen G. Harmon et sa sœur jumelle naquirent le 26 novembre 1827, à Gorham, près de Portland (Maine), dans le nord de la Nouvelle-Angleterre. A l'âge de neuf ans, Ellen reçut au visage une pierre lancée étourdiment par une camarade d'école. Cet accident faillit lui coûter la vie. En tout cas, elle en resta fort affaiblie. Il fut bientôt évident qu'elle était physiquement incapable de continuer à fréquenter l'école.

A l'âge de onze ans, alors qu'elle assistait à un camp-meeting méthodiste avec ses parents, Robert et Eunice Harmon, Ellen donna son cœur à Dieu. Bientôt après, elle fut baptisée par immersion et inscrite sur les registres de l'Eglise Méthodiste. Puis, avec d'autres membres de sa famille, elle assista à des réunions adventistes qui eurent lieu dès 1840 à Portland. Elle crut à la proximité de la seconde venue du Christ telle que la prêchait William Miller et ses collaborateurs.

Un matin de décembre 1844, tandis qu'elle était en prière avec quatre sœurs dans la foi, la puissance de Dieu s'empara d'elle. D'abord, elle perdit conscience des réalités terrestres ; puis elle eut la vision des péripéties qui attendaient les adventistes dans leur marche vers la cité de Dieu. Elle vit aussi quelle récompense recevraient ceux qui resteraient fidèles. Toute tremblante, cette jeune fille de dix-sept ans fit le récit de cette vision et d'autres qui suivirent à ceux qui partageaient sa foi à Portland. Puis, quand l'occasion se présenta, elle répéta ses récits dans des réunions adventistes qui eurent lieu dans l'Etat du Maine et dans les Etats voisins. En Août 1846, Ellen Harmon s'unit par le mariage à James White, le jeune prédicateur adventiste. Puis ce furent trente-cinq années pendant lesquelles ils travaillèrent tous deux à répandre l'Evangile jusqu'à la mort de James White, le 06 août 1881. Ils voyagèrent à travers les Etats-Unis, prêchant et écrivant, plantant et construisant, organisant et administrant.

L'épreuve du temps a montré combien étaient solides les fondations qu'ils posèrent, et combien ils avaient construit sagement.

Ils montrèrent la voie en inaugurant l'œuvre des publications adventistes en 1849 et 1850 et en organisant l'Eglise sur des bases financières saines, dans les années qui suivirent. Puis ce fut l'organisation de la Conférence générale des Adventistes du septième jour, en 1863. Notre œuvre médicale débuta quelques années plus tard en 1866, ainsi que notre grande œuvre d'éducation au début des années 1870. Les assemblées annuelles se développèrent à partir de 1868, et en 1874 le premier missionnaire adventiste quittait les Etats-Unis.

A l'origine de ces progrès et les accompagnant dans leur développement incessant, se placent les messages écrits et oraux que Mme White prodigua infatigablement à l'Eglise, la conseillant, l'instruisant, l'encourageant. Tout d'abord, ces messages étaient adressés à certains membres de l'Eglise dans des lettres personnelles ou publiées sous forme d'articles dans le journal *Present Truth*. Puis, en 1851, Mme White fit paraître son premier livre, un petit volume de 64 pages intitulé *A Sketch of the Christian Experience and Views of Ellen G. White*. En 1855 commence la publication d'une série d'opuscules dont chacun porte le titre de *Témoignages pour l'Eglise*. Par ces messages, Dieu voulut adresser périodiquement à son peuple des exhortations, des reproches, des directives. Pour répondre à de nombreuses demandes, ils furent publiés en 1885 en quatre volumes auxquels vinrent s'ajouter, de 1889 à 1909, d'autres "Témoignages", ce qui porta à neuf volumes l'édition complète des *Témoignages pour l'Eglise*.

James et Ellen White eurent quatre enfants. L'aîné, Henry, ne vécut que seize ans, et le plus jeune, Herbert, mourut à l'âge de trois mois. Les deux autres, Edson et William, parvenus à leur maturité, s'engagèrent activement dans l'œuvre adventiste.

A la requête de la Conférence Générale, Mme White vint en Europe pendant l'été de 1885. Elle passa deux ans à affermir les débuts de l'œuvre sur le continent. Elle s'installa à Bâle et, de là, voyagea dans le sud, le centre et le nord de l'Europe, assistant à de grandes assemblées et visitant les églises. Puis elle retourna aux Etats-Unis où elle séjourna quatre. En 1891, toujours à la demande de la Conférence Générale, elle s'embarqua pour l'Australie. Elle y séjourna neuf ans et fit œuvre de pionnier dans le grand champ australien, particulièrement dans les Départements de l'éducation et de la santé. Enfin, Mme White revint aux Etats-Unis en 1900 et s'installa en Californie, à St-Helena, où elle mourut en 1915.

Pendant son long service de soixante ans en Amérique et dix ans à l'étranger, Mme White a reçu approximativement 2000 visions qui, à travers ses efforts inlassables à conseiller les gens dans les églises, les rassemblements publics et les sessions de la Conférence générale, ont largement déterminé la croissance de ce grand mouvement. La tâche de présenter à toutes les personnes concernées les messages que Dieu lui donna n'était jamais établie.

Ses écrits rassemblent environ 100 000 pages. Les messages qu'elle a écrits sont parvenus aux gens par une communication personnelle, par des articles dans les journaux de notre Eglise, semaine après semaine, et dans plusieurs de ses livres. Les sujets traités étaient en rapport avec l'histoire de la Bible, l'expérience chrétienne de tous les jours, la santé, l'éducation, l'évangélisation et les autres sujets pratiques. Plusieurs de ses livres sont édités dans les langues dominantes du monde, et des millions d'exemplaires ont été vendus. Le livre *Vers Jésus* seul, de 1892 à 1990, a été vendu à environ 50 000 000 d'exemplaires en 127 langues.

A l'âge de quatre-vingt et un an, Mme White a traversé le continent américain pour la dernière fois en vue d'assister à la session de la Conférence générale de 1909. Les six dernières années de sa vie ont été consacrées à terminer son œuvre littéraire. A l'approche de la fin de sa vie, elle écrivit ses paroles : "Que ma vie soit épargnée ou non, mes écrits parleront continuellement et leur œuvre ira de l'avant aussi longtemps que durera le temps."

Avec un courage imperturbable et une pleine confiance en son Rédempteur, elle mourut chez elle en Californie, le 16 juillet 1915 et fut enterrée à côté de son mari et de ses enfants au cimetière d'Oak Hill à Battle Creek (Michigan).

Par ses collaborateurs, par l'Eglise et les membres de sa famille, Mme White a été estimée et honorée comme une mère de famille dévouée et une femme d'un zèle infatigable dans son travail pour Dieu. Elle n'a jamais cherché à attirer sur elle les regards ni usé de ses dons pour des avantages financiers ou pour se rendre populaire. Sa vie et tout ce qu'elle possédait furent entièrement consacrés à la cause de Dieu.

A sa mort, le rédacteur d'un hebdomadaire bien connu terminait ainsi l'article où il parlait de sa vie fructueuse : "Elle était d'une honnêteté absolue en croyant aux révélations qu'elle recevait. Elle les méritait par sa vie. Elle ne montrait aucun orgueil spirituel et n'était pas animée d'un esprit de lucre. Elle a vécu la vie et fait l'œuvre d'une véritable prophétesse."

Quelques années avant sa mort, Mme White forma un comité de publications de ses Ecrits, composé des responsables d'Eglise, à qui elle a confié ses écrits. Ce comité est chargé de les protéger et de continuer à les publier. Ayant leur bureau au siège mondial de l'Eglise Adventiste du Septième Jour, ce comité encourage la publication des livres de Mme White en Anglais et en partie ou entièrement dans les autres langues. Il a aussi publié plusieurs compilations des articles et manuscrits conformément aux instructions de Mme White. C'est d'ailleurs avec l'autorisation de ce comité que ce présent volume est publié.

Mme White telle que les autres l'ont connue

Ayant appris l'expérience inhabituelle de Mme White comme étant la messagère du Seigneur, certaines personnes se sont demandées : Quel genre de personne était-elle ? Avait-elle les mêmes problèmes que nous ? Etait-elle riche ou pauvre ? Avait-elle jamais souri ?

Mme White était une mère prévenante. C'était une femme de maison minutieuse. Elle était une maîtresse de maison géniale, qui recevait souvent les membres d'église chez elle. C'était une voisine serviable. C'était une femme de conviction, d'un tempérament agréable, gentille dans ses manières et sa voix. Dans son expérience, il n'y avait pas de place pour une religion triste et morose. On se sentait parfaitement à l'aise en sa présence. Peut-être que la meilleure manière de faire la connaissance de Mme White était d'appeler chez elle en 1859, la première année où elle écrivit un journal intime.

Nous découvrons que la famille White vécut à la périphérie de Battle Creek, dans une petite maison construite sur un grand terrain, donnant lieu à un jardin, beaucoup d'arbres fruitiers, une vache, des poules et un espace où leurs fils pouvaient travailler et jouer. A l'époque, Mme White avait trente et un ans. James White en avait trente-six. Il y avait en ce temps-là trois garçons à la maison de quatre, neuf et douze ans.

Là se trouvait une bonne jeune femme chrétienne, employée pour aider aux travaux domestiques, car Mme White était souvent absente et occupée à parler et à écrire. Cependant, Mme White assumait les responsabilités de la maison : la cuisine, le nettoyage, la lessive et la couture. Il y avait des jours où elle se rendait à la maison de publications où elle avait un endroit calme pour écrire. A d'autres occasions, elle était dans le jardin pour planter des fleurs et des légumes, échangeant des fois des plants avec des voisins. Elle était déterminée à rendre le foyer aussi agréable qu'elle le pouvait pour sa famille pour que les enfants considèrent le foyer comme l'endroit le plus désirable qui soit.

[13]

Ellen White était une acheteuse prudente et les voisins adventistes étaient contents de faire des achats avec elle car elle connaissait les choses de valeur. Sa mère était une femme très pratique et avait appris à ses filles beaucoup de leçons précieuses. Elle découvrit que les choses faites modestement étaient à la longue beaucoup plus coûteuses que les marchandises de bonne qualité.

Le sabbat était le jour de la semaine le plus agréable pour les enfants. Ainsi la famille allait à l'Eglise et si l'ancien et madame White n'avaient aucune présentation, la famille s'asseyait ensemble pendant tout le service. Au déjeuner, il y avait des repas spéciaux qui n'avaient pas été servis au cours de la semaine et si le temps était clément, madame White sortait pour une marche dans les bois avec les enfants ou en bordure de la rivière. Là, ils observaient les merveilles de la nature et ils étudiaient les œuvres créées de Dieu. S'il pleuvait ou s'il faisait froid durant la journée, elle rassemblait les enfants autour du feu dans la maison et leur faisait une lecture, souvent provenant de matériels qu'elle avait pris ici et là au cours de ses voyages. Certaines de ces histoires faisaient plus tard l'objet de livres que d'autres parents pouvaient utiliser comme lecture pour leurs enfants.

Madame White à ce moment-là ne se portait pas bien, si bien qu'elle perdait souvent connaissance au cours de la journée. Mais cela ne l'empêcha pas d'avancer dans son travail aussi bien à la maison que pour le Seigneur. Quelques années plus tard, en 1863, elle reçut une vision au sujet de la santé et de la manière de pendre soin des malades. On lui montra en vision les habits adéquats à porter, la nourriture à manger, la nécessité d'exercices adéquats et du repos, ainsi que l'importance d'avoir confiance en Dieu pour maintenir un corps fort et sain.

La lumière de Dieu sur le régime alimentaire et sur la nocivité de l'alimentation carnée changea l'opinion personnelle de madame White selon laquelle la viande était essentielle pour être en bonne santé. La vérité de cette vision illumina son esprit si bien qu'elle instruisit la demoiselle qui l'aidait à préparer la nourriture pour la famille à ne mettre sur la table que des repas sains et simples constitués de grains, de légumes, de noix, de lait, de crème et d'œufs. Il y avait beaucoup de fruits. Depuis lors, la famille White adopta un régime essentiellement végétarien. En 1894, Ellen White bannit complètement la consommation de viande à table. La réforme sur la santé fut une grande bénédiction pour la famille White comme cela l'a été pour des milliers de familles Adventistes un peu partout dans le monde.

Après la vision au sujet de la réforme sanitaire en 1863 et l'adoption des méthodes simples de traitements des malades, les White étaient souvent appelés par leurs voisins lorsqu'ils étaient malades pour donner des traitements, et le Seigneur bénissaient grandement leurs efforts. A d'autres occasions les malades étaient transportés à leur domicile et ils prenaient soin d'eux jusqu'à ce qu'ils soient complètement rétablis.

Madame White jouissait de période de relaxation et de récréation, soit dans les montagnes, sur les lacs, ou au bord de l'eau. Quand elle était dans la cinquantaine, tandis qu'elle vivait près de Pacific Press, au Nord de la Californie, on proposa de se reposer et de se récréer pendant une journée. On invita Madame White, sa famille et ses collaborateurs à se joindre à la famille de la maison d'édition ; elle accepta sans hésiter. Son mari était dans l'Est pour des affaires concernant l'Eglise. C'est dans une lettre qu'on lui adressa que nous trouvons le récit de cette expérience.

Après un déjeuner délicieux et sain sur la plage, tout le groupe alla pour un tour de bateau sur la baie de San Francisco. Le capitaine du voilier était un membre de l'Eglise, et ce fut un bel après midi. Quelqu'un proposa ensuite qu'ils allassent en pleine mer. Voici ce qu'Ellen White écrivit au sujet de cette expérience :

[14]

"Il y avait de grandes vagues, et nous étions grandement ballottés par les flots. Je me sentais vraiment élevée, mais je ne savais comment le relater. C'était fantastique ! Les gouttes d'eau nous tombaient dessus. Le vent était fort hors du Golden Gate, et je ne me suis jamais autant amusée de toute ma vie !"

Après avoir observé les yeux alertes du capitaine et l'empressement avec lequel les membres d'équipage obéissaient à ses ordres, elle fit le commentaire suivant :

"Dieu tient les vents dans ses mains. Il contrôle les eaux. Nous ne sommes que de petites taches sur les eaux larges et profondes du Pacifique ; pourtant les anges célestes ont reçu l'ordre de protéger ce petit voilier qui fait sa course à travers les vagues. Oh, quelles œuvres merveilleuses de Dieu ! Jusqu'à ce jour cela va audelà de notre compréhension ! D'un coup d'œil il voit les plus hauts cieux et le fond de la mer !"

Madame White avait auparavant adopté une attitude de gaieté. Une fois elle demanda : "M'avez-vous déjà vu morne, abattue ou râler ? J'ai une foi qui interdit cela. C'est une mauvaise compréhension du véritable idéal du caractère chrétien et du service chrétien, qui mène à ces conclusions.... Un service enthousiaste et volontaire pour Jésus produit une religion éclatante. Ceux qui suivent Jésus de très près ne sont pas mornes."

Lors d'une autre occasion elle écrivit : "Dans certains cas, l'idée selon laquelle la gaieté ne va pas de paire avec la dignité du caractère du chrétien a été tolérée ; c'est une erreur. Les cieux sont dans la joie." Elle découvrit que si vous souriez, vous recevrez des sourires en retour ; si vous partagez des paroles douces, vous recevrez des paroles douces en retour.

Toutefois, à certains moments elle connut de grandes souffrances. Elle se retrouva dans une telle situation après son départ en Australie pour aider dans le travail. Elle était tombée gravement malade pendant presqu'une année et souffrit grandement. Elle resta au lit pendant des mois et ne pouvait dormir que très peu pendant la nuit. Elle relata cette expérience à un ami en ces termes :

"Lorsque je me suis retrouvée dans un état d'impuissance, j'ai regretté amèrement d'avoir traversé les grandes eaux. Pourquoi n'étais-je pas en Amérique ? Pourquoi fallait-il être dans ce pays à mes dépens ? J'aurai pu continuer à mettre ma tête sous les couvertures pour pleurer. Cependant, je n'ai pas offert un tel luxe à mes larmes. Je me suis dite : Ellen G. White, que veux-tu dire ? N'es-tu pas venue en Australie parce que tu as senti que cela était ton devoir de te rendre aux endroits où la fédération jugerait bon pour toi de partir ? N'est-ce pas ton habitude ?"

Je répondis : "Oui."

"Alors pourquoi te sens-tu si abandonnée et découragée ? N'est-ce pas l'œuvre de l'ennemi ? Je répondis : 'Je crois que c'est son œuvre !'"

"J'ai essuyé mes larmes le plus vite possible et je me suis dite : 'C'est assez. Je ne vais plus regarder au côté négatif. Que je meurs ou que je vive, je remets mon âme à celui qui est mort pour moi.'"

"J'ai alors eu l'assurance que tout irait bien grâce au Seigneur, et pendant ces huit mois d'impuissance, je n'ai connu ni découragement, ni doute. Je considère maintenant cette période comme faisant partie intégrante du grand plan du Seigneur pour le bien de son peuple ici, dans ce pays, et pour ceux qui sont en Amérique, ainsi que pour mon propre bien. Je ne peux dire pourquoi ni comment, mais je le crois. Je suis donc heureuse dans mon affliction. Je peux faire confiance à mon Père Céleste. Je ne douterai pas de son amour.">

Madame White a vécu dans sa maison en Californie durant les quinze dernières années de sa vie et, bien qu'elle prît de l'âge, elle avait un intérêt particulier pour le travail de la petite ferme, et pour le bien-être des familles de ceux qui l'aidaient dans son travail. On la trouvait souvent occupée à écrire. En général, elle commençait juste après minuit, puisqu'elle allait tôt au lit. Quand il faisait beau et si son travail le permettait, elle se rendait en campagne pour causer avec une mère qu'elle voyait dans le jardin ou sur la véranda d'une maison où elle passait. Quelquefois, les gens avaient besoin de nourriture ou de vêtements. Elle allait donc à la maison pour en chercher. Plusieurs années après sa mort les voisins de la vallée où elle vivait, se souvenaient d'elle comme de la petite femme aux cheveux blancs qui parlait toujours de Jésus avec amour.

Quand elle mourut, elle avait un peu plus que le nécessaire et le confort minimal de vie. Elle avait été une chrétienne Adventiste du Septième jour qui avait mis sa confiance dans les mérites de son Seigneur ressuscité, et essayait de faire fidèlement le travail

[15]

que le Seigneur lui avait assigné. Ainsi, avec cette confiance, elle parvint au terme d'une vie comblée, ayant été consistante dans sa vie chrétienne.

Des messages qui ont transformé des vies

Un évangéliste conduisit une série de rencontres à Bushnell, au Michigan. Cependant, à la suite du baptême, il quitta les membres sans leur donner de véritables fondements dans la foi. Les membres peu à peu se découragèrent, et certains reprirent leurs mauvaises habitudes. Finalement, l'église devint si petite que les dix ou douze membres qui restaient décidèrent de ne plus se rassembler. Peu après s'être dispersés après ce qu'ils considéraient comme leur dernière rencontre, des lettres arrivèrent et parmi elles se trouvait la revue *Review and Herald*. Dans la section itinéraire, se trouvait une annonce selon laquelle James et Ellen White viendraient à Bushnell pour des réunions le 20 Juillet 1867. Il ne restait qu'une semaine. On envoya les enfants rappeler tous ceux qui rentraient à la maison. Ils décidèrent donc de préparer un endroit dans le bosquet et d'inviter les voisins, surtout les membres apostasiés.

Le Sabbat 20 Juillet matin, les White arrivèrent au bosquet et ils trouvèrent soixante personnes réunies. Le pasteur White s'entretint avec eux le matin. L'après midi, madame White se leva et prit la parole. Cependant, après avoir lu son texte, elle semblait perplexe. Sans plus de commentaires, elle referma sa Bible et commença à parler aux gens d'une manière très personnelle.

"Debout devant vous cet après-midi, je vois les visages de personnes qui m'avaient été présentées en vision il y a deux ans. En regardant vos visages, votre situation me revient clairement à l'esprit, et j'ai un message pour vous de la part du Seigneur."

"Il y a un frère là-bas près du pin. Je ne peux t'appeler par ton nom parce que celui-ci ne m'a pas été révélé ; toutefois ton visage m'est familier, et je vois ta situation très clairement."

Elle parla ensuite à ce frère de son apostasie et l'encouragea à revenir et à marcher avec le peuple de Dieu.

Puis elle se tourna vers une femme d'un autre côté de l'audience et dit : "Cette sœur assise à côté de sœur Maynard de l'église de Greenville. Je ne peux dire ton nom parce que celui-ci ne m'a été révélé; mais il y a deux ans, ta situation m'a été révélée en vision et ta situation m'est familière." Madame White donna ensuite des paroles d'encouragement à cette sœur.

"Ensuite, il y a ce frère assis derrière près du chêne. Je ne peux non plus t'appeler par ton nom, parce que je ne t'ai pas encore rencontré, mais ta situation est claire devant moi." Elle parla ensuite de ce monsieur, en disant à tous ceux qui étaient présents ses pensées les plus cachées et sa situation.

Elle dit aux membres de l'assemblée l'un après l'autre ce qui lui avait été montré il y a deux ans dans une vision. Après avoir terminé son sermon, et ayant fait non seulement des reproches mais aussi donné des mots d'encouragement, madame White s'assit. Un des membres du groupe se leva et dit : "Je veux savoir si ce que sœur White nous a dit cet après midi est vrai. Le pasteur White et sa femme ne nous ont jamais visités; ils ne nous connaissent pas du tout. Sœur White ne connaît même pas les noms de la plupart d'entre nous. Et pourtant, elle vient cet après midi nous dire qu'il y a deux ans elle a reçu une vision dans laquelle nos situations lui ont été révélées. Ensuite elle nous a parlé l'un après l'autre de manière personnelle, révélant à tous présents ici notre manière de vivre et nos pensées les plus profondes. Sont-elles confirmées dans toutes les situations dont elle a fait état ? Ou sœur White a-t-elle fait des erreurs ? Je veux savoir."

Les membres se levèrent les uns après les autres. Le monsieur qui se trouvait près du pin se leva et révéla que madame White avait décrit sa situation mieux qu'il aurait pu le faire. Il confessa ses fautes et exprima sa ferme volonté de revenir et de continuer à marcher avec le peuple de Dieu. La dame qui était assise à côté de sœur Maynard de l'église de Greenville témoigna également. Elle dit que madame White avait décrit sa situation mieux qu'elle ne l'aurait fait elle-même. Le monsieur qui se tenait près du chêne dit que madame White avait décrit sa situation mieux qu'il ne l'aurait fait lui-même. Les gens se confessèrent. Les péchés furent oubliés. L'Esprit de Dieu descendit et il y eut un réveil à Bushnell.

Pasteur White et sa femme y retournèrent le Sabbat qui suivit pour une cérémonie de baptême et l'église à Bushnell fut bien organisée.

Le Seigneur montra son amour pour les gens de Bushnell, comme il le fait pour tous ceux qui ont le regard fixé sur lui. "Moi, je reprends et je châtie tous ceux que j'aime." (Apocalypse 3 :19) revint à l'esprit de certaines des personnes présentes. Lorsque les gens virent leurs cœurs comme le Seigneur les voient, ils comprirent leurs véritables conditions et désirèrent un changement dans leur vie. Cela a été l'objectif principal des visions données à madame White.

Peu de temps après la mort de James White en 1881, madame White alla vivre près du Collège d'Healdsburg. Plusieurs jeunes filles habitaient avec elle pendant qu'elles allaient à l'école. En ce temps là, il était de coutume de porter un filet simple sur la tête pour que les cheveux soient maintenus propres et qu'ils ne dérangent pas durant toute la journée. Un jour, de passage dans la chambre de madame White, une des jeunes filles vit un filet de bonne qualité qui lui plaisait. Pensant que personne ne remarquerait sa disparition, elle le prit et le mit au-dessus de sa malle. Un peu plus tard lorsque madame White s'habilla pour sortir, elle ne sut où trouver son filet et dut s'en passer. Le soir quand la famille fut au complet, madame White demanda si quelqu'un avait vu son filet, mais personne ne semblait savoir où il se trouvait.

Un jour plus tard, tandis que madame White passait dans la chambre des jeunes filles, une voix lui dit : "Ouvre cette malle." Mais n'en étant pas la propriétaire, elle ne voulut pas l'ouvrir. Elle fut instruite une deuxième fois et reconnut la voix comme celle de l'ange. Quand elle souleva le couvercle, elle comprit pourquoi l'ange lui avait parlé, car devant elle se trouvait son filet. Lors d'une autre réunion de famille, madame White posa encore des questions concernant le filet, disant que le filet ne pouvait pas disparaître tout seul. Personne ne dit mot. Ainsi madame White ne fit plus cas de l'affaire.

Quelques jours plus tard, pendant que madame White se reposait après avoir écrit, elle reçut une très courte vision. Elle vit la main d'une fille, celle-ci mettant un filet au dessus d'une lampe à pétrole. Quand le filet toucha la flamme, il disparut dans le feu. Et la vision se termina.

Lors de la réunion de famille qui suivit, madame White parla encore de la disparition du filet, mais là encore il n'y eut aucune confession, et personne ne semblait savoir où il se trouvait. Peu après madame White appela la jeune fille de côté et lui fit mention de la voix qu'elle avait entendue et ce qu'elle avait vu dans la malle. Puis elle lui raconta la très courte vision dans laquelle elle vit le filet brûler au-dessus d'une lampe. Ayant entendu cela, la fille confessa avoir pris le filet et qu'elle brûla ensuite de peur d'être découverte. Elle confessa tout à madame White et au Seigneur et tout fut réglé.

[17]

On pourrait penser que cela est une affaire insignifiante pour que Dieu s'en préoccupe. N'est-ce pas juste un filet ? Mais cette affaire avait une plus grande importance que la valeur de l'objet volé. Cette jeune fille était un membre de l'Eglise Adventiste du Septième Jour. Elle pensait être sans problème, cependant elle ne vit pas ses défauts de caractère. Elle ne vit pas l'égoïsme qui la poussa à voler et à tromper. Mais lorsqu'elle réalisa l'importance des petites choses - pour que Dieu donne une vision à sa messagère, très occupée ici sur terre, au sujet d'un filet - cette jeune femme commença à voir les choses à leur juste valeur. Cette expérience fut le tournant de sa vie.

C'est une des raisons pour laquelle madame White recevait des visions. Bien que plusieurs des témoignages écrits par madame White eussent des applications très spécifiques, ils présentaient des principes qui répondaient aux besoins de l'Eglise dans tous les pays de monde. Madame White révéla le but et la place des témoignages en ces mots :

"Les témoignages ne sont pas écrits pour apporter une nouvelle lumière, mais pour que les vérités inspirées déjà révélées soient inscrites plus clairement dans le cœur. Le devoir de l'homme vis-à-vis de Dieu et de son prochain a été clairement défini dans la Parole de Dieu, et pourtant bien peu d'entre vous suivent la lumière ainsi révélée. Aucune vérité supplémentaire n'est donnée ; mais Dieu à travers les témoignages simplifia les grandes vérités déjà révélées ... Les témoignages ne sont pas écrits pour déprécier la Parole de Dieu, mais pour l'exalter, et y attirer les esprits, de sorte que la belle simplicité de la vérité puisse avoir un impact sur tous."

Durant toute sa vie, madame White parla de la Parole de Dieu aux gens. A la fin de son premier livre elle écrivit :

"Je vous recommande, cher lecteur, la Parole de Dieu comme règle de votre foi et de votre conduite. Par cette Parole nous serons jugés. Dieu promit dans cette parole de donner des visions dans 'les derniers jours' ; non pas comme nouvelle règle de foi, mais pour réconforter son peuple et pour corriger ceux qui s'éloignent de la vérité biblique."

La vision qui ne pouvait être racontée

Au cours d'une série de rencontres à Salamanca, New York, en Novembre 1890, où madame White prenait la parole lors de grandes réunions, elle devint très faible après avoir contracté une sévère grippe pendant le voyage vers cette ville. Après une des rencontres, elle rentra dans sa chambre découragée et malade. Elle avait décidé de répandre son âme devant Dieu pour lui demander d'avoir pitié et de lui accorder la santé et la force. Elle se mit à genoux à côté de sa chaise. Voici ce qu'elle dit :

"Je n'avais pas encore dit un mot lorsque toute la chambre sembla être remplie d'une douce lumière argentée, et la peine de ma déception et de mon découragement disparut. Je fus remplie de réconfort et d'espoir : la paix du Christ."

Ensuite elle reçut une vision. Après la vision elle n'eut plus envie de dormir. Elle n'eut plus envie de se reposer. Elle était guérie : son besoin de repos avait été satisfait.

Le lendemain matin, une réponse devait être donnée. Pourrait-elle se rendre au lieu où les prochaines réunions allaient se tenir ? Où devait-elle rentrer à la maison à Battle Creek ? A. T. Robinson, qui avait la responsabilité du travail, et William White, le fils de madame White, se rendirent dans sa chambre pour avoir une réponse. Ils la trouvèrent habillée et en bonne santé. Elle était prête à partir. Elle leur parla de sa guérison. Elle parla de la vision. Elle dit : "Je veux vous raconter ce qui m'a été révélé hier nuit. En vision, il me semblait être à Battle Creek, et l'ange me dit : 'Suis-moi.' Puis elle hésita. Elle ne se rappelait plus du reste. Elle essaya de nous la raconter deux fois consécutives, mais elle ne pouvait se souvenir de ce qui lui avait été révélé. Les jours qui suivirent, elle écrivit ce qui lui avait été révélé. Il s'agissait d'un plan concernant notre journal de liberté religieuse qui s'appelait *American Sentinel*."

"Pendant la nuit, j'étais présente à plusieurs comités, et là j'entendis des hommes influents dire que si *American Sentinel* enlevait les mots 'Adventistes du Septième Jour' de ses rubriques, et ne mentionnait rien concernant le Sabbat, les grands de ce monde le patroneraient; il deviendrait populaire, et ferait un plus grand travail. Cela semblait très intéressant."

"Je vis leurs visages luire, et ils commencèrent à travailler sur une politique qui ferait de *Sentinel* un succès populaire. Le sujet fut abordé par des hommes qui avaient besoin de la vérité dans leur esprit et leur âme."

Il est clair qu'elle vit un groupe d'hommes discuter la politique éditoriale de ce journal. A l'ouverture de la session de la Conférence Générale en Mars 1891, madame White fut contactée pour s'adresser aux ouvriers chaque matin à cinq heures trente ainsi qu'à toute l'assemblée de 4,000 personnes le Sabbat après-midi. Son texte le Sabbat après midi fut : "Que votre lumière luise ainsi devant les hommes, afin qu'ils voient vos bonnes œuvres, et qu'ils glorifient votre Père qui est dans les cieux." Tout le discours fut un appel aux Adventistes du Septième Jour à maintenir les caractéristiques particulières à leur foi. Trois fois durant la réunion, elle commença à raconter la vision de Salamanca, mais chaque fois elle en fut empêchée. Les événements de la vision lui quittaient tout simplement l'esprit. Elle dit alors : "Je vous en dirai davantage à ce sujet plus tard." Elle terminait son sermon après environ une heure de temps et c'était la fin de la réunion. Tous avaient remarqué qu'elle n'arrivait pas à se rappeler la vision.

Le président de la Conférence Générale s'approcha d'elle pour lui demander si elle se chargerait de la réunion du matin.

"Non," répondit-elle : "Je suis exténuée; j'ai donné mon témoignage. Faites d'autres arrangements pour la rencontre du matin." D'autres dispositions furent prises.

Sur le chemin de la maison, madame White dit aux membres de sa famille qu'elle n'assisterait pas à la réunion du matin. Elle était exténuée, et elle rentrait pour bien se reposer. Elle allait rester au lit le dimanche matin et des arrangements avaient été faits dans ce sens.

Cette nuit là, après la clôture de la session de la conférence, un petit groupe d'hommes se réunit dans un des bureaux du bâtiment de Review and Herald. A cette réunion, il y avait des représentants de la maison d'édition qui avait fait paraître *American Sentinel*, ainsi que des représentants de l'association de la liberté religieuse. Ils se rencontrèrent pour discuter et résoudre un problème délicat : la politique éditoriale de *American Sentinel*. Ils fermèrent la porte à clé, et tous furent d'avis que personne n'ouvrirait la porte jusqu'à ce que le problème soit réglé.

La réunion se termina le dimanche matin un peu avant trois heures sur une impasse, avec la déclaration des responsables de la liberté religieuse stipulant qu'à moins que Pacific Press n'accepte leur demande de disposer des termes "Adventiste du Septième Jour" et "le Sabbat" des rubriques de ce journal, ils ne l'utiliseraient plus comme journal de l'association de la liberté religieuse. Cela signifiait faire disparaître le journal. Ils ouvrirent la porte, et les hommes se dirigèrent vers leurs chambres pour dormir.

Mais Dieu qui jamais ne somnole ni ne dort, envoya son ange dans la chambre d'Ellen White à trois heures ce matin là. Elle fut réveillée de son sommeil et instruite de se rendre à la réunion des ouvriers à cinq heures trente pour présenter ce qui lui avait été révélé à Salamanca. Elle s'habilla, alla dans son bureau, y prit le journal dans lequel elle avait écrit ce qui lui avait été révélé à Salamanca. Au fur et à mesure que la scène lui revenait avec clarté, elle écrivit davantage pour le présenter.

Les pasteurs venaient à peine de se relever d'une prière dans le temple lorsqu'ils aperçurent madame White entrer dans la salle avec un lot de manuscrits sous le bras. Le président de la Conférence Générale était le présentateur, et il lui dit : "Sœur White, nous sommes heureux de vous voir. Avez-vous un message pour nous ?"

"Oui, j'en ai un," fut sa réponse. Puis elle s'avança. Elle continua alors à l'endroit où elle s'était arrêtée la veille. Elle leur dit qu'à trois heures du matin elle avait été réveillée de son sommeil et fut instruite de se rendre à la réunion des ouvriers à cinq heures trente pour présenter ce qui lui avait été révélé à Salamanca.

"En vision," dit-elle : "Il me sembla être à Battle Creek. Je fus transportée au bureau de Review and Herald, et l'ange me dit : 'Suis-moi.' Je fus transportée dans une salle ou un groupe d'hommes discutait sérieusement d'une affaire. Il y avait un certain zèle, mais pas celui de la connaissance." Elle décrit la manière dont ils discutèrent la politique éditoriale de *American Sentinel*, puis ajouta : "Je vis un des hommes prendre une copie de *Sentinel*", la levant au-dessus de sa tête il dit : "A moins que ces articles sur le Sabbat et le Second retour ne soient enlevés de ce journal, nous ne l'utiliserons plus comme journal de l'association de la liberté religieuse." Ellen White parla pendant une heure, décrivant la réunion qui lui avait été révélée en vision des mois en arrière et elle donna des conseils basés sur cette révélation. Après quoi elle s'assit.

Le président de la Conférence Générale ne savait que penser de cela. Il n'avait jamais eu écho d'une telle réunion. Mais ils n'eurent pas besoin d'attendre très longtemps pour avoir une explication. En effet, un homme se leva du fond de la salle et commença à parler :

"J'étais à cette réunion hier nuit."

"Hier nuit !" s'exclama madame White. "Hier nuit ? Je pensais que cette réunion s'était déjà tenue des mois en arrière, lorsque cela me fut montré en vision."

"J'étais à cette réunion hier nuit," dit-il, "et je suis l'homme qui fit ces remarques au sujet des articles du journal, le tenant au-dessus de ma tête. Je suis désolé de dire que j'étais sur la mauvaise voie, mais je saisis cette opportunité pour me remettre sur la bonne voie." Puis il s'assit.

Un autre homme se leva et pris la parole. C'était le président de l'association de la liberté religieuse. Prenez note de ces dires : "J'étais à cette réunion. Hier nuit après la clôture de la session, certains d'entre nous se sont réunis dans ma chambre au bureau de la revue où nous nous sommes enfermés. Nous avons mentionné et discuté les questions et le sujet qui nous a été présenté ce matin. Nous sommes restés dans cette chambre jusqu'à trois heures ce matin. Si je commence à décrire ce qui s'y passa et les attitudes personnelles de ceux qui se trouvaient dans la chambre, je ne pourrai jamais le faire avec autant d'exactitude et aussi correctement que l'a fait sœur White. Je vois maintenant que j'étais dans l'erreur et que la position que j'avais prise n'était pas correcte. A partir de la lumière qui nous a été donnée ce matin, je reconnais avoir eu tort."

D'autres personnes parlèrent ce jour là. Chaque homme présent à la réunion cette nuit là se leva et donna son témoignage, disant qu'Ellen White avait décrit avec exactitude la réunion et l'attitude de ceux qui se trouvaient dans la chambre. Avant la fin de cette rencontre le dimanche matin, le groupe de la liberté religieuse fut réuni, et ils annulèrent le vote qui avait été pris seulement quelques heures auparavant.

[20]

Si madame White n'avait pas été empêchée et avait relaté la vision le Sabbat après-midi, son message n'allait pas avoir l'impact que Dieu voulait, car la réunion ne s'était pas encore tenue.

D'une façon ou d'une autre, ces hommes n'avaient pas appliqué les conseils généraux donnés le Sabbat après-midi. Ils pensaient mieux connaître. Peut-être raisonnaient-ils comme certains aujourd'hui, "Peut-être sœur White ne comprit pas bien" ou "Nous vivons dans un monde différent de nos jours." Les pensées que Satan nous inspire de nos jours sont les mêmes que celles qu'il utilisa pour tenter nos pasteurs en 1891. Dieu, en son temps et à sa manière, montra clairement que c'était son œuvre ; Il guidait ; il protégeait ; il tenait le volant. Ellen White nous dit que "Dieu a souvent permis que certaines crises aient lieu pour que nous puissions voir son intervention. Ainsi il montre qu'il y a un Dieu en Israël."

Les témoignages et le lecteur

Pendant soixante et dix années Ellen White a parlé et écrit les choses que Dieu lui avaient révélées. Plusieurs fois, des conseils ont été donnés pour corriger ceux qui s'éloignaient de la vérité biblique. D'autres fois, ils montraient la direction que Dieu voulait que ses enfants suivent. Parfois, les témoignages concernaient le mode de vie, le foyer, et l'Eglise. Comment les membres d'Eglise recevaient-ils ces messages ?

Dès le début de son œuvre, des responsables de l'Eglise l'examinèrent pour s'assurer que la manifestation du don de prophétie était authentique. L'apôtre Paul dit : "Ne méprisez pas les prophéties. Mais examiner toutes choses ; retenez ce qui est bon." 1 Thessaloniciens 5 :20, 21. L'œuvre de madame White a été soumise aux tests bibliques d'un prophète. Et c'est ce qu'elle aurait fait, car elle écrivit : "Soit cette œuvre est de Dieu, soit elle ne l'est pas. Dieu ne fait rien en collaboration avec Satan. Mon œuvre durant les trente dernières années porte soit le sceau de Dieu, soit le sceau de l'ennemi. Il n'y a pas de demi-mesure dans cette affaire."

La Bible donne quatre tests de base selon lesquels un prophète doit être examiné. L'œuvre de madame White passe chaque test.

Le message d'un vrai prophète doit être en harmonie avec la loi de Dieu et les messages des prophètes. Ésaïe 8 :20.

Les écrits d'E. G. White élèvent la loi de Dieu et guident toujours les hommes et les femmes à la Bible dans son ensemble. Elle désigne la Bible comme la seule règle de foi et de conduite et comme étant la grande lumière vers laquelle ses écrits "la petite lumière" mènent.

Les prédictions d'un vrai prophète doivent se réaliser dans un contexte de façon conditionnelle. Jérémie 18 :7-10 ; 28 :9. Tandis que l'œuvre de monsieur White était semblable à celle de Moïse qui guidait le peuple, elle écrivit de manière à prédire plusieurs événements qui devaient avoir lieu. Dès le début de notre œuvre de publication en 1848, elle parla de la manière dont elle grandirait pour encercler le monde de lumière. Aujourd'hui, les Adventistes du Septième Jour publient des ouvrages en 200 langues évalués à plus de $100.000.000 par an.

En 1890, le monde déclara qu'il n'y aurait plus de guerre et que nous étions à l'aube du millénium. Ellen White écrivit : "La tempête arrive, et nous devons être prêts pour sa fureur ... nous verrons des troubles de tous côtés. Des milliers de navires couleront au fond de la mer. Des bateaux couleront, et des vies humaines seront sacrifiées par millions." Cela se réalisa pendant la première et la deuxième guerre mondiale.

Un vrai prophète confessera que Jésus Christ est venu en chair, et que Dieu fut incarné dans la chair humaine. 1 Jean 4 :2. [21]

La lecture de *Jésus Christ* montre clairement que l'œuvre d'Ellen White satisfait à ce test. Faites attention aux paroles suivantes :

"Jésus aurait pu demeurer au côté du Père. Il aurait pu conserver la gloire du ciel et l'hommage des anges. Il préféra remettre le sceptre entre les mains du Père et descendre du trône de l'univers pour apporter la lumière à ceux qui en furent privés, la vie à ceux qui périssaient."

"Voici près de deux mille ans qu'une voix mystérieuse émanant du trône de Dieu, a été entendue dans le ciel : 'Tu n'as voulu ni sacrifice, ni offrande ; mais tu m'as formé un corps....Voici je viens - dans le rouleau du livre il est écrit à mon sujet - pour faire, ô Dieu ta volonté.' Hébreux 10 :5-7. Ces paroles annonçaient l'accomplissement du dessein tenu caché de toute éternité. Le Christ était sur le point de visiter notre monde et de s'incarner. ... Il n'avait aucune beauté qui put le recommander aux yeux des hommes : il était néanmoins Dieu incarné, lumière du ciel et de la terre. Sa gloire était voilée, sa grandeur et sa majesté étaient cachées pour lui permettre de s'approcher des hommes affligés et tentés."

Le test le plus important du vrai prophète se trouve peut-être dans sa vie, son œuvre, et l'influence de ses enseignements. Le Christ énonça ce test en (Matthieu 7 :15, 16) : "Vous les reconnaîtrez à leur fruit."

Tandis que nous regardons au fruit tel que manifesté dans la vie de ceux qui ont suivi les conseils de l'Esprit de prophétie, nous voyons que cela est bon. Les témoignages ont produit un bon fruit. Lorsque nous regardons l'Eglise, sachant que nous avons entrepris différentes activités grâce à ces conseils. Nous devons reconnaître que l'œuvre de madame White satisfait à ce test. L'unité de l'enseignement dans les œuvres écrites sur une période de soixante et dix années produit aussi un témoignage positif pour l'intégrité du don.

Tests pratiques d'un vrai prophète

En plus des quatre tests principaux, le Seigneur a donné des signes qui montrent clairement que l'œuvre est sous sa direction. Voici les signes :

Le caractère opportun du message. Le peuple de Dieu a un besoin particulier, et le message vient juste à temps pour satisfaire à ce besoin, comme ce fut le cas avec la première vision donnée à madame White.

Le caractère pratique des messages. Les informations révélées à madame White dans les visions étaient pratiques et satisfaisaient aux besoins du moment. Voyez comment les conseils du témoignage entrent de manière pratique dans notre vie de tous les jours.

Le niveau spirituel élevé des messages. Ils ne traitent pas de sujets enfantins ou vulgaires, mais de grands thèmes. Le langage est raffiné.

La manière dont les visions ont été données. Plusieurs visions étaient accompagnées de phénomènes physiques tels que décrits plus tôt.

L'expérience de Madame White en vision était semblable à celle des prophètes bibliques. Les visions étaient des expériences précises et non de simples impressions. En vision, madame White vit, entendit, sentit et reçut des instructions des anges. Les visions ne pouvaient pas être mises sous le compte de l'excitation, ni de l'imagination.

Madame White n'était pas contrôlée par ceux qui l'entouraient. Voici ce qu'elle écrivit à un monsieur : "Vous pensez que des individus ont affecté mon jugement. Si cela est mon cas, je ne suis pas digne qu'on me confie l'œuvre de Dieu."

Son œuvre était reconnue par ses contemporains. Ceux de l'Eglise qui vivaient et travaillaient avec madame White, et beaucoup de personnes hors de l'Eglise reconnurent qu'elle était la "messagère du Seigneur." Ceux qui étaient proches d'elle croyaient grandement en son appel et en son œuvre.

Ces quatre tests bibliques et les signes additionnels mentionnés ci-dessus nous donnent l'assurance que l'œuvre d'Ellen White est de Dieu et est digne de confiance.

Les nombreux livres d'E. G. White sont remplis de conseils et d'instructions qui ont une valeur permanente pour l'Eglise. Que ces témoignages soient de nature générale ou des témoignages personnels adressés aux familles ou aux individus, ils nous font du bien aujourd'hui. Voici ce que Madame White dit à ce sujet :

"Puisque les avertissements et les instructions donnés dans des témoignages pour des cas individuels s'appliquaient avec la même rigueur à beaucoup d'autres qui n'avaient pas été montrés de cette manière, il me semblait être mon devoir de publier les témoignages personnels pour le bénéfice de l'Eglise ... Je ne connais pas de meilleure méthode pour présenter mes visions des dangers et erreurs généraux, et du devoir de tous ceux qui aiment Dieu et gardent ses commandements que de donner ces témoignages." C'est faire un mauvais usage des témoignages que de les lire pour trouver des points sur lesquels l'on peut se baser pour condamner un membre d'Eglise. Les témoignages ne doivent pas être utilisés comme une matraque pour amener certains frères ou sœurs à voir les choses comme nous les voyons. Il y a des sujets qui doivent être réglés seulement entre l'individu et Dieu.

Les conseils devraient être étudiés pour trouver les principes fondamentaux qui s'appliquent à notre vie actuelle. Le cœur humain est pratiquement le même partout dans le monde ; les problèmes des uns sont souvent les problèmes des autres. "En reprochant les erreurs des uns," madame White écrivit : Dieu "a prévu de corriger un grand nombre." "Il révèle les erreurs des uns pour que d'autres soient ainsi avertis."

Vers la fin de sa vie madame White donna les conseils suivants :

"A travers son Saint Esprit, la voix de Dieu nous a donné continuellement des avertissements et des instructions ... Le temps et les épreuves n'ont pas annulé les instructions données.... L'instruction qui a été donnée dans les premiers jours du message doit être conservée comme instruction sûre à suivre en ces temps de la fin."

Les conseils qui suivent sont tirés de certains livres d'E. G. White - mais surtout des trois volumes des trésors de témoignages, de l'édition mondiale des *Témoignages pour l'Eglise* - et représentent les lignes d'instruction que nous pensons être les plus bénéfiques pour l'Eglise dans les champs où à cause du nombre limité des membres d'Eglise, il est impossible de publier plus d'un seul volume de taille modéré. Le travail de sélection et d'organisation de ces conseils a été fait par un large comité, travaillant avec l'autorisation du Comité de Publications des Ecrits d'Ellen G. White, à qui a été assignée la responsabilité de gérer les conseils de l'Esprit de prophétie. Les sélections sont souvent courtes et limitées à un exposé pratique des principes de base, permettant ainsi de couvrir un vaste éventail de sujets.

"Confiez-vous en l'Eternel, votre Dieu, et vous serez affermis ; confiez-vous en ses prophètes, et vous réussirez." 2 Chroniques 20 :20.

Le Comité de Publications des Ecrits d'Ellen G. White
Washington, D. C., le 22 juillet 1957.

Révisé à Silver Spring, MD
Le 1er janvier 1990

Chapitre 1 — Une vision de la récompense des fidèles

Ma première vision

Alors que je priais au culte de famille, le Saint-Esprit reposa sur moi, et il me semblait m'élever de plus en plus au-dessus de ce monde de ténèbres. Je me détournais pour voir mes frères adventistes restés en ce bas monde, mais je ne pus les découvrir. Une voix me dit alors : "Regarde encore, mais un peu plus haut." Je levai les yeux, et je vis un sentier abrupt et étroit, bien au-dessus de ce monde. C'est là que les adventistes s'avançaient vers la sainte cité. Derrière eux, au début du sentier, il y avait une brillante lumière, que l'ange me dit être le cri de minuit. Cette lumière éclairait le sentier dans toute sa longueur pour que leurs pieds ne s'achoppent pas. Jésus marchait à leur tête pour les guider ; et tant qu'ils fixaient les regards sur lui, ils étaient en sécurité.

Mais bientôt quelques-uns se lassèrent et dirent que la cité était encore fort éloignée et qu'ils avaient pensé y arriver plus tôt. Alors Jésus les encouragea en élevant son bras droit glorieux d'où émanait une lumière qui se répandit sur les adventistes. Ceux-ci s'écrièrent : "Alléluia !" Mais certains d'entre eux repoussèrent effrontément cette lumière, en disant que ce n'était pas Dieu qui les avait conduits. La lumière qui était derrière eux finit par s'éteindre, et ils se trouvèrent alors dans de profondes ténèbres. Ils trébuchèrent et perdirent de vue et le but et Jésus, puis tombèrent du sentier et sombrèrent dans le monde méchant qui était au-dessous.

Nous entendîmes bientôt la voix de Dieu, semblable au bruit des grandes eaux, annonçant le jour et l'heure du retour de Jésus. Les justes vivants, au nombre de 144 000, reconnurent et comprirent la voix, alors que les méchants la prirent pour le tonnerre et un tremblement de terre. Lorsque Dieu annonça le temps, il répandit sur nous le Saint Esprit. Nos visages en furent illuminés et reflétèrent la gloire divine, comme celui de Moïse alors qu'il descendait le mont Sinaï.

Les 144 000 étaient tous scellés et parfaitement unis. Sur leur front se lisaient ces mots : "Dieu, nouvelle Jérusalem", et on y voyait une étoile glorieuse contenant le nouveau nom de Jésus. Notre état heureux et saint enflammait la colère des méchants, et ils se précipitèrent sur nous avec violence pour nous appréhender et nous jeter en prison. Nous levâmes la main au nom du Seigneur et ils tombèrent impuissants sur le sol. Alors la synagogue de Satan sut que le Seigneur nous avait aimés, nous qui pouvions nous laver mutuellement les pieds et saluer les frères par un saint baiser. Ils se jetèrent à nos pieds et adorèrent.

Bientôt nos regards se dirigèrent vers l'Orient, car une petite nuée noire y avait fait son apparition. Elle avait à peu près la grandeur de la moitié de la main, et nous savions tous que c'était le signe du Fils de l'homme. Dans un silence solennel, nous contemplâmes tous la nuée qui descendait. Plus elle s'approchait, plus elle devenait lumineuse et glorieuse, jusqu'à ce qu'elle parut comme une grande nuée blanche. Le bas avait l'apparence du feu ; l'arc-en-ciel la surmontait et elle était entourée de milliers d'anges qui exécutaient un chant des plus mélodieux. Le Fils de l'homme était assis sur la nuée. Ses cheveux blancs et bouclés flottaient sur ses épaules, et sa tête était ornée de plusieurs couronnes. Ses pieds avaient l'apparence du feu ; dans sa main droite était une faucille tranchante, et dans sa main gauche une trompette d'argent. Ses yeux, semblables à des flammes de feu, transperçaient ses enfants de part en part.

Alors tous les visages pâlirent, et ceux des méchants, que Dieu avait rejetés, devinrent noirs. Nous nous écriâmes tous : "Qui pourra subsister ? Ma robe est-elle sans tache ?" Les anges suspendirent leur chant, et il y eut un instant de pénible silence, rompu par ces paroles de Jésus : "Ceux qui ont purifié leurs mains et leurs cœurs pourront subsister ; ma grâce vous suffit." A ces paroles, nos visages s'illuminèrent et nos cœurs furent remplis d'allégresse. Les anges reprirent leur mélodie sur un ton plus élevé tandis que la nuée se rapprochait davantage de la terre.

Alors la trompette d'argent de Jésus se fit entendre, pendant qu'il descendait sur la nuée, enveloppé de flammes de feu. Ses regards se portèrent sur les sépulcres des saints endormis ; puis, levant vers le ciel les mains et les yeux, il s'écria : "Réveillez-vous ! Réveillez-vous ! Réveillez-vous ! Vous qui dormez dans la poussière, levez-vous !" Il y eut alors un grand tremblement de terre. Les tombeaux s'ouvrirent, et les morts en Christ en sortirent, revêtus d'immortalité. Les 144 000 s'écrièrent : "Alléluia !" en reconnaissant leurs amis dont ils avaient été séparés par la mort. Au même instant, nous fûmes tous changés et enlevés avec eux pour aller à la rencontre du Seigneur dans les airs.

Nous entrâmes tous ensemble dans la nuée, et notre ascension pour atteindre la mer de verre dura sept jours. Arrivés là, Jésus, de sa propre main, ceignit nos fronts d'une couronne. Il nous remit des harpes d'or et des palmes de victoire. Les 144 000 formaient un carré parfait sur la mer de verre. Les uns avaient des couronnes plus brillantes que d'autres. Quelques couronnes semblaient chargées d'étoiles, tandis que d'autres n'en avaient que quelques-unes. Tous étaient ravis de leurs couronnes. Ils étaient revêtus de superbes manteaux blancs, tombant des épaules aux pieds. Entourés d'anges, nous nous rendîmes à la porte de la ville à travers la mer de verre. Levant son bras puissant et glorieux, Jésus fit tourner sur ses gonds étincelants la porte de perle, en nous disant : "Vous avez lavé vos robes dans mon sang, vous avez gardé fidèlement ma vérité, entrez !" Nous entrâmes tous avec le sentiment que nous avions droit à ce lieu.

Là, nous vîmes l'arbre de vie et le trône de Dieu. Du trône sortait un fleuve d'eau vive, et sur chaque rive se trouvait l'arbre de vie. D'un côté du fleuve on voyait un tronc ; de l'autre, un autre tronc, tous les deux d'or pur et transparent. Je crus d'abord qu'il s'agissait de deux arbres ; mais en regardant de plus près, je m'aperçus qu'ils étaient unis dans le haut et n'en formaient qu'un seul. C'était donc l'arbre de vie qui était sur les deux bords du fleuve d'eau vive. Ses branches s'inclinaient sur l'endroit où nous nous trouvions ; son fruit était superbe ; il avait l'apparence de l'or mêlé à de l'argent.

Nous allâmes tous sous cet arbre, et nous nous assîmes pour contempler la magnificence du lieu. Les frères Fitch et Stockam, qui avaient prêché l'Evangile du royaume et que Dieu avait recueilli dans la tombe pour les sauver, vinrent à nous et nous demandèrent ce qui nous était arrivé pendant leur sommeil. Nous essayâmes de nous souvenir de nos plus grandes épreuves, mais elles nous parurent si insignifiantes comparées au poids éternel de gloire dont nous étions entourés, que nous ne pûmes rien en dire. Nous nous écriâmes : "Alléluia ! Le ciel est bon marché !" Touchant nos harpes d'or, nous en fîmes résonner les voûtes célestes.

Jésus à notre tête, nous quittâmes tous la cité céleste pour la terre. Nous nous posâmes sur une grande et haute montagne, mais elle ne put supporter le poids de Jésus ; elle se partagea en deux et il se forma une immense plaine. Portant nos regards en haut, nous vîmes la grande ville aux douze fondements et aux douze portes : trois de chaque côté, et un ange à chacune d'elles. Nous nous écriâmes : "c'est la ville, la grande ville ! Elle descend du ciel, d'auprès de Dieu, sur la terre." Et elle se posa à l'endroit où nous étions. Nous nous mîmes à considérer les magnificences qui se trouvaient hors de la ville. J'y vis de superbes maisons, ayant l'apparence de l'argent, supportées par quatre colonnes enchâssées de perles du plus bel effet. C'est là qu'étaient les demeures des saints. Dans chacune d'elles, il y avait un rayon d'or. Je vis un grand nombre de saints entrer dans ces maisons, enlever leurs couronnes étincelantes et les déposer sur le rayon. Puis ils s'en allaient dans les champs pour se livrer [25] à quelque occupation. Mais leur travail n'avait aucun rapport avec celui auquel nous nous livrons aujourd'hui. Une lumière éclatante illuminait leur tête, et ils faisaient monter continuellement vers Dieu leurs louanges.

Je vis encore un autre champ rempli de toutes espèces de fleurs. J'en cueillis quelques-unes, et je m'écriai : "Elles ne se faneront jamais !" Je vis ensuite un champ de hautes herbes du plus bel aspect. Elles étaient d'un vert vif, avec des reflets d'argent et d'or, ondulant fièrement à la gloire du Roi Jésus. Puis nous entrâmes dans un champ où se trouvaient toutes espèces d'animaux : le lion, l'agneau, le léopard et le loup. Ils vivaient ensemble en très bonne intelligence. Nous passâmes au milieu d'eux, et ils nous suivirent paisiblement. Nous entrâmes encore dans une forêt, non comme les bois sombres qui existent aujourd'hui, non, non ; mais lumineuse et glorieuse. Les branches des arbres se balançaient et nous nous écriâmes : "Nous habiterons en sécurité au désert, et nous dormirons dans les forêts." Nous traversâmes les bois, car c'était le chemin que nous devions suivre pour nous rendre à la montagne de Sion.

Chemin faisant, nous rencontrâmes des gens qui s'extasiaient sur les merveilles du lieu. Je remarquai que leurs vêtements étaient bordés de rouge ; leurs couronnes étaient étincelantes ; leurs robes, d'une blancheur immaculée. Lorsque nous les saluâmes, je demandai à Jésus qui ils étaient. Il me répondit que c'étaient des martyrs qui avaient donné leur vie pour lui. Avec eux se trouvait une multitude innombrable de petits enfants dont les vêtements étaient aussi bordés de rouge. La montagne de Sion était là devant nous, avec son temple superbe. Autour il y avait sept autres montagnes couvertes de roses et de lis. Je vis les petits enfants en faire l'ascension, ou s'ils le préféraient, employer leurs ailes pour voler au sommet des montagnes et y cueillir des fleurs qui ne se fanent jamais. Autour du temple croissaient des arbres de toutes essences pour orner ce lieu : le buis, le pin, le sapin, l'olivier, le grenadier et le figuier chargé de fruits mûrs. Tout cela rendait ce lieu admirable. Alors que nous allions entrer dans le temple, Jésus éleva sa douce voix pour dire : "Seuls les 144 000 peuvent pénétrés ici." Nous nous écriâmes tous : "Alléluia !"

Le temple reposait sur sept colonnes d'or pur et transparent, dans lesquelles étaient enchâssées des perles magnifiques. Je ne saurais décrire toutes les splendeurs que j'y ai vues. Oh, que ne puis-je parler le langage de Canaan ! Je pourrais alors donner quelque idée de la gloire d'un monde meilleur. J'y ai vu des tables de pierre où étaient gravés en lettres d'or les noms des 144 000.

Après avoir contemplé la magnificence du temple, nous en sortîmes, et Jésus nous quitta pour se rendre dans la ville. Bientôt, nous entendîmes de nouveau sa voix admirable nous dire : "Venez, vous tous qui faites partie de mon peuple ; vous sortez de la grande tribulation ; vous avez fait ma volonté, souffert pour moi ; venez au souper. Je me ceindrai moi-même et je vous servirai." Nous nous écriâmes : "Alléluia ! Gloire !" et nous entrâmes dans la ville. Là, j'aperçus une table d'argent massif. Elle avait plusieurs kilomètres de long, ce qui ne nous empêchait pas de la voir d'un bout à l'autre. J'y vis le fruit de l'arbre de vie, de la manne, des amandes, des figues, des grenades, du raisin et beaucoup d'autres sortes de fruits. Je demandai à Jésus si je pouvais en manger. Il me répondit : "Pas encore. Ceux qui mangent de ces fruits ne sauraient retourner sur la terre. Mais dans peu de temps, si tu es fidèle, tu pourras manger du fruit de l'arbre de vie et boire à la source des eaux vives." Et il ajouta : "Il faut que tu redescendes sur la terre pour dire à d'autres ce que je t'ai révélé." Alors un ange me déposa doucement dans ce monde des ténèbres.

[26] Il me semble parfois que je n'y puis rester plus longtemps. Tout est si triste ici-bas. Je me sens si seule, car j'ai vu un monde meilleur. Oh, que n'ai-je les ailes de la colombe ! Je volerais au loin pour trouver le repos ! Premier écrits, 14-20.

Chapitre 2 — Le temps de la fin

Nous vivons au temps de la fin. La succession rapide des signes des temps proclame l'imminence de la venue du Seigneur. Nous sommes à une époque importante et solennelle. L'Esprit de Dieu se retire de la terre, peu à peu mais sans arrêt. Déjà plaies et jugements frappent les contempteurs de la grâce divine. Calamités sur terre et sur mer, instabilité de l'état social, menaces de guerres : autant de mauvais présages annonçant la proximité d'événements d'une gravité inouïe.

Les forces du mal se coalisent et s'accroissent en vue de la crise finale. De grands changements vont bientôt se produire dans le monde, et les événements de la fin, se précipiter.

L'état actuel des choses montre que des temps troublés vont fondre sur nous. Les journaux sont remplis d'allusions à un conflit formidable devant se produire à brève échéance. Des cambriolages audacieux arrivent fréquemment, les grèves sont communes, les vols et les meurtres se multiplient. Des vies d'hommes et d'enfants sont supprimées par des individus soumis à des esprits démoniaques. Le vice sévit et le mal prévaut sous toutes ses formes.

Satan a réussi à pervertir la justice, et à remplir les cœurs du désir de réaliser des gains illicites. "La délivrance s'est retirée, et le salut se tient éloigné ; car la vérité trébuche sur la place publique, et la droiture ne peut approcher." Ésaïe 59 :14. Les grandes villes comptent de multitudes de miséreux, privés presque complètement de nourriture, de vêtements et d'abri, alors que l'on rencontre dans les mêmes villes des gens qui possèdent plus que le cœur ne peut souhaiter, qui vivent dans le luxe, dépensant leur argent en maisons richement meublées, ou ce qui est pis, pour des gourmandises, des liqueurs, du tabac et d'autres choses tendant à détruire les facultés intellectuelles, à troubler l'esprit et à souiller l'âme. Les cris des foules mourant d'inanition montent jusque vers Dieu, tandis que des hommes amassent des fortunes colossales par toutes sortes d'oppressions et d'extorsions.

Un soir, me trouvant à New York, je considérais des édifices s'élevant, étage sur étage, vers le ciel. Ces immeubles, garantis d'incombustibles, faisaient la gloire de leurs propriétaires et de leurs constructeurs. On avait employé à leur construction les matériaux les plus coûteux, sans se demander comment on pourrait le mieux glorifier le Seigneur.

Je me disais : "Si seulement ceux qui emploient ainsi leurs richesses pouvaient se voir comme Dieu les voit ! Ils construisent des édifices magnifiques, mais leurs plans et leurs inventions ne sont que folie aux yeux de celui qui règne sur l'univers. Ils ne se demandent pas comment ils pourraient glorifier Dieu de tout leur cœur et de tout leur esprit. C'est cependant le premier devoir de l'homme, mais ils l'ont perdu de vue."

Tandis que s'élevaient ces constructions, leurs propriétaires se réjouissaient orgueilleusement d'avoir assez d'argent pour satisfaire leurs ambitions et exciter la jalousie de leurs voisins. Mais une grande partie de cet argent avait été obtenu d'une manière injuste, en exploitant le pauvre. Ils oubliaient qu'au ciel toute transaction, tout acte inique et toute affaire frauduleuse sont enregistrés. Il arrivera que les gens atteignent dans la fraude et l'insolence une limite que Dieu ne leur permettra pas de dépasser. Ils apprendront alors qu'il y a des bornes à la patience de Jéhovah.

Puis une autre scène passa devant moi. On donnait l'alarme : un incendie s'était déclaré. Des hommes regardaient ces immenses édifices supposés à l'abri du feu, et disaient : "Ils sont absolument hors de danger." Mais ces constructions furent consumées comme de la poix. Les pompes à incendie ne purent empêcher leur destruction. Les pompiers n'arrivaient pas à les faire fonctionner.

[27]

Il m'a été dit que lorsque le jour du Seigneur viendra, si aucun changement ne s'opère dans le cœur de ces orgueilleux et de ces ambitieux, ils constateront que la main autrefois puissante pour sauver est également puissante pour détruire. Aucune force terrestre ne saurait retenir la main divine. Il n'est pas de matériaux qui puissent préserver une construction de la ruine lorsque viendra le temps fixé par Dieu pour châtier ceux qui méprisent sa loi et nourrissent une ambition égoïste.

Ils sont peu nombreux, même parmi les éducateurs et les hommes d'Etat, ceux qui comprennent les causes réelles des conditions actuelles de la société. Les hommes qui tiennent les rênes du pouvoir sont incapables de résoudre les problèmes de la corruption morale, du paupérisme et du crime grandissant. C'est en vain qu'ils s'efforcent de donner aux affaires commerciales une base plus sûre. Si l'on voulait accorder plus d'attention à l'enseignement de la Parole de Dieu, on trouverait une solution à tous les problèmes.

L'Ecriture décrit la condition du monde immédiatement avant la seconde venue du Christ. Voici ce qu'il est dit de ceux qui amassent frauduleusement de grandes richesses : "Vous avez amassé des trésors dans les derniers jours ! Voici, le salaire des ouvriers qui ont moissonné vos champs, et dont vous les avez frustrés, crie, et les cris des moissonneurs sont parvenus jusqu'aux oreilles du Seigneur des armées. Vous avez vécu sur la terre dans les voluptés et dans les délices ; vous avez rassasié vos cœurs au jour du carnage ; vous avez condamné, vous avez tué le juste, qui ne vous a pas résisté." Jacques 5 :3-6.

Mais qui s'occupe des avertissements que nous donnent les signes des temps succédant si rapidement ? Quelle impression font-ils sur les mondains ? Quel changement voit-on dans leur attitude ? Pas davantage qu'on n'en vit au temps de Noé. Absorbés par les affaires et plaisirs, les antédiluviens "ne se doutèrent de rien, jusqu'à ce que le déluge vînt et les emportât tous." Matthieu 24 :39. Des avertissements venus du ciel leur avaient été adressés, mais ils refusèrent de les écouter. De même aujourd'hui, le monde ne prête aucune attention aux avertissements divins et se précipite vers la ruine éternelle.

Un esprit belliqueux anime le monde. La prophétie du chapitre onze de Daniel est presque toute accomplie. Bientôt se produiront les scènes de détresse décrites dans les prophéties.

"Voici, l'Eternel dévaste le pays et le rend désert. Il en bouleverse la face et en disperse les habitants.... Car ils transgressaient les lois, violaient les ordonnances, et rompaient l'alliance éternelle. C'est pourquoi la malédiction dévore le pays, et ses habitants portent la peine de leurs crimes.... La joie des tambourins a cessé, la gaîté bruyante a pris fin, la joie de la harpe a cessé." Ésaïe 24 :1-8.

"Ah ! Quel jour ! Car le jour de l'Eternel est proche : il vient comme un ravage du Tout-Puissant.... Les semences ont séché sous les mottes ; les greniers sont vides, les magasins sont en ruines, car il n'y a point de blé. Comme les bêtes gémissent ! Les troupeaux des bœufs sont consternés, parce qu'ils sont sans pâturage ; et même les troupeaux de brebis sont en souffrance." "La vigne est confuse, le figuier languissant ; le grenadier, le palmier, le pommier, tous les arbres des champs sont flétris.... La joie a cessé parmi les fils de l'homme !" Joël 1 :15-18.

"Je regarde la terre, et voici, elle est informe et vide ; les cieux, et leur lumière a disparu. Je regarde les montagnes, et voici, elles sont ébranlées ; et toutes les collines chancellent. Je regarde. Je regarde, et voici, le Carmel est un désert ; et toutes ses villes sont détruites." Jérémie 4 :23-26.

"Malheur ! Car ce jour est grand ; il n'y en a point eu de semblable. C'est un temps d'angoisse pour Jacob ; mais il en sera délivré." Jérémie 30 :7.

[28]

Mais tout le monde ne s'associe pas à l'ennemi pour lutter contre Dieu. Tous n'ont pas abandonné le bon chemin. Un petit nombre est resté fidèle au Seigneur ; car Jean écrit : "C'est ici la persévérance des saints, qui gardent les commandements de Dieu et la foi de Jésus." Apocalypse 14 :12.

Bientôt une bataille furieuse s'engagera entre ceux qui servent Dieu et ceux qui lui sont infidèles. Bientôt tout sera ébranlé, afin que ce qui est fort subsiste.

Satan étudie la Bible avec soin. Il s'efforce de contrecarrer partout l'œuvre que le Seigneur accomplit sur la terre, "sachant qu'il ne lui reste que peu de temps". On ne peut se faire une idée de la situation du peuple de Dieu des derniers jours lorsque se manifestera la gloire céleste et que les persécutions du passé se renouvelleront. Celui-ci marchera à la lumière émanant du trône de Dieu. Par l'intermédiaire des anges, des communications constantes seront établies entre le ciel et la terre. Satan, de son côté, entouré de mauvais anges, et se faisant passer pour Dieu, fera toutes sortes de miracles afin de séduire, s'il était possible, même les élus. Les miracles ne sauraient affermir le peuple de Dieu, car Satan contrefera ces miracles. En cette dure épreuve, les croyants trouveront leur force dans le signe mentionnée par le Seigneur dans Exode 31 :12-18. Il faudra qu'ils s'appuient sur ces paroles d'un intérêt vital : "Il est écrit." C'est le seul fondement solide. Ceux qui auront violé leur alliance avec le Seigneur seront alors sans Dieu et sans espérance.

Les adorateurs de Dieu se distingueront particulièrement par leur respect pour le quatrième commandement. En effet, celui-ci est le signe de la puissance créatrice de Dieu et la preuve qu'il a droit à la vénération et aux hommages de l'homme. Les méchants se feront reconnaître par leurs efforts en vue de renverser le mémorial du Créateur pour élever à sa place l'institution romaine. A l'issue du conflit, toute la chrétienté sera divisée en deux grandes classes : L'une qui gardera les commandements de Dieu et la foi de Jésus, l'autre qui adorera la bête et son image et recevra sa marque. Malgré les efforts combinés de l'Eglise et de l'Etat de contraindre les hommes, "petits et grands, riches et pauvres, libres et esclaves", à prendre la marque de la bête, le peuple de Dieu ne capitulera pas. Apocalypse 13 :16. Saint Jean, à Patmos, a vu "ceux qui avaient vaincu la bête, et son image, et le nombre de son nom, debout sur la mer de verre, ayant des harpes de Dieu", et chantant le cantique de Moïse et de l'Agneau. Apocalypse 15 :2.

Des épreuves redoutables attendent les enfants de Dieu. L'Esprit belliqueux agite les nations d'une extrémité de la terre à l'autre. Mais pendant le temps de détresse qui approche, "un temps de détresse comme il n'y en a point eu depuis que les nations existent", le peuple de Dieu restera inébranlable. Satan et son armée ne pourront le détruire, car des anges qui excellent en force le protègeront. Témoignages pour l'Église 3 :335-342.

Chapitre 3 — Prépare-toi à la rencontre du Seigneur

Il m'a été montré que nous ne devrions pas oublier la venue du Seigneur. L'ange dit : "Préparez-vous, préparez-vous sur ce qui va survenir sur la terre. Que vos cœurs correspondent à votre foi." Il faut que notre esprit soit sans cesse tourné vers le ciel et que notre influence rende témoignage au Seigneur et à sa parole. Nous ne pouvons honorer Dieu si nous vivons dans la négligence et l'indifférence, ni le glorifier si nous nous laissons aller au découragement. Travailler au salut de nos âmes et à celui de nos semblables, voilà ce qui doit passer avant tout.

Je contemplai la beauté du ciel. J'entendis avec ravissement les chants des anges proclamer louange, honneur et gloire à Jésus. Je pus alors mieux comprendre le merveilleux amour du Fils de Dieu. Il abandonna toute la gloire qui était la sienne dans le ciel et fut si désireux de nous sauver qu'il accepta avec patience et humilité les outrages et le mépris dont les hommes le comblèrent. Il fut frappé, meurtri, brisé, puis on le crucifia sur le Calvaire où il souffrit la plus atroce des morts, afin que nous soyons lavés par son sang et que nous ressuscitions pour vivre avec lui dans les demeures qu'il est allé nous préparer. Là, nous jouirons de la lumière et de la gloire du ciel, et nous unirons nos voix aux chants des anges.

Je vis que le ciel tout entier s'intéresse à notre salut. Et nous serions indifférents ? Allons-nous ne pas nous en préoccuper ? Comme s'il s'agissait d'une affaire de peu d'importance ? Allons-nous mépriser le sacrifice qui a été accompli pour nous ? Certaines personnes ont agi ainsi. Elles ont considéré à la légère le pardon qui leur était offert, et Dieu est courroucé contre elles. L'Esprit de Dieu ne se laissera pas toujours attrister. A la longue, il se retirera. Après tout ce que Dieu a fait pour les sauver, si les hommes montrent par leur vie qu'ils méprisent le pardon offert par Jésus, la mort sera leur lot, et une mort terrible, car il leur faudra souffrir l'agonie que le Christ a soufferte pour obtenir la rédemption qu'ils ont refusée. Alors ils comprendront qu'ils ont perdu la vie et l'héritage éternels. Le grand sacrifice qui a été consenti pour sauver l'âme humaine nous montre son importance. Mais si cette âme précieuse est perdue, elle l'est pour toujours.

Je vis un ange qui se tenait debout avec une balance à la main, pesant les pensées et les préoccupations du peuple de Dieu, particulièrement des jeunes. Sur un plateau se trouvaient les pensées dirigées vers le ciel et sur l'autre celles qui étaient dirigées vers la terre. Sur ce dernier plateau étaient placés la lecture des romans, les préoccupations concernant le vêtement, la mode, la vanité, l'orgueil, etc. Oh ! Quel moment solennel. Les anges de Dieu tenaient leur balance et pesaient les pensées de ceux qui se disent ses enfants et prétendent être morts au monde et vivants pour Dieu. Le plateau chargé de pensées terrestres s'abaissait rapidement. Celui où l'on mettait les pensées dirigées vers le ciel s'élevait aussi rapidement que l'autre s'abaissait. Comme il était peu ! Je peux dire ce que j'ai vu, mais je ne pourrai jamais rendre la vive et solennelle impression que cela fit sur mon esprit. L'ange dit : "De telles personnes pourront-elles pénétrer dans les demeures célestes ? Non, jamais. Disleur que leur espoir est vain et que si elles ne se repentent aussitôt, elles périront."

L'apparence de la piété ne sauvera personne. Il faut une expérience profonde, réelle, qui seule permettra de traverser les temps difficiles. Alors l'œuvre de chacun sera éprouvée, et si nous avons bâti avec de l'or, de l'argent ou des pierres précieuses, nous serons mis à l'abri dans le secret de la tente du Seigneur. Mais si notre œuvre est de bois, de foin ou de chaume, rien ne pourra nous protéger de la colère de l'Eternel.

Bien des gens se jugent en comparant leur vie à celle des autres. Cela ne doit pas être. Personne sinon le Christ ne nous est donné en exemple. Il est notre seul vrai modèle et chacun devrait s'exercer à l'imiter de son mieux. Nous sommes ouvriers avec le Christ ou avec l'ennemi. Ou nous amassons avec Jésus, ou nous dispersons. Nous sommes chrétiens de tout notre cœur ou nous ne le sommes pas du tout. Le Christ dit : "Puisses-tu être froid ou bouillant ! Ainsi, parce que tu es tiède, et que tu n'es ni froid ni bouillant, je te vomirai de ma bouche."

Certains d'entre nous ne connaissent pas encore le renoncement et l'esprit de sacrifice, pas plus que la souffrance pour l'amour de la vérité. Mais personne n'entrera dans le ciel sans avoir consenti à un sacrifice. Il faut cultiver l'esprit de renoncement. Certaines personnes ne se sont pas sacrifiées elles-mêmes sur l'autel de Dieu. Elles se complaisent dans un caractère irascible et capricieux, cèdent à leurs appétits, sont préoccupées d'elles-mêmes, indifférentes aux progrès de l'œuvre de Dieu. Mais ceux qui sont prêts à tous les sacrifices pour obtenir la vie éternelle la recevront, et cela vaut la peine de souffrir, de crucifier le moi et de renoncer à une idole. Un poids éternel de gloire mérite bien que l'on considère tout plaisir terrestre comme sans importance. Témoignages pour l'Église 1 :21-25.

Chapitre 4 — Union avec le Christ et amour fraternel

Un avec le Christ en Dieu

Le dessein de Dieu est que ses enfants soient pleinement unis. N'espèrent-ils pas vivre ensemble dans le même ciel ? Le Christ est-il divisé ? Ses disciples pourraient-ils prospérer avant d'avoir ôté du milieu d'eux toute discorde et toute critique ? Qu'ils travaillent pour lui dans une parfaite unité, consacrant leurs cœurs, leurs pensées et leurs forces à cette œuvre sacrée. L'union fait la force ; la désunion, la faiblesse. Unis les uns aux autres, œuvrant ensemble, dans l'harmonie, au salut de leurs semblables, ils seront "ouvriers avec Dieu". Ceux qui refusent de le faire déshonorent le Seigneur. L'ennemi des âmes se réjouit lorsqu'il voit des enfants de Dieu se combattre les uns les autres. De telles personnes ont besoin de cultiver l'amour fraternel. Si elles pouvaient soulever le voile qui cache l'avenir, elles seraient certainement amenées à se repentir. Témoignages pour l'Église 3 :289, 290.

L'union avec le Christ et avec les uns et les autres constitue notre seule sauvegarde

Le monde regarde avec satisfaction la désunion des chrétiens ; les impies s'en réjouissent. Le Seigneur désire qu'un changement se produise parmi son peuple. L'union avec le Christ et les uns avec les autres constituent notre seule sauvegarde en ces derniers jours. Ne laissons pas à Satan la possibilité de dire de nos membres : "Voyez comme ces gens, qui arborent la bannière du Christ, se haïssent ! Je n'ai rien à craindre d'eux, puisqu'ils passent plus le temps à lutter les uns contre les autres qu'à combattre contre moi."

Après l'effusion du Saint Esprit, les disciples partirent proclamer la bonne nouvelle d'un Sauveur ressuscité, et leur seul désir était de sauver des âmes. Ils jouissaient des douceurs de la communion des saints. Affectueux, prévenants, ils étaient disposés à faire n'importe quel sacrifice pour la vérité. Dans leurs relations quotidiennes les uns avec les autres, ils manifestaient l'amour que le Christ leur avait ordonné de révéler au monde. Ils s'efforçaient, par des paroles et par des actes désintéressés, d'allumer la flamme de cet amour dans d'autres cœurs.

Les croyants devaient continuer à cultiver la charité qui remplissait le cœur des apôtres après l'effusion du Saint Esprit, et aller de l'avant en obéissant au commandement nouveau : "Comme je vous ai aimés, aimez-vous les uns les autres." Jean 13 :34. Etroitement unis en Christ, ils seraient rendus capables d'obéir à ses ordres. Ils magnifieraient la puissance d'un Sauveur qui pouvait les justifier par sa justice.

Mais les premiers chrétiens commencèrent à regarder leurs défauts réciproques. En s'attardant sur leurs fautes, en se livrant à la critique, ils perdirent de vue le Sauveur et le grand amour qu'il avait manifesté envers le pécheur. Ils devinrent plus stricts concernant les cérémonies extérieures, plus pointilleux sur la théorie de la foi, plus sévères dans leurs critiques. Dans leur zèle à condamner leurs semblables, ils oubliaient leurs propres erreurs. Ils négligeaient les leçons d'amour fraternel que leur avait enseignées le Christ, et, ce qui est plus triste, ils étaient inconscients de ce qu'ils avaient perdu. Ils ne comprenaient pas que leur bonheur et la joie s'éloignaient d'eux, et que bientôt, ayant banni de leurs cœurs l'amour de Dieu, ils marcheraient dans les ténèbres.

L'apôtre Jean, comprenant que l'amour fraternel disparaissait de l'Eglise, insistait tout particulièrement sur ce point. Jusqu'à sa mort, il supplia les croyants de persévérer dans l'amour. Ses lettres aux églises sont remplies de cette pensée. "Bien-aimés, disait-il, aimons-nous les uns les autres ; car l'amour est de Dieu.... Dieu a envoyé son Fils unique dans le monde, afin que nous vivions par lui.... Bien-aimés, si Dieu nous a ainsi aimés, nous devons aussi nous aimer les uns les autres." 1 Jean 4 :7-11.

Aujourd'hui, l'amour dans l'Eglise fait grandement défaut. Beaucoup de ceux qui prétendent aimer le Seigneur négligent d'aimer leurs frères. Nous avons la même foi, nous sommes membres de la même famille, tous enfants du même Père céleste ; nous avons tous la même espérance de participer un jour à la vie éternelle. Combien tendres et étroits devraient être les liens qui nous unissent ! Le monde a les yeux sur nous pour se rendre compte si notre foi exerce une influence sanctifiante sur nos cœurs. Il est prompt à discerner nos défauts et les inconséquences de nos actes. Ne lui donnons aucune occasion de mépriser notre religion. Témoignages pour l'Église 3 :290-292.

L'harmonie et l'union constituent notre meilleur témoignage

Ce n'est pas l'opposition du monde qui nous fait courir les plus grands risques. Le mal que nous gardons dans nos cœurs est bien plus dangereux, et c'est lui qui retarde le plus l'avancement du règne de Dieu. Nous ne pouvons affaiblir davantage notre vie spirituelle qu'en étant envieux, en soupçonnons nos semblables, et en nous laissant aller à la critique et à la calomnie. "Cette sagesse n'est point celle qui vient d'en haut ; mais elle est terrestre, charnelle, diabolique. Car là où il y a un zèle amer et un esprit de dispute, il y a du désordre et toutes sortes de mauvaises actions. La sagesse d'en haut est premièrement pure, ensuite pacifique, modérée, conciliante, pleine de miséricorde et de bons fruits, exempte de duplicité, d'hypocrisie. Le fruit de la justice est semé dans la paix par ceux qui recherchent la paix." Jacques 3 :15-18.

L'harmonie, l'union qui existe parmi les hommes aux dispositions diverses est le plus fort témoignage qui puisse être rendu du fait que Dieu a envoyé son Fils dans le monde pour sauver les pécheurs. C'est à nous qu'il appartient de rendre ce témoignage. Mais pour y arriver, il faut nous placer sous les ordres du Christ. Notre volonté étant soumise à la sienne, nos caractères seront en harmonie avec son caractère. Alors nous marcherons ensemble sans nous heurter.

Lorsqu'on s'arrête aux petites divergences, on en arrive à des actes qui détruisent la fraternité chrétienne. Ne permettons pas à l'ennemi d'obtenir ainsi l'avantage sur nous. Approchons-nous toujours plus près de Dieu et plus près les uns des autres. C'est ainsi que nous serons des térébinthes de la justice plantés par le Seigneur, et arrosés par le fleuve de vie. Que de fruits nous porterons alors ! Le Christ n'a-t-il pas dit : "Si vous portez beaucoup de fruit, c'est ainsi que mon Père sera glorifié." Jean 15 :8.

Lorsque nous croirons vraiment à la prière du Christ ; lorsque nous mettrons en pratique dans notre vie quotidienne les instructions qu'elle contient, on verra dans nos rangs l'unité d'action. Les frères seront unis aux frères par les chaînes d'or de l'amour du Christ. Seul l'Esprit de Dieu réalisera cette unité. Celui qui se sanctifie lui-même peut sanctifier ses disciples. Unis avec lui, ils seront unis les uns avec les autres dans la très sainte foi. Quand nous lutterons pour obtenir cette unité, comme Dieu le désire, elle nous sera accordée. Témoignages pour l'Église 3 :292-293.

Ce n'est pas le nombre de nos institutions, de nos grands bâtiments et le faste extérieur que le Seigneur agrée, mais l'action harmonieuse d'un peuple particulier, choisi par lui, bien uni et dont la vie est cachée avec le Christ en Dieu. Chacun doit être à sa place, et exercer une bonne influence par ses pensées, ses paroles et ses actes. Lorsque tous les ouvriers du Seigneur feront cela, et pas avant, l'œuvre de Dieu sera parfaite. Témoignages pour l'Église 3 :293-294.

Le Seigneur fait appel à des hommes à la foi sincère et qui soient bien équilibrés, à des hommes qui sachent reconnaître le vrai du faux. Chacun devrait se tenir sur ses gardes, étudier et pratiquer les leçons contenues au dixseptième chapitre de l'évangile selon saint Jean, et avoir une foi réelle dans la vérité pour notre époque. Il nous faut cet empire sur nous-mêmes qui nous permettra de nous conformer à la prière du Christ. Témoignages pour l'Église 3 :288.

Le cœur du Sauveur est sur ses disciples qui accomplissent l'œuvre de Dieu dans toute sa hauteur et sa profondeur. Ils doivent être un en lui, bien qu'ils soient dispersés dans le monde. Mais Dieu ne peut pas les rendre un en Christ s'ils ne sont pas disposés à renoncer à leur propre manière. ix ⁹

Collaboration

Lorsque l'on fonde des institutions dans de nouveaux champs, il est souvent nécessaire de confier des responsabilités à des hommes qui ne sont pas familiarisés suffisamment avec les détails de leur tâche. Ils travaillent alors dans des conditions désavantageuses, et si leurs collaborateurs n'ont pas à cœur la bonne marche de la maison du Seigneur, cet état de choses risque de créer une situation qui nuira à sa prospérité.

Il en est beaucoup qui pensent que leur genre de travail n'appartient qu'à eux seuls, et qu'ils n'ont de conseil à recevoir de personne. Mais ces ouvriers ignorent peutêtre les meilleures méthodes pour accomplir leur tâche. Cependant, si l'on s'aventure à leur donner un conseil, ils en sont offensés et sont plus que jamais décidés à suivre leur propre jugement. Par contre, certains ouvriers ne tiennent pas à venir en aide à leur camarade. D'autres encore, inexpérimentés, cachent leur ignorance. Trop orgueilleux pour demander conseil, ils commettent des erreurs qui font perdre beaucoup de temps et d'argent.

La cause de ces difficultés est facile à deviner. Alors qu'ils auraient dû se considérer comme les divers fils d'une même tapisserie, ils ont été comme des fils indépendants.

Cet état de choses contriste le Saint Esprit. Dieu veut que nous apprenions les uns des autres. L'indépendance nous place dans une situation telle qu'il ne peut collaborer avec nous, et Satan s'en réjouit.

Chaque ouvrier sera mis à l'épreuve pour voir s'il travaille au progrès de l'institution du Seigneur ou pour ses propres intérêts.

Le péché qui est le plus désespéré et incurable, c'est l'orgueil et l'autosatisfaction. Cela se trouve sur le chemin de toute la croissance. Quand un homme a des défauts de caractère, et pourtant n'en n'est pas conscient ; lorsqu'il est tellement autosuffisant qu'il ne peut voir ses défauts, comment peut-il être purifié ? "Ce ne sont pas ceux qui se portent bien qui ont besoin de médecin, mais les malades." Matthieu 9 :12. Comment quelqu'un peut-il s'améliorer lorsqu'il pense que ses voies sont parfaites ?

Seul un chrétien sans réserve peut être un véritable gentleman.

Chapitre 5 — Christ, notre justice

"Si nous confessons nos péchés, il est fidèle et juste pour nous les pardonner, et nous purifier de toute iniquité." 1 Jean 1 :9.

Dieu nous demande de confesser nos péchés et d'humilier nos cœurs devant lui ; en même temps que nous devrions nous confier en lui comme en un tendre père qui n'abandonnera pas celui qui se fie à lui. Plusieurs d'entre nous marchent par la vue, et non par la foi. Nous croyons à ce que nous voyons, mais nous n'apprécions pas à leur juste valeur les promesses de la Parole de Dieu ; or le plus grand déshonneur que l'on puisse faire à Dieu c'est de montrer que nous nous défions de ce qu'il dit, et que nous en sommes à nous demander si réellement le Seigneur s'inquiète de notre sort ou bien s'il nous déçoit.

Dieu ne nous rejette pas à cause de nos péchés. Il peut nous arriver de commettre des fautes et par là contrister son esprit ; si nous nous repentons, si nous venons à lui les cœurs contrits, il ne nous enverra pas à vide. Il y a des obstacles à enlever. De mauvais sentiments ont été entretenus, il y a eu de l'orgueil, de la propre suffisance, de l'impatience, des murmures. Toutes ces choses tendent à nous séparer de Dieu. Les péchés doivent être confessés ; la grâce doit accomplir en nous une œuvre plus profonde. Ceux qui se sentent faibles et découragés ont la possibilité de devenir forts pour Dieu, et d'accomplir une noble tâche pour le Maître. Mais ils doivent se placer sur un plan plus élevé et ne pas se laisser influencer par des motifs égoïstes.

Il nous faut nous laisser instruire à l'école du Christ. Rien sinon sa justice ne peut nous conférer le droit de jouir de l'un quelconque des bienfaits de l'alliance de grâce. Ces bienfaits ont été longtemps l'objet de nos désirs et de nos efforts ; si nous ne les avons pas reçus, c'est que nous avons caressé l'idée de pouvoir faire quelque chose de nous-mêmes pour les mériter. Nous n'avons pas détourné nos regards de nous-mêmes, croyant que Jésus est un Sauveur vivant. Ne pensons pas que notre propre grâce et nos mérites personnels pourront nous sauver ; la grâce du Christ : voilà notre seul espoir de salut. Le Seigneur nous a fait une promesse par son prophète : "Que le méchant abandonne sa voie, et l'homme d'iniquité ses pensées ; qu'il retourne à l'Eternel, qui aura pitié de lui, à notre Dieu, qui ne se lasse pas de pardonner." Ésaïe 55 :7. Acceptons cette promesse toute nue, et ne prenons pas le sentiment pour de la foi. Quand nous nous confierons entièrement en Dieu, et que nous nous appuierons sur les mérites de Jésus, le Sauveur qui pardonne les péchés, nous recevrons tout le secours désirable.

Nous regardons à nous-mêmes, comme si nous avions le pouvoir de nous sauver ; or Jésus est mort pour nous justement parce que nous en sommes incapables. Nous ne devrions pas nous laisser aller au découragement, comme si nous n'avions pas un Sauveur, ou s'il n'avait aucune intention miséricordieuse en ce qui nous concerne. En ce moment même il poursuit une œuvre en notre faveur et il nous invite à nous approcher de lui avec notre impuissance, pour être sauvés par lui. Notre incrédulité le déshonore. C'est étonnant de voir comment nous traitons notre meilleur ami, combien peu de confiance nous avons en lui qui est capable de nous sauver parfaitement et qui nous a donné tant de preuves de son grand amour.

Mes frères, vous attendez-vous à ce que votre amour vous recommande à la faveur divine ; pensez-vous devoir être affranchis du péché avant de vous confier à son pouvoir salutaire ? Si ce sont là les pensées qui s'agitent dans votre esprit, je crains que vous n'obteniez aucune force et que pour finir vous vous décourageiez.

Au désert, quand le Seigneur permit à des serpents venimeux de mordre les Israélites rebelles, Moïse reçut l'ordre de dresser un serpent d'airain et d'inviter tous les blessés à le regarder et à vivre. Plusieurs ne crurent pas à l'efficacité du remède indiqué par le Ciel. Entourés qu'ils étaient de mort et de mourants, ils se savaient perdus sans le secours divin ; ils continuaient néanmoins à se lamenter au sujet de leurs blessures, de leurs douleurs, de leur mort imminente, jusqu'au moment où leurs forces étaient épuisées, leur vue obscurcie, alors qu'une guérison instantanée leur était offerte. "Comme Moïse éleva le serpent dans le désert, il faut de même que le Fils de l'homme soit élevé, afin que quiconque croit en lui ait la vie éternelle." Jean 3 :14, 15. Si vous êtes conscients de votre état de péché, ne consumez pas toutes vos forces à vous lamenter à ce sujet, mais regardez et

[35]

vivez. Jésus est notre unique Sauveur; même si des millions d'êtres humains, qui ont besoin d'être guéris, rejettent la grâce qu'il leur offre, aucun de ceux qui se fient à ses mérites ne sera abandonné à la perdition. Si nous comprenons que sans le Christ notre condition est désespérée, ne nous décourageons pas; appuyons-nous sur un Sauveur crucifié et ressuscité. Pauvres âmes atteintes par la maladie du péché et découragées, regardez et vous vivrez. Jésus a engagé sa parole : il sauvera quiconque s'adresse à lui.

Allez à Jésus : vous obtiendrez repos et paix. Dès maintenant ce bienfait est à vous. Satan vous suggère que vous êtes impuissants, incapables d'obtenir une bénédiction par vous-même. C'est vrai que vous êtes impuissants. Mais élevez Jésus et dites : "Je possède un Sauveur ressuscité. En lui je me confie; il ne permettra pas que je sois confus. Je triompherai en son nom. Il est ma justice et ma couronne de joie." Que personne ici ne s'imagine que son cas est désespéré, car cela n'est pas. Vous vous voyez pécheur et indigne; c'est justement pour cette raison que vous avez besoin d'un Sauveur. Si vous avez des péchés à confesser, ne perdez pas de temps. Ces moments-ci sont plus précieux que l'or. "Si nous confessons nos péchés, il est fidèle et juste pour nous les pardonner, et pour nous purifier de toute iniquité." 1 Jean 1 :9. Ceux qui ont faim et soif de justice seront rassasiés : Jésus l'a promis. Précieux Sauveur ! Ses bras sont ouverts pour vous recevoir; son grand cœur plein d'amour vous attend pour vous bénir.

Il en est qui semblent penser qu'ils sont en expectative, et qu'avant de pouvoir se réclamer de la bénédiction du Seigneur ils doivent lui apporter la preuve qu'ils se sont réformés. Mais ces chères âmes peuvent réclamer cette bénédiction dès maintenant. Il leur faut sa grâce, son Esprit, pour venir en aide à leurs infirmités, sans quoi ils ne pourront former un caractère chrétien. Jésus aime à nous voir venir à lui tels que nous sommes - pécheurs, impuissants, dépendants de lui.

La repentance, aussi bien que le pardon, est un don de Dieu en Christ. C'est grâce à l'influence du Saint-Esprit que nous sommes convaincus de péché et que nous éprouvons le besoin de pardon. Seul celui qui est contrit peut être pardonné, mais c'est la grâce de Dieu qui produit la repentance dans un cœur. Lui qui connaît toutes nos faiblesses et nos infirmités, il nous viendra en aide.

Il en est qui viennent à Dieu par la repentance et la confession, et qui cependant négligent de se réclamer comme ils le devraient des promesses divines. Ils ne voient pas que Jésus est un Sauveur toujours présent ; ils ne sont pas disposés à remettre leurs âmes à sa garde et à compter sur lui pour achever l'œuvre de grâce commencée dans leurs cœurs. Alors qu'ils s'imaginent s'être remis entièrement entre les mains de Dieu, ils continuent à compter bien trop sur eux-mêmes. Il est des êtres consciencieux qui se confient un peu en Dieu et un peu en eux-mêmes. Ils ne regardent pas à Dieu, pour être gardés par sa puissance, mais ils comptent être acceptés par lui en raison du fait qu'ils restent vigilants contre la tentation et qu'ils accomplissent certains devoirs. Aucune victoire ne vient récompenser une telle foi. De telles personnes font des efforts en pure perte ; leurs âmes demeurent dans l'esclavage ; elles n'auront de repos qu'après avoir déposé leurs fardeaux aux pieds de Jésus.

Il nous faut une vigilance continuelle et une piété sincère, aimante ; ces choses viennent naturellement quand par la foi une âme est gardée par la puissance de Dieu. Nous ne pouvons rien faire, absolument rien, pour gagner la faveur divine. Nous ne devons point nous confier en

nous-mêmes ou en nos bonnes œuvres ; mais quand nous allons au Christ en qualité d'êtres errants et pécheurs, nous trouvons le repos en son amour. Dieu acceptera quiconque s'approchera de lui en se prévalant entièrement des mérites du Sauveur sacrifié. Alors l'amour naît dans le cœur. Point d'extase, mais une confiance paisible et durable. Tout fardeau devient léger, car il est léger le joug que le Christ place sur nous. Le devoir devient une jouissance, le sacrifice un plaisir. Le sentier qui paraissait ténébreux est éclairé par le Soleil de justice. C'est ainsi que l'on marche dans la lumière comme le Christ est lumière. Messages choisis 1 :411-415.

Chapitre 6 — La vie sanctifiée

Notre Sauveur réclame tout de nous ; il nous demande nos premières et nos plus saintes pensées, notre affection la plus pure et la plus intense. Si nous participons vraiment à la nature divine, sa louange sera continuellement dans nos cœurs et sur nos lèvres. Notre seule sauvegarde est de Lui soumettre notre être tout entier et de croître continuellement en grâce et dans la connaissance de la vérité.

La sanctification présentée dans les Saintes Ecritures concerne l'être tout entier - esprit, âme, et corps. Voici la véritable idée de la consécration totale. Paul prie pour que l'église de Thessalonique jouisse de cette grande bénédiction. "Que le Dieu de paix vous sanctifie lui-même tout entier, et que tout votre être, l'esprit, l'âme et le corps, soient conservés irrépréhensibles, lors de l'avènement de votre Seigneur Jésus Christ." 1 Thessaloniciens 5 :23.

Il y a dans le monde religieux une théorie de la sanctification qui est fausse en elle-même et dangereuse dans son influence. Dans beaucoup de cas ceux qui professent la sanctification ne la possèdent pas dans son originalité. Leur sanctification consiste en une adoration de la bouche et en intentions.

Ils mettent de côté la raison et le jugement, et dépendent totalement de leurs sentiments, basant leurs prétentions de sainteté sur des émotions qu'ils ont à certains moments. Ils sont têtus et rusés en préconisant leurs prétentions tenaces de sainteté, multipliant les paroles mais ne portant pas de précieux fruits comme preuve. Ces personnes prétendument sanctifiées trompent non seulement leurs propres âmes par leurs prétentions, mais exercent une influence qui éloigne beaucoup qui désirent honnêtement se conformer à la volonté de Dieu. On peut les entendre répéter encore et encore : "Dieu me conduit ! Dieu m'enseigne ! Je vis sans péché !" Beaucoup de ceux qui entrent en contact avec cet esprit rencontrent quelque chose de sombre, de mystérieux qu'ils ne peuvent pas comprendre. Pourtant, c'est ce qui est complètement différent du Christ, le seul vrai chemin.

La sanctification est progressive. Les étapes à franchir sont indiquées par l'apôtre Pierre. "Faites tous vos efforts pour joindre à votre foi la vertu, à la vertu la science, à la science la tempérance, à la tempérance la patience, à la patience la piété, à la piété l'amour fraternel, à l'amour fraternel la charité. Car si ces choses sont en vous, et y sont avec abondance, elles ne vous laisseront point oisifs ni stériles pour la connaissance de notre Seigneur Jésus-Christ" 2 Pierre 1:5-8. "C'est pourquoi, frères, appliquez-vous d'autant plus à affermir votre vocation et votre élection; car, en faisant cela, vous ne broncherez jamais. C'est ainsi, en effet, que l'entrée dans le royaume éternel de notre Seigneur et Sauveur Jésus-Christ vous sera pleinement accordée" versets 10 et 11.

Une telle conduite nous garantit de toute chute. Ceux qui augmentent ainsi les grâces de la vie chrétienne par voie d'addition peuvent être assurés que Dieu multiplie en eux les dons de son Esprit.

La sanctification n'est pas l'œuvre d'un moment, d'une heure, ou d'un jour : c'est une perpétuelle croissance en grâce. Nous ignorons aujourd'hui combien la lutte sera dure demain. Satan est en vie et en activité. Chaque jour il nous faut crier à Dieu pour recevoir la force de résister. Aussi longtemps que Satan règne, nous devrons vaincre le moi, surmonter nos inclinations, sans nous arrêter jamais, car nous ne pouvons dire à aucun moment que nous avons définitivement atteint le but.

La vie chrétienne est une constante marche en avant. Jésus se tient prêt à purifier son peuple, et quand son image sera parfaitement reflétée dans la vie de ses enfants, ils seront parfaits, saints, aptes à être transmués. Une grande œuvre est exigée du chrétien. Nous sommes exhortés à "nous purifier de toute souillure de la chair et de l'esprit, en achevant notre sanctification dans la crainte de Dieu". Nous voyons par là ce qu'il nous reste à faire. Il nous faut être sans cesse sur la brèche. Tout sarment doit puiser sa vie et sa force dans le cep, afin de produire des fruits. Témoignages pour l'Église 1:129.

Que personne ne s'imagine, en se trompant soi-même, que Dieu pourra lui pardonner et le bénir alors qu'il foule aux pieds l'un de ses commandements. Commettre volontairement un péché, c'est réduire au silence la voix de l'Esprit, c'est se séparer de Dieu. Malgré toutes les extases du sentiment religieux, Jésus ne peut demeurer dans

[38]

un cœur qui dédaigne sa loi divine. Dieu n'honore que ceux qui l'honorent. xvi 16

Quand Paul écrivit : "Que le Dieu de paix vous sanctifie tout entier" (1 Thessaloniciens 5 :23), il n'a pas exhorté ses frères à atteindre une norme qui leur était impossible ; il n'a pas prié pour qu'ils reçoivent des bénédictions contraires à la volonté de Dieu. Il savait que tous ceux qui seraient en état de rencontrer Christ en paix doivent posséder un caractère pur et saint. Lire 1 Corinthiens 9 :25-27 ; 6 :19, 20.

Le véritable principe chrétien ne s'arrêtera pas à peser les conséquences. Il ne demande pas : Que penseront les gens de moi si je fais ceci ? Ou comment cela affectera-t-il mes perspectives mondaines si je fais cela ? Les enfants de Dieu désirent ardemment connaître ce qu'Il voudrait qu'ils fassent, afin que leurs œuvres le glorifient. Le Seigneur a pris des dispositions pour que les cœurs et les vies de tous ses disciples soient contrôlés par la grâce divine, afin qu'ils soient des lumières qui brillent dans le monde.

Les véritables preuves de sanctification

Notre Sauveur était la lumière du monde, mais le monde ne l'a point connu. Il était tout le temps engagé dans des œuvres de miséricorde, répandant la lumière sur le sentier de tous ; cependant, il n'a pas demandé à ceux avec qui il entrait en contact de contempler sa vertu, son abnégation et sa générosité. Les juifs n'admiraient pas une telle vie. Ils considéraient sa religion comme étant sans valeur parce qu'elle n'était pas en accord avec leur norme de piété. Ils ont décidé que Christ n'était pas religieux en esprit ou en caractère ; car leur religion consistait à se faire remarquer, à prier en public et à accomplir des œuvres de charité pour faire de l'effet. Le fruit le plus précieux de la sanctification est la grâce de la douceur. Quand cette grâce est présente dans l'âme, le tempérament est modelé par son influence. Il y a une dépendance continuelle de Dieu et une soumission de notre volonté à la sienne.

L'abnégation, la générosité, la gentillesse, l'amour, la patience, la détermination et la confiance chrétienne sont les fruits quotidiens portés par ceux qui sont vraiment attachés à Dieu. Les actes pourraient ne pas être publiés au monde, mais ils luttent tous les jours avec le mal, et remportent des victoires sur la tentation et le mal. Des engagements solennels sont renouvelés et gardés par la force qu'ils obtiennent à travers la prière fervente. L'enthousiasme ardent ne discerne pas les luttes de ces ouvriers silencieux ; mais l'œil de celui qui voit les secrets du cœur remarque et apprécie chaque effort consenti pour la modestie et la douceur. Cela demande une période éprouvante pour révéler l'or pur de l'amour et de la foi dans le caractère. Lorsque les épreuves et les perplexités s'abattent sur l'église, c'est alors que se développent le zèle tenace et les affections chaleureuses de vrais disciples du Christ.

Tous ceux qui viennent dans la sphère de son (le véritable homme religieux) influence perçoivent la beauté et le parfum de sa vie chrétienne, tandis que luimême n'en est pas conscient car cela est en harmonie avec ses habitudes et ses inclinations. Il prie pour la lumière divine et aime marcher dans cette lumière. Faire la volonté de son Père céleste constitue pour lui sa nourriture et sa boisson. Sa vie est cachée avec Christ en Dieu ; pourtant il n'en est pas orgueilleux ni conscient. Dieu sourit aux humbles et aux modestes qui suivent les traces du Maître. Les anges sont attirés vers eux et aiment s'attarder sur leur sentier. Ils peuvent passer inaperçus par ceux qui prétendent avoir réalisé des choses exaltantes et aiment rendre publiques leurs bonnes œuvres, mais les anges célestes se penchent avec amour vers eux et constituent une muraille de feu autour d'eux.

[39]

Daniel : un exemple de vie sanctifiée

La vie de Daniel est une illustration inspirée de ce que constitue un caractère sanctifié. Elle présente une leçon pour tous et surtout pour les jeunes. Une conformité stricte aux exigences de Dieu est bénéfique à la santé du corps et de l'esprit. Pour atteindre les normes les plus élevées de la réussite morale et intellectuelle, il est nécessaire de rechercher la sagesse et la force de Dieu et d'observer une tempérance stricte dans toutes les habitudes de la vie.

Plus la conduite de Daniel était irréprochable, plus grande était la haine suscitée contre lui par ses ennemis. Ils étaient remplis de colère parce qu'ils ne pouvaient rien trouver dans son caractère moral ou dans l'accomplissement de ses devoirs pour l'accuser. "Et ces hommes dirent : Nous ne trouverons aucune occasion contre ce Daniel, à moins que nous n'en trouvions une dans la loi de son Dieu." Daniel 6 :5.

Quelle leçon présente-t-on ici pour tous les chrétiens. Des yeux vifs de jalousie étaient fixés sur Daniel jour après jour ; leurs observations étaient motivées par la haine ; cependant, aucune parole ou aucun acte de sa vie était reprochable. Et pourtant, il ne se vantait pas d'être sanctifié, mais faisait ce qui était infiniment mieux : il a vécu une vie de fidélité et de consécration.

Le décret est pris par le roi. Daniel est au courant de l'objectif de ses ennemis pour le ruiner. Mais il ne change pas ses habitudes de façon particulière. Avec calme, il accomplit ses devoirs comme à l'accoutumée et à l'heure de la prière il va dans chambre et avec ses fenêtres ouvertes vers Jérusalem, il présente ses pétitions au Dieu du ciel. Au cours de son action, il déclare sans peur qu'aucune puissance terrestre n'a le droit de s'interposer entre lui et son Dieu et lui dire qui il devrait ou ne devrait pas adorer. Quel homme noble de principe ! Il se présente devant le monde aujourd'hui comme un exemple de courage et de fidélité chrétiens digne de louange. Il se tourne vers Dieu de tout son cœur, bien qu'il sache que la mort est la peine de sa dévotion.

"Alors le roi donna l'ordre qu'on amène Daniel, et qu'on le jette dans la fosse aux lions. Le roi prit la parole et dit à Daniel : puisse ton Dieu que tu sers avec persévérance, te délivrer." Daniel 6 :16.

Très tôt le matin, le monarque alla précipitamment à la fosse aux lions et appela : "Daniel, serviteur du Dieu vivant, ton Dieu, que tu sers avec persévérance, a-t-il pu te délivrer des lions ?" Daniel 6 :20. On entendit la voix du prophète répondre : "Roi, vis éternellement ! Mon Dieu a envoyé son ange et fermé la gueule des lions, qui ne m'ont fait aucun mal, parce que j'ai été trouvé innocent devant lui ; et devant toi non plus, ô roi, je n'ai rien fait de mauvais."

"Alors le roi fut très joyeux, et il ordonna qu'on fasse sortir Daniel de la fosse. Daniel fut retiré de la fosse, et on ne trouva sur lui aucune blessure parce qu'il avait eu confiance en son Dieu." Daniel 6 :23. C'est ainsi que fut délivré le serviteur de Dieu. Et le piège que ses ennemis lui avaient tendu pour sa destruction s'avéra être pour leur propre ruine. A l'ordre du roi, ils furent jetés dans la fosse et avant qu'ils ne soient parvenus au fond, les bêtes sauvages les dévorèrent.

Alors que s'approchait la fin de la captivité des soixante-dix ans, l'esprit de Daniel était préoccupé par les prophéties de Jérémie.

Daniel ne proclame pas sa propre fidélité devant le Seigneur. Au lieu de prétendre être pur et saint, cet honorable prophète s'identifie humblement au peuple d'Israël pécheur. La sagesse que Dieu lui avait impartie était de loin supérieure à la sagesse des grands hommes de ce monde que la lumière du soleil qui brille dans le ciel à midi est plus brillante que la plus faible étoile. Cependant, méditez sur la prière venant des lèvres de cet homme si hautement approuvé du ciel ! Avec une humiliation profonde, des larmes et un cœur déchirant, il plaide pour lui-même et pour son peuple. Il ouvre son âme devant Dieu, confessant sa propre indignité et reconnaissant la grandeur et la majesté du Seigneur.

Tandis que la prière de Daniel se poursuit, l'ange Gabriel descend des cours célestes pour lui dire que ses doléances sont entendues et exaucées. Ce puissant ange a été envoyé pour lui donner des aptitudes et de la compréhension - pour lui ouvrir les mystères des siècles futurs. Ainsi, en cherchant honnêtement à connaître et à comprendre la vérité, Daniel fut mis en communion avec le messager envoyé par le Ciel.

En réponse à sa requête, Daniel reçut non seulement la lumière et la vérité dont son peuple et lui avaient le plus besoin, mais une vue des grands événements du futur, même de celle de l'avènement du Rédempteur du monde. Ceux qui se disent sanctifiés, alors qu'ils n'ont pas le désir de sonder les Ecritures ou de lutter avec Dieu dans la prière pour une compréhension plus claire de la vérité de la Bible, ne savent pas ce qu'est la vraie sanctification.

Daniel parla à Dieu. Le Ciel fut ouvert devant lui. Mais les grands honneurs qui lui firent faits furent le résultat de l'humiliation et de la recherche sincère. Tous ceux qui croient de tout leur cœur à la Parole de Dieu auront faim et soif de connaître sa volonté. Dieu est l'auteur de la vérité. Il éclaire les compréhensions obscurcies et donne à l'esprit humain le pouvoir de se saisir et de comprendre les vérités qu'Il a révélées.

Les grandes vérités révélées par le Rédempteur du monde sont pour ceux qui cherchent la vérité comme des trésors cachés. Daniel

[40]

était un homme âgé. Sa vie avait été passée au milieu des fascinations d'une cour païenne, son esprit encombré par les affaires d'un grand empire. Cependant il se détourna de tout cela et affligea son âme devant Dieu, et chercha une connaissance des desseins du Très Haut. Et en réponse à ses supplications, la lumière émanant des cours célestes fut communiquée pour ceux qui vivraient dans les derniers jours. Avec quel honnêteté, alors, devrions-nous rechercher Dieu, afin qu'il ouvre notre intelligence pour comprendre les vérités qui nous sont apportées des cieux.

Daniel était un serviteur dévoué du Très Haut. Sa longue vie fut remplie d'actes nobles pour son Maître. Sa pureté de caractère et sa fidélité sans faille n'ont d'égal que son humilité de cœur et sa contrition devant Dieu. Répétons-le, la vie de Daniel est une illustration inspirée de la véritable sanctification.

Dieu éprouve ceux qu'il apprécie

Le fait que nous soyons appelés à endurer des épreuves prouve que le Seigneur voit en nous des êtres chers qu'il désire développer. S'il n'y avait dans notre personne rien qui puisse glorifier son nom, il ne prendrait pas la peine de nous affiner. On ne se donne pas la peine d'élaguer des ronces. Le Christ ne jette pas dans sa fournaise des pierres sans valeur. C'est le métal précieux qu'il éprouve. Témoignages pour l'Église 3 :227.

Aux hommes qu'il choisit pour occuper des postes de confiance, Dieu révèle dans sa miséricorde leurs défauts cachés pour qu'ils puissent sonder leurs propres cœurs et voir ce qui est défectueux. C'est ainsi qu'ils pourront modifier leur tempérament et raffiner leurs manières. Dans sa providence, le Seigneur place les hommes là où il peut éprouver leurs énergies spirituelles et révéler les mobiles de leurs actions pour qu'ils améliorent ce qui est bien et rejettent ce qui est mal. Il voudrait que ses serviteurs se familiarisent avec les réactions intimes de leur être. Pour cela, il permet souvent que le feu de l'affliction les purifie. "Qui pourra soutenir le jour de sa venue ? demande le prophète Malachie. Qui restera debout quand il paraîtra ? Car il sera comme le feu du fondeur, comme la potasse des foulons. Il s'assiéra, fondra et purifiera l'argent ; il purifiera les fils de Lévi, il les épurera comme on épure l'or et l'argent, et ils présenteront à l'Eternel des offrandes avec justice." Malachie 3 :2, 3. Témoignages pour l'Église 1 :544.

Dieu conduit son peuple étape par étape. Il les dirige à différents points prévus pour manifester ce qui se trouve dans leur cœur. Certains endurent jusqu'à un certain point, mais chutent au suivant. A chaque étape le cœur est éprouvé un peu plus. Si ceux qui se réclament du peuple de Dieu se rendent compte que leurs cœurs sont en opposition avec cette œuvre, cela devrait les convaincre qu'ils doivent faire quelque chose pour ne pas être vomis de la bouche du Seigneur. Our High Calling, 162.

Dès que nous nous rendrons compte de notre incapacité de travailler pour le Seigneur, dès que nous nous soumettrons à lui pour être guidés par sa sagesse, il pourra nous employer à son service. Si nous bannissons l'égoïsme de notre âme, il nous aidera en toutes choses. Témoignages pour l'Église 3 :226.

Conseils à ceux qui recherchent l'assurance de l'acceptation de Dieu

Comment saurez-vous que Dieu vous accepte ? Etudiez la Parole de Dieu avec prière. Ne la laissez pas de côté au profit de n'importe quel autre livre. L'Ecriture convainc de péché et révèle clairement la voie du salut. Elle fait apparaître une glorieuse récompense. Elle vous révèle un Sauveur parfait et vous enseigne que seule sa miséricorde insondable peut vous sauver. Ne négligez pas la prière secrète, car c'est l'âme de la piété. Demandez avec ferveur la pureté du cœur. Plaidez instamment, aussi anxieusement que si votre vie terrestre était en jeu. Restez devant Dieu jusqu'à ce que des soupirs inexprimables montent vers lui pour votre salut, jusqu'à ce que vous ayez obtenu la douce évidence du pardon de vos péchés. Témoignages pour l'Église 1 :60-61.

Jésus ne vous a pas laissé ignorer les épreuves et les difficultés que vous auriez à rencontrer. Il vous a dit tout ce qui était nécessaire à ce sujet. Ne vous découragez donc pas lorsque surviennent ces épreuves. Regardez à Jésus, votre Rédempteur, et réjouissez-vous plutôt. Les épreuves les plus dures à supporter sont celles qui viennent de nos frères, de nos amis les plus chers ; mais ces épreuves mêmes peuvent être endurées avec patience. Jésus n'est plus couché dans la tombe de Joseph d'Arimathée ; il est ressuscité et il est monté au ciel, où il intercède en notre faveur. Nous avons un Sauveur qui nous a tant aimés qu'il est mort pour nous, afin que nous puissions avoir l'espérance, la force et le courage, et une place avec lui sur son trône. Si nous nous adressons à lui, il est disposé à nous venir en aide dans toutes les circonstances.

Sentez-vous votre insuffisance dans le poste de confiance que vous occupez ? Si oui, remerciez-en le Seigneur. Plus vous sentirez votre faiblesse, plus vous serez inclinés à rechercher son aide. "Approchez-vous de Dieu, et il s'approchera de vous." Jacques 4 :8. Jésus veut que vous soyez heureux et joyeux. Il veut que vous fassiez de votre mieux avec les talents que Dieu vous a départis, que vous vous confiiez en lui pour qu'il vous accorde son aide et soutienne ceux qui partagent avec vous des responsabilités.

[42]

Ne soyez pas trop affecté par quelque parole méchante. Combien Jésus n'en a-t-il pas entendu ? Il vous arrive de vous tromper et de justifier certaines remarques désobligeantes ; mais Jésus ne s'est jamais trompé. Il était pur, sans tâche, sans souillure. N'attendez donc pas d'être mieux traité en ce monde que le Prince de gloire. Lorsque vos ennemis voient que leurs manières d'agir vous blessent ils sont dans la joie et Satan se réjouit avec eux. Regardez à Jésus, et travaillez pour sa gloire. Gardez dans votre cœur l'amour de Dieu. Témoignages pour l'Église 3 :275-276.

Les sentiments seuls ne sont pas un signe de sanctification

Des sentiments de bonheur ou l'absence de joie n'est pas une preuve qu'une personne est ou n'est pas sanctifiée. Il n'y a pas de sanctification instantanée. La vraie sanctification est une œuvre quotidienne, qui continue aussi longtemps que dure la vie. Ceux qui luttent avec les tentations quotidiennes, surmontant leurs propres tendances pécheresses, et recherchant une sainteté de cœur et de vie, ne se vantent pas d'être saints. Ils ont faim et soif de justice. Le péché leur parait extrêmement immonde.

Dieu ne nous abandonne pas à cause de nos péchés. Nous pouvons faire des erreurs et affliger son Esprit ; mais quand nous nous repentons et venons à lui avec des cœurs contrits, il nous accepte. Il nous faut ôter des entraves. On a chéri de mauvais sentiments, et il y a eu de l'orgueil, de la suffisance, de l'impatience et des murmures. Tout cela nous sépare de Dieu. Les péchés doivent être confessés ; il faut un travail plus profond de la grâce dans le cœur. Ceux qui se sentent faibles et découragés peuvent devenir des hommes de Dieu forts et accomplir un travail noble pour le Maître. Mais ils doivent travailler selon un point de vue élevé ; ils ne doivent pas être influencés par des motifs égoïstes.

Il en est qui semblent penser qu'ils sont en expectative, et qu'avant de pouvoir se réclamer de la bénédiction du Seigneur ils doivent lui apporter la preuve qu'ils se sont réformés. Mais ces chères âmes peuvent réclamer cette bénédiction dès maintenant. Il leur faut sa grâce, son Esprit, pour venir en aide à leurs infirmités, sans quoi ils ne pourront former un caractère chrétien. Jésus aime à nous voir venir à lui tels que nous sommes - pécheurs, impuissants, dépendants de lui.

La repentance, aussi bien que le pardon, est un don de Dieu en Christ. C'est grâce à l'influence du Saint-Esprit que nous sommes convaincus de péché et que nous éprouvons le besoin de pardon. Seul celui qui est contrit peut être pardonné, mais c'est la grâce de Dieu qui produit la repentance dans un cœur. Lui qui connaît toutes nos faiblesses et nos infirmités, il nous viendra en aide. Messages choisis 1 :414-415.

Parfois, les ténèbres et le découragement nous surprendront, menaçant de nous submerger ; n'abandonnons pas notre assurance. Maintenons nos regards fixés sur Jésus, quels que soient nos sentiments. Efforçons-nous d'accomplir fidèlement tous les devoirs que nous connaissons ; ensuite reposons-nous avec calme sur les promesses de Dieu.

Il peut arriver qu'un sentiment profond de notre indignité jette la terreur dans notre âme ; cela ne prouve pas, cependant, que nos relations avec Dieu soient changées. N'essayons pas de reproduire certaines émotions. Même si nous ne ressentons pas aujourd'hui la paix et la joie que nous éprouvions hier, saisissons avec foi la main du Christ, faisons-lui confiance dans l'obscurité comme dans la lumière.

Considérez avec foi les couronnes réservées aux vainqueurs ; écoutez d'avance le chant victorieux des rachetés : Digne, digne est l'Agneau qui a été immolé et qui nous a rachetés pour Dieu ! Prenez ces choses pour de la réalité.

Si nous réfléchissions davantage à Christ et au monde céleste, nous trouverions un puissant stimulant et un soutien dans les batailles du Seigneur. L'orgueil et l'amour du monde perdront leur emprise tandis que nous contemplerons les gloires de la patrie meilleure où nous serons bientôt. Mis en regard de l'amabilité du Christ, tous les attraits de la terre perdront leur valeur.

Bien que Paul ait été finalement confiné dans une prison romaine - enfermé loin de la lumière et de l'air des cieux, coupé de ses ouvriers actifs dans l'évangile, et s'attendant pour un temps à être condamné à mort - cependant il n'a pas cédé au doute et au découragement. De ce lugubre cachot provient son dernier témoignage, plein d'une foi et d'un courage sublimes qui ont inspiré les cœurs des saints et des martyrs à travers les âges. Ses mots décrivent convenablement les résultats de cette sanctification que nous nous sommes efforcés de présenter à travers ces pages : "Car pour moi, je sers déjà de libation, et le moment de mon départ approche. J'ai combattu le bon combat, j'ai achevé la course, j'ai gardé la foi. Désormais, la couronne de justice m'est réservée ; le Seigneur, le juste juge, me la donnera dans ce jour-là, et non seulement à moi, mais encore à tous ceux qui auront aimé son avènement" 2 Timothée 4 :6-8.

Chapitre 7 — Dieu a une œuvre pour toi

L'œuvre de Dieu sur cette terre ne sera pas achevée à moins que les hommes et les femmes qui composent nos églises ne se mettent au travail et unissent leurs efforts à ceux des prédicateurs et des membres officiants de l'Eglise. Instructions pour un Service Chrétien Effectif, 86.

Les paroles : "Allez par tout le monde, et prêchez la bonne nouvelle à toute la création" (Marc 16 :15), sont adressées à tous les disciples du Christ. Tous ceux qui veulent vivre la vie du Sauveur doivent travailler au salut de leurs semblables. Le même amour des âmes que manifestait Jésus doit se retrouver chez ses disciples. Tous ne peuvent occuper la même place, mais tous ont un rôle à remplir. Ceux qui ont reçu les bénédictions du Seigneur doivent se mettre au travail. Il faut que chaque talent soit employé à l'avancement du règne de Dieu. Témoignages pour l'Église 3 :243.

La prédication n'est qu'une petite partie de l'œuvre qui doit être accomplie pour le salut des âmes. L'Esprit de Dieu convainc les pécheurs de vérité et les place au sein de l'Eglise. Les prédicateurs doivent faire leur part, mais ils ne peuvent accomplir la tâche qui incombe à l'Eglise. Dieu demande à celle-ci de s'occuper de ceux qui sont jeunes dans la foi et l'expérience chrétienne, de leur rendre visite, non pour bavarder à tort et à travers, mais pour prier avec eux et leur adresser des paroles qui soient comme "des pommes d'or dans un panier d'argent". Témoignages pour l'Église 1 :522.

Dieu appelle son Eglise en ce jour, comme il appela l'ancien Israël, à être une lumière sur la terre. Par les puissantes épées de la vérité - les messages du premier, du deuxième et du troisième ange - il l'a séparée des églises et du monde pour lui faire goûter une communion sacrée avec lui. Il en a fait le dépositaire de sa loi et lui a confié les grandes vérités de la prophétie pour notre temps. Ainsi que les saints oracles confiés à l'ancien Israël, ces dernières sont un dépôt sacré qui doit être communiqué au monde. Les trois anges d'(Apocalypse 14) représentent ceux qui acceptent la lumière des messages de Dieu, et qui, comme des agents, doivent les proclamer à toute la terre. Jésus déclare à ses disciples : "Vous êtes la lumière du monde." Matthieu 5 :14. A chaque âme qui accepte Jésus, la croix du Calvaire proclame : "Considérez la valeur d'une âme. 'Allez par tout le monde et prêchez l'Evangile à toute la création'." Marc 16 :15. Rien ne doit entraver cette œuvre. C'est la plus importante pour notre temps, et ses effets doivent se prolonger jusque dans l'éternité. L'amour que Jésus a manifesté par son sacrifice pour racheter les âmes des hommes animera tous ses disciples. Témoignages pour l'Église 2 :185.

Le Christ accepte avec une grande joie les services de tous ceux qui se soumettent à sa volonté. Il unit l'homme à Dieu pour communiquer au monde les mystères de l'amour incarné. Que cet amour soit le sujet de vos conversations, de vos prières et de vos chants. Remplissez le monde de ce message ; faites-le connaître au près et au loin. Témoignages pour l'Église 3 :356.

Les véritables disciples de Christ témoigneront pour lui

Tous ceux qui désirent entrer dans la cité céleste doivent manifester dans leurs actes l'amour du Sauveur. C'est ainsi qu'ils seront ses messagers, ses témoins. Ils rendront un témoignage clair et décisif contre toute habitude mauvaise, et montreront aux pécheurs "L'Agneau de Dieu qui ôte le péché du monde". "A tous ceux qui le reçoivent, il donne le pouvoir de devenir enfants de Dieu." Le sentier de la régénération est le seul qui donne accès à la sainte cité. Ce sentier est resserré et la porte par laquelle on s'y engage est étroite ; néanmoins, c'est là qu'hommes et femmes doivent passer pour obtenir le salut. Il faut qu'ils possèdent un cœur et un esprit nouveaux ; les anciens traits de caractère, héréditaires, devront disparaître. Les désirs naturels de l'âme seront transformés, toute ruse, tout mensonge, toute médisance seront éliminés. Il faudra vivre une vie nouvelle afin de ressembler au Christ. Témoignages pour l'Église 3 :348-349.

Mes frères et sœurs, désirez-vous rompre le charme qui vous retient ? Voulez-vous sortir de cette paresse qui ressemble à la torpeur de la mort ? Allez travailler, que vous en ayez envie ou non. Faites un effort personnel pour gagner des âmes à Jésus et à la connaissance de la vérité. Un tel travail sera pour vous à la fois un stimulant et un tonique ; il vous réveillera et il vous fortifiera. Par l'exercice, vos facultés spirituelles acquerront plus de vigueur, de sorte que vous pourrez, avec un succès plus grand, travailler à votre propre salut. La stupeur de la mort spirituelle paralyse beaucoup de ceux qui disent croire au Christ. Faites tous vos efforts pour les réveiller. Avertissez, suppliez, admonestez. Priez pour que l'amour attendrissant de Dieu puisse réchauffer et adoucir ces natures de glace. Même si ces personnes refusent d'écouter, votre travail ne sera pas inutile. Dans votre effort pour faire du bien aux autres vos âmes seront bénies. Témoignages pour l'Église 2 :151.

Que nul ne croie que parce qu'il n'est pas instruit, il ne peut rien faire pour le Seigneur. Dieu a pour vous un travail à accomplir, il a donné à chacun sa tâche. Vous pouvez sonder les écritures pour vous-mêmes. "La révélation de tes paroles éclaire, dit le Psalmiste, elle donne de l'intelligence aux simples." Psaumes 119 :130. Vous pouvez prier pour l'œuvre de Dieu. La prière d'un cœur sincère, faite avec foi, sera entendue du ciel. Travaillez selon vos capacités. Témoignages pour l'Église 3 :74.

Les êtres célestes sont prêts à collaborer avec les hommes pour leur révéler à quoi ils peuvent arriver, et ce qu'il est possible d'accomplir sous leur influence pour le salut des âmes.

Le Seigneur nous appelle à un labeur patient et persévérant en faveur des milliers d'âmes, dispersées en tous pays, qui meurent dans leurs péchés, semblables à des épaves sur une plage déserte. Ceux qui désirent participer à la gloire du Christ doivent aussi prendre part à son ministère, en venant au secours des faibles, des malheureux, des découragés. Témoignages pour l'Église 3 :356-357.

Chaque croyant devrait s'attacher de tout son cœur à l'Eglise. Il faut que la prospérité de celle-ci soit son premier souci. L'Eglise peut se passer de lui, à moins qu'il ne comprenne l'obligation sacrée d'être dans son sein et à son service et non au sien propre. Il est au pouvoir de chacun de nous de faire quelque chose pour Dieu. Beaucoup de chrétiens dépensent de fortes sommes d'argent sans véritable nécessité et pour satisfaire leurs désirs, mais ils trouvent que c'est une grande charge que de continuer par leurs moyens de soutenir l'Eglise. Ils désirent recevoir d'elle tous les bienfaits et les privilèges, mais préfèrent laisser à d'autres le soin d'en payer les frais. Témoignages pour l'Église 1 :511.

L'Eglise du Christ peut très bien se comparer à une armée. La vie de chaque soldat est faite de travail, de difficultés et de dangers. De tous côtés se trouvent des ennemis vigilants, sous la direction du prince de la puissance des ténèbres, qui jamais ne s'assoupit et jamais ne déserte son poste. Dès que le chrétien cesse de se tenir sur ses gardes, son puissant adversaire déclenche brusquement une attaque violente. Si les membres d'église ne sont ni vigilants, ni actifs, ils seront vaincus par ses ruses. Qu'arriverait-il si la moitié des soldats d'une armée s'endormaient ou tardaient à exécuter les ordres reçus ? Il en résulterait la défaite, la captivité ou même la mort. Si certains d'entre eux parvenaient à s'échapper des mains de l'ennemi, seraient-ils dignes de recevoir une récompense ? Non ; ils savent qu'ils seraient plutôt condamnés à mort. Or, lorsque l'Eglise de Christ est insouciante ou infidèle, les conséquences en sont infiniment plus graves. Que peut-on imaginer de plus désastreux qu'une armée de soldats chrétiens succombant au sommeil ? Comment cette armée pourrait-elle réussir dans son combat contre le monde, lequel se trouve sous le commandement du prince des ténèbres ? Ceux qui demeurent dans l'indifférence au jour de la bataille, comme s'ils ne portaient pas d'intérêt à l'issue du conflit, ou n'étaient pas conscients de leur responsabilité, feraient mieux de changer leur attitude ou de quitter immédiatement les rangs. Instructions pour un Service Chrétien Effectif, 102-103.

Une place pour chaque membre de la famille

Les femmes, aussi bien que les hommes, peuvent présenter la vérité divine là où elle fera son œuvre. Il y a une tâche pour elles à cette heure de crise, et le Seigneur les assistera. Si elles ont le sentiment de leurs devoirs, et si elles travaillent sous l'influence de l'Esprit de Dieu, elles auront la maîtrise d'elles-mêmes indispensable à notre époque. Sur elles brillera la lumière céleste, et elles auront une puissance qui dépassera celle des hommes, car elles peuvent pénétrer dans la vie intime et dans les cœurs, ce que ceux-ci ne sauraient faire. Leur collaboration est nécessaire. Discrètes et humbles, elles expliqueront la vérité dans les maisons. C'est ainsi que la Parole de

Dieu agira comme un levain, et des familles entières seront gagnées par son influence. Témoignages pour l'Église 3 : 413, 414.

Tous peuvent se rendre utiles. D'aucuns diront, pour s'excuser : "Mes devoirs domestiques, mes enfants réclament mon temps et mes moyens." Parents, vos enfants devraient vous aider à décupler vos forces et vos capacités au service du Maître. Ce sont les plus jeunes membres de la famille de Dieu. Encouragez-les à se consacrer au Seigneur auquel ils appartiennent par droit de création et de rédemption. Qu'ils sachent que toutes les énergies du corps, de l'esprit et de l'âme sont au divin Maître. Qu'ils apprennent à servir dans les différentes branches de l'œuvre. Ne permettez pas qu'ils soient des obstacles, mais qu'ils partagent au contraire avec vous les responsabilités spirituelles aussi bien que matérielles. En se dévouant pour leurs semblables, ils verront s'accroître leur propre bonheur et leur utilité. Témoignages pour l'Église 3 : 117-118.

Notre œuvre pour le Christ doit commencer au sein de la famille. Il faut que l'éducation de la jeunesse soit différente de ce qu'elle a été dans le passé. Son bonheur réclame bien plus d'efforts que ce qui a été fait jusqu'ici. Il n'est pas de champ missionnaire plus important. Par le précepte et par l'exemple, que les parents apprennent à leurs enfants à travailler à la conversion de leurs semblables. Il faut qu'ils sachent soulager la misère des pauvres, sympathiser avec les personnes âgées et celles qui sont dans la peine. Qu'ils apprennent à être zélés dans leur travail missionnaire, et, dès leur jeune âge, à renoncer à eux-mêmes et à faire des sacrifices pour leurs semblables et l'avancement de la cause du Christ. C'est ainsi qu'ils deviendront "ouvriers avec Dieu". Témoignages pour l'Église 3 : 70.

Témoigner en allant dans de nouvelles localités

Ce n'est pas la volonté du Seigneur que son peuple se réunisse pour former de grandes communautés. Les disciples du Christ sont ses représentants ici-bas, et Dieu désire qu'ils se dispersent partout, dans les villes et les villages, pour être des lumières au sein des ténèbres. Ils doivent être des missionnaires actifs, et témoigner par leur foi et par leurs œuvres de la proximité de la venue du Sauveur.

Les membres de nos églises peuvent accomplir une œuvre que, jusqu'à maintenant, ils ont à peine commencée. Nul ne doit s'installer dans un nouvel endroit simplement pour y recueillir des avantages matériels; mais là où il est possible de gagner sa vie, que des familles - une ou deux - bien fondées dans la vérité aillent y demeurer pour faire du travail missionnaire. Ayons l'amour des âmes, et nous pourrons nous dévouer pour elles et voir comment il est possible de leur faire connaître la vérité. On peut distribuer des brochures, tenir des réunions dans les maisons, et y inviter les voisins. C'est ainsi que l'on fera luire la lumière par ses bonnes œuvres.

Que ceux qui se consacrent entièrement au service du Seigneur, prient et travail pour le salut de leurs semblables. Souvenez-vous que vous êtes engagés dans une compétition, luttant pour une couronne incorruptible. Alors qu'il en est tant qui aiment la louange des hommes bien plus que la faveur de Dieu, que ce soit votre lot de travailler dans l'humilité. Apprenez à exercer la foi en faveur de vos voisins en assiégeant le trône de grâce, afin que Dieu touche leurs cœurs. On peut faire ainsi un bon travail missionnaire. Certains seront gagnés qui n'auraient pas voulu écouter un pasteur ou un colporteur. Ceux qui travaillent dans de nouveaux endroits apprendront les meilleurs moyens de s'approcher des gens et prépareront le chemin pour d'autres serviteurs de Dieu. Témoignages pour l'Église 3 :296-297.

Rendez visite à vos voisins et montrez de l'intérêt dans le salut de leurs âmes. Mettez toute énergie spirituelle en action. Dites à ceux à qui vous rendez visite que la fin de toutes choses est proche. Le Seigneur Jésus Christ ouvrira les portes de leurs cœurs et produira sur leurs esprits une impression durable.

Tout en vaquant à leurs occupations ordinaires, les enfants de Dieu peuvent amener des âmes au Sauveur. Ils auront ainsi l'assurance réconfortante que le Seigneur est à leurs côtés. Qu'ils ne croient pas qu'ils sont abandonnés à leurs propres forces; le Christ les aidera à prononcer des paroles qui pourront consoler, encourager et fortifier de pauvres âmes luttant dans les ténèbres. Leur foi s'affermira en constatant l'accomplissement de la promesse du Rédempteur. Non seulement ils feront du bien autour d'eux, mais l'œuvre qu'ils accompliront pour le Christ sera pour eux-mêmes une source de bénédictions. Témoignages pour l'Église 3 :363.

Une grande œuvre peut être faite en présentant au monde la Bible telle qu'elle est. Portez la parole de Dieu dans tous les foyers. Placez-en les claires déclarations sur chaque conscience, répétant à tous le commandement du Sauveur : "Sondez les Ecritures." Suppliez les hommes de prendre la Bible telle qu'elle est, de demander à Dieu de la comprendre ; puis, quand la lumière brille, d'accueillir joyeusement chaque précieux rayon, et d'en accepter sans crainte les conséquences. Instructions pour un Service Chrétien Effectif, 177.

Il devrait y avoir dans nos églises davantage de membres qui fassent du travail de maison en maison : donner des études bibliques et distribuer des imprimés. Un caractère chrétien ne peut se former symétriquement et complètement que si l'homme considère comme un privilège de travailler d'une manière désintéressée à la proclamation de la vérité, et de soutenir financièrement la cause de Dieu. Il faut semer "le long de toutes les eaux", garder nos âmes dans l'amour divin, travailler tandis qu'il fait jour, et employer les biens que le Seigneur nous a donnés là où ils pourront être utiles. Tout ce que nos mains trouvent à faire, il faut l'accomplir fidèlement. Quel que soit le sacrifice que nous soyons appelés à consentir, faisons-le avec joie. Si nous semons avec zèle, nous verrons que "celui qui sème abondamment moissonnera abondamment". (2 Corinthiens 9 :6) Témoignages pour l'Église 3 :412.

Manifestation pratique de la religion

Ne pas être actif au service du Maître dément notre profession de foi. Seul, le christianisme révélé par un travail sérieux, pratique, fera impression sur ceux qui sont "morts dans leur fautes et dans leurs péchés". Les chrétiens qui prient, qui sont humbles, qui croient et montrent par leurs actes que leur plus grand désir est de faire connaître la vérité salvatrice qui doit être présentée à tous les hommes, ces chrétiens récolteront une riche moisson pour le Maître.

Nos membres d'église n'ont aucune excuse à être faibles et languissants. "Retournez à la forteresse, captifs pleins d'espérance." Zacharie 9 :12. Il y a en Christ une force qui est à notre disposition. Il plaide en notre faveur devant le Père ; il envoie partout ses messages pour faire connaître à son peuple sa volonté. Il marche au milieu de ses églises. Son désir est de sanctifier, élever et ennoblir ses disciples. L'influence de ceux qui croient vraiment en lui sera une odeur de vie pour le monde. Il tient les étoiles dans sa main droite, afin de faire luire sa lumière ici-bas. Il veut préparer ainsi son peuple à un service plus élevé. Il nous a confié une grande œuvre ; accomplissons-la avec fidélité. Manifestons dans nos vies ce que la vérité à fait pour nous.

Il a fallu beaucoup de renoncement et de sacrifice, un courage indomptable et de nombreuses prières pour se lancer dans nos diverses entreprises missionnaires. Il est à craindre que quelques uns de ceux qui se mettent maintenant à l'œuvre soient facilement satisfaits, qu'ils croient qu'il n'est plus nécessaire de s'imposer des renoncements et d'avoir le zèle des pionniers. Les temps ont changés, pensent-ils ; les fonds étant plus abondants, il est inutile de s'imposer les privations d'autrefois.

Mais si l'on faisait preuve de la même diligence et du même renoncement qu'au début, les résultats seraient cent fois supérieurs à ce qu'ils sont aujourd'hui. Témoignages pour l'Église 3 :55, 56, 67, 57.

Notre profession de foi est des plus élevées. Comme adventistes, observateurs du sabbat, nous professons obéir aux commandements de Dieu et attendre la venue de notre Rédempteur. Le Seigneur a confié un message d'avertissement des plus solennels à un petit nombre de chrétiens fidèles. Nous devrions montrer par nos paroles et par nos œuvres que nous comprenons la grande responsabilité qui nous incombe. Notre lumière doit luire si clairement que d'autres puissent voir que nous glorifions le Père dans notre vie journalière ; que nous sommes en communion avec le ciel, et cohéritiers de Jésus-Christ. Lorsqu'il paraîtra avec puissance et dans une grande gloire, nous serons semblables à lui. Témoignages pour l'Église 1 :509.

Chapitre 8 — "Me voici, Seigneur, envoie-moi"

La fin est proche ; elle arrive sur nous furtivement, imperceptiblement, silencieusement, comme un voleur qui s'avance à pas feutrés, dans la nuit, pour surprendre ceux qui, insouciants et nullement prêts, se sont endormis. Que le Seigneur fasse descendre son Esprit sur les cœurs qui se sentent satisfaits pour qu'ils cessent de dormir comme tant d'autres, mais deviennent vigilants et sobres.

Bientôt la vérité triomphera dans la gloire, et tous ceux qui choisissent maintenant d'être ouvriers avec Dieu triompheront avec elle. Le temps est court ; la nuit vient où nul ne peut travailler. Que ceux qui se réjouissent dans la lumière de la vérité présente se pressent de la communiquer à d'autres. Le Seigneur demande : "Qui enverrai-je ?" Ceux qui désirent se sacrifier par amour pour la vérité doivent répondre maintenant : "Me voici, Seigneur, envoie-moi."

Nous n'avons accompli qu'une petite partie de l'œuvre évangélique que Dieu veut nous voir accomplir dans notre entourage et auprès de nos amis. Il existe dans chaque ville de notre pays des gens qui ne connaissent pas la vérité. Et au-delà des océans se trouvent de nouveaux champs que nous devons défricher et ensemencer. Testimonies for the Church 9 :43, 44 Testimonies for the Church 3 :366, 367.

Nous sommes au seuil du temps de détresse, et des difficultés à peine soupçonnées sont devant nous. Un pouvoir diabolique pousse les hommes à faire la guerre au ciel. Ils se joignent à Satan pour tenter d'anéantir la loi de Dieu. Ils ressemblent de plus en plus aux contemporains de Noé, emportés par le déluge, et aux habitants de Sodome, consumés par le feu du ciel. Les puissances infernales sont à l'œuvre pour détourner les esprits des réalités éternelles. L'ennemi a organisé les choses de manière à favoriser ses propres desseins. Affaires, sports, modes, voilà ce qui occupe hommes et femmes. Les plaisirs et les mauvaises lectures faussent le jugement. Dans le chemin qui conduit à la perdition se trouve une longue procession. Le monde, rempli de violence, livré à la débauche et à l'ivrognerie, est en train de convertir l'Eglise. La loi de Dieu, cette règle de la justice, est considérée comme abolie.Testimonies for the Church 9 :20 Testimonies for the Church 3 :345.

Attendrons-nous que s'accomplissent les prophéties concernant la fin avant d'en parler ? A quoi serviraient alors nos paroles ? Attendrons-nous que les jugements de Dieu s'abattent sur les pécheurs avant de leur dire comment ils peuvent les éviter ? Où est notre foi dans la Parole de Dieu ? Devrons-nous voir se réaliser les choses annoncées pour y croire ? La lumière divine a projeté sur nous ses rayons salutaires, nous montrant que le jour du Seigneur est proche, à la porte. Lisons et comprenons avant qu'il soit trop tard.Testimonies for the Church 9 :37, 38 Testimonies for the Church 3 :362.

Vos talents répondent à un besoin

Dans son vaste plan, le Seigneur a une place pour chacun. Aucun talent n'est inutile. Est-il petit ? Dieu saura s'en servir. Bien employé, il fera exactement l'œuvre pour laquelle Dieu l'a donné. Les talents de l'humble villageois sont nécessaires pour certains travaux que ne sauraient accomplir des dons les plus brillants.Testimonies for the Church 6 :424 Testimonies for the Church 3 :64, 65.

Lorsque les hommes mettent leurs énergies au service de Dieu, leurs talents s'accroissent, leurs facultés se développent ; ils sont revêtus de la sagesse céleste pour amener au salut ceux qui se perdent. Mais si les membres d'église ne se soucient pas de s'acquitter de leurs devoirs envers leurs semblables, comment peuvent-ils s'attendre à recevoir le trésor du ciel ? Lorsque ceux qui se disent chrétiens ne voient plus la responsabilité qui leur incombe d'éclairer les hommes qui sont dans les ténèbres ; lorsqu'ils cessent de communiquer la grâce et la connaissance de la Parole, ils deviennent moins clairvoyants ; ils n'apprécient plus les richesses du don céleste, et, n'en connaissant plus la valeur, ils ne voient pas la nécessité d'en faire part à d'autres.

Nous avons de grandes églises dans différentes localités. Leurs membres ont acquis une certaine connaissance de la vérité, mais beaucoup se contentent d'écouter la Parole de vie sans se rendre compte de la nécessité de communiquer à d'autres les lumières qu'ils ont reçues. Ils ne sentent guère leurs responsabilités de faire progresser l'œuvre de Dieu, et ne manifestent qu'un faible intérêt pour le salut des âmes. Ils sont très zélés pour les choses de ce monde, mais leur religion n'intervient pas dans leurs affaires. Ils disent : "La religion est la religion et les affaires sont les affaires." Ils croient que la religion et les affaires ont un domaine qui leur est propre, et que ces deux choses doivent être séparées.

Parce qu'ils négligent les occasions et abusent de leurs privilèges, les membres de ces églises ne croissent pas "dans la grâce et dans la connaissance de notre Seigneur Jésus-Christ". 2 Pierre 3 :18. C'est ce qui explique leur faiblesse, leur manque de connaissance ; ils n'ont qu'une expérience enfantine. Ils ne sont pas enracinés dans la vérité. S'ils restent dans cette condition, ils subiront de nouveau les nombreuses déceptions des jours passés, car ils n'auront aucun discernement spirituel pour faire la distinction entre la vérité et l'erreur.Testimonies for the Church 9 :125 Testimonies for the Church 3 :410.

Dieu désire accorder l'effusion du Saint-Esprit

Lorsque des prédicateurs d'expérience entreprennent une campagne d'évangélisation dans un endroit où se trouve une église, les croyants ont le devoir impérieux de faire tout ce qui est en leur pouvoir pour sa réussite. Qu'ils sondent leurs cœurs avec prière et abandonnent tout ce qui serait de nature à les empêcher de collaborer avec Dieu et avec leurs frères.Testimonies for the Church 9 :126 Testimonies for the Church 3 :411.

Dans des visions de la nuit, il me fut montré un grand mouvement de réforme au sein du peuple de Dieu. Beaucoup louaient le Seigneur, les malades étaient guéris, et d'autres miracles s'opéraient. On remarquait un esprit de prière dans le genre de celui qui se manifestait avant le grand jour de la Pentecôte. Des centaines et des milliers de personnes se rendaient dans les familles et leur expliquaient les Ecritures ; les cœurs étaient touchés par la puissance du Saint-Esprit, et on voyait de véritables conversions. De tous côtés des portes s'ouvraient à la proclamation de la vérité. Le monde semblait illuminé de la lumière divine. De grandes bénédictions étaient accordées aux enfants de Dieu humbles et sincères. J'entendais des actions de grâce et des louanges. On se serait cru en 1844. Testimonies for the Church 9 :40 Testimonies for the Church 3 :364.

Dieu désire accorder à son peuple l'effusion du Saint-Esprit. La sécheresse spirituelle dans l'Eglise n'est pas justifiée. Après l'ascension du Christ, le Saint-Esprit descendit sur les disciples qui attendaient, priaient, et croyaient, avec une plénitude et une puissance qui pénétrèrent tous les cœurs. Dans l'avenir, la terre entière doit être illuminée de la gloire de Dieu. Ceux qui auront été sanctifiés par la vérité exerceront dans le monde une sainte influence. La terre sera enveloppée d'une atmosphère de grâce. Le Saint-Esprit opérera dans les cœurs, et révélera aux hommes les choses de Dieu. Testimonies for the Church 8 :246 Testimonies for the Church 3 :298.

Le Seigneur désire faire une grande œuvre par tous ceux qui croient vraiment en lui. Si les membres d'église voulaient accomplir le travail qui leur incombe, s'engageant dans la lutte à leurs propres frais, chacun se rendant compte de ce qu'il peut faire pour gagner des âmes, beaucoup quitteraient les rangs de Satan pour se ranger sous la bannière du Christ. Si notre peuple agissait selon la lumière qu'il a reçue, nous verrions sûrement le salut de Dieu. De merveilleux réveils s'ensuivraient. Des pécheurs se convertiraient, et un grand nombre d'âmes seraient ajoutées à l'Eglise. Lorsque nos cœurs seront unis au Christ, et nos vies en harmonie avec son œuvre, l'Esprit qui descendit sur les disciples au jour de la Pentecôte se répandra aussi sur nous. Testimonies for the Church 9 :28 Testimonies for the Church 3 :353, 354

[51]

Perdre du temps est un danger

Une scène forte impressionnante a passé devant moi dans les visions de la nuit. J'ai vu une immense boule de feu tomber au milieu d'un groupe de belles maisons, et les détruisant instantanément. Quelqu'un dit alors : "Nous savions que les jugements divins allaient visiter la terre, mais nous ne pensions pas que ce serait si tôt." D'autres, épouvantés, disaient : "Vous saviez ces choses, et vous ne nous en avez rien dit ! Nous les ignorions, nous." De tous côtés, j'entendais de semblables reproches.

Je me réveillai dans une grande détresse. M'étant rendormie, il me semblait être dans une vaste assemblée. Un homme influent parlait devant elle, en se servant d'une mappemonde. Ce globe, disait-il, représente la vigne du Seigneur, qu'il faut cultiver. La lumière céleste brille sur chacun de nous, et nous devons transmettre celle-ci à d'autres. Il faut créer des foyers lumineux en maints endroits pour qu'ils se multiplient.

Ces paroles se firent entendre à nouveau : "Vous êtes le sel de la terre. Mais si le sel perd sa saveur, avec quoi la lui rendra-t-on ? Il ne sert plus qu'à être jeté dehors, et foulé aux pieds par les hommes. Vous êtes la lumière du monde ; une ville située sur une montagne ne peut être cachée ; et on n'allume pas une lampe pour la mettre sous le boisseau, mais on la met sur le chandelier, et elle éclaire tous ceux qui sont dans la maison. Que votre lumière luise ainsi devant les hommes, afin qu'ils voient vos bonnes œuvres, et glorifient votre Père qui est dans les cieux." Matthieu 5 :13-16. Testimonies for the Church 9 :27 Testimonies for the Church 3 :352.

Chaque jour qui passe nous rapproche de la fin. Nous rapproche-t-il aussi du Seigneur ? Sommes-nous vigilants dans la prière ? Ceux que nous côtoyons jour après jour ont besoin de notre aide et de nos instructions. Il se peut que leur état d'esprit soit tel qu'un mot dit à propos, sous l'influence du Saint-Esprit, pénètre comme un clou au bon endroit. Demain quelques-unes de ces âmes seront peut-être pour toujours hors de notre portée. Quelle influence exerçons-nous sur ces compagnons de route ? Que faisons-nous pour les gagner au Christ ? Testimonies for the Church 6 :21 Testimonies for the Church 2 :435, 436.

Tandis que les anges retiennent encore les quatre vents, nous devons travailler de toutes nos forces à la proclamation du message qui nous a été confié, sans perdre de temps. Nous devons montrer aux êtres célestes et aux hommes de notre époque dégénérée que notre religion est faite de foi et de puissance, vertus qui ont leur source en Christ, et que la Parole de Dieu est son divin oracle. Les âmes des mortels sont sur le plateau de la balance divine. Elles seront soit des sujets du royaume de Dieu, soit des esclaves du despotisme de Satan. Toutes doivent avoir le privilège de pouvoir s'emparer de l'espérance que leur offre l'Evangile ; et comment en entendront-elles parler si personne ne la leur prêche ? L'humanité a grand besoin d'une rénovation morale, d'une préparation du caractère afin de pouvoir paraître devant Dieu. Des âmes sont sur le point de périr à cause des erreurs qui prévalent et qui sont voulues de Satan pour contrecarrer l'œuvre du Tout-Puissant. Qui veut se consacrer entièrement au service de Dieu pour devenir ouvrier avec lui ? Testimonies for the Church 6 :426 Testimonies for the Church 3 :67.

Aujourd'hui, une grande partie de ceux qui composent nos congrégations sont morts dans leurs fautes et dans leurs péchés. Ils vont et viennent comme une porte sur ses gonds. Pendant des années, ils ont écouté les vérités les plus solennelles, mais ils ne les ont pas mises en pratique. C'est pourquoi ils y sont de moins en moins sensibles. Les témoignages les plus émouvants de reproches et d'avertissements n'éveillent plus en eux la moindre velléité de repentance. Les plus douces mélodies que Dieu fait passer par des lèvres humaines - la justification par la foi, la justice du Christ - ne trouvent plus chez eux aucun écho. Bien que le ciel déploie devant eux les plus riches joyaux de foi et d'amour, bien qu'il les invite à "acheter de l'or éprouvé par le feu", et des "vêtements blancs" afin d'être vêtus, et "un collyre" pour oindre leurs yeux, ils lui ferment obstinément leurs cœurs et refusent d'échanger leur tiédeur contre le zèle et l'amour. Tandis qu'ils font profession de piété, ils en renient la force. S'ils ne se repentent, Dieu les rejettera. Ils ne sauraient faire partie de la famille céleste. Testimonies for the Church 9 :48 Testimonies for the Church 3 :370

[52]

Il faut que nos membres sachent que le fait d'avoir leurs noms inscrits sur les registres d'une église ne pourra les sauver. Ils doivent se montrer comme "des hommes approuvés de Dieu, des ouvriers n'ayant point à rougir". Jour après jour, qu'ils édifient leur caractère selon les directives divines. Qu'ils demeurent en lui et exercent continuellement leur foi. Ils grandiront ainsi "jusqu'à la stature parfaite d'hommes et de femmes en Jésus-Christ." Ils seront de vrais chrétiens, joyeux, reconnaissants, conduits par le Seigneur vers une lumière toujours plus pure. Si telle n'est pas leur condition, ils feront partie un jour de ceux qui prononceront cette triste lamentation : "La moisson est passée, l'été est fini, et nous ne sommes pas sauvés !" Jérémie 8 :20. Et ils ajouteront : "Pourquoi n'ai-je pas cherché un refuge dans la Forteresse ? Pourquoi n'ai-je pas pris au sérieux le salut de mon âme ? Pourquoi ai-je méprisé la grâce de Dieu ?" Testimonies for the Church 6 :423 Testimonies for the Church 3 :63, 64.

Frères et sœurs, vous qui connaissez depuis longtemps la vérité, je le demande à chacun de vous : Vos actes sont-ils en harmonie avec les lumières, les privilèges et les occasions que le ciel vous a accordés ? C'est une question sérieuse que je vous pose. Le Soleil de justice s'est levé sur l'Eglise, et le devoir de celle-ci est de progresser. Ceux qui sont en communion avec le Christ, croîtront dans la grâce et dans la connaissance du Fils de Dieu jusqu'à parvenir à l'état d'homme fait. Si tous ceux qui prétendent croire à la vérité avaient fait leur devoir et profité de toutes les occasions qui leur étaient offertes, ils seraient devenus forts en Christ. Quelles que soient leurs occupations, — cultivateurs, mécaniciens, professeurs ou pasteurs - s'ils s'étaient consacrés entièrement au Seigneur, ils seraient des serviteurs utiles dans la cause du Maître. Testimonies for the Church 6 :431 Testimonies for the Church 3 :72.

Les ouvriers doivent former les membres d'église

Il est un fait évident que tous les sermons n'ont pas eu pour résultat la formation d'une classe nombreuse d'ouvriers évangéliques possédant l'esprit d'abnégation. Cette question est lourde de conséquences. Notre avenir éternel est en jeu. Les églises se dessèchent parce qu'elles ont négligé d'employer leurs talents à diffuser la lumière. Il faudrait les instruire avec soin, à l'exemple du Maître, afin qu'elles la fassent briller. Ceux qui ont le soin des églises doivent faire une sélection parmi les membres et confier à ceux qui sont capables des responsabilités tout en leur apprenant comment ils peuvent accomplir le meilleur travail en faveur de leurs semblables. Testimonies for the Church 4 :67 Testimonies for the Church 1 :521.

Des techniciens, des avocats, des commerçants, bref, des hommes de toutes professions acquièrent des connaissances qui leur permettent d'être des experts en leur matière. Les disciples du Christ devraient-ils être moins intelligents et s'engager au service de Dieu en ignorant tout des voies et des moyens ? Obtenir la vie éternelle est une affaire plus importante que toute autre chose ici-bas. Afin d'amener les âmes à Jésus, il faut connaître la nature humaine. Il faut réfléchir sérieusement, prier avec ferveur pour savoir de quelle façon aborder les hommes et leur présenter la vérité contenue dans les Ecritures. Testimonies for the Church 7:20 Testimonies for the Church 3:94.

Dès qu'une église est organisée, que le prédicateur mette les membres à l'œuvre ; qu'il leur apprenne à s'en acquitter avec succès. Nos pasteurs doivent passer plus de temps à enseigner qu'à prêcher. Il faut qu'ils apprennent aux membres à communiquer à d'autres les connaissances qu'ils ont reçues. S'il est indiqué que les nouveaux convertis reçoivent des conseils de ceux qui ont quelque expérience dans l'œuvre de Dieu, il faut qu'ils apprennent à ne pas mettre les prédicateurs à la place du Seigneur. Testimonies for the Church 7:19 Testimonies for the Church 3:93

Le plus grand bien qu'on puisse faire à nos membres, c'est de leur apprendre à travailler pour le Seigneur, et à compter sur lui plutôt que sur le prédicateur. Qu'on leur enseigne donc à travailler comme le Christ a travaillé. Qu'ils se joignent à son armée de serviteurs et œuvrent fidèlement pour lui. Le ministère de la guérison, 149.

Il faut aussi faire un travail actif sous la direction de maîtres compétents. Ceux-ci donneront l'exemple en s'occupant des nécessiteux ; d'autres s'efforceront de les imiter. Un seul exemple a plus de valeur que beaucoup de préceptes. Ministère évangélique, 343.

Ceux qui ont la direction spirituelle de l'Eglise devraient faire les plans nécessaires afin de donner l'occasion à chaque membre d'église d'avoir une part dans l'œuvre de Dieu. Il n'en a pas été ainsi à maintes reprises dans le passé. Les plans n'ont pas été nettement tracés ni pleinement mis à exécution afin que les talents de tous soient mis à contribution. Peu de personnes se rendent compte de la perte subie de la sorte.

Dans chaque église se trouve un talent qui, grâce à un service approprié, pourrait être développé pour être d'une grande aide dans cette œuvre. Un plan bien conçu devrait être mis en œuvre pour que les ouvriers soient envoyés dans toutes nos églises, grandes ou petites, pour apprendre aux membres à œuvrer pour l'édification de l'église et aussi en faveur des incroyants. Ce qui est nécessaire, c'est la formation et l'éducation. Que tous y mettent de leurs cœurs et de leurs pensées pour travailler avec intelligence dans l'œuvre de cette époque, se qualifiant pour accomplir ce qui convient le mieux à leurs aptitudes.

Ce dont nous avons besoin pour l'édification de nos églises, c'est l'œuvre merveilleuse de sages ouvriers à discerner et à développer les talents de l'église, talents qui peuvent être employés au service du Maître. Ceux qui se font le devoir de visiter les églises devraient donner des instructions aux frères et sœurs sur les méthodes pratiques pour le travail missionnaire. Qu'il y ait aussi une classe de formation de la jeunesse. De jeunes hommes et femmes devraient apprendre à devenir des ouvriers à la maison, dans le voisinage et dans l'église. Testimonies for the Church 9 :46, 47 Testimonies for the Church 3 :369.

Les anges ont attendu longtemps la collaboration des membres de l'Eglise pour l'œuvre qui doit s'accomplir. Ils vous attendent encore. Le champ est si vaste, le devoir si clair, que tous les cœurs sanctifiés seront poussés à offrir leurs services comme instruments de la puissance divine. Testimonies for the Church 9 :221 -

Si les chrétiens travaillaient de concert, avançant comme un seul homme, sous la direction d'une seule Puissance, pour l'accomplissement d'un même objectif, ils ébranleraient le monde. Testimonies for the Church 6 :78-81 Testimonies for the Church 2 :449-451.

L'ordre d'aller "dans les chemins" (Matthieu 22 :10) doit être suivi au bénéfice de tous ceux qui ont une part active dans les affaires du monde, les professeurs et les conducteurs des foules. Ceux qui portent de lourdes responsabilités dans la vie publique, médecins et éducateurs, juges et magistrats, officiers publics et hommes d'affaires devraient recevoir un message clair et distinct : "Que sert-il à un homme de gagner tout le monde s'il perd son âme ? Que donnerait un homme en échange de son âme ?" Marc 8 :36, 37.

Nous parlons et nous écrivons beaucoup en faveur des pauvres, mais ne devrions-nous pas aussi accorder un peu d'attention aux riches ? Beaucoup regardent ceux-ci comme des gens pour lesquels il n'y a pas d'espoir, et ils ne font pour ainsi dire rien afin d'ouvrir les yeux de ceux qui, aveuglés par la puissance de Satan, ont perdu de vue l'idée de l'éternité. Des milliers de riches sont morts sans avoir été avertis parce qu'on les avait jugés sur l'apparence et déclarés irrémédiablement perdus. Mais il m'a été montré que cette classe comprend beaucoup d'âmes affligées bien qu'apparemment indifférentes. Des milliers de riches meurent faute de nourriture spirituelle. Beaucoup de personnes haut placées sentent en elles le besoin de quelque chose qu'elles n'ont pas. Peu de gens de cette classe vont à l'église, car ils ont le sentiment de n'en retirer aucun bénéfice. L'enseignement qu'ils y entendent ne touche pas leur âme. Ne ferons-nous pas un effort personnel en leur faveur ?

Quelques-uns diront : Ne pouvons-nous pas les atteindre par nos publications ? Mais beaucoup ne seront jamais touchés par ce moyen-là. Ils ont besoin qu'on s'approche d'eux personnellement. Devront-ils donc périr sans un avertissement spécial ? Il n'en était pas ainsi dans les temps anciens. Des serviteurs de Dieu étaient envoyés pour parler aux grands de ce monde afin qu'eux aussi jouissent de la paix et du repos qui se trouvent en notre Seigneur Jésus-Christ.

La majesté du ciel descendit sur la terre pour apporter le salut à l'humanité pécheresse et perdue. Ses efforts ne visaient pas seulement les parias, mais aussi ceux qui occupaient des places d'honneur. Ingénieusement le Sauveur travaillait à entrer en contact avec ceux qui, dans les classes supérieures, ne connaissaient pas Dieu et ne gardaient pas ses commandements.

La même œuvre fut poursuivie après l'ascension du Sauveur. Mon cœur est ému à la lecture de l'intérêt qu'il manifesta envers Corneille. Corneille occupait une position élevée, c'était un officier de l'armée romaine, qui marchait dans la lumière qu'il avait reçue, avec une rigoureuse fidélité. Le Seigneur lui fit parvenir du ciel un message particulier ; puis, par un autre message, il envoya Pierre lui rendre visite afin de l'éclairer. Ce devrait être un grand encouragement pour nous, dans notre travail, que de penser à la compassion et à l'amour si tendre de Dieu pour ceux qui cherchent la lumière et prient pour la recevoir.

Dieu m'a montré qu'il y a de nos jours de nombreux Corneilles qui désirent se rallier à son Eglise. Ils ont de la sympathie pour ceux qui observent les commandements du Seigneur. Mais les liens qui les retiennent au monde sont solides, et ils n'ont pas la force morale nécessaire pour prendre position avec les humbles. Nous devons faire des efforts particuliers en faveur de ces âmes qui ont besoin qu'on s'intéresse à elles d'une manière toute spéciale en raison de leurs responsabilités et de leurs tentations.

D'après les instructions que j'ai reçues, j'ai vu que notre devoir, à l'heure actuelle, est de parler aux hommes qui ont de l'influence et de l'autorité dans le monde, avec le mot d'ordre : "Ainsi a dit l'Eternel."

Ils sont les administrateurs à qui Dieu a confié d'importants crédits ; s'ils acceptaient son appel, ils utiliseraient ces crédits au bien de sa cause...

Certains sont particulièrement qualifiés pour travailler en faveur des classes élevées. Ils devraient rechercher le Seigneur tous les jours, en étudiant les méthodes permettant d'atteindre ces gens, non pas simplement en les rencontrant occasionnellement, mais en les suivant par un effort personnel et une foi ardente, manifestant un profond intérêt pour leur âme, un désir réel de les voir connaître la vérité telle qu'elle est dans la Parole de Dieu. [55]

Chapitre 9 — Les publications de l'Eglise

Nos maisons d'édition ont été établies pour un but précis, d'après les instructions de Dieu et sous sa direction spéciale le Seigneur a choisi les Adventistes du septième jour afin de former un peuple particulier, séparé du monde. Après les avoir retirés de la carrière de celui-ci par le pic de la vérité, il se les est attachés. Il a fait d'eux ses représentants, et les a appelés à être ses ambassadeurs pendant la dernière phase de l'œuvre du salut. Ils ont été chargés de proclamer au monde la plus grande somme de vérité qui ait jamais été confiée aux mortels, les avertissements les plus solennels et les plus terribles que Dieu ait envoyés à l'humanité. Pour accomplir cette œuvre, nos maisons d'édition comptent parmi les moyens les plus efficaces Testimonies for the Church 7 :138 Testimonies for the Church 3 :162, 163.

Les ouvrages qui sortent de nos maisons d'édition doivent préparer un peuple à aller à la rencontre de son Dieu.

S'il existe une œuvre plus importante que toute autre, c'est bien celle qui consiste à répandre nos publications. Grâce à elles, les lecteurs seront amenés à sonder les Ecritures et le travail missionnaire qui consiste à les placer dans les familles, à y entrer en conversation et à prier en faveur des membres qui les composent, se révèle excellent et de nature à former hommes et femmes au travail de la cure d'âmes Testimonies for the Church 4 :390 The Colporteur Evangelist, 80.

Le colportage est un moyen d'évangélisation important et efficace. Nos publications peuvent pénétrer en des endroits où il est impossible d'organiser des réunions. Dans ce cas, les fidèles colporteurs évangélistes remplacent le prédicateur. Grâce au colportage, la vérité parvient à des milliers de personnes qui, autrement, n'en entendraient jamais parler. Les colporteurs doivent parcourir tout le pays. L'importance du travail qui leur est confié est égale à celle du ministère évangélique. La parole du prédicateur et le messager silencieux sont tous deux nécessaires à l'accomplissement de la grande tâche qui nous incombe Colporteur Ministry, 8.

Dieu a institué le colportage pour communiquer la lumière contenue dans nos livres, aussi les colporteurs devraient-ils sentir toute l'importance d'apporter au monde, le plus rapidement possible, les livres nécessaires à son éducation spirituelle. C'est l'œuvre même que le Seigneur voudrait voir accomplir par ses enfants en ce moment. Tous ceux qui se consacrent à Dieu en faisant du colportage collaborent à la proclamation du dernier message dont bien des personnes n'auraient jamais eu connaissance autrement. C'est un travail qui ne peut être surestimé Testimonies for the Church 6 :313 Testimonies for the Church 2 :621, 622.

Nos imprimés devraient être répandus dans le monde entier. Il faut les traduire en de nombreuses langues. Le message du troisième ange doit être proclamé par ce moyen aussi bien que par la parole du prédicateur. Vous qui croyez à la vérité présente, réveillez-vous. Votre devoir est d'employer tous les moyens possibles pour amener ceux qui comprennent la vérité à la faire connaître. Une partie de la vente de nos imprimés devrait servir à augmenter notre outillage pour produire davantage d'ouvrages destinés à ouvrir les yeux des inconvertis et à amollir les cœurs Testimonies for the Church 9 :62 Testimonies for the Church 3 :373.

Il m'a été montré que là même où se trouve un bon prédicateur, le colporteur devrait travailler en collaboration avec lui, car bien que le message soit présenté fidèlement par celui-ci, il est parfois difficile aux auditeurs de s'en souvenir parfaitement. C'est pourquoi la page imprimée est nécessaire non seulement pour leur montrer l'importance de la vérité présente, mais pour leur permettre de s'enraciner et de se fortifier dans la vérité en les mettant en garde contre l'erreur. Les journaux et les livres sont les moyens dont Dieu se sert pour que le message qu'il adresse au monde de nos jours soit continuellement présent à ses yeux. En éclairant et en affermissant les âmes dans la vérité, les publications feront un travail supérieur à celui qui est accompli par la prédication seulement. Les messagers silencieux placés dans les foyers par les colporteurs renforceront l'œuvre du ministère sous tous les rapports ; car le Saint-Esprit agira sur l'esprit de ceux qui les liront comme il agit sur l'esprit de ceux qui écoutent la prédication de la Parole. Les anges qui veillent sur l'œuvre du prédicateur veillent également sur les livres contenant la vérité Testimonies for the Church 6 :315, 316.

Etablissons des plans judicieux pour venir en aide aux élèves qui le méritent et désirent gagner leur écolage en vendant des livres. Ceux qui auront ainsi réuni assez d'argent pour faire leurs études dans l'une de nos écoles posséderont une expérience de la plus haute, et seront prêts à faire un travail de pionniers dans les champs missionnaires Testimonies for the Church 9 :79 Testimonies for the Church 3 :384.

Quand les membres d'église comprendront combien il est important de répandre nos publications, ils consacreront plus de temps à cette tâche Colporteur Ministry, 7.

Aussi longtemps que dure le temps de grâce... les colporteurs évangélistes auront la possibilité de travailler Testimonies for the Church 6 :478 Colporteur Ministry, 11.

Frères et sœurs, Dieu vous regardera d'un œil favorable si vous mettez tout votre cœur à soutenir la maison d'édition par vos prières et votre argent. Priez matin et soir pour qu'elle reçoive les plus riches bénédictions d'en haut. N'encouragez pas la critique et les murmures ; qu'aucune plainte ne s'échappe de vos lèvres ; souvenez-vous que les anges les entendent. Chacun doit être amené à voir que ces institutions sont voulues de Dieu. Ceux qui les dénigrent afin de servir leurs propres intérêts devront en rendre compte un jour. C'est la volonté du Seigneur que tout ce qui concerne son œuvre soit considéré comme sacré Testimonies for the Church 7 :182, 183 Testimonies for the Church 3 :199.

Chapitre 10 — Croire en un Dieu personnel

On s'apercevra au jour du règlement final que Dieu connaissait chacun par son nom. Un témoin invisible voit chacun de nos actes. "Je connais tes œuvres", dit celui "qui marche au milieu des sept chandeliers d'or". Apocalypse 2 :1, 2. Tout est noté : les occasions négligées et les efforts inlassables du bon berger pour chercher ceux qui suivaient des sentiers tortueux, afin de les ramener dans le chemin de la sécurité et de la paix. Maintes fois Dieu a adressé des appels aux amateurs de plaisir ; maintes fois il a fait jaillir sur leur chemin la lumière de sa Parole afin qu'ils puissent voir le péril et y échapper. Mais ils ne cessent de plaisanter et de rire en suivant la voie large, jusqu'à ce qu'enfin le temps de grâce soit terminé. Les voies de Dieu sont justes et équitables, et quand la sentence sera prononcée contre ceux qui seront trouvés trop légers, toute bouche sera réduite au silence...

Le Tout-Puissant qui opère dans la nature et soutient toutes choses n'est pas, comme le prétendent quelques savants un principe, une énergie en action. Il est esprit ; mais il est cependant un être personnel, car l'homme a été fait à son image Testimonies for the Church 8 :263 Testimonies for the Church 3 :312.

Dieu agit dans la nature, mais Dieu n'est pas la nature. Celle-ci est l'expression du caractère divin. Par elle, nous pouvons comprendre son amour, sa puissance et sa gloire ; mais ne la considérons jamais comme étant Dieu lui-même. Les artistes produisent des œuvres merveilleuses qui font les délices des yeux. Elles nous donnent une idée de celui qui en est l'auteur ; mais ces œuvres ne sont pas l'artiste. Ce n'est pas l'œuvre mais l'artiste qu'on juge digne d'honneur. De même, bien que la nature soit l'expression de la pensée de Dieu, ce n'est pas elle mais celui qui a créé la nature qui doit être exalté...

L'action d'un Dieu personnel s'est manifestée à la création de l'homme. Lorsque le Seigneur eut fait celui-ci à son image, la forme de son corps était parfaite, mais il y manquait la vie. C'est alors qu'un

Dieu personnel, existant par lui-même, souffla dans ses narines un souffle de vie, et l'homme devint un être vivant et intelligent. Tous les organes du corps humain furent mis en mouvement. Le cœur, les artères, les veines, la langue, les mains, les pieds, les sens, les facultés de l'esprit, — tout s'anima et fut soumis à des lois. L'homme devint une âme vivante. C'est un Dieu personnel qui, par Jésus-Christ, le créa et le revêtit d'intelligence et de force Testimonies for the Church 8 :264 Testimonies for the Church 3 :313.

Notre substance n'était pas cachée à ses yeux lorsque nous étions formés dans le secret. Il voyait cette substance, bien qu'imparfaite ; et dans son livre tous nos membres étaient décrits, alors qu'aucun d'eux n'existait.

Le dessein de Dieu était que l'homme fût supérieur à tous les êtres créés, le couronnement de la création, exprimant sa pensée et révélant sa gloire. Mais l'homme ne doit pas s'exalter au rang de Dieu...

Dieu le Père révélé en Christ

Dieu, par son Fils, s'est révélé comme un être personnel. Reflet de la gloire du Père, "l'empreinte de sa personne" (Hébreux 1 :3), Jésus revêtit une forme humaine pour venir sur la terre. C'est un Sauveur personnel qui descendit ici-bas, et remonta au ciel où il intercède pour nous devant le trône de Dieu. Quelqu'un qui "ressemble à un fils d'homme" (voir Apocalypse 1 :13) exerce un ministère en notre faveur.

Le Christ, la lumière du monde, voila l'éblouissante splendeur de sa divinité et vécut parmi les hommes, afin que ceux-ci puissent, sans être consumés, connaître leur Créateur. Nul, si ce n'est Jésus, n'a jamais vu Dieu. C'est lui qui nous l'a révélé. "Moi et le Père nous sommes un", disait-il. "Personne, écrit saint Matthieu, ne connaît le Fils, si ce n'est le Père, personne non plus ne connaît le Père, si ce n'est le Fils et celui à qui le Fils veut le révéler." Jean 10 :30 ; Matthieu 11 :27 Testimonies for the Church 8 :265, 266 Testimonies for the Church 3 :313, 314.

Le Christ est venu ici-bas pour enseigner aux humains ce que Dieu désire qu'ils sachent. Au ciel, sur la terre, et dans les eaux profondes de l'océan, nous voyons la main divine. Tout ce qui a été créé témoigne de sa puissance, de sa sagesse et de son amour. Mais ce n'est ni par les étoiles ni par les océans, ni par les cataractes que nous pouvons connaître la personnalité de Dieu telle qu'elle nous est révélée en Christ.

Dieu a jugé bon de nous donner une révélation plus nette que celle que nous offre la nature afin de nous décrire sa personnalité et son caractère. Il envoyé son Fils ici-bas pour révéler, autant que les hommes étaient capables de les discerner, la nature et les attributs du Dieu invisible.

Si Dieu avait voulu être représenté comme habitant personnellement dans la nature - dans les fleurs, les arbres, le brin d'herbe - le Christ ne l'aurait-il pas dit à ses disciples lorsqu'il était sur la terre ? Mais jamais dans ses enseignements, nous ne le voyons parler ainsi de Dieu. Jésus et les apôtres enseignèrent clairement la vérité au sujet de l'existence personnelle de Dieu.

Le Christ a révélé de Dieu tout ce que des humains pouvaient supporter sans être détruits. Il est le divin Maître, celui qui éclaire. Si le Seigneur avait pensé que les hommes aient besoin de révélations autres que celles qu'il fit par le Christ et sa Parole, il les leur aurait données.

Christ donne aux hommes le pouvoir de devenir enfants de Dieu

Relisons les paroles que le Christ prononça dans la chambre haute avant sa crucifixion. Il approchait de la grande épreuve, et il cherchait à affermir ses disciples qui devaient être terriblement tentés et éprouvés.

Les disciples ne comprenaient pas les paroles du Christ concernant ses relations avec Dieu. Une grande partie de son enseignement leur était encore obscure. Ils avaient posé plusieurs questions qui révélaient leur ignorance des relations de Dieu avec eux et de leurs intérêts présents et futurs. Le Christ désirait leur donner une connaissance de Dieu plus claire et plus distincte.

"Je vous ai dit ces choses en paraboles, dit-il. L'heure vient où je ne vous parlerai plus en paraboles, mais où je vous parlerai ouvertement du Père." Jean 16 :25.

Lorsque, au jour de la Pentecôte, le Saint-Esprit fut répandu sur les disciples, ils comprirent les vérités que le Christ leur avait présentées en paraboles. Les enseignements qui avaient été pour eux des mystères leur paraissaient maintenant très clairs. Leur intelligence, ouverte par l'effusion de l'Esprit, les rendait honteux de leurs théories fantaisistes. Leurs suppositions et leurs interprétations semblaient des folies comparées à la connaissance des choses célestes qu'ils venaient de recevoir. Ils étaient conduits par l'Esprit, et la lumière divine éclairait leur intelligence naguère obscurcie.

Toutefois, les disciples n'avaient pas encore tout compris. Ils avaient reçu toute la connaissance qu'ils pouvaient supporter, mais l'accomplissement total de la promesse du Christ qui leur montrerait distinctement le Père n'était pas encore réalisé. Il en est de même aujourd'hui. Notre connaissance de Dieu est partielle et imparfaite. La lutte terminée, au moment où le Christ accueillera devant le Père ses loyaux serviteurs qui, dans un monde de péché, ont rendu de lui un témoignage fidèle, alors ceux-ci comprendront clairement ce qui était pour eux des mystères.

[59]

Le Christ emporta avec lui dans les cours célestes son humanité glorifiée. A ceux qui le reçoivent, il "donne le pouvoir de devenir enfants de Dieu", afin qu'au dernier jour il puisse les accueillir dans les demeures éternelles. Si, durant cette vie, ils restent fidèles au Seigneur, "ils verront sa face, et son nom sera sur leurs fronts". Apocalypse 22 :4. Et en quoi consiste le bonheur du ciel, si ce n'est de voir Dieu, de contempler sa face et de le connaître comme Père ? Quelle plus grande joie pourrait être donnée au pécheur sauvé par la grâce du Christ ? Testimonies for the Church 8 :266-268 Testimonies for the Church 3 :315, 316, 317

Dieu s'intéresse à chacun de ses enfants

Les Ecritures indiquent clairement la relation qui existe entre Dieu et le Christ, et elles donnent une idée également très nette de la personnalité et de l'individualité de chacun d'eux.

Dieu est le Père du Christ : le Christ est le Fils de Dieu. Au Christ a été donnée une position élevée. Il a été fait l'égal du père. Tous les conseils de Dieu sont ouverts à son Fils.

Cette unité est exprimée aussi au dix-septième chapitre de Jean, dans la prière du Christ pour ses disciples :

"Ce n'est pas pour eux seulement que je prie, mais encore pour ceux qui croiront en moi par leur parole, afin que tous soient un, comme toi, Père, tu es en moi, et comme je suis en toi, afin qu'eux aussi soient un en nous, pour que le monde croie que tu m'as envoyé. Je leur ai donné la gloire que tu m'as donnée, afin qu'ils soient un comme nous sommes un, — moi en eux, et toi en moi, — afin qu'ils soient parfaitement un, et que le monde connaisse que tu m'as envoyé et que tu les as aimés comme tu m'as aimé." Jean 17 :20-23.

Quelle merveilleuse déclaration ! L'unité qui existe entre le Christ et ses disciples ne détruit la personnalité d'aucun d'eux. Ils sont un en but, en esprit, en caractère, mais non en personne. C'est ainsi que Dieu et le Christ sont un...

Notre Dieu a le ciel et la terre sous son commandement, et il sait exactement ce dont nous avons besoin. Nous ne connaissons que très peu de choses ; "mais tout est nu et découvert aux yeux de celui à qui nous devons rendre compte". Hébreux 4 :13. Audessus des folies de cette terre, il est assis sur son trône ; rien n'est caché à son œil divin ; et de sa gloire éternelle, il ordonne ce que sa providence considère comme étant le meilleur.

Il n'est pas un passereau qui tombe à terre sans la volonté du Père céleste. La haine de Satan envers Dieu le conduit à se réjouir lorsqu'il détruit les créatures, même les plus insignifiantes. Ce n'est que par la protection divine que les oiseaux sont gardés et nous charment par leurs chants joyeux. "Ne craignez donc point, dit-il, vous valez plus que beaucoup de passereaux." Matthieu 10 :31 Testimonies for the Church 8 :268-273 Testimonies for the Church 3 :317-319.

[60]

Chapitre 11 — Les chrétiens appelés à être les représentants de Dieu

Le plan de Dieu est de mettre en évidence, par ses enfants, les principes de son royaume. Afin de leur permettre de servir ainsi ses desseins par leur vie et par leur caractère, il désire les séparer du monde, de ses coutumes et de ses pratiques. Il cherche à les attirer tout près de lui, pour leur faire connaître sa volonté.

Dieu se propose d'accomplir aujourd'hui par le moyen de son peuple ce qu'il désirait faire autrefois par Israël quand il le fit sortir d'Egypte. Le monde doit avoir une représentation du caractère divin en contemplant, dans l'Eglise, la bonté, la miséricorde, la justice et l'amour de Dieu. Quand la loi divine est ainsi vécue, le monde même reconnaît la supériorité sur tous les autres hommes de ceux qui craignent et servent le Seigneur.

Dieu a les yeux fixés sur ses enfants et il a un plan bien défini pour chacun d'eux. Il entre dans ses desseins de réunir en un peuple à part ceux qui mettent en pratique ses saints préceptes. Les paroles écrites par Moïse sous l'inspiration divine concernent le peuple de Dieu d'aujourd'hui aussi bien que Israël des temps anciens. "Car tu es un peuple saint pour l'Eternel, ton Dieu ; l'Eternel, ton Dieu, t'a choisi, pour que tu fusses un peuple qui lui appartînt entre tous les peuples qui sont sur la face de la terre." Deutéronome 7 :6 - Testimonies for the Church 8 :63, 64 *Ministère évangélique*

La formation du caractère à la ressemblance du Christ

La religion du Christ élève le chrétien à un niveau supérieur de pensée et d'action, tandis qu'elle lui présente toute la race humaine comme l'objet de l'amour de Dieu puisqu'il l'a acquise par le sacrifice de son Fils. Aux pieds de Jésus, le riche et le pauvre, le savant et l'ignorant se rencontrent, sans souci de caste et de prééminence mondaine. Toutes les distinctions sont oubliées lorsque nous levons les yeux sur celui dont nos péchés ont percé les mains et les pieds. Le renoncement, la condescendance, l'infinie compassion de celui qui était souverainement élevé dans le ciel couvrent de honte l'orgueil humain, la vanité et les préjugés sociaux. Testimonies for the Church 4 :452.

Chacun sera, pour le temps et l'éternité, ce que son caractère aura fait de lui. La vie de ceux qui cultivent de bonnes habitudes sera comme la lumière étincelante, dont les rayons éclatants illuminent le sentier des autres ; mais si des habitudes d'infidélité sont tolérées, si le laxisme, l'indolence et la négligence sont chéris, un nuage plus sombre que l'obscurité de minuit jettera son ombre sur l'avenir et privera éternellement l'individu de la vie éternelle. Testimonies for the Church 5 :439 Testimonies for the Church 2 :168.

Heureux celui qui prend garde aux paroles de vie éternelle. Guidé par "l'Esprit de vérité", il sera conduit dans toute la vérité. Il ne sera aimé, honoré et loué par le monde ; mais il sera précieux aux yeux du ciel. "Voyez quel amour le Père nous a témoigné, pour que nous soyons appelés enfants de Dieu ! Et nous le sommes. Si le monde ne nous connaît pas, c'est qu'il ne l'a pas connu." 1 Jean 3 :1. Testimonies for the Church 3 :333 Testimonies for the Church 1 :389, 390.

Vivre courageusement aujourd'hui

La vérité divine est capable de vous rendre sage à salut. Par la foi et l'obéissance à cette vérité, vous recevrez la grâce qui vous permettra d'accomplir les devoirs de chaque jour et de supporter les difficultés quotidiennes. Vous n'avez pas besoin d'une provision de grâce pour demain. Comprenez que vous avez à vous occuper seulement d'aujourd'hui. Ayez la victoire aujourd'hui, renoncez à vous-même aujourd'hui, veillez et priez aujourd'hui. Les circonstances dans lesquelles nous vivons, notre entourage, les changements qui journellement ont lieu autour de nous et la Parole de Dieu qui examine et juge toutes choses, tout cela est suffisant pour nous apprendre quel est notre devoir et ce que nous devons faire jour après jour. Au lieu de laisser votre esprit s'appesantir sur des pensées qui ne vous apportent aucun bienfait, vous devriez sonder chaque jour les Ecritures et accomplir les devoirs quotidiens de la vie qui vous paraissent aujourd'hui ennuyeux, mais qu'il faut bien que quelqu'un

fasse. Testimonies for the Church 5 :741-745 Testimonies for the Church 2 :398, 399.

Beaucoup ont les yeux constamment fixés sur la méchanceté qui les environne, sur l'apostasie et la lâcheté qui s'étalent un peu partout ; ils en font le sujet de leurs conversations jusqu'au jour où leur cœur est rempli de tristesse et de méfiance. Ce qui les préoccupe par-dessus tout, c'est l'œuvre habile du grand séducteur ; ils s'attardent sur les sujets de découragement qu'ils rencontrent et semblent perdre de vue la puissance de leur Père céleste et son indicible amour. C'et tout ce que Satan désire. C'est une grave erreur que de considérer l'ennemi de toute justice comme revêtu d'une si grande puissance et de s'arrêter si peu à contempler l'amour infini de Dieu.

Nous devons nous entretenir de la toute-puissance du Christ. Nous sommes tout à fait incapables, il est vrai, de nous arracher *nous-mêmes* aux griffes de Satan, mais Dieu a pourvu à notre libération. Le Fils du Très-Haut a la puissance de vaincre pour nous et "dans toutes ces choses nous sommes plus que vainqueurs par celui qui nous a aimés".

Nous ne puiserons jamais aucune force spirituelle en contemplant notre faiblesse et nos infidélités, pas plus qu'en nous lamentant à cause de la puissance de Satan. Cette vérité devrait être érigée en principe vivant dans notre cœur et dans notre esprit, à savoir que l'offrande faite en notre faveur est pleinement efficace, et que Dieu peut sauver parfaitement tous ceux qui viennent à lui en remplissant les conditions mentionnées dans sa Parole. Tout ce que nous avons à faire, c'est de mettre notre volonté du côté de celle du Seigneur. Alors, par le sang expiatoire, nous devenons participants de la nature divine. Par le Christ, nous sommes élevés à la dignité d'enfants de Dieu, nous avons l'assurance qu'il nous aime comme son propre Fils. Nous sommes un, avec Jésus. Nous marchons dans l'empreinte de ses pas. Il est puissant pour dissiper les ténèbres qui obstruent notre sentier, et pour faire briller dans nos cœurs, au lieu du découragement, le salut par grâce.

Chers frères et sœurs, c'est par la contemplation que nous serons changés. En demeurant dans l'amour de Dieu et de notre Sauveur, en contemplant la perfection du divin caractère, en nous réclamant, par la foi, de la justice du Christ, nous serons transformés à son image. Rejetons loin de nous les tableaux désagréables - iniquités, corruptions, séductions qui sont les manifestations de la puissance infernale - ; n'en conservons pas le souvenir, n'en parlons pas sans cesse en nous lamentant jusqu'à ce que nos âmes soient envahies par le découragement. Une âme découragée est un corps ténébreux, non seulement elle ne reçoit pas elle-même la lumière, mais elle l'intercepte. Satan se plaît à contempler les effets de ses triomphes sur ceux qui perdent foi et courage. Testimonies for the Church 2 :132, 133 Testimonies for the Church 1 :231, 232.

Représenter Dieu par une vie désintéressée

Le péché le plus souvent toléré, celui qui nous sépare de Dieu et engendre tant de désordres spirituels, d'ailleurs contagieux, c'est l'égoïsme. Or, il n'y a qu'une voie qui mène au Seigneur, celle du renoncement à soi-même. Par nous-mêmes, nous ne pouvons rien faire ; mais grâce à la force que Dieu nous donne, il nous est possible de vivre pour être utiles à nos semblables et fermer de cette manière la porte à l'égoïsme. Il n'est pas nécessaire que nous allions dans les pays païens pour nous consacrer entièrement à Dieu et pour mener une vie désintéressée. Nous pouvons le faire dans la famille, dans l'église, parmi ceux qui nous entourent et avec lesquels nous travaillons. C'est dans les communes besognes de la vie quotidienne qu'il faut se renoncer. Paul pouvait dire : "Chaque jour, je suis exposé à la mort." 1 Corinthiens 15 :31. C'est la mort journalière à soi-même dans les mille détails de l'existence qui fait de nous des vainqueurs. Sacrifions le moi pour le bien d'autrui. L'amour du prochain manque à beaucoup de chrétiens. Au lieu de faire leur devoir avec fidélité, ils recherchent leur propre plaisir.

Là-haut, personne ne pensera à soi et à son propre plaisir. Tous, avec un amour pur et sincère, rechercheront le bonheur des êtres célestes qui les entourent. Si donc nous voulons jouir de la compagnie des habitants d'une terre renouvelée, nous devons dès ici-bas être mus par les principes du ciel. Testimonies for the Church 1 :406 Testimonies for the Church 1 :175, 176.

J'ai vu que nous avons trop l'habitude de nous comparer les uns aux autres, nous prenant pour modèles, alors que nous avons en Christ un modèle sûr et infaillible. Les enfants de Dieu ne devraient pas se comparer au monde, ni se juger suivant l'opinion des hommes, ni d'après ce qu'ils étaient avant leur conversion. Leur foi et leur position dans le monde doivent être comparées avec ce qu'elles seraient s'ils avaient continuellement progressé dans l'expérience chrétienne depuis qu'ils sont disciples du Christ. C'est la seule comparaison profitable que l'on puisse faire. Toute autre serait décevante. Si le caractère moral et spirituel des enfants de Dieu ne correspond pas aux bénédictions, aux privilèges et à la lumière qui leur ont été accordés, ils seront pesés et trouvés trop légers. Testimonies for the Church 5 :634 Testimonies for the Church 2 :312, 313.

Le péché impardonnable

Qu'est-ce qui constitue le péché contre le Saint-Esprit ? - C'est le fait d'attribuer volontairement à Satan l'œuvre du Saint-Esprit. Supposons, par exemple, que quelqu'un soit témoin de l'œuvre spéciale de l'Esprit de Dieu. Il a la preuve évidente que cette œuvre est en accord avec les Ecritures, et le Saint-Esprit témoigne qu'elle est bien de Dieu. Mais voici que, plus tard, il succombe à la tentation et à l'orgueil ; la propre justice, ou quelque autre tendance mauvaise s'empare de lui. Puis, rejetant toute l'évidence du caractère divin de cette œuvre, il déclare que ce qu'il avait jusqu'ici reconnu comme venant de la puissance du Saint-Esprit, et lorsque des hommes le rejettent volontairement, déclarant que ce qui vient de lui est l'œuvre de Satan, ils détruisent le canal par lequel Dieu peut communiquer avec eux. En niant l'évidence qu'il a plu à Dieu de leur donner, ils ferment leur cœur à la lumière, et le résultat c'est qu'ils sont abandonnés aux ténèbres. Ainsi se vérifient les paroles du Christ : "Si donc la lumière qui est en toi est ténèbres, combien seront grandes ces ténèbres !" Matthieu 6 :23. Durant un certain temps, ceux qui ont commis ce péché, peuvent sembler être des enfants de Dieu, mais lorsque les circonstances interviennent dans le développement de leur caractère et révèlent de quel esprit ils sont animés, on s'aperçoit qu'ils sont sur le terrain de l'adversaire et sous sa noire bannière. Testimonies for the Church 3 :331, 332 Testimonies for the Church 1 :388, 389.

Confesser ou renier Christ

Lorsque nous nous trouvons en société ou en famille, dans un cercle limité ou étendu, nous pouvons de diverses manières confesser notre Seigneur ou le renier. Nous le renions en disant du mal d'autrui, en prononçant des paroles vaines, méchantes ou même insensées, en plaisantant, en tenant des propos équivoques ou franchement contraires à la vérité. Nous témoignons ainsi que le Christ n'habite pas en nous. Mais nous pouvons aussi le renier par notre caractère, par l'amour des plaisirs coupables, en aimant nos aises, en fuyant nos devoirs et nos responsabilités, dont il faut bien alors que quelqu'un se charge à notre place. Nous pouvons encore renier le Christ par notre manière de nous vêtir, par notre conformité au monde, par un comportement vulgaire, et en cherchant sans cesse à nous justifier nous-mêmes. Nous pouvons enfin le renier en nous abandonnant à un sentimentalisme morbide ou en ressassant constamment nos prétendues épreuves.

Mais personne ne peut vraiment confesser le Christ devant le monde si l'Esprit du Seigneur n'habite en lui. Il est impossible de communiquer ce qu'on ne possède pas. La conversation et le comportement devraient être l'expression réelle et visible de la grâce et de la vérité qui sont en nous. Si le cœur est sanctifié, humble et bien disposé, les fruits de l'Esprit seront apparents, et ainsi le Christ sera véritablement confessé.

Chapitre 12 — Dans le monde, mais pas du monde

Je vis le danger que nous courions de ressembler au monde plutôt qu'au Christ. Nous sommes maintenant aux frontières du monde éternel, mais le but de l'adversaire est de nous persuader que la fin des temps est encore très lointaine ; il emploiera tous les moyens possibles pour séduire ceux qui gardent les commandements de Dieu et qui attendent l'apparition du Sauveur sur les nuées des cieux. Il fera tout ce qu'il pourra pour que nous considérions comme lointains les mauvais jours, que nous ayons l'esprit du monde et imitions ses coutumes. Je fus alarmée en voyant que cet esprit dominait beaucoup de ceux qui prétendent avoir en haute estime la vérité. Ils sont absorbés par l'amour du moi, mais ne cultivent pas la piété et l'intégrité véritables. Child Guidance, 154 The Adventist Home, 392 Testimonies for the Church 4 :306 Testimonies for the Church 1 :579.

L'intégrité du chrétien

Dans toutes vos transactions commerciales, soyez rigoureusement honnêtes. Quelle que soit la tentation, n'usez jamais de tromperie ni de moyens détournés, fût-ce dans la moindre des choses. Il peut arriver des fois où l'impulsion naturelle vous entraîne à la tentation afin de vous dévier du droit chemin de l'honnêteté, mais ne changez même pas d'un cheveu. Si vous avez donné votre parole au sujet de quelque chose, et si vous vous êtes rendu compte plus tard que vous avez favorisé les autres à vos dépens, ne déviez pas d'un pouce de vos principes. Respectez votre engagement. Testimonies for the Church 4 :311 Testimonies for the Church 1 :586.

La Bible condamne dans les termes les plus violents toute hypocrisie, tout faux agissement et toute malhonnêteté. Ce qui est juste ou injuste est clairement établi. Mais il m'a été montré que le peuple de Dieu s'est placé sur le terrain de l'ennemi ; il a cédé à la tentation et a été séduit par les stratagèmes de l'adversaire au point que sa sensibilité a été sérieusement émoussée. Une légère déviation de la vérité, une petite entorse aux exigences de Dieu, est considérée, après tout, comme n'étant pas très mal, quand les avantages pécuniaires sont en jeu. Mais le péché est le péché, qu'il soit commis par celui qui possède des millions ou par celui qui mendie dans la rue. Ceux qui acquièrent des propriétés par des moyens malhonnêtes travaillent à leur propre condamnation. Tout ce qui est obtenu par la supercherie et la fraude se révélera être une malédiction pour celui qui s'en rend coupable. Testimonies for the Church 5:396 The Adventist Home, 392.

Celui qui parle faussement ou use de supercherie perd le respect de soi. Il peut ne pas être conscient que Dieu le voit et connaît parfaitement toute transaction commerciale, et que les saints anges pèsent ses mobiles et tiennent compte de ses paroles, et que sa récompense sera à la proportion de ses œuvres ; mais s'il lui était possible de dissimuler ses faussetés du regard scrutateur de l'homme et de Dieu, le fait qu'il en soit conscient lui-même, émousse son esprit et son caractère. Un acte posé ne détermine pas le caractère, mais ouvre promptement la voie à la prochaine tentation, jusqu'à ce que l'habitude de la prévarication et de la malhonnêteté dans les affaires se forme et que l'homme ne soit plus digne de confiance. Child Guidance, 152.

Dieu veut des hommes dans son service, des hommes qui, sous sa bannière, sont strictement honnêtes, de caractère irréprochable, dans la bouche desquels il ne se trouve le moindre semblant de fausseté. La langue doit être fidèle, les yeux fidèles, les actions tout à fait approuvées de Dieu. Nous vivons sous le regard d'un Dieu saint, qui déclare solennellement : "Je connais tes œuvres." L'œil divin est sans cesse sur nous. Nous ne pouvons couvrir un seul mauvais acte devant Dieu. Il est une vérité que beaucoup ignorent : Dieu est témoin de chacun de nos actes. Testimonies for the Church 4:309-311 Testimonies for the Church 1:585.

Le croyant - un homme d'affaires exemplaire

Un homme honnête, selon le Christ, c'est celui qui manifeste une intégrité inflexible. User de faux poids et de fausses balances, pour faire de meilleures affaires dans ce monde, c'est une abomination aux yeux de Dieu. Cependant plusieurs de ceux qui prétendent garder les commandements se servent de faux poids et de fausses balances. Quand un homme est vraiment en communion avec Dieu, et observe la loi, sa vie le démontre ; car tous ses actes sont en harmonie avec les enseignements du Christ. Il ne vend pas son honneur pour un bénéfice quelconque. Ses principes reposent sur un fondement solide, et sa conduite dans les affaires de ce monde en est le reflet. Son intégrité brille comme l'or parmi les scories et les immondices qui l'environnent. La supercherie, la fausseté et l'infidélité peuvent échapper à la vue des hommes, mais non à celle de Dieu. Les anges qui observent la formation de notre caractère et qui pèsent notre valeur morale, inscrivent dans les livres du ciel ces "petites" transactions, qui révèlent le peu de valeur de celui qui les accomplit. Si un homme manque de fidélité et de sérieux dans son travail journalier, le monde ne se trompera pas en pensant qu'un tel croyant fait peu de cas de sa religion.

Croire au prochain retour du Fils de l'homme dans les nuées du ciel ne doit pas susciter chez le véritable chrétien la négligence et l'insouciance dans les choses ordinaires de la vie. Ceux qui sont dans l'attente de l'apparition imminente du Christ ne doivent pas être oisifs mais doivent travailler avec diligence. Leur travail ne doit pas être accompli avec négligence et malhonnêteté, mais plutôt avec fidélité, empressement et soin. Ceux qui se flattent en croyant que leur insouciance des choses de cette vie est la preuve de leur spiritualité et de leur séparation du monde sont en danger d'être profondément déçus. Leur véracité, leur fidélité et leur intégrité sont éprouvées et prouvées dans les choses temporelles. S'ils sont fidèles dans les moindres choses, ils le seront aussi dans les grandes.

Il m'a été montré que c'est ici que bon nombre succomberont aux épreuves. C'est dans la gestion des soucis temporels qu'ils bâtissent véritablement leur caractère. Ils sont infidèles, rusés, malhonnêtes dans leurs affaires avec leurs semblables. Ils ne réalisent pas que leur assurance de la vie éternelle et de l'immortalité dépend de leur attitude face aux affaires de cette vie, et que l'intégrité absolue est indispensable à la formation d'un bon caractère. La malhonnêteté est ... la cause de la tiédeur de ceux qui professent croire à la vérité. Ils ne sont pas liés au Christ et perdent leurs propres âmes. C'est avec peine que je dénonce le manque d'honnêteté alarmant chez les observateurs du Sabbat. Testimonies for the Church 1 :200, 201 Testimonies for the Church 1 :77, 78.

Relations d'affaires avec le monde

Certains ne savent pas gérer sagement leurs affaires ; ils manquent des aptitudes nécessaires et Satan en prend avantage. En pareil cas, on ne devrait pas rester impropre à sa tâche. Il faudrait avoir assez d'humilité pour prendre conseil de ses frères, dans le jugement desquels on peut avoir confiance, et cela avant de faire ses plans. Mon attention a été attirée sur ce texte : "Portez les fardeaux les uns des autres." Galates 6 :2. Certaines personnes ne sont pas assez humbles pour prendre conseil de leurs frères avant de s'engager dans une affaire et de se trouver au milieu de difficultés inextricables. Alors seulement, elles comprennent la nécessité de s'entourer de conseils, mais combien cela est rendu difficile par les circonstances ainsi créées. On ne devrait pas s'en remettre aux hommes de loi lorsqu'il est possible de l'éviter, sinon l'ennemi en profitera grandement pour embrouiller les affaires. Il vaudrait mieux aboutir à un arrangement à l'amiable, au risque d'une perte.

La conduite du peuple de Dieu est telle que les incroyants se sentent en sécurité. Cela déplaît au Seigneur. Mon attention fut attirée sur ces textes : "Ne sois pas parmi ceux qui prennent des engagements, parmi ceux qui cautionnent pour des dettes." Proverbes 22 :26. "Celui qui cautionne autrui s'en trouve mal, mais celui qui craint de s'engager est en sécurité." Proverbes 11 :15. Econome s infidèles, ils mettent en gage ce qui appartient à leur Père céleste, et Satan se tient prêt à aider ses suppôts à s'en emparer. Les observateurs du sabbat ne devraient pas s'associer avec les incroyants. Le peuple de Dieu a trop de confiance dans la parole des étrangers et demande leur avis et leur conseil alors qu'ils ne devraient pas le faire. L'ennemi en fait ses agents et travaille par eux à rendre perplexe le peuple de Dieu et à lui ravir ses biens.

Chapitre 13 — La Bible

Il y a dans les Ecritures des milliers de joyaux qui sont cachés au chercheur superficiel. Cette mine de la vérité n'est jamais épuisée. Plus vous sonderez les Ecritures d'un cœur humble, plus votre intérêt grandira et plus vous vous sentirez poussés à vous exclamer avec l'apôtre Paul : "O profondeur de la richesse, de la sagesse et de la science de Dieu ! Que ses jugements sont insondables, et ses voies incompréhensibles !" Romains 11 :33. Testimonies for the Church 8 :193 Testimonies for the Church 3 :282, 283.

Le Christ et sa Parole sont en parfaite harmonie. Reçue et obéie, celle-ci ouvre un sûr chemin à tous ceux qui veulent marcher dans la lumière, comme le Christ est dans la lumière. Si le peuple de Dieu appréciait mieux sa Parole, nous aurions déjà le ciel ici-bas.

Les chrétiens devraient la sonder avec avidité. Qu'ils recherchent avec soin la lumière qui s'en dégage et prennent le temps de comparer des passages entre eux ; qu'ils lisent moins les journaux, les magazines ou les romans. Leur grand désir devrait être de manger la chair et de boire le sang du Fils de Dieu. Leurs vies se conformeraient ainsi aux principes et aux promesses de l'Ecriture. Ses instructions seraient pour eux comme une source d'eau jaillissant jusque dans la vie éternelle. Les ondées rafraîchissantes de la grâce raviveraient leur âme. Ils seraient affermis et encouragés par les paroles de l'inspiration. Éducation, 125 (141)

Par la diversité de ses styles et de ses sujets, la Bible peut intéresser tous les esprits, attirer tous les cœurs. Dans ses pages, on trouve l'histoire de la plus haute Antiquité, les biographies les plus exactes, des principes de gouvernement, d'économie domestique - que la sagesse humaine n'a jamais égalés. On y trouve la philosophie la plus profonde, la poésie la plus délicate et la plus grandiose, la plus vibrante et la plus émouvante. Même sur ces plans-là les textes bibliques sont incomparablement supérieurs à tous les autres textes. Mais si on les considère en rapport avec la grande pensée centrale, leur valeur, leur portée deviennent immenses. Chaque sujet prend alors un sens nouveau. Les vérités les plus simplement dites contiennent des principes dont les dimensions approchent celles des cieux et de l'éternité. Testimonies for the Church 5 :266 Testimonies for the Church 2 :113.

Vous devriez chaque jour apprendre quelque chose de nouveau des Ecritures. Sondez-les comme si vous étiez à la recherche de trésors cachés, car elles renferment les paroles de la vie éternelle. Priez pour avoir la sagesse et le jugement qui vous permettront de comprendre ces écrits sacrés. Si vous le faites, vous découvrirez de nouvelles splendeurs dans la Parole de Dieu ; vous sentirez que vous avez reçu une nouvelle et précieuse lumière sur des sujets se rapportant à la vie éternelle, et les Ecritures auront constamment pour vous une valeur nouvelle. Testimonies for the Church 8 :319.

Lorsque la vérité de la Bible est reçue dans le cœur, elle élève l'esprit au-dessus des choses terrestres et viles. Si la parole de Dieu est appréciée à sa juste valeur, jeunes et vieux jouiront de la droiture du cœur, seront fermes dans les principes, ce qui leur permettrait de résister à la tentation. Testimonies for the Church 5 :322.

Etude diligente et systématique

Parents, si vous voulez apprendre à vos enfants à servir Dieu et à faire du bien dans le monde, faites de la Bible votre manuel. Elle expose les pièges de Satan. Elle élève la race, réprouve et corrige la moralité relâchée, nous permet de distinguer le vrai du faux. La Bible, notre grande éducatrice, doit être le premier livre au-dessus de toute autre chose enseignée à la maison ou à l'école. Si vous lui accordez la place qui lui est due, Dieu sera honoré et travaillera à la conversion de vos enfants. Il y a un riche trésor de vérité et de beauté dans ce Livre sacré, et les parents sont à blâmer s'ils n'en font pas un livre très intéressant pour leurs enfants. Testimonies for the Church 5 :510, 511.

"Il est écrit" était la seule arme utilisée par Christ lorsque le tentateur s'approchait avec ses séductions. L'enseignement de la vérité biblique est la plus grande et vaste œuvre que tout parent devrait entreprendre. Avec une humeur agréable et enthousiaste, placez la vérité devant les enfants, telle qu'elle est sortie de la bouche de Dieu. En tant que pères et mères, vous pouvez être, dans la vie quotidienne, des modèles de patience, de gentillesse et d'amour, en les attachant à vous. Ne les laissez pas agir à leur guise, mais montrez-leur que votre devoir est de mettre en pratique la Parole de Dieu et de les élever en les entretenant et en les admonestant dans le Seigneur.

Observez un système d'étude des Ecritures dans vos familles. Même s'il vous arrive de négliger tout ce qui est temporel, ... veillez à ce que l'âme soit nourrie du pain de vie. Une heure ou une demi-heure passée chaque jour à sonder joyeusement la Parole de Dieu, d'une manière sociable, donnent de bons résultats d'une valeur inestimable. Laissez la Bible être son propre interprète, en réunissant tout ce qui y est dit sur un sujet donné à différents moments et circonstances. N'interrompez pas votre classe familiale à cause des visiteurs. S'ils viennent au moment de la séance, invitez-les à y prendre part. Montrez qu'il vous est plus important d'acquérir une connaissance de la Parole de Dieu que d'obtenir des gains ou des plaisirs du monde.

Si nous étudiions chaque jour la Bible avec diligence et dans un esprit de prière, nous y découvririons chaque jour de précieuses vérités sous une nouvelle lumière, claire et puissante. Child Guidance, 515.

Voulez-vous élever vos enfants en les entretenant et en les admonestant de la part du Seigneur ? Faites de la Bible votre guide. Présentez-leur la vie et le caractère du Christ comme modèle à imiter. S'ils commettent des fautes, lisez-leur ce que le Seigneur a dit à propos des péchés semblables. Soyez constants et diligents dans cette tâche. Un seul mauvais trait de caractère toléré par les parents, non corrigé par les enseignants, peut entraîner une déformation et un déséquilibre du caractère. Enseignez aux enfants à avoir un cœur nouveau, à créer de nouveaux goûts, à avoir de nouveaux mobiles. Ils doivent recourir au Christ pour les aider ; ils doivent connaître le caractère de Dieu tel que révélé dans sa Parole. Testimonies for the Church 5 :699-705 Testimonies for the Church 2 :356.

L'illumination divine promise au lecteur

Comme le caractère de son divin auteur, la Parole de Dieu nous présente des mystères qui ne peuvent jamais être pleinement compris par des intelligences bornées. Elle attire notre esprit sur le Créateur "qui habite une lumière inaccessible". 1 Timothée 6 :16. Elle nous présente ses desseins qui embrassent tous les âges de l'histoire humaine et qui n'atteindront leur accomplissement que dans les cycles sans fin de l'éternité. Enfin, elle offre à notre méditation des sujets d'une importance et d'une profondeur infinies, traitant du gouvernement de Dieu et de la destinée de l'homme.

L'entrée du péché dans le monde, l'incarnation du Christ, la régénération, la résurrection, et tant d'autres sujets renfermés dans l'Ecriture sont des mystères trop profonds pour que l'intelligence humaine puisse les expliquer ou même les comprendre parfaitement. Mais Dieu nous a donné dans les Ecritures l'évidence suffisante de leur divin caractère. Nous ne devons pas douter de sa Parole parce que nous ne pouvons pas comprendre tous les mystères de sa Providence.

S'il était possible à des créatures humaines de parvenir à une parfaite intelligence de Dieu et de ses œuvres, il n'y aurait à partir de ce moment ni découverte de la vérité, ni accroissement des connaissances, ni développement de l'esprit et du cœur. Dieu ne serait plus l'être suprême et l'homme, ayant atteint les limites du savoir et du développement, demeurerait stationnaire. Bénissons Dieu qu'il n'en soit pas ainsi ! Dieu est infini et en lui "sont cachés tous les trésors de la sagesse et de la science". L'éternité ne suffira pas pour épuiser les trésors de sa sagesse, de sa bonté et de sa puissance.

Sans l'aide du Saint-Esprit, nous courons sans cesse le danger de tordre les Ecritures ou d'en donner une fausse interprétation. Nombreux sont ceux qui lisent la Bible sans profit, souvent même pour leur malheur. Quand on ouvre sa Bible sans respect et sans esprit de prière, quand les pensées et les affections ne sont pas fixées sur Dieu ou ne sont pas en harmonie avec sa volonté, l'esprit est assombri par le doute, et le scepticisme se fortifie dans l'étude même de la Bible. L'ennemi prend le contrôle des pensées, et suggère des interprétations.

L'amour pour l'étude de la Bible n'est pas naturel

Jeunes et vieux négligent la Bible. Ils n'en font pas l'objet de leur étude, la norme qui régit leur vie. Les jeunes gens surtout sont coupables de cette négligence. La plupart d'entre eux trouvent du temps pour lire d'autres livres, mais le Livre par excellence qui montre le chemin de la vie éternelle n'est pas étudié chaque jour. Ils lisent attentivement des histoires vaines, tandis qu'ils négligent la Bible. Ce Livre est notre guide vers une vie plus noble, plus sainte. Si la jeunesse n'avait pas perverti son imagination par la lecture d'histoires fictives, elle trouverait que la Bible est le livre le plus intéressant qu'elle ait jamais lu. Child Guidance, 508, 509.

En tant que peuple ayant reçu la grande lumière, nos habitudes, nos paroles, notre vie tant privée que publique doivent être moralement élevées. Accordez à la Parole sa place d'honneur de guide dans le foyer. Qu'elle soit le conseiller dans toute difficulté, la norme de toute pratique. Mes frères et sœurs, ayez la conviction qu'il ne peut y avoir une véritable prospérité pour chaque âme dans le cercle familial si la vérité divine, qui est la sagesse de la justice, n'en est pas le guide. Chaque parent ne devrait ménager aucun effort pour débarrasser son esprit de la pensée nonchalante qui considère le service de Dieu comme un fardeau. La puissance de la vérité doit avoir une action sanctifiante sur le foyer. Testimonies for the Church 5 :329.

On doit enseigner aux enfants, dès leur tendre enfance, les exigences de la loi de Dieu et la foi en Jésus notre Rédempteur qui nous purifie des souillures du péché. Cette foi doit être enseignée chaque jour, précepte par précepte et par l'exemple.

L'étude de la Bible fortifie l'intellect

Si les hommes étudiaient convenablement la Bible, ils jouiraient d'une force intellectuelle. Les sujets traités dans la Parole de Dieu, la digne simplicité de ses paroles, les nobles thèmes qu'elle présente à l'esprit développent les facultés de l'homme, qui ne peuvent se développer autrement. Dans la Bible est ouvert à l'imagination un champ infini. En contemplant ses grands thèmes, en s'associant avec ses scènes grandioses, les pensées et sentiments de l'étudiant deviennent plus purs, plus nobles que s'il avait passé du temps à lire un ouvrage purement humain, sans parler de ceux à caractère frivole. Les jeunes esprits ne peuvent parvenir au paroxysme de leur développement s'ils négligent la plus grande source de sagesse, savoir la Parole de Dieu. La raison pour laquelle il n'y a que peu d'hommes sains d'esprit, ayant une dignité stable et solide, est qu'il n'y a que peu qui craignent Dieu, peu qui aiment Dieu, et qui traduisent fidèlement les principes religieux dans leur vie.

Dieu veut que nous soyons ouverts à tous les moyens favorisant la culture et le renforcement de notre capacité intellectuelle.... Si la Bible était davantage lue, si les vérités étaient mieux comprises, les esprits seraient plus illuminés et plus intelligents. L'énergie est accordée à l'âme qui sonde les pages de la Parole de Dieu. Patriarches et prophètes, 599 Patriarches et prophètes, 586.

L'enseignement de la Bible a une haute portée sur la prospérité de l'homme dans tous les domaines et dans toutes les circonstances de la vie auxquels il contribue d'ailleurs à nous préparer. Il nous dévoile les principes qui sont à la base de la prospérité et la sauvegarde de la famille, et sans lesquels nul ne peut parvenir à l'utilité, au bonheur et à la considération en cette vie, pas plus qu'à la possession de la vie future. Etudiée et mise en pratique, la Bible donnerait au monde des êtres d'une intelligence plus puissante et plus fertile que ne pourrait le faire l'application la plus soutenue apportée à toutes les branches de la philosophie humaine.

Christ dans toute la Bible

La puissance du Christ qui s'est manifestée sur la croix du Calvaire, pour que nous ayons la vie éternelle, doit être proclamée au monde. Il faut montrer que l'Ancien Testament, dans ses rites et ses symboles, contient l'Evangile aussi bien que le Nouveau. Celui-ci ne présente pas une religion nouvelle, et l'Ancien Testament ne nous en donne pas une qui doive être remplacée par le Nouveau. Le Nouveau Testament est seulement la réalisation et l'explication de l'Ancien.

Abel croyait au Christ, et il fut sauvé par sa puissance aussi bien que Pierre et Paul. Enoch était un représentant de Jésus, comme Jean, le disciple bien-aimé ; il marcha avec Dieu, et "il ne fut plus, car Dieu le prit". C'est à lui que fut confié le message de la seconde venue du Sauveur. "Enoch, le septième homme, dit Jude, a prophétisé en ces termes : Voici, le Seigneur est venu avec ses saintes myriades, pour exercer un jugement contre tous." Jude 14, 15. Le message proclamé par Enoch et son enlèvement au ciel étaient de nature à convaincre tous ceux qui vivaient à cette époque. Metuschélah et Noé pouvaient se servir de son exemple pour faire comprendre à leurs contemporains d'une manière convaincante que les justes seraient enlevés.

Le Dieu qui marchait avec Enoch n'était autre que notre Seigneur et Sauveur Jésus-Christ. Il était alors la lumière du monde aussi bien qu'aujourd'hui. Les gens de cette époque ne manquaient pas d'instructions pour les diriger dans le sentier de la vie, car Noé et Enoch croyaient au Messie. L'Evangile est contenu dans les préceptes du Lévitique. Une obéissance implicite aux ordres de Dieu est exigée aujourd'hui comme alors. Combien il est essentiel que nous en comprenions l'importance !

On demande souvent : "Pourquoi l'Eglise est-elle si tiède ?" La réponse est bien simple. C'est parce que nous nous détournons de la Parole de Dieu. Si celle-ci était l'aliment de notre âme, si nous la traitions avec respect et déférence, nous n'aurions pas besoin de tant de *Témoignages*. Les simples déclarations de l'Ecriture suffiraient.

Chapitre 14 — Témoignages pour l'Eglise

A mesure que la fin approche et que s'étend la proclamation du dernier avertissement au monde, il devient plus important que ceux qui acceptent la vérité possèdent une claire intelligence de la nature et de l'influence des Témoignages que, dans sa providence, Dieu a liés au message du troisième ange dès son origine Testimonies for the Church 5 :654-662 Testimonies for the Church 2 :318-327.

Dans les temps anciens, Dieu a parlé aux hommes par la bouche des prophètes et des apôtres. A notre époque il leur parle par les Témoignages de son Esprit. Jamais Dieu n'a enseigné à son peuple avec plus de sollicitude que maintenant la voie qu'il doit suivre.

Des avertissements et des reproches ont été donnés aux égarés parmi les Adventistes du Septième Jour, non parce que leur vie mérite d'être blâmée plus que celle des chrétiens des autres églises, ni parce que leurs actes ou leur exemple sont pires que ceux des adventistes qui ne veulent pas obéir aux exigences de la loi de Dieu, mais parce qu'ils possèdent plus de lumière et que par leur profession de foi ils ont pris position comme le peuple de Dieu, spécial, élu, ayant sa loi écrite dans leur cœur.

J'ai souvent envoyé par écrit des messages destinés à différentes personnes, ceci sur la demande expresse de beaucoup d'entre elles. A mesure que mon travail augmentait, cela devenait une partie importante et fatigante de mes occupations.

Dans une vision qui m'a été donnée il y a une vingtaine d'années (1871), j'ai été amenée à donner des principes généraux par la parole et par la plume et à signaler en même temps les dangers, les erreurs et les péchés de certains afin que tous puissent être avertis, repris, conseillés. J'ai vu que tous devaient sonder leurs cœurs et leurs vies afin de s'assurer qu'ils ne sont pas coupables des torts reprochés aux autres et que les avertissements qui sont donnés à d'autres ne s'appliquent pas à leur propre cas. S'il en est ainsi, ils devraient sentir que les conseils et les admonestations ont été donnés spécialement pour eux et faire de ces avis une application aussi pratique que s'ils leur avaient été adressés personnellement. Dieu désire éprouver la foi de ceux qui prétendent être les disciples du Christ. Il éprouvera la sincérité des prières de tous ceux qui déclarent vouloir sincèrement connaître la volonté divine à leur égard. Il mettra en évidence leur devoir, leur donnant ainsi l'occasion de manifester ce qui est dans leur cœur.

Le Seigneur reprend et châtie le peuple qui déclare observer sa loi. Il signale ses péchés, les met à nu, parce qu'il veut le séparer de toute iniquité et de toute méchanceté et lui permettre d'atteindre la perfection dans sa crainte. Dieu le reprend, le censure, le châtie, afin de l'affiner, de le sanctifier, de l'élever et de lui permettre finalement de monter jusqu'à son trône.

Pour diriger les hommes vers la Bible

Les Témoignages écrits ne sont pas destinés à apporter de nouvelles lumières, mais à graver d'une manière plus vivante dans les cœurs les vérités déjà révélées. Le devoir de l'homme envers Dieu et envers ses semblables a été distinctement indiqué dans la Parole de Dieu ; cependant, peu d'entre vous marchent selon la lumière reçue. Des vérités supplémentaires ne sont pas envoyées, mais à l'aide des Témoignages, Dieu a simplifié les grandes vérités déjà données, et par le moyen qu'il a choisi il les a présentées afin de réveiller et de toucher les esprits de façon que personne ne cherche à donner une excuse de son ignorance Testimonies for the Church 5 :665 Testimonies for the Church 2 :330.

Les Témoignages n'ont pas pour but d'amoindrir la Parole de Dieu, mais de l'exalter, d'attirer sur elle l'attention afin que la merveille simplicité de la vérité touche tous les cœurs. La tragédie des siècles, 11, 12.

Mais l'Esprit n'est pas donné, et il ne le sera jamais, pour remplacer les Ecritures. Celles-ci déclarent positivement que la Parole est la pierre de touche de tout enseignement et de toute vie morale. L'apôtre Jean a écrit : "N'ajoutez pas foi à tout esprit ; mais éprouvez les esprits pour savoir s'ils sont de Dieu, car plusieurs faux prophètes sont venus dans le monde." 1 Jean 4 :1. Et le prophète Esaïe : "A la loi et au témoignage ! Si l'on ne parle pas ainsi, il n'y aura point d'aurore pour le peuple." Ésaïe 8 :20.

Frère R. jette la confusion dans les esprits en cherchant à montrer que la lumière que Dieu a donnée par les Témoignages est une addition à la Parole de Dieu. Mais il présente le sujet sous un faux jour. Dieu a jugé à propos d'agir ainsi pour attirer l'attention de son peuple sur sa Parole afin de lui en donner une intelligence plus claire. La Parole de Dieu est suffisante pour éclairer les esprits les plus enténébrés et elle peut être comprise par tous ceux qui en ont le désir. Malgré cela certains qui déclarent faire de la Parole de Dieu leur étude vivent en opposition directe avec ses enseignements les plus simples. Alors, afin que les hommes et femmes n'aient aucune excuse, Dieu leur envoie des Témoignages directs et précis, les ramenant à la Parole qu'ils ont négligé de suivre. Celle-ci abonde en principes généraux destinés à former de bonnes habitudes et les Témoignages généraux et personnels ont pour but d'attirer l'attention spécialement sur ces principes.

Je pris la Bible et je l'entourai de quelques témoignages pour l'Eglise, donnés pour le peuple de Dieu. Là, dis-je, on considère le cas de presque tous les croyants. Les péchés qu'il faut éviter sont mis en relief. On trouvera dans cette lecture des conseils qui ont été donnés pour d'autres cas similaires. Il a plu à Dieu de vous prescrire ligne sur ligne, précepte sur précepte, mais peu d'entre vous savent vraiment ce que contiennent les Témoignages. Les saintes Ecritures ne vous sont pas familières. Si vous aviez fait de la Parole de Dieu votre étude avec le désir d'atteindre l'idéal biblique et la perfection chrétienne, vous n'auriez pas eu besoin des Témoignages. C'est parce que vous avez négligé d'étudier les Ecritures que Dieu a cherché à vous atteindre par des Témoignages simples et directs, attirant votre attention sur les paroles inspirés auxquelles vous n'avez pas obéi et vous exhortant à accorder vos vies avec ses enseignants purs et élevés Testimonies for the Church 5 :663-665 Testimonies for the Church 2 :328-330.

Jugez les "Témoignages" d'après leurs fruits

Que l'on juge les Témoignages d'après leurs fruits. Quel est l'esprit de leur enseignement ? Quel a été le résultat de leur influence ? Tous ceux qui le désirent peuvent connaître les fruits de ces visions. Pendant dix-sept ans, il a plu à Dieu de les laisser survivre et des les affermir malgré l'opposition des forces de Satan et l'influence des agents humains qui l'ont secondé dans son œuvre Testimonies for the Church 5 :671 Testimonies for the Church 2 :336, 337.

Ou bien Dieu enseigne son Eglise, la reprenant pour ses fautes et affermissant sa foi, ou bien il ne le fait pas. Cette œuvre est de Dieu ou elle ne l'est pas. Dieu ne fait rien en collaboration avec Satan. Mon œuvre... porte le sceau de Dieu ou le sceau de l'ennemi. Il ne peut y avoir de demi-mesure dans cette affaire. Les Témoignages viennent de l'Esprit de Dieu ou du diable.

Tandis que le Seigneur s'est manifesté par l'Esprit de prophétie, le passé, le présent et l'avenir ont été déroulés devant moi. Il m'a été montré des visages que je n'avais jamais vus et des années plus tard je les ai reconnus quand je me suis trouvée en leur présence. J'ai parfois été brusquement arrachée au sommeil avec un sens très vif des sujets qui précédemment avaient été présentés à mon esprit. Et au milieu de la nuit j'ai écrit des lettres qui ont traversé le continent et qui, arrivant en pleine crise, ont sauvé la cause de Dieu de grands désastres. C'est en cela qu'a consisté ma tâche pendant de longues années. Une puissance m'a obligée à désapprouver et à censurer des péchés auxquels je n'avais jamais pensé. Cette œuvre des trente-six dernières années est-elle d'en haut ou d'en bas ?

Le but de Satan est de semer le doute

Dans bien des cas, les Témoignages sont entièrement reçus, le péché est brisé et rejeté, et une réforme commence immédiatement en harmonie avec la lumière donnée par Dieu. Dans d'autres cas, des complaisances coupables sont caressées, les Témoignages rejetés et beaucoup de faux prétextes avancés à l'appui de cette attitude. Mais la *véritable* raison n'est pas donnée ; on manque de courage moral, de volonté fortifiée et contrôlée par l'Esprit de Dieu pour renoncer aux habitudes nuisibles.

Satan est maître dans l'art de faire naître des doutes, de soulever des objections au sujet du Témoignage que Dieu envoie et beaucoup pensent que c'est une vertu, une preuve d'intelligence de ne pas y croire, de poser des questions et d'ergoter. Ceux qui désirent se livrer au doute auront pour cela de multiples occasions. Dieu ne se propose pas d'enlever tout ce qui pourrait donner lieu au scepticisme. Il donne l'évidence qui doit être examinée soigneusement avec humilité et un esprit disposé à se laisse enseigner. Le poids de l'évidence devra alors être décisif. Dieu donne des preuves suffisantes à celui qui veut croire avec candeur ; mais quiconque se détourne de l'évidence parce qu'il y a quelques points que son intelligence bornée ne peut saisir, sera laissé dans l'atmosphère glaciale de l'incrédulité où sa foi fera naufrage Testimonies for the Church 5 :672-680 Testimonies for the Church 2 :337-340.

Satan a conçu le plan d'ébranler la foi du peuple de Dieu dans les Témoignages. Il sait comment diriger ses attaques et il agit sur les esprits pour engendrer la jalousie et le mécontentement à l'égard des dirigeants de l'œuvre. Les dons sont ensuite mis en doute, et, naturellement, ils n'ont que peu de poids ; l'instruction qui a été donnée en vision est négligée. Puis, c'est le scepticisme à l'égard des points fondamentaux de notre foi, piliers de notre mouvement ; c'est le doute envers les saintes Ecritures et la marche vers la perdition. Lorsqu'on doute des Témoignages auxquels ont avait d'abord cru et qu'on les abandonne, Satan sait que ceux qu'il a séduits ne s'arrêteront pas là. Il redouble d'efforts jusqu'à ce qu'il réussisse à les jeter dans une rébellion ouverte qui devient irrémédiable et finit dans la destruction. En accordant une place au doute et à l'incrédulité à l'égard de l'œuvre de Dieu, en nourrissant des sentiments de méfiance et de cruelle jalousie, ces frères se préparent eux-mêmes une complète déception. Ils s'élèvent avec d'amers sentiments contre ceux qui osent parler de leurs erreurs et réprimer leurs péchés.

Ceux qui rejettent ouvertement les Témoignages, ou qui cultivent le doute à leur égard, ne sont pas seuls dans une position dangereuse. Négliger la lumière, c'est la repousser.

Si vous perdez confiance dans les Témoignages, vous vous éloignerez des vérités de la Bible. Je crains que beaucoup ne s'égarent dans le doute. Dans ma détresse pour vos âmes, je vous adresse un avertissement. Combien y prendront garde ?

Ignorer les "Témoignages" n'est pas une excuse

Beaucoup agissent contrairement aux instructions que Dieu a données à son peuple, parce qu'ils ne lisent pas les livres qui contiennent la lumière et la connaissance dans des avertissements et des censures. Les soucis de la vie, l'amour de la mode, le manque de piété ont détourné leur attention des vérités que Dieu leur a si aimablement communiquées tandis que des livres et des périodiques renfermant l'erreur circulent à travers tout le pays. Le scepticisme et l'incrédulité augmentent partout. La précieuse lumière, venant du trône de Dieu, est cachée sous un boisseau. Dieu tiendra son peuple responsable de cette négligence. Nous devrons rendre compte de chaque rayon lumineux qui a brillé sur notre route, soit qu'il ait contribué à notre avancement dans le domaine spirituel, soit que nous l'ayons rejeté parce que nous préférions aller au gré de nos caprices Testimonies for the Church 5 :681 Testimonies for the Church 2 :341.

Les ouvrages de l'*Esprit de Prophétie* et les *Témoignages* devraient se trouver dans chaque famille d'observateurs du sabbat. Nos frères devraient être instruits de leur valeur et être encouragés à les lire. Cela n'a pas été une mesure sage que de les livrer à un prix dérisoire et de n'en placer qu'un seul exemplaire par église. Chaque famille devrait les avoir sur les rayons de sa bibliothèque afin de pouvoir les lire et les relire sans cesse. Qu'ils soient donc placés là où ils peuvent être lus par le plus grand nombre de personnes.

Il m'a été montré que le doute en ce qui concerne les Témoignages d'avertissement, d'encouragement et de blâme, prive le peuple de Dieu de lumière, lui fermant les yeux sur sa véritable condition. Certains croient que les reproches que contient le Témoignage de l'Esprit de Dieu ne sont pas fondés ou qu'ils ne s'adressent pas à eux. Ceux-là ont un pressant besoin de la grâce divine et d'un discernement spirituel leur permettant de voir leur misère morale.

Parmi ceux qui quittent la vérité, il en est qui, pour justifier leur attitude, déclarent qu'ils ne croient pas aux témoignages. Abandonneront-ils l'idole que Dieu condamne ou persisteront-ils dans l'indulgence coupable ? Rejetteront-ils la lumière reçue du ciel qui condamne les choses mêmes dans lesquelles ils se complaisent ? La question qui se pose pour eux est celle-ci : Suis-je prêt à renoncer à moi-même et à recevoir comme venant de Dieu les Témoignages qui censurent mes péchés ou repousserai-je les Témoignages *parce qu'ils* les réprouvent ? Testimonies for the Church 5 :674, 675 Testimonies for the Church 2 :339

Mauvais usage des "Témoignages"

Le premier numéro des Témoignages qui a été publié contient un avertissement contre l'usage peu judicieux de la lumière ainsi donnée au peuple de Dieu. Je déclarais que certains avaient manqué de sagesse lorsqu'ils avaient parlé de leur foi à des croyants et que ceux-ci leur ayant demandé des preuves de ce qu'ils avançaient, ils avaient extrait ces preuves de mes écrits au lieu de s'en référer à la Bible. Il m'a été montré que cette manière de faire est inconséquente et qu'elle indispose les non-croyants à l'égard de la vérité. Les Témoignages ne peuvent avoir aucun poids auprès de ceux qui ignorent l'esprit qui les a dictés. On ne doit pas s'y référer en de tels cas.

De temps en temps d'autres avertissements ont été donnés au sujet de l'emploi des Témoignages :

"Certains prédicateurs sont fort retardés. Ils déclarent croire aux Témoignages et font du mal en en faisant une règle de fer pour ceux qui ne les connaissent pas alors qu'eux-mêmes n'en font pas leur profit. Des Témoignages leur ont été maintes fois adressés, mais ils n'en ont tenu aucun compte. Leur manière d'agir n'est pas logique.

"J'ai vu que beaucoup de frères avaient profité de ce que Dieu avait montré au sujet des péchés et des erreurs des autres pour pousser à l'extrême le sens de ce qui avait été révélé en vision et l'imposer au risque de décourager et d'abattre l'Eglise et d'affaiblir la foi d'un grand nombre de fidèles en ce que Dieu a montré." Testimonies for the Church 5 :669-670 Testimonies for the Church 2 :334, 335

Critiquer les "Témoignages" est un danger

Dans une récente vision, je me trouvais devant une assemblée dans laquelle certains s'efforçaient d'enlever l'impression d'un témoignage d'avertissement des plus solennels que je leur avais donné. Ils disaient : "Nous croyons aux témoignages de la sœur White, mais lorsqu'elle nous parle des choses qu'elles n'a pas reçues directement en vision dans le cas particulier en question, ses paroles n'ont pas plus d'importance que celles de toute autre personne." L'Esprit du

Seigneur vint sur moi, et je me suis levée pour les réprimer au nom du Seigneur.

Si ceux à qui ces avertissements solennels ont été adressés disent : "C'est tout simplement l'opinion personnelle de la sœur White, je vais continuer à suivre mon propre jugement", et s'ils continuent de faire ce qui leur a été défendu de faire, ils montrent clairement qu'ils méprisent le conseil de Dieu, et le résultat ne sera que ce que l'Esprit de Dieu m'a montré : entrave à la cause de Dieu et ruine pour eux-mêmes. Ceux qui désirent renforcer leur position feront ressortir des *Témoignages* des déclarations qu'ils pensent pouvoir utiliser pour soutenir leurs points de vue, et y mettront un accent aussi fort que possible. Mais celles qui contestent leur ligne de conduite ou qui ne cadrent pas avec leurs points de vue, ils les qualifient d'opinion personnelle de sœur White, rejetant ainsi leur origine céleste et les plaçant au niveau de leur propre jugement.

Maintenant, frères, je vous en conjure, ne vous interposez pas entre moi et les gens, pour détourner la lumière que Dieu voudrait leur communiquer. Ne permettez pas que vos critiques enlèvent la force, l'accent et la puissance des *Témoignages*. Ne pensez pas que vous pouvez les disséquer pour soutenir vos propres idées, prétendant que Dieu vous a donné la capacité de discerner la lumière qui vient du ciel de ce qui n'est que l'expression de la sagesse humaine. Si les Témoignages ne parlent pas en accord avec la parole de Dieu, rejetez-les. Christ et Bélial ne peuvent s'unir. Pour l'amour du Christ, n'embrouillez pas les esprits par des sophismes humains et le scepticisme, et n'annihilez pas l'effet que l'œuvre de Dieu veut accomplir. Ne permettez pas à votre manque de discernement spirituel de faire de ce canal divin, un rocher de scandale, pour faire trébucher et tomber beaucoup de gens, qui seront "enlacés et pris au filet".

Ceux qui sont repris par l'Esprit de Dieu ne devraient pas s'élever contre l'humble instrument de son choix. C'est Dieu, et non un mortel sujet à l'erreur, qui leur a parlé pour les sauver de la perdition. La nature humaine n'aime pas recevoir des reproches, et il est impossible qu'un cœur qui n'a pas été éclairé par l'Esprit de Dieu puisse comprendre la nécessité de la répréhension et la bénédiction qu'elle apporte avec elle. Quand un homme cède à la tentation et se complaît dans le péché, son esprit s'enténèbre, son sens moral se pervertit, il ne prête plus attention aux avertissements de sa conscience dont il distingue de moins en moins la voix. Petit à petit, il perd la faculté de distinguer ce qui est bien de ce qui est mal, à tel point qu'il ne voit plus sa position véritable devant Dieu. Il peut respecter les formes extérieures de la religion, défendre avec zèle ses doctrines sans en avoir l'esprit. Sa condition est celle qui est écrite par le Témoin Véritable : "Tu dis : Je suis riche, je me suis enrichi, et je n'ai besoin de rien, et parce que *tu ne sais pas* que tu es malheureux, misérable, pauvre, aveugle et nu." Apocalypse 3 :17. Quand l'Esprit du Seigneur lui déclare par un message de blâme que c'est là sa condition, il ne peut croire à la vérité de ce message. Doit-il donc rejeter l'avertissement ? Non !

[76]

Dieu a donné une évidence suffisante pour convaincre du caractère des Témoignages tous ceux qui le désirent, et après avoir reconnu qu'ils viennent de Dieu, les croyants devront accepter la répréhension même s'ils ne se voient pas nettement coupables. S'ils se rendaient pleinement compte de leur condition, pourquoi auraient-ils besoin de reproches ? C'est parce qu'ils ne s'aperçoivent pas de leur état véritable que Dieu les avertit dans sa miséricorde afin qu'ils puissent se repentir et se réformer avant qu'il ne soit trop tard. Ceux qui méprisent l'avertissement seront laissés dans les ténèbres, s'étant séduits eux-mêmes ; mais ceux qui y prennent garde, se mettant à l'œuvre avec ardeur pour se débarrasser de leurs péchés et pour recevoir les grâces nécessaires, ouvriront la porte de leur cœur à leur Sauveur bien-aimé afin qu'il entre chez eux et qu'il y demeure. Ceux qui sont le plus étroitement unis à Dieu sont ceux qui reconnaissent sa voix quand il leur parle. Quiconque est spirituel discernera les choses de l'Esprit et sera reconnaissant au Seigneur de lui avoir signalé ses erreurs. David apprit la sagesse en considérant les voies de l'Eternel, et il accepta avec humilité le châtiment du Très-Haut. Le portrait fidèle que le prophète Nathan lui brossa de sa condition, révéla à David ses péchés et l'aida à s'en débarrasser. Il accepta humblement le conseil divin et s'humilia devant Dieu. "La loi de l'Eternel est parfaite, s'écrie-t-il, elle restaure l'âme !" "Mais si vous êtes exempts du châtiment auquel tous ont part, vous êtes donc des enfants illégitimes, et non des fils." Hébreux 12 :8. Notre Seigneur a dit : "Moi, je reprends et je châtie tous ceux que j'aime." Apocalypse 3 :19. "Il est vrai que tout châtiment semble d'abord un sujet de tristesse, et non de joie ; mais il produit plus tard pour ceux qui ont été ainsi exercés un fruit paisible de justice." Hébreux 12 :11. Quelque rigoureuse que soit la discipline, elle vient d'un Père rempli d'amour "afin que nous *participions à sa sainteté.*" Testimonies for the Church 5 :682, 683Testimonies for the Church 2 :342, 343.

Chapitre 15 — Le Saint-Esprit

C'est le privilège de chaque chrétien, non seulement d'attendre, mais de hâter la venue de notre Seigneur Jésus-Christ. Si tous ceux qui se réclament de son nom portaient du fruit à sa gloire, avec quelle rapidité la semence de l'Evangile serait répandue dans le monde entier ! La moisson serait bientôt mûre, et le Christ reviendrait pour rassembler les précieuses gerbes.

Mes frères et mes sœurs, demandez avec instance le Saint-Esprit. Le Seigneur est disposé à accomplir toutes ses promesses. Ouvrez vos Bibles, et dites : "J'ai fait ce que tu m'as ordonné de faire. Je me réclame de ta promesse : 'Demandez, et l'on vous donnera ; cherchez, et vous trouverez ; frappez, et l'on vous ouvrira.'" Le Christ a dit : "Tout ce que vous demandez en priant, croyez que vous l'avez reçu, et vous le verrez s'accomplir." "Tout ce que vous demanderez en mon nom, je le ferai, afin que le Père soit glorifié dans le Fils." Matthieu 7 :7 ; Marc 11 :24 ; Jean 4 :13.

Le Christ envoie ses messagers pour communiquer sa volonté à ses serviteurs partout où ceux-ci se trouvent. Il marche au milieu de ses églises. Il désire sanctifier, élever et ennoblir ses disciples. L'influence de ceux qui croient en lui sera en ce monde une saveur de vie. Le Sauveur tient les étoiles dans sa main droite, et par elles il veut éclairer le monde. Il désire préparer ainsi son peuple pour un service plus élevé dans l'Eglise céleste. Il nous a confié une œuvre immense ; accomplissons-la fidèlement. Montrons dans nos vies ce que peut faire pour l'humanité la grâce divine Testimonies for the Church 8 :22, 23Testimonies for the Church 3 :250, 251.

Il est à remarquer que ce fut après que les disciples réalisèrent une unité parfaite, après qu'ils eurent cessé de désirer la première place, que l'effusion de l'Esprit se produisit. Et le témoignage que nous avons à leur sujet après qu'ils eurent reçu le Saint-Esprit est le même que celui qui en est donné avant. "La multitude de ceux qui avaient cru, est-il dit, n'était qu'un cœur et qu'une âme." Actes

4:32. L'Esprit de celui qui est mort, afin que des pécheurs puissent avoir la vie, animait toute la congrégation des croyants.

Les disciples ne demandaient pas de bénédictions pour eux-mêmes. Ils étaient sous le poids du fardeau des âmes. L'Evangile devait être porté jusqu'aux extrémités de la terre, et ils désiraient être revêtus de la puissance que le Christ avait promise. C'est alors que le Saint-Esprit leur fut envoyé, et que des milliers se convertirent en un jour.

Il peut en être de même aujourd'hui. Que les chrétiens mettent de côté toute dissension et se consacrent au salut des âmes. Qu'ils se réclament, par la foi, des bénédictions de la promesse, et ils les recevront. L'effusion de l'Esprit à la Pentecôte était "la pluie de la première saison", et les résultats en furent glorieux. Mais "la pluie de l'arrière-saison" sera encore plus abondante. Voici la promesse faite à ceux qui vivront aux derniers jours : "Retournez à la forteresse, captifs pleins d'espérance ! Aujourd'hui encore je le déclare, je te rendrai le double... Demandez à l'Eternel la pluie, la pluie du printemps ! L'Eternel produira des éclairs, et il vous enverra une abondante pluie, il donnera à chacun de l'herbe dans son champ." Zacharie 9:12; 10:1 Testimonies for the Church 8:20, 21 Testimonies for the Church 3:247, 348.

Le Seigneur ne nous demande pas d'accomplir par nos propres forces l'œuvre qui est devant nous. Il désire nous assister dans toutes les circonstances où nos ressources seraient insuffisantes. Il a promis de nous envoyer l'Esprit-Saint pour nous venir en aide chaque fois que nous sommes embarrassés, pour raffermir notre espérance, éclairer nos esprits et purifier nos cœurs.

[78]

Le Christ a promis de transformer son Eglise, de lui communiquer la lumière céleste reflétant la gloire d'Emmanuel. Sa volonté est que chaque chrétien soit environné d'une atmosphère de lumière et de paix. Il n'y a pas de limite à l'utilité de celui qui, mettant de côté le moi, permet au Saint-Esprit d'opérer dans son cœur Testimonies for the Church 8:19, 20 Testimonies for the Church 3:245, 246, 247.

Quel fut le résultat de l'effusion de l'Esprit au jour de la Pentecôte ? - La bonne nouvelle d'un Sauveur ressuscité fut proclamée jusqu'aux extrémités du monde habité. Le cœur des disciples était si rempli de l'amour de Dieu qu'ils se sentaient poussés à se rendre partout, en déclarant : "Loin de nous la pensée de nous glorifier d'autre chose que de la croix de notre Seigneur Jésus-Christ." Voir Galates 6:14. La proclamation de la vérité, telle qu'elle est en Jésus, soumettait les cœurs à la puissance du message. L'Eglise voyait venir à elle des convertis de toutes les directions. Des apostats revenaient au Seigneur. Des pécheurs s'unissaient aux chrétiens pour rechercher la perle de grand prix. Ceux qui s'étaient opposés violemment à l'Evangile devenaient ses champions. La prophétie s'accomplissait : le faible était "comme David", et la maison de David "comme l'ange de l'Eternel". Chaque chrétien constatait chez son frère la bienveillance et l'amour divins. Un intérêt unique prévalait ; un sujet d'émulation primait tous les autres ; la seule ambition des croyants était de ressembler au Christ et de travailler à l'avancement du règne de Dieu.

La promesse de l'Esprit est pour nous aujourd'hui aussi bien que pour les premiers disciples. Dieu désire revêtir de la puissance d'en haut des hommes et des femmes, comme il le fit au jour de la Pentecôte. A cet instant même, son Esprit et sa grâce sont à la disposition de tous ceux qui en sentent le besoin et qui acceptent sa Parole.

Le Saint-Esprit demeurera jusqu'à la fin

Le Christ a déclaré que la divine influence de l'Esprit serait avec ses disciples jusqu'à la fin. Mais cette promesse n'est pas appréciée comme elle le devrait ; et par conséquent son accomplissement ne se réalise pas comme il pourrait l'être. Il en résulte une sécheresse, une obscurité, une mort et un déclin spirituels. Des sujets de peu d'importance occupent la pensée, et la puissance divine nécessaire à la croissance et à la prospérité de l'Eglise, entraînant avec elle toutes les autres bénédictions, fait défaut, bien qu'elle soit offerte dans toute sa plénitude.

C'est l'absence de l'Esprit qui rend le ministère évangélique si faible. On peut posséder la science, les talents, l'éloquence, tous les dons naturels ou acquis ; mais sans l'Esprit de Dieu, aucun cœur ne sera touché, ni aucun pécheur gagné au Christ. Si au contraire les enfants de Dieu sont unis au Sauveur, s'ils reçoivent l'effusion de l'Esprit, les plus pauvres comme les plus ignorants d'entre eux posséderont une puissance qui agira sur les cœurs. Dieu fera d'eux ses représentants, et ils exerceront la plus haute influence dans l'univers Testimonies for the Church 8 :21, 22Testimonies for the Church 3 :348, 349

Leur zèle pour le Seigneur poussait les disciples à proclamer la vérité avec une grande puissance. Ce même zèle ne devrait-il pas brûler nos cœurs et nous amener à parler avec hardiesse de l'amour rédempteur du Christ crucifié ? L'Esprit de Dieu ne devrait-il pas, aujourd'hui, en réponse aux prières ferventes et persévérantes, remplir les hommes de puissance pour le service de Dieu ? Pourquoi donc l'Eglise est-elle si faible et si peu spirituelle ?

Lorsque le Saint-Esprit prendra possession de nos membres d'église, on cultivera au sein de nos communautés un idéal beaucoup plus élevé, dans les paroles, dans le ministère, dans la spiritualité. Les membres d'église iront se désaltérer à la source des eaux vives, et ceux qui travailleront sous le regard du Christ révéleront l'esprit du Maître dans leurs pensées, dans leurs paroles, dans leurs actes, et s'encourageront mutuellement à poursuivre l'œuvre finale dans laquelle ils sont engagés. On constatera plus d'unité, plus d'amour ; ce sera pour le monde une preuve que Dieu a envoyé son Fils pour mourir en faveur des pécheurs. La vérité divine sera exaltée ; et, éclairés par la Parole de Dieu, ils la comprendront toujours davantage Testimonies for the Church 8 :211Testimonies for the Church 3 :251.

Il m'a été montré que si le peuple de Dieu ne fait aucun effort de sa part, mais attend que le temps de rafraîchissement vienne sur lui pour ôter ses fautes et corriger ses erreurs, s'il compte sur ce temps pour le purifier de la souillure de la chair et de l'esprit, et le qualifier pour le grand cri du troisième ange, il sera trouvé léger. Le rafraîchissement ou la puissance de Dieu ne vient que sur ceux qui s'y sont préparés en obéissant à l'ordre de Dieu, savoir se purifier de toute souillure de la chair et de l'esprit, atteignant la perfection dans la crainte de Dieu.

Chapitre 16 — Garder intact le lien entre Dieu et l'homme

Ces énergies nerveuses, qui communiquent avec l'organisme tout entier, sont le seul moyen par lequel le ciel peut entrer en relation avec l'homme et agir sur sa vie intime. Tout ce qui trouble la circulation des courants électriques du système nerveux diminue l'intensité des forces vives et aboutit à émousser la sensibilité de l'esprit.

L'intempérance sous toutes ses formes paralyse les organes percepteurs et affaiblit par conséquent les énergies nerveuses à tel point que les choses éternelles ne sont pas appréciées mais placées au même niveau que les choses communes. Les forces nobles de l'esprit, destinées à des fins nobles, sont rendues captives des passions les plus viles. Si nos habitudes physiques ne sont pas correctes, nos énergies mentales et morales ne peuvent se fortifier; car un lien étroit existe entre le physique et le moral.

Satan exulte en voyant la famille humaine plonger au cœur de la souffrance et de la misère. Il sait que ceux qui entretiennent de mauvaises habitudes et des organismes malsains ne peuvent servir Dieu avec ferveur, persévérance et pureté comme s'ils étaient bien portants. Un corps malade affecte le cerveau. Nous servons le Seigneur avec notre esprit. La tête est la partie principale du corps. Satan triomphe dans son œuvre ruineuse en poussant la famille humaine à s'engager dans des habitudes qui les détruisent et détruisent les uns les autres; car par ce moyen, il prive Dieu du service qui lui est dû.

Satan est constamment sur le qui-vive pour mettre la race humaine totalement sous son emprise. Sa plus forte prise sur l'homme passe par l'appétit, qu'il cherche à exciter par tous les moyens. Tempérance, 13, 14.

Le moyen le plus destructeur de Satan

Satan réunit les anges déchus pour chercher un moyen de faire le plus de mal possible à la famille humaine. Des propositions furent faites l'une après l'autre et finalement, Satan lui-même conçut un plan. Il prendrait le fruit de la vigne, le blé aussi, et tout ce que Dieu a donné comme nourriture, et les changerait en des poisons qui ruineraient les énergies physiques, mentales et morales de l'homme. De cette façon, il dominerait les sens pour pouvoir les assujettir. Sous l'influence des liqueurs, les hommes seraient amenés à commettre toutes sortes de crimes. Le monde serait corrompu si l'appétit était perverti. En plongeant les hommes dans l'alcool, Satan les ferait descendre graduellement au bas de l'échelle. Tempérance, 12.

Satan tient l'humanité captive par l'usage des boissons alcoolisées, du tabac, du thé et du café. Le cerveau, que Dieu nous a donné et qui devrait être lucide, est obscurci par l'usage des narcotiques, et rendu incapable de juger des choses correctement. C'est l'ennemi qui gouverne. L'homme a vendu sa raison pour prix de ce qui la lui a fait perdre. Il n'a plus aucune notion du bien. Évangéliser, 475.

Notre Créateur a répandu ses bienfaits sur l'homme d'une main libérale. Si tous les dons de la Providence étaient employés avec sagesse et modération, la pauvreté, la maladie, la détresse seraient presque bannies de la terre. Mais hélas! nous voyons de toutes parts les bénédictions de Dieu changées en malédictions par la méchanceté des hommes.

Il n'y a pas d'humains plus coupables de perversion et d'abus des dons précieux de Dieu que ceux qui emploient les produits du sol pour en fabriquer des liqueurs qui intoxiquent. Les riches céréales, les fruits sains et délicieux, sont transformés en breuvages qui pervertissent les sens et détraquent le cerveau. Le résultat de l'usage de ces poisons, c'est des éléments essentiels à la vie; les actes de violence et les crimes vont en se multipliant et la maladie et la mort précipitent des milliers de victimes dans la tombe par la faute de l'ivrognerie. Ministère évangélique, 376, 377.

L'eau que Jésus changea en vin aux noces de Cana était le pur jus de raisin. C'était ce "jus de la grappe" dont l'Ecriture dit: "Ne la détruis pas, car il y a là une bénédiction!" Ésaïe 65:8.

Le vin est moqueur, les boissons fortes sont tumultueuses : Quiconque en fait excès n'est pas sage.

Pour qui les ah ? pour qui les hélas ?
    Pour qui les disputes ? pour qui les plaintes ?
Pour qui les blessures sans raison ? pour qui les yeux rouges ?
    Pour ceux qui s'attardent auprès du vin,
Pour ceux qui vont déguster du vin mêlé.
    Ne regarde pas le vin qui paraît d'un beau rouge,
Qui fait des perles dans la coupe,
    Et qui coule aisément.
Il finit par mordre comme un serpent.
    Et par piquer comme un basilic.

Proverbes 20 :1 ; 23 :29-32.

Jamais main humaine n'a brossé un aussi vivant tableau de l'avilissement et de l'esclavage des victimes de l'alcool. Asservies, dégradées, même lorsqu'elles comprennent leur misère, elles n'ont pas la force de briser leurs chaînes. "J'en veux encore", disent-elles. Verset 35.

Le vin, la bière et le cidre intoxiquent aussi réellement que les boissons fortes. Leur usage fait naître le goût pour des alcools plus forts, et c'est ainsi que se contracte l'habitude de boire des liqueurs. L'usage modéré des boissons fermentées est l'école où se forment les ivrognes. L'influence de ces breuvages est si insidieuse que leurs victimes s'engagent dans le chemin de l'alcoolisme avant même d'en avoir soupçonné le danger.

Il n'est pas besoin d'arguments pour montrer les effets pernicieux de l'alcool sur les buveurs. On voit partout ces infortunés aux yeux rouges, à l'air hébété, ces âmes pour lesquelles le Christ est mort, qui font verser des larmes aux anges, et sont de tristes épaves. Ce sont des taches dans notre civilisation orgueilleuse. Elles sont la honte, la malédiction et le péril de tous les pays. Le ministère de la guérison, 276-278.

L'alcool réduit l'homme à la servitude

Lorsque l'homme satisfait son désir d'alcool, il porte volontairement à ses lèvres le breuvage qui rend plus vil qu'une brute celui qui fut créé à l'image de Dieu. Sa raison s'égare, son intelligence s'affaiblit, ses passions animales s'exacerbent, et il est alors porté à commettre les crimes les plus abominables. Testimonies for the Church 3:561 ; Tempérance, 18.

L'alcool qu'ils y consomment les incite à commettre des actions qui les feraient reculer d'horreur s'ils n'avaient pas touché à la liqueur qui rend fou. Lorsqu'ils sont sous l'influence du poison liquide, Satan est leur maître. Il les gouverne, et ils deviennent ses associés. Lettre 166, 1903 ; Tempérance, 19.

C'est ainsi qu'agit le diable lorsqu'il pousse les hommes à vendre leur âme pour de l'alcool. Il prend possession du corps, de l'esprit et de l'âme, et l'homme n'agit plus que par son intermédiaire. Sa cruauté se manifeste lorsque l'ivrogne lève la main pour frapper la femme qu'il a promis d'aimer et de chérir durant toute sa vie. Le comportement de l'ivrogne est une démonstration de la violence du diable. Medical Ministry, 114 ; Tempérance, 25.

Les hommes qui font usage d'alcool deviennent les esclaves de Satan. Celui-ci tente les hommes qui occupent des postes de confiance dans les chemins de fer et sur les navires, il tente les conducteurs de bateaux et de voitures remplies de personnes qui se rendent à des divertissements frivoles, pour qu'ils cèdent à leurs appétits funestes et oublient Dieu et Ses commandements. ... Ils ne peuvent pas prévoir ce qu'ils vont faire. Les signaux sont mal transmis et les voitures entrent en collision. Alors surviennent l'horreur, la mutilation et la mort. Cet état de choses évoluera de plus en plus. Tempérance, 27 ; *Manuscrits, 27.*

Les désirs pervertis de l'ivrogne seront transmis à sa postérité et, par son intermédiaire, aux générations futures. Tempérance, 30.

Le tabac : Un poison lent

Le tabac est un poison lent, insidieux, mais très nuisible. Sous quelque forme qu'on l'emploie, il ébranle la constitution. Il est d'autant plus dangereux que ses effets sont lents et tout d'abord à peine perceptibles. Il excite, puis paralyse les nerfs, affaiblit le cerveau et obscurcit la pensée. Il affecte souvent les nerfs d'une manière plus radicale que les boissons enivrantes. Il est plus subtil et ses effets sont plus difficiles à combattre. Il provoque le besoin des boissons fortes, et, dans de nombreux cas, conduit à l'alcoolisme. L'usage du tabac est une habitude mauvaise et coûteuse, malpropre pour celui qui s'y adonne et incommode pour ceux qui l'entourent....

Chez les enfants et les jeunes l'usage du tabac cause un mal incalculable. Ils en sont tout particulièrement affectés.

De petits garçons commencent très tôt à fumer. L'habitude prise, alors que l'esprit et le corps sont particulièrement sensibles à l'effet du tabac, nuit à la croissance, sape la vitalité, alourdit l'esprit et abaisse le niveau moral. Le ministère de la guérison, 274, 275.

Notre organisme n'éprouve pas naturellement un besoin de tabac, à moins que ce besoin ne soit transmis par hérédité. Tempérance, 43.

Par la consommation du thé et du café, un appétit pour le tabac se forme. Beaucoup de parents donnent de mauvaises habitudes à leurs enfants en leur faisant manger de la viande et boire du thé et du café. Celles-ci préparent le chemin qui conduira à désirer des stimulants plus forts encore, comme le tabac. L'usage du tabac suscite le goût pour l'alcool. Testimonies for the Church 1 :480 ; Tempérance, 43.

Une nourriture préparée avec des épices et des condiments enflamme l'estomac, corrompt le sang et provoque le besoin de stimulants plus forts. Tempérance, 43.

La fumée du tabac est particulièrement néfaste pour les femmes et les enfants

Des femmes et des enfants souffrent parce qu'ils doivent respirer une atmosphère souillée par la pipe, le cigare ou l'haleine viciée du fumeur. Ceux qui vivent dans ce milieu n'auront jamais une santé solide. Testimonies for the Church 5 :440 ; Tempérance, 45.

En respirant les effluves souillés de tabac qui émanent des poumons et des pores de la peau, l'organisme de l'enfant s'intoxique. Alors que le tabac agit d'une manière insidieuse chez certains enfants, atteint le cerveau, le cœur et le foie et les poumons, et sape leur résistance physique petit à petit, il a sur d'autres un effet plus direct et provoque des spasmes, des attaques, la paralysie et la mort soudaine. ... Chaque bouffée d'air rejetée pas les poumons de l'esclave du tabac empoisonne l'atmosphère dans laquelle il se trouve. Tempérance, 45.

Chez les enfants et les jeunes gens l'usage du tabac cause un mal incalculable. Ils en sont tout particulièrement affectés. Les parents leur lèguent la débilité mentale, la faiblesse physique, le désordre des nerfs, et des besoins contraires à la nature. Ces mauvaises pratiques, continuées par les enfants, en augmentent et en perpétuent les déplorables conséquences. Le ministère de la guérison, 275.

Le thé et le café ne nourrissent pas le système

Le thé est un stimulant et produit même un certain degré d'ivresse. Le café et d'autres breuvages de même nature sont identiques. On éprouve d'abord une certaine euphorie. Les nerfs de l'estomac sont excités et cette excitation se transmet au cerveau qui, à son tour, la communique au cœur. Ce dernier bat plus rapidement, et tout l'organisme en reçoit une impulsion réelle, bien que passagère. On oublie la fatigue, les forces semblent revenir ; l'esprit se ranime, et l'imagination devient plus vive. Devant de semblables résultats, il en est beaucoup qui croient que le thé ou le café leur font le plus grand bien. Mais c'est une erreur. Ces boissons ne sont pas nourrissantes, car leur effet se produit avant le temps nécessaire à la digestion et à l'assimilation. Ce qui semble être de la force n'est qu'une excitation nerveuse. Lorsque l'effet du stimulant cesse, cette prétendue force disparaît, et l'on ressent de la lassitude et de la langueur. L'usage continuel de ces breuvages épuise les forces vitales et produit de nombreux malaises : maux de tête, insomnies, palpitations, indigestions, tremblements, etc. Les nerfs fatigués ont besoin de repos plutôt que d'excitation et de surmenage. Le ministère de la guérison, 274.

Certains se sont éloignés de Dieu et on fait usage de thé et de café. Ceux qui violent les lois de la santé auront l'esprit aveuglé et violeront la loi de Dieu. Tempérance, 63.

L'emploi des médicaments

L'emploi des médicaments toxiques est une pratique qui engendre une multitude de maladies. Beaucoup de gens ne cherchent pas à connaître la cause réelle de leurs malaises. Leur unique préoccupation est d'être soulagés de leurs douleurs et des inévitables incommodités qui en résultent. ...Beaucoup de maladies chroniques sont dues à l'usage de médicaments toxiques. C'est ainsi qu'un bon nombre de vies humaines ont été fauchées qui auraient pu être préservées grâce à des traitements naturels. Les poisons contenus dans beaucoup de prétendus remèdes créent des besoins qui ruinent le corps et l'âme. Bien des panacées populaires et des spécialités pharmaceutiques, et même certains médicaments prescrits par les médecins, sont en partie responsables de ces terribles fléaux de l'humanité que sont l'alcoolisme, l'opiomanie ou la morphinomanie. Le ministère de la guérison, 101-2.

L'emploi des médicaments, tel qu'il est pratiqué généralement, est un fléau. Soyez sur vos gardes en ce qui concerne les médicaments. Usez-en le moins possible, mais faîtes confiance aux agents naturels. Alors la nature viendra en aide aux médecins de Dieu : l'air pur, l'eau naturelle, l'exercice physique, et une conscience en paix. Ceux qui persistent à faire usage de thé, de café et de viande ressentiront le besoin de médicaments. Mais nombreux sont ceux qui pourraient se rétablir sans avoir recours aux médicaments, s'ils observaient les lois de la santé. Les médicaments sont rarement nécessaires. Tempérance, 66. Counsels on Health, 261. [84]

Les Adventistes du Septième Jour — Un modèle pour le monde

Nous prétendons être un peuple de réformateurs, de porte-flambeaux, de fidèles sentinelles de Dieu, qui surveillent toutes les avenues par lesquelles Satan pourrait se glisser avec ses tentations pour pervertir l'appétit. Il faut que notre exemple et influence pèsent dans la balance du côté de la réforme. Nous devons nous abstenir de toute pratique qui émousse la conscience et favorise la tentation. N'ouvrons aucune porte qui donne à Satan accès à l'esprit d'un homme formé à l'image de Dieu. Testimonies for the Church 5 :380 ; Testimonies for the Church 1 :486.

La seule sauvegarde est de ne pas toucher, de ne pas goûter, de na pas avoir à portée de la main le thé, le café, le vin, le tabac, l'opium et les boissons alcoolisées. La nécessité pour les hommes de notre génération d'appeler à leur aide la puissance de la volonté soutenue par la grâce de Dieu, afin de résister à la tentation et de ne pas se permettre le plus léger abandon à un appétit perverti - cette nécessité est deux fois plus grande maintenant qu'il y a quelques générations. Mais nous avons moins de maîtrise de nous que les gens de cette époque. Ceux qui ont satisfait leur goût pour ses stimulants ont transmis leurs appétits dépravés et leurs passions à leurs enfants : aussi faut-il une plus grande force morale pour résister à l'intempérance sous toutes ses formes. La seule sauvegarde consiste à s'établir fermement sur le terrain de la tempérance et à ne pas s'aventurer sur le chemin du danger. Testimonies for the Church 3 :488, 489.

Si le sens moral des chrétiens s'éveillait au sujet de la tempérance en toutes choses, ils pourraient, par leur exemple et en commençant à leur table, venir en aide à ceux qui ont de la peine à se maîtriser et qui sont presque sans force pour résister aux exigences de leur appétit. Les habitudes que nous acquérons en cette vie décideront de notre destinée éternelle. Si nous en rendions compte, nous nous efforcerions d'être plus stricts dans notre façon de manger et de boire. Par notre exemple et notre empire sur nous-mêmes, nous pouvons être le moyen de sauver beaucoup d'âmes qui se dégradent par l'intempérance et vont jusqu'au crime et à la mort. Il est possible à nos sœurs, en particulier, de jouer un grand rôle dans le salut de leurs semblables en ne mettant sur leur table que des aliments sains et nourrissants. Elles peuvent employer leur temps à éduquer les goûts et les appétits de leurs enfants, en favorisant l'acquisition d'habitudes de tempérance en toutes choses, en encourageant le renoncement à soi et la bienveillance envers autrui. Testimonies for the Church 3 :488, 489.

Chapitre 17 — Pureté de cœur et de vie

Dieu vous a donné un corps dont vous devez vous occuper et qu'il faut garder dans la meilleure condition possible pour Son service et pour Sa gloire. Vos corps ne vous appartiennent pas. "Ne savez-vous pas que votre corps est le temple du Saint-Esprit qui est en vous, que vous avez reçu de Dieu et que vous ne vous appartenez point à vous-mêmes ? Car vous avez été rachetés à un grand prix. Glorifiez donc Dieu dans votre corps et dans votre esprit, qui appartiennent à Dieu." 1 Corinthiens 6 :19, 20. "Ne savez-vous que êtes le temple de Dieu et que l'Esprit de Dieu habite en vous ? Si quelqu'un détruit le temple de Dieu, Dieu le détruira ; car le temple de Dieu est saint, et c'est ce que vous êtes." 1 Corinthiens 3 :16, 17.

En ces temps de corruption, quand notre adversaire, le diable, comme un lion rugissant est à la recherche d'une proie à dévorer, je sens la nécessité d'élever la voix pour dire : "Veillez et priez de peur que ne tombiez dans la tentation !" Marc 14 :38. Beaucoup sont doués de talents remarquables et ils les consacrent au service de Satan. Quel avertissement puis-je donner à ceux qui prétendent être sortis du monde et avoir abandonné ses œuvres de ténèbres ? C'est un peuple dont Dieu a fait le dépositaire de Sa loi, mais qui, comme le prétentieux figuier stérile de la parabole, étale ses frondaisons verdoyantes à la face du Tout-Puissant et ne porte pas de fruits à Sa gloire ? Beaucoup parmi ce peuple cultivent des passions impures, livrent leur esprit à une imagination perverse, à des désirs coupables, à de viles passions. Dieu hait les fruits portés par de tels arbres. Les anges purs et saints regardent avec horreur ces gens-là, tandis que Satan exulte à leur sujet. Oh ! si ces hommes et femmes voulaient considérer les conséquences qui découlent de la transgression de la loi de Dieu ! Quelles que soient les circonstances, la transgression est un déshonneur pour Dieu et une malédiction pour l'homme. C'est ainsi qu'il faut la considérer de quelque manière qu'elle se présente, et quel que soit celui qui s'en rende coupable. Testimonies for the Church 5 :146 ; Testimonies for the Church 2 :38, 39.

Celui qui est miséricordieux obtiendra miséricorde, et celui qui a le cœur pur verra Dieu. Toute pensée impure souille l'âme, affaiblit le sens moral et tend à effacer les impressions produites par le Saint-Esprit. Elle obscurcit la vision spirituelle et empêche les hommes de contempler Dieu. Le Seigneur pourra et voudra accorder le pardon au pécheur repentant ; cependant, même après le pardon, l'âme reste déparée. Quiconque désire discerner clairement la vérité spirituelle doit donc éviter, avec soin, toute impureté en parole et en pensée. Jésus Christ, 292.

Certains reconnaîtront bien qu'ils cèdent à des exigences coupables, mais ils s'excuseront en disant qu'ils ne peuvent vaincre leurs passions. C'est un terrible aveu pour quelqu'un qui prétend se réclamer du Nom du Christ. "Quiconque prononce le nom du Seigneur, dit Saint Paul, qu'il s'éloigne de l'iniquité." 2 Timothée 2 :19. Pourquoi cette faiblesse ? Parce que les inclinations bestiales ont été renforcées par l'habitude jusqu'à ce qu'elles aient pris l'ascendant sur les facultés plus élevées. Les hommes manquent de principes. Ils sont en train de mourir spirituellement parce qu'ils ont trop longtemps nourri des désirs charnels, si bien qu'ils ne savent plus se posséder eux-mêmes. Les plus villes passions ont pris la direction de l'être tout entier, et l'homme est devenu l'esclave de ses désirs corrompus. L'âme est retenue prisonnière. La sensualité a étouffé tous désirs de sainteté et desséché toute spiritualité. Testimonies for the Church 2 :348 ; Testimonies for the Church 1 :293-4.

Ne souillez pas le Temple de Dieu

Satan s'emploie particulièrement en ces derniers jours à prendre possession de l'esprit des jeunes, à corrompre leurs pensées et enflammer les passions, car il n'est pas sans ignorer qu'en parvenant à ces fins, il pourrait les inciter à commettre des actes impurs. Ainsi, les nobles facultés de l'esprit sont avilies et Satan les contrôle à sa guise et selon ses funestes desseins. Child Guidance, 440.

Mon âme est attristée lorsque je songe aux jeunes dont le caractère doit se former au milieu de cette génération perverse. Je tremble aussi pour les parents, car il m'a été montré que d'une manière générale ils ne comprennent pas l'obligation qu'ils ont d'élever leurs enfants sur des bases solides. On consulte la coutume et la mode ;

les enfants apprennent à s'y soumettre et se corrompent de cette façon, tandis que leurs parents indulgents sommeillent en face du danger. Un très petit nombre de jeunes sont exempts de mauvaises habitudes. On les dispense d'exercices physiques dans une large mesure de crainte de les surmener. Les parents se chargent des tâches qui devraient leur incomber.

Le surmenage est nuisible, mais le résultat de l'indolence est plus redoutable encore. L'oisiveté favorise les mauvaises habitudes. L'abus de soi fatigue cinq fois plus que l'activité. Si un travail facile et régulier épuise vos enfants, soyez assurés, parents, qu'il y a quelque chose à côté de leur travail qui agit sur les nerfs et produit cette impression de faiblesse constante. Donnez à vos enfants de l'exercice physique qui fasse appel à leurs nerfs et à leurs muscles. La fatigue qui résultera d'un tel travail diminuera les penchants aux habitudes vicieuses. Testimonies for the Church 2 : 348, 349.

Eviter de lire, de voir ou d'entendre tout ce qui est de nature à suggérer des pensées impures. Cultiver les facultés morales et intellectuelles. Message à la jeunesse, 283.

Dieu ne vous demande pas seulement de diriger vos pensées, mais aussi de dompter vos affections et vos passions. Votre salut en dépend. Les affections et les passions sont une puissance. Mal dirigées, inspirées par de mauvais mobiles, mal placées, elles entraînent inévitablement la ruine et font de vous une épave misérable, sans Dieu et sans espoir.

Vous devez à Dieu le compte de vos pensées. Si vous vous laisser aller à de vaines imaginations, arrêtant votre esprit sur les objets impurs, vous êtes, en quelque mesure, coupable comme si vous commettiez des actes impurs, car il ne vous a manqué que l'occasion. Il est extrêmement dangereux de se laisser aller jour et nuit à rêver et à construire des châteaux en Espagne. De telles habitudes, une fois établies, sont presque impossible à déraciner ; les pensées ne peuvent être dirigées sur des thèmes purs, sains, élevés. Prenez sur vous de veiller, en sentinelle fidèle, sur vos yeux, vos oreilles, vos sens, si vous voulez avoir la maîtrise de votre esprit et empêcher que votre âme ne soit contaminée par des pensées vaines et corrompues. Une œuvre aussi désirable ne peut être accomplie que par la puissance de la grâce. Testimonies for the Church 2 : 561. *Cf.* Messages to Young People, 74, 75 *Chap. 18.*

De plus, l'étude excessive, en augmentant la quantité de sang amenée au cerveau, crée une excitation maladive qui tend à diminuer le contrôle de soi-même et à rendre le caractère impulsif et capricieux. Ainsi la porte est ouverte à l'impureté. L'abus ou la négligence des énergies physiques est largement responsable de la marée de la corruption qui envahit le monde. "L'orgueil, l'abondance et une molle oisiveté" sont des ennemis mortels du progrès dans notre génération comme au temps où ils conduisirent Sodome à la destruction. Éducation, 213, 214.

L'indulgence aux passions viles conduira beaucoup de gens à fermer les yeux à la lumière, car ils craindront d'apercevoir des péchés qu'ils ne désirent pas abandonner. Tous peuvent voir s'ils le veulent. S'ils préfèrent les ténèbres à la lumière, leur culpabilité n'en sera pas diminuée. Testimonies for the Church 2 :352.

La mort plutôt que le déshonneur ou la transgression de la loi de Dieu, telle devrait être la devise de tout chrétien. En tant que peuple réformateur que se dit le dépositaire des vérités les plus solennelles de la Parole de Dieu, nous devons élever l'étendard beaucoup plus haut qu'il ne l'est actuellement. Le péché et les pécheurs devraient être promptement exclus de l'église afin que d'autres ne soient pas contaminés par eux. La vérité et la pureté exigent que nous fassions davantage pour purifier le camp des Acans. Que ceux qui occupent des positions importantes ne souffrent pas le péché chez un frère. Il faut montrer à celui-ci qu'il doit ou renoncer au péché ou être séparé de l'église. Testimonies for the Church 5 :147; Testimonies for the Church 5 :39-40.

Les jeunes doivent avoir des principes solides afin que les plus puissantes tentations de Satan ne les détournent pas de leur fidélité. Samuel enfant fut entouré des influences les plus corruptrices. Il vit et entendit des choses qui attristèrent son âme. Les fils d'Eli, qui officiaient dans le sanctuaire, étaient sous le contrôle de Satan. Ces hommes souillaient l'atmosphère qui les entourait. Des hommes et des femmes étaient chaque jour fascinés par le péché et l'erreur, mais Samuel évitait la souillure. Son caractère était immaculé. Il n'avait pas la moindre complaisance pour les péchés dont Israël, effrayé, se répétait le récit. Samuel aimait Dieu et il se tenait dans une communion si étroite avec le ciel qu'un ange lui fut envoyé pour lui parler des péchés des fils d'Eli, qui corrompaient le peuple. Testimonies for the Church 3 :472-474.

Les conséquences de la pollution morale

Certains de ceux qui ont fait une "belle confession" ne comprennent pas les suites inévitables de ce péché qui consiste à abuser de soi-même. Une longue habitude a obscurci leur intelligence. Ils ne se rendent pas compte du caractère extrêmement condamnable de ce péché dégradant qui affaiblit le corps et détruit les énergies nerveuses du cerveau. Les principes moraux sont sans force en face de telles habitudes. Les solennels messages du ciel ne peuvent agir efficacement sur un cœur indulgent à ce vice dégradant. Le cerveau et les nerfs ont perdu de leur vigueur à cause de l'excitation morbide due à la satisfaction d'un penchant contre nature. Testimonies for the Church 2 :347 ; Testimonies for the Church 1 :292-3.

La pollution morale a, plus que tout autre vice, contribué au déclin de la race. Elle sévit dans des proportions inquiétantes et est cause de presque toutes maladies imaginables. Les parents sont en général loin de soupçonner que leurs enfants savent tout au sujet de ce vice. Dans la plupart des cas, les parents sont les véritables coupables. Ils ont abusé de leurs privilèges conjugaux et, en se livrant à ce vice, ont attisé leurs passions animales. Une fois ces passions attisées, les facultés morales et intellectuelles ont agonisé. L'animal a subjugué le spirituel. Les enfants naissent avec des inclinations animales largement développées ; les parents leur ayant transmis leur caractère pervers. Les enfants de ces parents adopteront inexorablement les habitudes funestes du vice secret. Ces enfants porteront les peines des iniquités de leurs parents parce que ces derniers leur ont légué leur inclination contre nature. Tous ceux qui s'adonnent sans réserve à cette iniquité qui détruit à la fois le corps et l'esprit n'auront pas de répit tant qu'ils n'ont pas transmis le poids du vice secret à ceux qui les fréquentent. La curiosité aussitôt avivée, la connaissance du mal passe alors d'un jeune à un autre, d'un enfant à un autre, jusqu'à ce qu'il y en ait à peine un qui ignore les pratiques de ce péché dégradant.

La culture d'habitudes vicieuses secrètes mine les forces vitales du système. Toute action vitale vaine sera suivie d'une dépression relative. Chez les jeunes, la richesse vitale qu'est le cerveau est sévèrement mise à l'épreuve dès le bas-âge ; s'ensuivent, alors, une déficience et un épuisement d'importance qui laissent le système vulnérable à toutes sortes de maux. Si l'habitude funeste n'est pas interrompue avant l'âge de 15 ans et plus, la nature proteste contre l'abus dont elle a été victime et dont elle continue d'être la victime et leur fait subir la peine de la violation de ses lois, surtout entre l'âge de 30 et de 45 ans en infligeant des douleurs innombrables et des maux multiples au système tels que le cancer du foie et des poumons, la névralgie, le rhumatisme, des affections de la colonne vertébrale, des affections rénales, trouble de l'humeur. Certains des organes inestimables s'ébranlent laissant une charge écrasante aux autres organes et perturbant ainsi l'ordre subtil de la nature ; il en résulte souvent un ébranlement de la constitution qui mène inexorablement à la mort.

[88]

Aux yeux de Dieu, commettre abruptement un suicide n'est pas un mal plus grand que le fait de détruire graduellement, mais sûrement, sa vie. Les personnes qui attirent sur elles-mêmes la décadence par leurs mauvais penchants en porteront les peines dans cette vie et sans une profonde repentance de leur part, ne seront pas plus admis dans le royaume céleste que ne le seront celles qui mettent un terme à leur vie ex abrupto.

La volonté de Dieu établit le lien de cause à effets. Nous ne considérons pas que tous les jeunes qui sont faibles soient coupables de mauvaises habitudes. Il y en a parmi eux qui ont un esprit pur et qui sont consciencieux qui souffrent de causes diverses sur lesquelles ils n'ont aucun contrôle. L'immoralité secrète annihile les grandes résolutions, les efforts ardents et la force de la volonté nécessaires pour former un excellent caractère religieux. Tous ceux qui possèdent une parfaite intelligence des exigences du véritable christianisme savent que les disciples de Christ ont de ce fait, la responsabilité d'amener leurs passions, leurs facultés mentales et physiques à une parfaite soumission à Sa volonté. Ceux qui se laissent dompter par leur passion ne sauraient être des disciples de Christ. Ils se consacrent si bien au service de leur maître, l'auteur de tout vice, qu'ils ne sauraient abandonner leurs funestes habitudes et choisir de servir Christ. Child Guidance, 444-446.

Quand on acquiert de mauvaises habitudes dans sa jeunesse, on ne peut plus obtenir la force nécessaire pour un développement physique, intellectuel et moral. Testimonies for the Church 1 :296 ; Testimonies for the Church 2 :346-353.

Le dernier espoir de ceux qui chérissent des habitudes funestes est de les abandonner sans retour, accordaient-ils une quelconque importance à leur santé ici-bas et à leur salut dans la vie à venir. Lorsque ces vices odieux sont pratiqués sur une période relativement longue, une ferme résolution devient indispensable pour résister à la tentation ou fuir la corruption qu'ils suscitent. Child Guidance, 464.

La seule vraie sauvegarde de nos enfants contre la dépravation est de chercher à être admis dans la bergerie de Christ et d'être préservé par la tendre sollicitude du Bon et Fidèle Berger. Il les délivrera de tout vice et les gardera de tout mal s'ils écoutent Sa voix. Il déclare : "Mes brebis entendent Ma voix... et ils me suivent" En Christ, ils trouveront de verts pâturages, la force et l'espérance et ne sauraient être troublé par le désir inextinguible d'une chose susceptible de procurer le divertissement de l'esprit et d'apaiser le cœur. Ils ont trouvé la perle de grand prix et l'esprit est en paix. Leurs plaisirs sont dictés par un caractère pur, paisible, noble et céleste. Ces plaisirs n'entraînent aucune réflexion teintée d'amertume, aucun remords. De tels plaisirs ne minent pas la santé ou n'ébranlent pas l'esprit mais sont sources de bonheur. Child Guidance, 467.

Chapitre 18 — Le choix d'un époux ou d'une épouse

Le mariage est une réalité qui influencera et affectera votre vie dans ce monde que dans le monde à venir. Un chrétien sincère ne se résoudra pas à réaliser ses projets sur ce point sans être convaincu que Dieu les approuve. Il ne voudra pas opérer un choix de lui-même, mais il sentira que Dieu doit choisir pour lui. Nous ne devons pas agir à notre guise, car le Christ non plus n'a pas cherché à agir de la sorte. Je ne voudrais pas qu'on se méprenne sur mes paroles et qu'il faille épouser une personne que l'on n'aime pas. Ce serait commettre un péché. Mais nous ne devons pas permettre à l'imagination et aux émotions de nous mener à la ruine. Dieu réclame notre cœur tout entier, nos affections les plus profondes. Foyer chrétien, 44.

Avant de s'engager dans les liens du mariage, les fiancés devraient réfléchir avec soin au genre de foyer qu'ils vont fonder et à l'influence qui s'en dégagera. Lorsqu'ils deviendront parents, un dépôt sacré leur sera confié. Le bonheur de leurs enfants en ce monde et dans l'autre dépend d'eux en grande partie. Ils déterminent, dans une large mesure, la nature physique et morale de leurs chers petits. C'est au caractère de la famille qu'est dû l'équilibre moral de la société. L'influence qu'exerce chaque foyer contribue à faire pencher la balance du côté du bien ou du mal.

Un grand soin doit être apporté par la jeunesse chrétienne dans la création des liens d'amitié et dans le choix de ses relations. Prenez garde que ce que vous considérez aujourd'hui comme de l'or pur ne devienne du vil métal. Les associations mondaines tendent à dresser des obstacles sur la voie de votre service pour Dieu, et de nombreuses âmes se perdent par suite d'unions malheureuses, matrimoniales ou commerciales, avec des personnes incapables de jamais s'élever ou s'ennoblir.

Analyser chaque sentiment et observez toute évolution dans le caractère de la personne avec laquelle vous pensez lier votre destinée. Le pas que vous êtes sur le point de franchir est l'un des plus importants de votre vie, et vous ne devez pas agir avec précipitation. Vous pouvez aimer mais cet amour ne doit pas être aveugle.

Procédez à un sérieux examen de la situation en vue de savoir si votre vie conjugale pourra être heureuse ou si elle risque d'être discordante et désastreuse. Cherchez à répondre à ces questions : Cette union m'aidera-t-elle dans mon ascension vers le ciel ? Va-t-elle accroître mon amour pour Dieu ? Va-t-elle augmenter mon utilité dans cette vie ? Si les réponses ne sont pas négatives, allez de l'avant dans la crainte du Seigneur.

Le choix d'un conjoint pour la vie doit être tel qu'il assure le bien-être physique, mental et spirituel des parents et des enfants, afin de leur permettre d'honorer ensemble leur Créateur et d'être en bénédiction à leurs semblables. Ibid., 44, 45.

Qualités à rechercher chez la future épouse

Le jeune homme choisira pour épouse une personne qui sache porter sa part des fardeaux de la vie, dont l'influence l'ennoblisse et l'élève, et qui le rende heureux par son amour. "Une femme intelligente est un don de l'eternel." "Le cœur de son mari a confiance en elle...elle lui fait du bien, et non du mal, tous les jours de sa vie...Elle ouvre la bouche avec sagesse, et des instructions aimables sont sur sa langue. Elle veille sur ce qui se passe dans sa maison, et elle ne mange pas le pain de la paresse. Ses fils se lèvent, et la disent heureuse ; son mari se lève, et lui donne des louanges. Plusieurs filles ont une conduite vertueuse ; mais toi tu les surpasses toutes." "Celui qui trouve une femme trouve le bonheur." Voici quelques points qui méritent considération : la personne que vous avez l'intention d'épouser saura-t-elle procurer du bonheur au foyer ? Va-t-elle se montrer économe ou va-t-elle employer non seulement tout ce qu'elle gagne éventuellement, mais aussi tout ce que vous lui donnez, à satisfaire sa vanité et son désir de paraître ? Ses principes à cet égard sont-ils conformes à la raison ? D'autres parts, possède-t-elle quelque bien dont elle puisse dépendre ?... Je sais que dans l'esprit d'un homme fortement épris et qui ne songe qu'à se marier, ces questions sont exclues, parce que jugées comme étant sans importance. Pourtant elles demandent à être prises en considération, car elles exercent une influence certaine sur l'avenir....

En choisissant une épouse, tenez compte de son caractère. Saura-t-elle se montrer à la fois patiente et travailleuse ? Ou cessera-t-elle de s'occuper éventuellement de vos parents au moment même où ceux-ci auront besoin de soutien ? Cherchera-t-elle à écarter d'eux son mari pour réaliser ses projets personnels et satisfaire ses goûts propres, abandonnant ainsi un père et une mère qui, de ce fait, non seulement ne trouveront pas une belle-fille affectueuse, mais perdront un fils ? Ibid., 45, 46.

Qualités à rechercher chez le futur époux

Avant d'accorder sa main, chaque femme doit chercher à savoir si l'homme à qui elle se propose de confier sa destinée en est digne. Quel est son passé ? Sa vie a-t-elle été pure ? L'amour qu'il exprime est-il de nature noble ou élevée, ou uniquement inspiré par la tendresse émotionnelle ? Possède-t-il des traits de caractère qui contribueront à la rendre heureuse ? Pourra-t-elle trouver paix et joie dans son affection pour elle ? Parviendra-t-elle à préserver son individualité, ou son jugement et sa conscience devront-ils subir le contrôle de son mari ?... Pourra-t-elle donner la priorité aux exigences de son Sauveur ? Le corps et l'âme, les pensées et les intentions pourront-ils être maintenus dans la pureté et la sainteté ? Toutes ces considérations jouent un rôle essentiel dans la vie de la femme qui se marie.

La femme qui aspire à un mariage paisible et heureux, qui souhaite échapper, plus tard, à la souffrance et à la détresse doit, avant de donner son affection, s'informer suffisamment et se poser quelques questions : Mon prétendant a-t-il une mère ? Quel est le caractère de celle-ci ? Reconnaît-il qu'il a des obligations à son égard ? S'inquiète-t-il de ses souhaits et de son bonheur ? S'il n'a ni respect, ni égards pour sa mère, manifestera-t-il du respect, de l'attention, de la bonté et de l'amour pour sa femme ? Une fois passées les premières semaines du mariage, avec les attraits de la nouveauté, continuera-t-il de m'aimer ? Supportera-t-il patiemment mes erreurs, ou s'installera-t-il dans la critique, l'arrogance, l'esprit de domination ? La vraie affection saura fermer les yeux sur bien d'erreurs ; l'amour, lui, ne les apercevra pas. Ibid., 46, 47.

Une jeune fille ne doit accepter pour époux qu'un jeune homme au caractère pur et viril, diligent, entreprenant et honnête, aimant et craignant Dieu.

Fuyez les hommes irrévérencieux. Gardez-vous de celui qui a un penchant pour l'oisiveté et de celui qui méprise les choses sacrées. Evitez de fréquenter celui qui emploie un langage impie, ou qui s'adonne, même modérément, aux boissons alcoolisées. N'écoutez pas les suggestions d'un homme qui n'a pas conscience de ses responsabilités devant Dieu. La pure vérité qui sanctifie l'âme vous donnera le courage de vous éloigner de la société agréable de tout homme que vous savez étranger à l'amour et à la crainte de Dieu, et ignorant les principes de vraie justice. Nous pouvons toujours supporter les infirmités et les ignorances d'un ami, mais jamais ses vices. Ibid., 47.

L'amour est un don précieux de Jésus

[91]

L'amour est un don précieux que nous recevons du ciel. L'affection pure et simple n'est pas un sentiment; c'est un principe. Ceux qui sont guidés par un véritable amour ne sont ni aveugles, ni déraisonnables.

Il n'y a qu'un seul amour réel, authentique, dévoué et pur. C'est un objet précieux et très rare. On appelle amour ce qui n'est que passion.

Le véritable amour est un principe saint et élevé, totalement différent des attachements qu'éveille une flamme soudaine s'éteignant à la première épreuve sérieuse.

L'amour est une plante d'essence divine; elle demande à être protégée et nourrie. Des cœurs remplis d'affection, véridiques, inspirant des paroles aimables, apporteront du bonheur dans les familles et exerceront une influence ennoblissante sur tous ceux qui entreront en contact avec eux.

Tandis qu'un amour pur soumet tous ses projets à Dieu, et recherche une harmonie parfaite avec l'Esprit de Dieu, la passion se montre entêtée, irréfléchie, déraisonnable, ne souffrant aucune contrainte, idolâtrant l'objet de son choix. La grâce de Dieu se manifeste dans le comportement de celui qui est animé d'un véritable amour. Toutes les démarches qui précèdent le mariage sont marquées par la modestie, la simplicité, la sincérité, la moralité et la religion. Ceux qui se placent sous de telles influences ne se laisseront pas éloigner des réunions de prière et des services religieux par l'intérêt qu'ils ont l'un pour l'autre. Leur ferveur pour la vérité ne s'atténuera pas par négligence des occasions et des faveurs que Dieu leur accorde généreusement. L'amour qui n'est inspiré que par la sensualité est obstiné, aveugle et incontrôlable. La dignité, la vérité et toutes les facultés supérieures de l'esprit sont asservies par la passion. Trop souvent, l'homme qui se laisse ainsi enchaîner reste sourd à la voix de la raison et de la conscience ; aucun argument, aucune supplication ne peut l'amener à voir la folie de sa conduite.

Le véritable amour n'a rien à voir avec une passion ardente, enflammée et impétueuse. Au contraire, il est par nature calme et profond. Il va au-delà des apparences et s'attache surtout aux qualités. Il se caractérise par la sagesse et le discernement, et son dévouement est total et constant.

L'amour affranchi des passions et des impulsions est empreint de spiritualité, et il se traduit en paroles et en actes. Un chrétien doit exprimer un amour et une tendresse pénétrés de sainteté, dépourvus de toute impatience et de tout esprit d'irritation. Les attitudes rudes et frustres doivent être atténuées par la grâce de Dieu. Ibid., 49, 50.

La prière et l'étude de la Bible indispensables pour prendre la bonne décision

Ordonné par Dieu, le mariage est une institution sacrée où il ne faut jamais s'engager dans un esprit d'égoïsme. Ceux qui envisagent de prendre une telle décision doivent, avec sérieux et prière, apprécier son importance et rechercher le conseil divin pour savoir s'ils agissent en harmonie avec la volonté de Dieu. Les instructions données sur ce point par la Parole de Dieu doivent être prises en considération. Le ciel éprouve de la joie lorsqu'un mariage est contracté avec la détermination, chez les époux, de se conformer aux directives fournies dans les Ecritures. S'il est un sujet qui doive être considéré avec un esprit calme et un jugement exempt de toute passion, c'est bien celui du mariage. Et si jamais il est nécessaire de prendre le conseil de la Bible, c'est avant de franchir l'étape qui doit avoir pour effet d'unir deux personnes pour la vie.

Le choix d'un époux ou d'une épouse 159

Mais on estime généralement que, dans ce domaine, il faut se laisser guider par les sentiments ; et, dans de trop nombreux cas, s'impose un sentimentalisme excessif qui conduit le couple à une ruine certaine. C'est ici que les jeunes ont coutume de montrer moins de discernement qu'en d'autres domaines ; c'est ici qu'ils refusent d'écouter la raison. Le mariage semble exercer sur eux un pouvoir fascinant. Sur ce point, ils ne se soumettent pas à Dieu. Ils sont esclaves de leurs sens et agissent en secret, comme s'ils craignaient de voir leurs projets contrariés par quelqu'un. Ibid., 67.

[92]

Beaucoup naviguent en direction d'un port dangereux. Ils ont besoin d'un pilote, mais ils ne veulent pas accepter l'aide, pourtant si nécessaire ; ils se croient capables de mener leur propre barque et ne se rendent pas compte qu'elle va s'écraser bientôt contre un rocher dissimulé qui peut provoquer le naufrage de leur foi et de leur bonheur. ... A moins d'être des lecteurs diligents de cette Parole [la Bible], ils commettront de graves erreurs qui terniront leur bonheur et celui d'autrui, à la fois dans cette vie et dans la vie future. Ibid., 68.

Si l'on avait l'habitude de prier deux fois par jour avant de songer au mariage, on devrait prier quatre fois par jour quand on se met à y penser. Le mariage exerce une influence, non seulement sur la vie terrestre, mais aussi sur la vie future... .

La plupart des mariages de notre époque, et surtout par la manière dont ils se font, constitue un signe des derniers jours. Hommes et femmes se montrent si obstinés, que Dieu est complètement laissé hors de la question. On met la religion de côté, comme si elle n'avait rien à dire dans cette affaire si importante et solennelle. Ibid., 68.

Conseil de parents ayant la crainte de Dieu

Puisque tant de malheurs résultent des mariages ainsi contractés, pourquoi les jeunes ne montrent-ils pas plus de sagesse ? Pourquoi persistent-ils à croire qu'ils n'ont pas besoin du conseil de personnes plus âgées et plus expérimentées ? En affaires, les hommes et les femmes se montrent généralement très avisés. Avant de s'engager dans toute entreprise importante, ils se préparent à assumer leurs responsabilités. Ils consacrent du temps et de l'argent à un problème déterminé et ils l'étudient avec minutie afin de ne pas échouer dans la réalisation de leurs projets.

De quelle plus grande prudence ne devrait-on pas faire preuve lorsqu'il s'agit de contracter un mariage — qui concerne les générations futures et la vie à venir ! Au lieu de cela, très souvent on se marie à la légère, comme s'il s'agissait d'une plaisanterie, sous le coup de l'impulsion et de la passion, avec aveuglement et une absence totale de discernement. La seule explication est que Satan exulte de voir la misère et la ruine s'installer dans ce monde et qu'il jette ses filets pour capturer les âmes. Il se réjouit en voyant ces personnes insensées passer à côté des vraies joies de la vie présente et perdre leur accès dans le monde à venir. Les enfants doivent-ils se fier à leurs propres désirs et inclinations, sans tenir compte de l'opinion et des conseils de leurs parents ? Certains paraissent ne jamais s'inquiéter des vœux et des préférences de ces derniers, ni prendre en considération leur jugement éclairé. L'égoïsme a fermé la porte de leur cœur à l'affection filiale. L'esprit des jeunes a besoin d'être orienté dans ce domaine. Le cinquième commandement est le seul auquel soit attachée une promesse ; pourtant il est pris à la légère, il est même purement et simplement ignoré dans les exigences des jeunes amoureux.

Mépriser l'amour d'une mère et refuser la sollicitude d'un père sont des péchés qui peuvent être mis au compte de beaucoup de jeunes. Une des plus grandes erreurs commises en ce domaine est que les jeunes et tous ceux qui manquent de maturité croient que leurs affections ne doivent en aucun cas être contrariées et qu'on ne doit pas intervenir dans leurs expériences sentimentales. Or, il s'agit d'un sujet qui, plus que tout autre, mérite d'être considéré sous tous les angles. Ce faisant, il est essentiel de s'entourer de l'expérience des autres et, calmement, soigneusement, d'envisager les deux aspects de la situation en présence. Or, cette question est généralement traitée à la légère par la majorité des gens. Chers jeunes amis, prenez conseil auprès de Dieu et de vos parents pieux.

[93] Et priez sur ce sujet. Ibid., 69, 70.

Vous posez la question : "Les parents devraient-ils choisir un partenaire sans tenir compte de la mentalité et des sentiments de leur fils ou de leur fille ?" Je vous retourne cette question pour vous la présenter telle qu'elle devrait être envisagée : Un fils (ou une fille) devrait-il choisir un conjoint sans rechercher d'abord le conseil de ses parents, puisqu'une telle décision aura nécessairement une influence sur le bonheur de ces derniers, dans la mesure où ils ont de l'affection pour leurs enfants ? Cet enfant doit-il s'entêter à agir à sa guise, et ce, malgré les conseils, voire les supplications de ses parents ? Je vous réponds délibérément : Non ; même s'il ne devait jamais se marier. Le cinquième commandement interdit une telle attitude : "Honore ton père et ta mère afin que tes jours se prolongent dans le pays que l'Eternel, ton Dieu, te donne." Ce commandement renferme une promesse que le Seigneur accomplira certainement en faveur de ceux qui lui obéissent. Par ailleurs, les parents éclairés ne choisiront jamais un partenaire pour leur enfant sans tenir compte de ses désirs. Ibid., 71, 72.

Pères et mères devraient prendre conscience qu'il leur incombe de guider les jeunes dans leurs affections et dans le choix de leur futur conjoint. Par leurs paroles et leur exemple, et avec l'aide de la grâce de divine, ils devraient avoir à cœur de former le caractère de leurs enfants de telle sorte que, dès leurs plus tendres années, ceux-ci soient animés de sentiments purs et nobles et attirés par le bien et le vrai. Qui se ressemble s'assemble, dit le proverbe. Implantez de bonne heure dans leur âme l'amour de la vérité et de la bonté, et ils rechercheront la société de ceux qui possèdent les mêmes dispositions. Ibid., 70, 71.

Avertissements à l'intention de ceux qui désirent contracter mariage

Les jeunes se fient beaucoup trop à leurs impulsions. Ils ne doivent pas s'engager trop facilement, ni se laisser volontiers séduire par l'apparence extérieure du prétendant. De nos jours, les fréquentations telles qu'elles se poursuivent s'accompagnent de tromperies, d'hypocrisie, et l'ennemi des âmes y tient une place nettement plus grande que le Seigneur. Le vrai bon sens est ici nécessaire, plus encore que partout ailleurs ; cependant, l'expérience montre qu'en ce domaine il fait souvent défaut. Ibid., 54, 55.

On doit se garder de l'imagination et du sentimentalisme amoureux comme de la lèpre. A notre époque, de nombreux jeunes gens et jeunes filles s'éloignent de la vertu ; cet état de choses incite à agir avec beaucoup de prudence... Même s'ils sont éventuellement privés d'autres qualités souhaitables, ceux qui sont parvenus à conserver un caractère vertueux possèdent une réelle valeur morale. Ibid., 50.

Dans le monde, chez les jeunes de notre époque, l'expérience religieuse est fortement imprégnée de ce sentimentalisme médiocre. Ma sœur, Dieu exige de vous que vous soyez transformée. Je vous supplie d'ennoblir vos affections. Mettez vos facultés mentales et physiques au service de votre Rédempteur, qui vous a rachetée. Sanctifiez vos pensées et vos sentiments afin que vos actes soient conformes à la volonté de Dieu. Ibid., 51, 52.

Les anges de Satan sont occupés à observer ceux qui passent de longues heures, la nuit, à courtiser. Si ces derniers avaient les yeux bien ouverts, ils verraient un ange du ciel enregistrant leurs paroles et leurs actes. Les lois de la santé et de la pudeur sont transgressées. Il serait plus normal que certaines heures des heures passées à courtiser avant le mariage le soient plutôt après. Mais, en général, le mariage met fin à l'empressement manifesté durant la période des fréquentations. Ibid., 55.

Satan sait parfaitement à qui il a affaire, et il déploie sa sagesse diabolique par toutes sortes d'artifices qui sont des pièges destinés à pousser les âmes à la ruine. Il épie chaque geste et fait de nombreuses suggestions qui, hélas ! sont écoutées, alors que les conseils de la Parole de Dieu sont écartés. Le filet finement tissé et, de ce fait, plus dangereux, est habilement tendu pour prendre au piège les jeunes et, d'une façon générale, tous les imprudents. Il est fréquemment dissimulé sous une apparence lumineuse, mais ceux qui en sont les victimes se préparent à beaucoup de chagrin et de tristesse. Le résultat final se soldera par de nombreuses épaves humaines. Ibid., 55, 56.

Conduite répréhensible

Jouer avec les cœurs est une faute grave aux yeux d'un Dieu Saint. Pourtant, certains hommes n'hésitent pas à témoigner leur intérêt à de jeunes femmes afin de gagner leur affection ; puis, suivant leurs propres caprices, ils les abandonnent et oublient à la fois les paroles qu'ils ont prononcées et l'effet qu'elles ont pu produire. Bientôt, leur attention est attirée par une autre personne à laquelle ils manifestent un intérêt similaire et à qui ils font les mêmes déclarations. Un tel penchant se manifestera au cours de la vie conjugale. Le mariage ne parvient pas toujours à stabiliser un esprit volage, à rendre un irrésolu ferme et attaché à de solides principes. Ceux qui sont portés à l'instabilité nourrissent des pensées malsaines, qui vont se traduire par des actes désordonnés. Aussi est-il essentiel pour les jeunes de "ceindre les reins de leur entendement," et de surveiller leur conduite afin d'empêcher Satan de les entraîner par ses séductions loin du sentier de la droiture. Ibid., 56.

Un jeune homme qui aime la compagnie d'une jeune fille et qui gagne son affection sans se faire connaître à ses parents ne se comporte pas en chrétien à l'égard de la jeune fille et de ses parents. Par des rencontres et des correspondances secrètes, il parvient à exercer une grande influence sur elle, mais en agissant ainsi, il abandonne l'attitude noble et honnête qui doit caractériser tout chrétien. Pour arriver à leurs fins, de tels jeunes gens n'agissent pas franchement et ouvertement et ne se conforment pas à l'idéal recommandé par la Bible; ils se montrent déloyaux à l'égard de ceux qui les aiment et qui s'efforcent de les protéger. Les mariages contractés dans ces conditions ne sont pas en harmonie avec la Parole de Dieu. Celui qui détourne une fille de son devoir et qui perturbe ses idées sur les ordres claires et précis de Dieu concernant le respect et l'obéissance dus aux parents, ne sera pas fidèle aux obligations du mariage.

Le doigt de Dieu a inscrit sur les tables de pierre ce commandement : "Tu ne déroberas point." Pourtant, combien souvent ne pratique-t-on pas sournoisement le vol dans le domaine des affections, et ne l'excuse-t-on pas ? On entretient une fréquentation trompeuse, on échange les billets secrets, ce qui peu à peu amène la jeune fille, dépourvue d'expérience et qui ignore jusqu'où de tels procédés peuvent la conduire, à détourner ses affections de ses parents pour les reporter sur quelqu'un dont l'attitude démontre qu'il n'est pas digne de son amour. La Bible condamne toutes les manifestations de malhonnêteté, quelles qu'elles soient. Ibid., 56, 57.

Des chrétiens d'expérience, qui se conduise honnêtement et qui, dans tous les domaines, font preuve de discernement, commettent sur ce point des erreurs lamentables. Ils font preuve d'un entêtement tel qu'aucun raisonnement ne parvient à les faire changer. Ils sont tellement éblouis par des sentiments et des impulsions de nature strictement humaine qu'ils n'ont plus le désir de sonder la Bible et d'entrer en communion étroite avec Dieu.

Dès que les barrières de la pudeur féminine sont franchies, la sensualité la plus basse cesse d'apparaître hautement répréhensible. A quels terribles effets de l'influence néfaste de la femme n'assistons-nous pas aujourd'hui ! Pour s'être laissé ensorceler par des "femmes étrangères" (cf. 1 Rois 11 :1-8), des milliers d'hommes sont en prison, beaucoup d'autres se suicident ou commettent des meurtres. Combien vraies sont les paroles inspirées : "Ses pieds descendent vers la mort, ses pas atteignent le séjour des morts Proverbes 5 :5 !"

[95]

Des panneaux de signalisation sont placés de chaque côté du sentier de la vie pour prévenir les êtres humains de la proximité du terrain dangereux et interdit. Mais, malgré cela, des multitudes préfèrent choisir le chemin fatal, contre les impératifs de la raison, au mépris de la loi de Dieu et sans se soucier du jour de sa colère.

Ceux qui veulent préserver leur santé physique, leur vigueur intellectuelle et leur intégrité morale, doivent "fuir les passions de la jeunesse" 2 Timothée 2 :22. Les hommes empressés et déterminés dans leurs efforts pour combattre le mal qui s'affiche avec audace et impudence dans tous les milieux, sont haïs et calomniés par tous ceux qui se complaisent dans l'iniquité, mais ils seront honorés et récompensés par Dieu. Ibid., 56-58.

[96]

Chapitre 19 — Mariage de chrétiens avec des incroyants

Il y a dans le monde chrétien une indifférence étonnante et alarmante envers les enseignements de la Parole de Dieu au sujet du mariage des croyants avec les incroyants. Beaucoup de ceux qui déclarent aimer et craindre Dieu préfèrent suivre l'inclination de leur propre esprit plutôt que de solliciter les conseils de la Sagesse infinie. Dans un domaine qui intéresse d'une manière vitale le bien-être et le bonheur des deux parties, aussi bien en ce monde que dans le monde à venir, on met de côté la raison, le bon sens et la crainte de Dieu pour laisser régner l'aveuglement et l'obstination. Des hommes et des femmes qui, par ailleurs, sont raisonnables et consciencieux, ferment leurs oreilles quand on leur donne des conseils ; ils demeurent sourds aux appels et aux supplications des amis, des parents et des serviteurs de Dieu. Un avis ou un avertissement sont considérés [sic] comme une intrusion impertinente dans leur vie, et l'ami qui est assez fidèle pour oser faire une remontrance dans leur vie, est traité comme un ennemi.

Tout se passe comme Satan le désire. Il tisse ses liens autour de l'âme qu'il séduit et qu'il enivre. La raison lâche les rênes de la maîtrise de soi au bénéfice de la convoitise ; une passion non sanctifiée domine, jusqu'à ce que, trop tard, la victime se voie confronter à une vie de misère et d'esclavage. Ceci n'est pas un tableau imaginaire mais l'exposé de faits réels. Dieu n'approuve pas des unions qu'Il a expressément interdites. Ibid., 59.

Le Seigneur recommandait au peuple d'Israël de ne pas s'unir par le mariage avec les nations idolâtres qui l'entouraient : "Tu ne contracteras pas de mariages avec ces peuples, tu ne donneras point tes fils à leurs filles et tu ne prendras point leurs filles pour tes fils." La raison en est donnée. La sagesse infinie, prévoyant l'issue de telles unions, déclare : "Car ils détourneraient de moi tes fils, qui serviraient d'autres dieux, et la colère de l'Eternel s'enflammera contre vous : Il te détruirait promptement.... Car tu es un peuple saint pour l'Eternel, ton Dieu ; l'Eternel, ton Dieu, t'a choisi, pour que tu fusses un peuple qui lui appartînt entre tous les peuples qui sont sur la face de la terre... ."

Le Nouveau Testament contient de semblables interdictions contre le mariage des croyants avec des incroyants. L'apôtre Paul, dans sa première épître aux Corinthiens, déclare : "Une femme est liée aussi longtemps que son mari est vivant ; mais si le mari meurt, elle est libre de se marier à qui elle veut ; seulement que ce soit dans le Seigneur." 1 Corinthiens 7 :39. Puis, dans sa seconde épître il écrit : "Ne vous mettez pas avec les infidèles sous un joug étranger. Car quel rapport y a-t-il entre la justice et l'iniquité ? Ou qu'y a-t-il de commun entre la lumière et les ténèbres ? Quel accord y a-t-il entre Christ et Bélial ? Ou quelle part a le fidèle avec l'infidèle ? Quelle ressemblance y a-t-il entre le peuple de Dieu et les idoles ? Car nous sommes le temple du Dieu Vivant, comme Dieu l'a dit : J'habiterai et Je marcherai au milieu d'eux, Je serai leur Dieu et ils seront Mon peuple. C'est pourquoi, sortez du milieu d'eux, et séparez-vous, dit le Seigneur ; ne touchez pas à ce qui est impur, et je vous accueillerai. Je serai pour vous un Père, et vous serez pour moi des fils et des filles, dit le Seigneur Dieu Tout-Puissant." 2 Corinthiens 6 :14-18. Ibid., 59, 60.

Les enfants de Dieu ne devraient jamais s'aventurer sur un terrain défendu. Les mariages entre croyants et incroyants sont interdits par Dieu. Mais souvent le cœur inconverti suit ses propres désirs, et des mariages désapprouvés par Dieu sont ainsi contractés. De ce fait, un grand nombre d'hommes et de femmes vivent dans ce monde sans espérance et sans Dieu. Leurs nobles aspirations sont détruites ; un concours de circonstances les maintient dans les pièges de Satan. Ceux qui se laissent dominer par la passion et les impulsions récolteront dans cette vie une amère moisson, et leur comportement risque d'entraîner la perte de leur âme. Ibid., 61.

Ceux qui prétendent suivre la vérité foulent aux pieds la volonté de Dieu en épousant des incroyants. Ils perdent sa faveur et rendent la repentance bien difficile. L'incroyant peut être d'une excellente moralité ; mais le fait qu'il (elle) n'ait pas répondu aux appels de Dieu et qu'il (elle) ait négligé un si grand salut doit suffire pour faire renoncer au mariage. Le caractère de l'incroyant peut ressembler à celui du jeune homme auquel Jésus disait : "Il te manque une chose ;" et cette chose, c'est l'essentiel. Ibid., 61.

Deux hommes peuvent-ils marcher ensemble, sans en être convenus ?

On entend dire parfois que celui ou celle qui ne croit pas est hostile à la religion et possède, du reste, tout ce que l'on peut désirer chez un époux ou une épouse, à cette exception près qu'il n'est pas chrétien ou qu'elle n'est pas chrétienne. Bien que, dans son for intérieur, le croyant comprenne l'inconvenance de s'unir pour la vie à quelqu'un qui n'a pas la foi, pourtant, dans neuf cas sur dix, il suit son inclination. Le déclin spirituel commence au moment où les engagements du mariage sont échangés devant Dieu. La ferveur religieuse s'affaiblit, et l'on perd insensiblement ses attaches avec la piété, jusqu'à ce que tous deux marchent côte à côte sous la bannière de Satan. Déjà, pendant les noces, l'esprit du monde l'emporte sur la conscience, la foi et la vérité. Dans le nouveau foyer, l'heure de la prière n'est pas respectée. Les époux se sont choisis et ont congédié Jésus. Ibid., 62, 63.

Au début, l'incroyant peut ne pas montrer d'opposition à la piété ; mais lorsqu'il s'agira d'aborder la question de la Bible et de la vérité, voici ce que l'on entendra : "Tu m'as épousé sachant ce que je suis ; je préfère que tu ne parles pas de ces choses. Que dorénavant il soit entendu que ta croyance particulière ne fera plus jamais l'objet de notre conversation." Et si le croyant manifestait quelque insistance, cela pourrait paraître comme un manque de bonté envers celui que n'intéresse pas la religion.

Le croyant se dit alors qu'il doit faire quelques concessions au conjoint qu'il s'est choisi. Il faudra consentir aux amusements mondains. On éprouvera d'abord une répugnance à le faire ; mais l'amour de la vérité s'affaiblira peu à peu et la foi cédera la place au doute et à l'incrédulité. Nul ne se serait attendu que celui qui était si ferme, si consciencieux, si dévoué au Christ, puisse jamais devenir la personne inconstante et vacillante d'aujourd'hui. Quel changement peut produire un mariage imprudent !

Il est périlleux de contracter une alliance mondaine. Satan sait bien que l'heure du mariage de beaucoup de jeunes gens et de jeunes filles sonnent le glas de leur vie religieuse. Ils sont perdus pour le Christ. Ils peuvent, pendant un certain temps, s'efforcer de vivre chrétiennement ; mais tous leurs efforts vont échouer devant l'influence subtile qui s'exerce dans la direction opposée. Auparavant, ils étaient heureux de parler de leur foi et de leur espérance. Mais, peu à peu, ils éprouvent de la répugnance à s'entretenir de tels sujets, sachant que la personne à laquelle ils ont uni leur destinée n'y prend aucun intérêt. Il en résulte que la foi s'éteint dans leur cœur et que Satan les enveloppe insidieusement dans le filet de l'incrédulité. Ibid., 63, 64.

"Deux hommes marcheront-ils ensemble, sans en être convenus ?" Amos 3 :3. "Je vous dis encore que, si deux d'entre vous s'accordent sur la terre pour demander une chose quelconque, elle leur sera accordée par Mon Père qui est dans les cieux." Matthieu 28 :19. Mais quel étrange spectacle ! Tandis que l'une de ces personnes si intimement liées s'approche de Dieu, l'autre est indifférente ; tandis que l'une cherche le chemin de la vie éternelle, l'autre suit le chemin large qui conduit à la mort.

Des centaines de personnes ont sacrifié le Christ et le ciel pour avoir épousé des inconvertis. Se peut-il que l'amour et la compagnie de Jésus aient si peu de valeur à leurs yeux qu'elles lui préfèrent la compagnie de simples mortels ? Apprécient-elles si peu le ciel, qu'elles soient disposées à risquer de le perdre pour se lier à ceux qui n'aiment pas notre bien-aimé Sauveur ? Ibid., 64.

Réponse du chrétien à l'incrédule

Que doit faire le chrétien, quand il se trouve placé dans une situation où la solidité de ses principes religieux est mise à l'épreuve ? Avec une fermeté digne d'exemple, il doit déclarer franchement : "Je suis un chrétien consciencieux. Je crois que le septième jour de la semaine est le sabbat de la Bible. Notre foi et nos principes respectifs nous mènent dans des directions divergentes. Il est impossible que nous soyons heureux ensemble ; car, si je continue d'acquérir une connaissance plus parfaite de la volonté de Dieu, je serai de plus en plus différent des gens du monde et je deviendrai semblable au Christ. Si vous continuez à ne pas discerner la beauté de la religion du Christ, à n'avoir aucun attrait pour la vérité, vous aimerez le monde, que je ne puis aimer, tandis que j'aimerai, moi, tout ce qui est spirituel que vous ne pouvez aimer. C'est spirituellement que l'on juge les choses spirituelles. Sans ce discernement, vous serez incapable de voir ce que le Seigneur réclame de moi et de comprendre les obligations que j'ai envers le Maître que je sers. Par conséquent, vous aurez l'impression que je vous néglige pour mes devoirs envers Dieu. De mon côté, je me sentirai seul avec mes sentiments religieux. Lorsque vous aurez changé d'idée, que vous aurez appris à aimer mon Sauveur, alors nous pourrons renouer nos relations."

Le croyant fait ainsi pour le Christ un sacrifice que sa conscience approuve, et montre qu'il estime trop la vie éternelle pour courir le risque de la perdre. Il sent qu'il vaut mieux vivre seul que d'unir pour la vie ses intérêts avec ceux d'une personne qui préfère le monde à Jésus et qui l'éloignerait de la croix du Christ. Ibid., 65.

Il vaut mieux rompre un engagement déraisonnable

C'est en Christ Seul qu'un mariage peut-être contracté dans les meilleures conditions possibles. Que l'amour humain soit inspiré par l'amour divin jusque dans ses manifestations les plus intimes. Une affection profonde, véritable et désintéressée ne s'épanouit que dans le cœur où Christ règne. Ibid., 65, 66.

Même si vous avez contracté un engagement sans connaître pleinement le caractère de la personne à la laquelle vous projetez de vous unir, ne croyez pas que cet engagement vous place devant l'absolu nécessité d'entrer dans les vœux du mariage et d'associer votre existence à celle de quelqu'un que vous ne pouvez ni aimer, ni respecter. Soyez très prudent avant de contracter des engagements, même conditionnels ; il vaut mieux, beaucoup mieux rompre un engagement avant le mariage que de se séparer après, ce que beaucoup font.

Vous direz peut-être : "Mais j'ai donné ma parole. Comment pourrais-je maintenant la reprendre ?" Je réponds : "Si vous avez fait une promesse contraire aux Ecritures, il faut absolument l'annuler sans délai. Puis, humblement devant Dieu, repentez-vous de la folie qui vous avait amenée à faire un vœu inconsidéré. Il vaut mieux reprendre une telle promesse que de la tenir et déshonorer ainsi votre Créateur."

Que chaque pas vers cette union soit caractérisé par la modestie, la simplicité, la sincérité et le désir ardent de plaire à Dieu et de l'honorer. Un mariage influe sur la vie présente et sur la vie future. Un chrétien sincère ne formera pas de projets que Dieu ne puisse approuver. Ibid., 47, 48.

Le cœur aspire à un amour humain, mais cet amour n'est ni assez fort, ni assez pur, ni assez précieux pour suppléer à l'amour de Jésus. C'est seulement en son Sauveur que la femme trouvera la sagesse, la force et la grâce pour affronter les soucis, les responsabilités et les douleurs de la vie. Elle devrait faire de lui sa force et son guide. Que la femme se donne au Christ avant de se donner à un être terrestre et qu'elle ne contracte aucun engagement qui puisse l'en empêcher. Ceux qui désirent le vrai bonheur doivent s'assurer la bénédiction du ciel sur tout ce qu'ils possèdent et sur tout ce qu'ils font. C'est la désobéissance à Dieu qui remplit de détresse tant de cœur et tant de foyer. Ma sœur, à moins que vous vouliez un foyer où les ombres ne disparaîtront jamais, ne vous unissez pas à un ennemi de Dieu. Ibid., 64, 65.

Conseil au conjoint qui se convertit seul après le mariage

Celui qui est entré dans les liens du mariage et qui se donne à Dieu, n'en est que plus que contraint d'être fidèle à sa compagne, et vice versa, quelles que soient les discordances en matière religieuse. On doit néanmoins considérer que les obligations envers le Seigneur sont bien plus impérieuses que les relations terrestres, même si des épreuves ou la persécution devaient en être le résultat. Si cette fidélité s'accompagne d'affection et de douceur, il y a des chances que le croyant finisse par gagner à la foi son conjoint non croyant. Ibid., 66.

Chapitre 20 — Le mariage

Dieu créa la femme, qu'il tira de l'homme, afin qu'elle soit une compagne et une épouse unie à lui, pour qu'elle l'encourage, le réconforte et soit pour lui une source de bénédiction. A son tour, il devait être pour elle un compagnon lui apportant une aide puissante. Tous ceux qui entrent dans la vie conjugale avec un but élevé et saint — le mari cherchant à gagner les affections du cœur de sa femme, la femme cherchant à adoucir et affiner le caractère de son mari et à lui apporter un complément - réalisent le dessein de Dieu à leur égard. Le Christ n'est pas venu pour mettre fin à cette institution, mais pour la rétablir dans sa sainteté et sa noblesse originelle. Il est venu pour restaurer l'image morale de Dieu en l'homme, et il commença son œuvre ici-bas en sanctionnant l'institution du mariage. Celui qui donna Eve pour compagne à Adam accomplit son premier miracle à un repas de noces, et c'est au cours de cette fête familiale qu'il inaugura son ministère public. Jésus établit ainsi l'institution du mariage, qu'il avait lui-même fondée. Son dessein était qu'hommes et femmes s'unissent par ces liens sacrés pour former des familles dont les membres, couronnés d'honneur, fussent reconnus comme appartenant à la famille céleste. Ibid., 95.

La cérémonie du mariage doit être simple et joyeuse

L'amour divin émanant du Christ ne détruit jamais l'amour humain ; il l'implique. En lui l'amour humain s'affine, se purifie, s'élève et s'ennoblit. Il ne peut porter de précieux fruits que s'il s'unit à la nature divine et se développe en étant dirigé vers le ciel. Jésus souhaite voir des mariages et des foyers heureux.
Les écritures déclarent que Jésus et ses disciples furent invités à cette cérémonie de mariage [à Cana]. Les chrétiens qui disent de ne pas devoir prendre part à ces joyeuses festivités ne peuvent se réclamer du Christ. En assistant à cette fête, Jésus a montré qu'il désire que nous nous réjouissions avec ceux qui se réjouissent en

suivant ses ordonnances. Il ne s'est jamais élevé contre les fêtes humaines innocentes lorsqu'elles se déroulent en accord avec les lois du ciel. Il est convenable que ses disciples participent à des réunions du genre de celle que le Christ a honoré de sa présence. Après cette noce, le Christ a assisté à beaucoup d'autres fêtes, les sanctifiant par sa présence et son enseignement. Ibid., 96.

Rien ne justifie les grandes parades ou la pompe, même lorsque les mariés sont parfaitement assortis l'un à l'autre. Le fait d'associer à une cérémonie de mariage l'hilarité, la bouffonnerie ou quoi que ce soit de semblable m'a toujours paru tout à fait déplacé. Il s'agit d'une institution établie par Dieu, et il faut en apprécier la profonde solennité. La famille constituée ici-bas doit être une illustration de ce que sera la famille dans le ciel. La gloire de Dieu doit toujours être recherchée en premier lieu. Ibid., 97.

Conseils à de jeunes mariés

(Testimonies for the Church 7 :45-50 ; cf. Le ministère de la guérison, 98, 99)

Mon cher frère et ma chère sœur, vous venez de vous unir pour la vie. Votre apprentissage de la vie conjugale commence. La première année est une année pendant laquelle mari et femme apprennent à connaître leurs différents traits de caractère comme un enfant apprend ses leçon à l'école. Ne permettez pas qu'il s'y passe des événements qui gâtent votre bonheur futur. ...

Mon frère, le temps, les forces et le bonheur de votre épouse sont maintenant liés aux vôtres. Votre influence sur elle peut être une odeur de vie ou une odeur de mort. Prenez garde de ne pas gâcher son existence. Ma sœur, vous devez maintenant prendre vos premières leçons pratiques concernant vos responsabilités d'épouse. Ne manquez pas d'apprendre ces leçons fidèlement, jour après jour. ... Veillez constamment à ne pas vous laisser aller à l'égoïsme.

Dans cette union pour la vie, vos affections doivent être tributaires de votre bonheur mutuel. Il faut que chacun veille à celui de l'autre. Telle est la volonté de Dieu à votre égard. Mais bien que vous deviez être unis au point de ne former qu'une même personne, il ne faut pas que l'un ou l'autre perde son individualité. C'est à Dieu qu'appartient votre personnalité. C'est à Lui que vous devez demander : "Qu'est-ce qui est bien ? Qu'est ce qui est mal ? Comment puis-je mieux atteindre le but de mon existence ?" "Vous ne vous appartenez point à vous-mêmes, dit l'apôtre. Car vous avez été rachetés à un grand prix. Glorifiez donc Dieu dans votre corps et dans votre esprit qui appartiennent à Dieu." 1 Corinthiens 6 :19, 20. Votre amour pour ce qui est humain doit passer après votre amour pour Dieu. Que la richesse de cet amour soit dirigée vers Celui qui a donné Sa vie pour vous. L'âme qui vit pour Dieu fait monter vers Lui ses affections les meilleures et les plus élevées. La plus grande partie de votre amour va-t-elle à Celui qui est mort pour vous ? Si oui, votre amour l'un pour l'autre sera conforme à l'ordre du ciel.

Votre affection peut-être aussi pure que du cristal et pourtant être superficielle parce qu'elle n'a pas été mise à l'épreuve. Donnez au Christ la première, la dernière et la meilleure place. Contemplez-le sans cesse, et votre amour pour Lui deviendra chaque jour, à mesure qu'il subira l'épreuve, plus profond et plus fort. C'est alors que votre amour réciproque augmentera aussi en force et en profondeur. "Nous tous, dit Saint Paul, qui le visage découvert contemplons comme dans un miroir la gloire du Seigneur, nous sommes transformés en la même image, de gloire en gloire." 2 Corinthiens 3 :18.

Vous avez maintenant des devoirs qui n'existaient pas avant votre mariage. "Revêtez-vous, dit encore l'apôtre, d'entrailles de miséricorde, de bonté, d'humilité, de douceur, de patience." Colossiens 3 :12. Examinez soigneusement les instructions suivantes : "Marchez dans la charité, à l'exemple du Christ, qui vous a aimés... Femmes, soyez soumises à vos maris, comme au Seigneur ; car le mari est le chef de la femme, comme le Christ est le Chef de l'Eglise.... Or, de même que l'Eglise est soumise au Christ, les femmes aussi doivent l'être à leurs maris en toutes choses. Maris, aimez vos femmes, comme le Christ a aimé l'Eglise et s'est Lui-même livré pour elle." Ephésiens 5 :2, 22-25.

Le mariage qui est une union pour la vie est le symbole de l'union du Christ avec son Eglise. L'Esprit que le Christ manifeste envers son Eglise est le même qui doit régner entre les époux. Ni le mari ni la femme ne doit chercher à dominer. Le seigneur a posé les principes destinés à nous guider à cet égard. Le mari doit aimer sa femme comme le Christ a aimé l'Eglise, et il faut que la femme respecte et aime son mari. Tous deux cultiveront un esprit de bonté, étant bien déterminés à ne jamais se faire de la peine l'un à l'autre.

Mon frère, ma sœur, vous êtes dotés tous les deux d'une forte volonté. Elle peut être pour vous et pour ceux avec lesquels vous entrez en contact une grande bénédiction ou une grande malédiction. N'essayez pas de vous contraindre l'un l'autre, ce serait agir au détriment de votre amour. Vous détruiriez ainsi la paix et le bonheur de votre foyer. Ne laissez pas pénétrer la discorde dans votre ménage, car vous seriez malheureux tous les deux. Soyez bon dans vos paroles et aimables dans vos actions ; renoncez à vos désirs personnels. Veillez sur vos propos, car ils ont une grande influence pour le bien ou pour le mal. Que votre choix ne laisse pas percer l'irritation. Mettez dans votre vie à deux le doux parfum de l'image de Christ.

Avant de contracter une union aussi intime que celle du mariage, on devrait apprendre à se dominer soi-même et savoir comment se comporter avec ses semblables.

Mon frère, soyez bon, patient et indulgent. Souvenez-vous que votre épouse vous a accepté pour mari, non pour dominer sur elle, mais pour être son soutien. Ne soyez jamais impérieux, ni arbitraire. N'exercez pas votre volonté pour obliger votre femme à faire ce que vous voulez. Souvenez-vous qu'elle a aussi une volonté, et qu'elle peut avoir autant que vous le désir d'agir à sa guise. Souvenez-vous aussi que vous avez l'avantage d'une expérience plus longue. Ayez pour elle des égards et de la courtoisie. "La sagesse d'en haut, dit l'apôtre, est premièrement pure, ensuite pacifique, modérée, conciliante, pleine de miséricorde et de bon fruits." Jacques 3 :17.

Souvenez-vous, mon frère et ma sœur, que Dieu est amour, et que par Sa grâce vous pouvez vous rendre heureux mutuellement comme vous l'avez promis lors de votre mariage. Grâce à la force du Rédempteur, vous travaillerez avec sagesse et avec puissance pour contribuer au relèvement de quelque malheureuse existence. Que ne peut faire le Christ ? Il est parfait en sagesse, en justice et en amour. Ne vous renfermez pas en vous-mêmes ; ne vous contentez pas de placer toutes vos affections l'un sur l'autre. Profitez de chaque occasion pour travailler au bonheur de ceux qui vous entourent ; partagez avec eux votre amour. Des paroles aimables, des regards de sympathie, des expressions de reconnaissance sont pour beaucoup d'isolés comme un verre d'eau fraîche à une âme altérée. Un mot d'encouragement, un acte de bonté fait beaucoup pour alléger le fardeau qui repose lourdement sur des épaules fatiguées. Le vrai bonheur se trouve dans le don de soimême au service de ses semblables. Chaque parole prononcée, chaque acte accompli dans cet esprit est inscrit dans les livres du ciel comme ayant été dit ou fait pour le Christ. "Toutes les fois que vous avez fait ces choses à l'un de ces plus petits, a-t-il dit, c'est à Moi que vous les avez faites." Matthieu 25 :40.

Epanouissez-vous au grand soleil de l'amour du Sauveur. Vous exercerez alors une influence bénie. Que l'Esprit du Christ s'empare de vous, et que la loi de la bonté soit sur vos lèvres. L'indulgence et l'altruisme caractérisent les paroles et les actes de ceux qui sont nés de nouveau pour vivre en Jésus-Christ. Cf. Testimonies for the Church 3 :109, 110-115.

Chapitre 21 — Une vie conjugale heureuse et épanouie

Dieu désire ardemment qu'il y ait amour parfait et harmonie totale entre ceux qui contractent mariage. Face à l'univers céleste, que l'homme et la femme s'engagent à s'aimer l'un l'autre comme Dieu le leur a ordonné.... La femme doit respecter et révérer son mari, et le mari doit aimer et chérir sa femme. Au début de leur vie commune, hommes et femmes devraient renouveler leur consécration à Dieu. Le ministère de la guérison, 99.

De quelque soin et de quelque sagesse qu'ait été entouré un mariage, peu de couples connaissent une harmonie parfaite dès les premiers jours de leur vie à deux. L'union réelle ne se produit que dans les années qui suivent. Ibid., 100.

Lorsque les nouveaux mariés se trouvent en face de difficultés, la poésie dont l'imagination avait enveloppé le mariage disparaît. Ils apprennent à se connaître tels qu'ils sont réellement, ce qui leur avait été impossible jusqu'alors. Cette période est la plus critique de leur existence. Le bonheur et le succès de toute leur vie future dépendent de l'attitude qu'ils auront à ce moment là. S'ils découvrent l'un chez l'autre des défauts, ces cœurs que l'amour a unis apercevront aussi des qualités excellentes jusqu'alors insoupçonnées. Il faut chercher à discerner celles-ci plutôt que ceux-là. C'est souvent notre propre attitude, l'atmosphère qui émane de nous qui détermine le comportement de l'autre. *Ibid.*

Beaucoup considèrent l'expression de leur affection comme une faiblesse et observent une réserve qui éloigne d'eux leurs semblables. Cette manière d'agir empêche la sympathie de se manifester. Lorsqu'on réprime ses mouvements d'affection et dévouement, ils s'atrophient, et le cœur devient aride et froid. Ne laissez pas un cœur uni au vôtre en négligeant de lui témoigner de la bonté et de l'affection. Ibid., 102.

Il faut donner de l'amour au lieu d'en exiger. Cultivez ce qu'il y a de plus noble en vous, et soyez empressés à reconnaître les qualités l'un de l'autre. Le sentiment d'être apprécié est une satisfaction et un stimulant merveilleux. La sympathie et le respect encourageant celui qui cherche à atteindre la perfection, et l'amour lui-même augmente lorsqu'il vise un idéal toujours plus noble. Ibid., 102.

L'union de deux existences

Quand surviennent les difficultés, les soucis et les découragements, n'entretenez pas la pensée que votre union est une erreur ou un échec. Soyez déterminé à être l'un pour l'autre tout ce que vous pouvez être. Continuez à vous prodiguer les attentions des premiers jours. De toute manière, encouragez-vous mutuellement dans le combat de la vie. Appliquez-vous à augmenter le bonheur l'un de l'autre. Cultivez l'amour et l'indulgence. Le mariage sera alors le commencement du bonheur, au lieu d'en être la fin. La chaleur de l'amitié véritable, l'amour qui unit deux cœurs est un avant-goût des joies célestes. Ibid., 100-101.

Tous devraient cultiver la patience en pratiquant la patience. En étant aimable et indulgent, on peut maintenir un amour ardent et véritable dans le cœur, et développer des qualités que le ciel peut approuver. *Ibid.*

Satan est toujours prêt à profiter de la moindre occasion de désaccord et, en exploitant les mauvais traits de caractères héréditaires du mari et de la femme, il cherche à semer le désaccord chez ceux qui ont lié leurs intérêts par une alliance solennelle contractée devant Dieu. Dans leurs vœux de mariage, ils ont promis d'être unis, l'épouse s'engageant à aimer son mari et à lui obéir, le mari promettant d'aimer et de chérir son épouse. Si la loi de Dieu est respectée, le démon de la querelle sera éloigné de la famille, les intérêts communs ne seront pas dissociés et l'aliénation des cœurs ne se produira pas. Ibid., 101.

Ce moment est d'une grande importance dans la vie de ceux qui se sont présentés devant vous pour unir leurs intérêts, leurs sympathies, leur amour, leurs travaux dans le ministère du salut des âmes. Par la cérémonie du mariage, on franchit une étape importante : l'union de deux existences en une seule. ... C'est en harmonie avec la volonté de Dieu qu'un homme et une femme s'associent pour accomplir son œuvre, et la faire progresser dans l'intégrité et dans la sainteté. Ils peuvent appliquer un tel programme. Ibid., 97.

La bénédiction divine qui va reposer sur le foyer où les deux époux vont vivre sera comme un rayon de soleil du ciel, car c'est la volonté du Seigneur que l'homme et la femme s'unissent par des liens sacrés, sous l'égide et l'autorité de Son Esprit. ...

Dieu veut que le foyer soit l'endroit le plus heureux de la terre, le vrai symbole de notre domicile céleste. En assumant au foyer les responsabilités de la vie conjugale, en unissant leurs intérêts à la personne de Jésus-Christ, en se reposant sur Sa force et sur Ses promesses, le mari et la femme peuvent connaître, dans cette union, un bonheur que les anges de Dieu peuvent approuver. Ibid., 98.

Aplanir les difficultés

Si le mari et la femme ne soumettent pas leur cœur à Dieu, il leur sera difficile d'aplanir toutes les difficultés, même lorsqu'ils essaieront de s'acquitter loyalement et équitablement de leurs nombreux devoirs respectifs. Comment pourraient-ils parvenir à maintenir sans faille leur amour réciproque s'ils sont en désaccord sur les intérêts de leur propre vie familiale ? Ils devraient arriver à une complète unité de vues pour tout ce qui concerne leur foyer, et l'épouse, si elle est vraiment chrétienne, saura associer ses intérêts à ceux de son mari, qui est son compagnon, car le mari doit être le chef de la famille. Foyer chrétien, 112.

Vous vous complaisez dans l'erreur. Lorsque vous prenez position, vous négligez d'examiner sérieusement les problèmes, et, en maintenant à tout prix votre point de vue, vous ne songez pas à l'effet que produira votre entêtement. Vous faites allusion à vos idées dans vos prières et dans vos conversations, alors que vous savez que votre épouse ne partage pas vos conceptions. Au lieu de tenir compte des sentiments de votre épouse, et comme le ferait un homme qui se respecte, de chercher à éviter de parler des choses sur lesquelles vous différez, vous n'hésitez pas à aborder des questions où il y a divergence de vues entre vous ; et vous persistez à vouloir exprimer vos opinions sans égard pour ceux qui vous entourent. Vous croyez que les autres n'ont pas le droit, sur les problèmes envisagés, d'avoir une opinion différente de la vôtre. L'arbre de la vie chrétienne ne peut produire de tels fruits. Foyer chrétien, 113.

Mon frère, ma sœur, ouvrez la porte de votre cœur à Jésus. Invitez-le dans le temple de votre âme. Aidez-vous réciproquement à surmonter les obstacles, qui surgissent dans toute vie conjugale. Ce sera pour vous un âpre combat que de vaincre votre adversaire le diable, et si vous attendez de Dieu qu'Il vous soutienne dans cette bataille, vous devez être unis, déterminés à vaincre, en gardant vos lèvres de toute parole pernicieuse, n'hésitant pas à vous jeter à genoux et à crier : "Que l'Eternel te réprime, Satan !" Zacharie 3 :2. Ibid., 113.

Si la volonté de Dieu s'accomplit, le mari et la femme se respecteront réciproquement et manifesteront amour et confiance. Tout ce qui est de nature à troubler la paix et l'unité de la famille devrait être formellement rejeté ; la bonté et l'amour devraient être cultivés sans relâche. Celui qui manifeste un esprit de tendresse, de pardon et d'amour découvrira que ce même esprit rejaillit sur lui. Dans le foyer où règne l'Esprit de Dieu, il ne peut être question d'incompatibilité de caractère. Quand le Christ, l'espérance de la gloire, grandit dans les cœurs, l'union et l'amour règnent dans le foyer. Le cœur de la femme, en qui le Christ habite, sera forcément en union étroite avec le cœur du mari où le Christ habite aussi. Ils feront ensemble tout ce qui est en leur pouvoir afin d'être admis dans les demeures que le Christ est allé préparer pour ceux qui l'aiment. Foyer chrétien, 113-114.

[105]

Ceux qui considèrent le mariage comme l'une des institutions sacrées établies par Dieu et protégées par Son saint commandement se laisseront guider par les impératifs de la raison. Ibid., 115.

Dans la vie conjugale, hommes et femmes se comportent parfois comme des enfants indisciplinés et pervertis. Le mari veut agir à sa guise, l'épouse de même, et personne ne veut céder. Un tel état de choses ne peut qu'aboutir au désastre. Tous deux, mari et femme, devraient être disposés à renoncer à leur façon de penser et d'agir. Le bonheur n'est pas possible lorsque chacun ne veut en faire qu'à sa tête. Ibid., 112.

Aucune puissance terrestre ne peut vous maintenir, vous et votre mari, dans les liens de l'unité chrétienne si vous ne cultivez pas l'amour et le pardon réciproques. Votre vie conjugale devrait être empreinte d'intimité, de tendresse, de sainteté et de noblesse, vous insufflant une force spirituelle qui permettra à chacun d'être pour l'autre tout ce que la Parole de Dieu me demande. En remplissant les conditions que le Seigneur vous présente, vous ferez descendre le ciel auprès de vous et vous introduirez Dieu dans votre vie. Foyer chrétien, 106.

Souvenez-vous, mon frère et ma sœur, que Dieu est amour, et que par Sa grâce vous pouvez vous rendre heureux mutuellement, comme vous l'avez promis lors de votre mariage. Testimonies for the Church 7 :113- 4.

Par la grâce du Christ, vous obtiendrez la victoire sur vous-même et sur votre égoïsme. Si vous vivez de la vie de Christ, si vous êtes prêt au sacrifice de chaque instant, si vous témoignez constamment une sympathie toujours plus grande à ceux qui ont besoin d'être secourus, vous remporterez victoire sur victoire. Jour après jour, vous apprendrez mieux à vous dominer vous-même et à fortifier les points faibles de votre caractère. Le Seigneur Jésus sera votre lumière, votre force, votre couronne de joie, parce que votre volonté sera soumise à la sienne. Testimonies for the Church 7 :113.

Chapitre 22 — La relation entre époux et épouse

Ceux qui considèrent le mariage comme l'une des institutions sacrées établies par Dieu et protégées par son saint commandement se laisseront guider par les impératifs de la raison. Jésus n'a pas imposé le célibat à quelque catégorie de personnes que ce soit. Il n'est pas venu pour détruire l'institution sacrée du mariage, mais pour la restaurer dans sa sainteté originelle. Il éprouve de la joie à la vue d'une famille dirigée par un amour pur et désintéressé. Foyer chrétien, 115.

Légalité et sainteté du mariage

Ce n'est pas en soi un péché de manger, de boire, de se marier ou de marier ses enfants. Au temps de Noé, le mariage réalisé dans des conditions normales loin des excès, était une institution légale, ce qu'il est également de nos jours. Mais à l'époque de Noé, les hommes contractaient mariage sans consulter Dieu et sans rechercher Ses directives. ...

Le fait que toutes les relations de la vie sont, par nature, transitoires, devrait exercer une action transformatrice sur tout ce que nous faisons et disons. A l'époque de Noé, aux yeux de Dieu, le mariage s'était identifié au péché parce que cette institution, légale lorsqu'elle était pratiquée normalement, avait été pervertie par des excès. De nos jours, beaucoup de gens perdent leur âme parce qu'ils se laissent totalement absorber par l'idée du mariage et tout ce qui s'y rattache. Ibid., 115.

Le mariage est une institution sacrée, mais à notre époque de décadence, il cache toute sorte de souillures. Il est l'objet de nombreux abus jusqu'à constituer un crime ; il est devenu l'un des signes des temps de la fin, de même que les mariages d'avant le déluge avaient véritablement dégénéré en crimes. ... Cependant, aujourd'hui encore, lorsque sa nature sacrée et ses exigences véritables sont comprises, le mariage est hautement approuvé par le Ciel ; il en résultera du bonheur pour les deux époux et Dieu Lui-même sera glorifié. Ibid., 115, 6.

Privilèges du mariage

Ceux qui se disent chrétiens ... devraient dûment peser les conséquences qu'entraînent tous les droits de la vie conjugale ; toutes leurs actions devraient être fondées sur des principes saints. [Ailleurs, madame White parle de "l'intimité et des droits du foyer." Voir Testimonies for the Church 2 :90. — Les compilateurs]

En de nombreux cas, les parents...ont abusé de ces droits et par leur intempérance, ils ont renforcé leurs tendances animales.

A force d'abuser de ce qui est légitime, on tombe dans un grave péché. Bien de gens manquent des connaissances élémentaires en ce qui concerne la vie conjugale. Ils ne sont pas sur leurs gardes, si bien que Satan en profite et prend la direction de leur esprit et de leur vie. Ils ne comprennent pas que Dieu leur demande d'exercer un contrôle sur eux-mêmes afin d'éviter tout excès dans leurs relations conjugales. Il est peu de gens, en effet, qui considèrent comme un devoir religieux de maîtriser leurs passions. On épouse une personne de son choix et l'on pense que le mariage permet de se laisser aller aux passions les plus viles. Même des hommes et des femmes qui font profession de piété lâchent la bride à leurs convoitises et ne pensent pas que Dieu leur demandera compte de ce qu'ils ont dépensé sans compter leurs énergies vitales, affaiblissant ainsi leur organisme tout entier. Ibid., 116.

Abnégation et Tempérance

Je voudrais faire comprendre à tous combien ils doivent garder leurs forces physiques et mentales dans les meilleures conditions possibles afin d'offrir à leur Créateur un service parfait. En particulier, que l'épouse chrétienne, par ses paroles et par ses actes, évite d'exciter les passions charnelles de son mari. Beaucoup n'ont guère de force à dépenser dans ce sens, car depuis leur jeunesse ils ont affaibli leur cerveau et leur organisme tout entier en laissant libre cours à leurs passions charnelles. Le renoncement et la tempérance devraient être le mot d'ordre de leur vie conjugale.

Nos solennelles obligations envers Dieu nous engagent à garder l'esprit pur et le corps sain, en vue d'être utiles à nos semblables et d'offrir au Seigneur un service parfait. L'apôtre Paul fait cette recommandation : "Que le péché ne règne donc point dans votre corps mortel, et n'obéissez pas à ses convoitises." Romains 6 :12. Ailleurs, il nous dit que "tous ceux qui combattent s'imposent toute espèce d'abstinence." 1 Corinthiens 9 :25. Il exhorte tous ceux qui se prétendent chrétiens à offrir leurs corps "comme un sacrifice vivant, saint, agréable à Dieu." Romains 12 :1. Il dit encore : "Je traite durement mon corps et je le tiens assujetti, de peur d'être moi-même désapprouvé après avoir prêché aux autres." 1 Corinthiens 9 :27.

Ce n'est pas un amour véritable, mais une passion charnelle qui pousse un homme à faire de sa femme l'instrument de sa convoitise. Combien peu d'hommes aiment comme l'apôtre le veut, lorsqu'il dit : "Comme le Christ a aimé l'Eglise, et s'est livré Lui-même pour elle, afin [non de la souiller, mais] de la sanctifier...après l'avoir purifiée, ... afin qu'elle paraisse sainte et irrépréhensible." Ephésiens 5 :25-27. Voilà la qualité de l'amour que Dieu reconnaît comme saint. L'amour en effet, est un principe pur et saint ; mais la passion charnelle n'admettra aucune retenue et n'acceptera pas d'être contrôlée par la raison. Elle ne voit pas ses conséquences ; elle ne raisonnera pas de cause à effet. Ibid., 117.

Satan s'efforce d'affaiblir la maîtrise de soi

Satan s'efforce d'abaisser le niveau de pureté et d'affaiblir la maîtrise de soi de ceux qui contractent le mariage, car il sait que lorsque les passions viles se développent, les facultés morales s'amoindrissent, et qu'il n'a plus à se préoccuper de leur croissance spirituelle. Il sait également qu'il a trouvé ainsi le meilleur moyen d'apposer son odieuse image sur leurs enfants, et qu'il peut alors modeler leur caractère mieux encore que celui des parents. Ibid., 117.

Les époux doivent apprendre ce qu'est la convoitise et quelles en sont les conséquences. Le désir peut se manifester d'une manière aussi vile dans le mariage qu'en dehors de lui.

A quoi aboutit-on en lâchant la bride aux passions inférieures ?... La chambre des époux, où les anges de Dieu devraient être présents, est profanée par des pratiques avilissantes. Des habitudes bestiales et honteuses entraînent la corruption corporelle et provoquent des maladies répugnantes. Ce que Dieu avait institué pour être une bénédiction est devenu une cause de malédiction. Ibid., 118.

Les excès sexuels détruiront effectivement le désir de tout exercice de piété, priveront le cerveau de la substance nécessaire à l'entretien de l'organisme tout entier et épuiseront la vitalité. Aucune femme ne devrait aider son mari dans cette œuvre d'autodestruction. Elle ne devrait surtout pas le faire si elle a des lumières à ce sujet et si elle aime véritablement son époux.

Plus on s'abandonne aux passions charnelles, plus elles se fortifient et plus elles réclament impérieusement d'être satisfaites. Que les hommes et les femmes qui craignent Dieu s'éveillent au sens de leur devoir. Beaucoup de soi-disant chrétiens souffrent de paralysie des nerfs et du cerveau par leur intempérance en cette matière. Foyer chrétien, 118.

Les maris doivent être prévenants

Les maris devraient être vigilants, attentionnés, dévoués, fidèles et pleins de tendresse. Ils devraient manifester de l'affection et de la sympathie. S'ils se conforment aux paroles du Christ, leur amour ne s'inspirera ni de la bassesse, ni de la mondanité, ni de la sensualité qui contribueraient à la destruction de leur corps et entraîneraient chez leurs femmes l'affaiblissement et la maladie. Ils ne doivent pas se complaire dans la satisfaction des passions viles, en répétant sans cesse à leurs épouses qu'elles doivent obéissance à leur mari en toutes choses. Lorsque le mari possède la noblesse de caractère, la pureté de cœur, l'élévation d'esprit qui doivent caractériser tout chrétien, cela se manifeste dans la vie conjugale. Si l'Esprit du Christ habite en lui, il ne cherchera pas à nuire au corps, mais son amour profond l'incitera à atteindre, en Christ, le niveau moral le plus élevé. Ibid., 118.

Aucun homme ne peut vraiment aimer sa femme si elle se soumet passivement et devient une esclave destinée à satisfaire des passions dépravées. Elle perd dans ce cas toute valeur qu'elle possédait jadis à ses yeux. Il la voit descendre de son piédestal et la soupçonne bientôt de se soumettre effrontément à de plus vils que lui. Il met en doute sa fidélité et sa pureté, se fatigue d'elle et cherche de nouveaux objets pour éveiller et exciter ses désirs diaboliques. La loi de Dieu est alors totalement méprisée. Ces hommes sont pires que des brutes ; ce sont de démons à forme humaine. Ils n'ont aucune idée de ce qu'est l'amour sanctifié qui élève l'homme et l'ennoblit.

La femme devient jalouse de son mari et pense que, si l'occasion se présente, il offrira tout aussi bien ses faveurs à une autre femme. Elle se rend compte qu'il n'est pas sous le contrôle de la conscience ou de la crainte de Dieu, qu'il est livré à des passions sans frein, enfin que l'image de Dieu en lui est ternie par la basse convoitise.
Ibid., 119.

Des exigences déraisonnables

La question est donc la suivante : la femme doit-elle se sentir obligée de céder aux sollicitations de son mari, lorsqu'elle voit celui-ci sous l'empire d'une passion vile et lorsqu'elle est moralement convaincue de nuire ainsi à son corps que Dieu lui a enjoint de conserver dans la sainteté et l'honnêteté, afin de l'offrir en sacrifice vivant ?

Ce n'est pas de l'amour pur et saint qui pousse une femme à céder à l'instinct bestial de son mari aux dépens de sa santé et de sa vie. Si elle l'aime vraiment et avec sagesse, elle essaiera de l'empêcher de se laisser aller à satisfaire ses convoitises et dirigera son esprit sur des sujets d'ordre plus élevé. Peut-être sera-t-il nécessaire qu'elle insiste humblement et affectueusement, même au risque de déplaire, afin de ne pas avilir son corps par des excès sexuels. La femme devrait, avec douceur et tendresse, rappeler à son mari que Dieu est le premier à avoir des droits sur notre être tout entier et qu'elle ne peut en faire fi, car elle devra en rendre compte au jour du jugement.
....

Si une femme a des sentiments élevés et qu'elle préserve sa dignité dans la sainteté et l'honnêteté, elle peut faire beaucoup en utilisant judicieusement son influence pour sanctifier son mari et remplir ainsi la haute mission qui lui est impartie. Elle accomplira ainsi un double devoir, en se sauvant elle-même et en sauvant son conjoint. Il faut agir naturellement avec beaucoup de délicatesse. La sagesse et la patience sont nécessaires, aussi bien que le courage et la force qu'on trouve dans la prière. C'est dans un amour sincère pour Dieu et pour son mari qu'elle trouvera les seuls mobiles de ses sentiments et de sa conduite. ... Ibid., 119, 120.

[109] Quand une femme laisse le contrôle de son corps et de son esprit à son mari, restant passive en tout point, au mépris de sa conscience, de sa dignité et même de sa personnalité, elle perd toute occasion d'exercer cette puissante influence pour le bien qui devrait être la sienne et grâce à laquelle elle pourrait amener son mari à un niveau élevé. Elle peut atténuer la rudesse de son époux. Par son influence sanctifiante, elle le rendra plus noble et plus pur, elle le conduira à engager la lutte contre ses passions et à diriger son esprit vers les choses spirituelles, afin qu'ils soient tous deux "participants de la nature divine, en fuyant la corruption qui existe dans le monde par la convoitise." L'influence peut agir puissamment pour amener l'esprit à s'intéresser à des sujets nobles et élevés plutôt qu'à se satisfaire dans les bas-fonds de la sensualité où se complaît le cœur irrégénéré. Si la femme pense que pour plaire à son mari elle doit rabaisser son idéal et laisser la passion bestiale être la base de son amour et le principe de ses actions, elle déplaît à Dieu, car elle échoue dans sa mission qui est de sanctifier son époux. Si elle se soumet sans la moindre protestation, elle ne comprend absolument pas son devoir envers son mari et son Dieu. Ibid., 120.

Vous avez été rachetés à un grand prix

Les passions inférieures ont leur siège dans le corps, qu'elles utilisent. Les mots "chair, charnel, convoitises charnelles" concernent la nature inférieure et corrompue ; la chair en elle-même ne saurait agir contre la volonté de Dieu. Nous sommes exhortés à crucifier la chair, "avec ses passions et ses désirs." Comment y parviendrons-nous ? En mortifiant notre corps ? Non, mais en neutralisant la tentation au péché. Les pensées corrompues doivent être expulsées. Les facultés mentales doivent être rendues captives de Jésus-Christ. Toutes les propensions bestiales doivent être assujetties aux facultés supérieures de l'âme. L'amour de Dieu doit régner en maître ; le Christ doit occuper le trône en souverain absolu. Nos corps doivent être considérés comme sa propriété, qu'il a rachetée. Les membres du corps doivent devenir des instruments de justice. Ibid., 120-1.

Chapitre 23 : La mère et son enfant

Plutôt que d'être l'esclave de son ménage, elle qui est épouse et mère, qu'elle prenne le temps de lire, de se tenir au courant de ce qui se passe, d'être une compagne pour son mari, de suivre le développement de l'intelligence de ses enfants. Qu'elle saisisse les occasions qui s'offrent à elle de conduire ceux qu'elle aime, par son influence, à une vie plus noble. Qu'elle prenne le temps de faire de son Sauveur un compagnon de chaque jour, un ami intime en étudiant sa Parole. Qu'elle sorte dans la nature avec ses enfants et apprenne à toujours mieux connaître Dieu à travers la beauté de son œuvre. Ibid., 104.

Qu'elle cultive la joie et l'entrain. Les travaux quotidiens terminés, que la soirée soit consacrée à une agréable réunion de famille plutôt que d'interminables travaux de couture. Ainsi, beaucoup d'hommes en viendront à préférer la société de leur famille à celle du cercle ou du café ; plus d'un garçon sera préservé des mauvaises influences de la rue et plus d'une jeune fille gardée des fréquentations frivoles et corruptrices. L'influence de la famille sera pour les parents et les enfants ce que Dieu désire qu'elle soit : une bénédiction pour toute la vie. Ibid., 105.

La question suivante est fréquemment posée : "La femme doit-elle renoncer à user de sa propre volonté ?" La bible déclare avec netteté que l'homme est le chef de la femme : "Femmes, soyez soumises à vos maris." Colossiens 3 :18. Si l'apôtre se limitait à cet ordre, nous pourrions en déduire que la condition de la femme n'est pas enviable ; elle est même très dure et éprouvante dans bien des cas, il serait souhaitable qu'il y ait moins de mariage. De nombreux maris s'arrêtent à ces mots : "Femmes, soyez soumises à vos maris,", alors qu'il est nécessaire de lire la suite : "Comme il convient dans le Seigneur." Ibid., 109, 110.

[110]

Ce qui est demandé à la femme est qu'elle cherche à chaque instant à craindre Dieu et à le glorifier. C'est au Seigneur Jésus-Christ seul qu'elle doit se soumettre entièrement, lui qui, au prix inestimable de sa vie, l'a rachetée et l'a élevée au rang d'enfant de Dieu. Celui-ci lui a donné une conscience, qui ne saurait être ignorée impunément. Sa propre personnalité ne peut se fondre dans celle de son mari, car elle appartient au Christ par droit de rachat. C'est une erreur de prétendre qu'en vertu d'une soumission aveugle elle doive en toutes choses accomplir exactement ce que son mari lui demande, alors qu'elle sait qu'en agissant de la sorte, elle causerait un préjudice à son corps et à son esprit, qui ont été délivrés de l'esclavage de Satan. Au dessus d'elle, il y a son Rédempteur, dont la volonté passe avant celle de son époux ; et son obéissance à son mari doit se faire selon les ordres de Dieu — "comme il convient dans le Seigneur." Ibid., 110.

L'harmonie ne peut jamais régner dans un foyer sans le secours de l'Esprit divin. Si l'épouse possède l'Esprit du Christ, elle usera de prudence dans ses paroles ; elle maîtrisera son humeur ; elle sera soumise, sans éprouver pour autant le sentiment d'être une esclave, mais elle se considérera comme une compagne dans le sens le plus noble du terme. Si le mari se comporte comme un serviteur de Dieu, il ne jouera pas au plus grand seigneur à l'égard de la femme, il ne sera ni intransigeant ni arbitraire. Nous ne serons jamais assez soucieux de cultiver au foyer une atmosphère d'affection ; en effet, si l'Esprit du Seigneur y demeure, le foyer devient un symbole du ciel. ... Si l'un commet une erreur, l'autre doit faire preuve d'indulgence chrétienne et de ne pas se détourner froidement de son conjoint. Ibid., 111, 112.

L'art d'être parent

Quel que soit son entourage, toute femme sur le point de devenir mère devrait s'efforcer d'être toujours joyeuse, aimable et satisfaite, en sachant que tous ses efforts dans ce sens lui seront payés au centuple par les dispositions physiques et morales de ses enfants. Bien plus : elle peut, de cette façon, cultiver pour elle-même un esprit serein qui se reflétera sur sa famille et sur tous ceux qu'elle sera appelée à fréquenter. Sa santé physique en sera grandement améliorée. De nouvelles forces jailliront du plus profond de son être, son sang coulera plus vite que si elle se laissait aller au découragement. Sa santé mentale sera améliorée par sa tranquillité d'esprit.

Sa volonté est assez forte pour résister aux sautes d'humeur et ses nerfs en seront grandement soulagés. Les enfants qui ont été privés de la vitalité qu'ils auraient dû hériter de leurs parents devraient être entourés des soins les plus attentifs. Par un respect absolu des lois corporelles on peut grandement améliorer l'état de beaucoup de choses. Ibid., 249.

Celle qui s'apprête à devenir mère doit se réfugier dans l'amour de Dieu. Son esprit doit être en paix ; elle devrait se confier dans l'amour de Jésus, mettre en pratique ses paroles, se rappeler que la mère est la collaboratrice de Dieu. Ibid., 249.

Les époux doivent coopérer. Quel monde n'aurions-nous pas si toutes les mères acceptaient de se consacrer sur l'autel de Dieu, elles-mêmes d'abord, puis leurs enfants, aussi bien avant qu'après leur naissance. Ibid., 246.

Beaucoup de parents tiennent pour négligeables les influences prénatales, mais il n'en est pas de même pour Dieu. Le message apporté deux fois, de la manière la plus solennelle, par un ange à Manoach montre que ce sujet doit retenir notre plus grande attention.

En s'adressant à cette mère hébraïque [la femme de Manoach], Dieu parle pour les mères de tous les siècles : "Elle observera tout ce que je lui ai prescrit." Le bien-être de l'enfant à venir dépend donc énormément des habitudes de sa mère, dont les goûts et les passions doivent être soumis à des principes. Si elle veut accomplir le dessein que Dieu a formé en lui donnant un enfant, elle doit éviter, s'interdire un certain nombre de choses. *Ibid.*

De nombreux pièges attendent les jeunes dans le monde, et ils sont légion ceux qu'attire une vie faite de plaisirs égoïstes et sensuels. Ils ne peuvent discerner les dangers cachés, ni l'issue redoutable du sentier qui semble les conduire au bonheur. La satisfaction de leurs appétits et de leurs passions épuise leurs énergies, et c'est ainsi que des millions d'entre eux se perdent pour cette vie et pour l'éternité. Les parents ne devraient pas oublier que leurs enfants rencontreront ces tentations et il faudrait qu'ils les préparent à les surmonter dès avant leur naissance. Ibid., 246, 7.

Avant la naissance, si elle [la mère] s'écoute, si elle est égoïste, impatiente et exigeante, ces traits de caractère se retrouveront chez le petit être. C'est ainsi que bien des enfants ont reçu à leur naissance des tendances au mal presque insurmontables.

Mais si la mère s'attache fermement à de bons principes, si elle pratique la tempérance et cultive l'abnégation, si elle est aimable et bonne, elle peut transmettre à son enfant ces précieuses qualités. *Ibid.*

Les jeunes enfants sont pour leur mère un miroir, dans lequel elle peut voir refléter ses propres habitudes et son comportement. Aussi, combien ne devrait-elle pas surveiller son langage et sa façon d'agir en présence de ces petits élèves ! Elle doit cultiver les traits mêmes de caractère qu'elle aimerait voir se développer en eux. Ibid., 258.

Quand les responsabilités de la mère doivent être allégées

On commet généralement l'erreur de ne pas apporter des changements dans la vie d'une femme avant la naissance de ses enfants. Pendant cette période importante, son travail devrait être allégé. De grands bouleversements se produisent en elle. Cela requiert une plus grande quantité de sang et par conséquent un surcroît de nourriture de qualité destinée à être transformée en sang. Si elle ne consomme pas une quantité suffisante d'aliments nourrissants, elle ne peut conserver toute sa vigueur physique, ce qui altère la vitalité de l'enfant qu'elle attend. Ibid., 247.

Il faut également veiller à ses vêtements. Elle devrait prendre soin de protéger son corps de toute sensation de froid et ne pas faire inutilement appel à sa vigueur pour suppléer le manque de vêtements confortables. Si la femme enceinte est privée d'une nourriture abondante et saine, son sang sera appauvri, sa circulation sera perturbée et son enfant souffrira des mêmes carences ; il lui sera impossible de trouver les éléments dont son propre sang a besoin pour le former. La santé de la mère et celle de l'enfant dépendent donc beaucoup du confort des vêtements et de la qualité des aliments consommés. Ibid., 247, 248.

Recommandation à la mère qui allaite

Le meilleur aliment pour le bébé est celui que la nature lui fournit. Il ne devrait pas en être privé sans nécessité. Il faut être sans cœur pour se libérer, afin de conserver ses aises et sa liberté, du devoir si doux d'allaiter son enfant.

La période pendant laquelle l'enfant reçoit le lait de sa mère est très importante. Bien des mamans, au cours de ces mois, s'épuisent au travail, se chargent le sang par leur alimentation ; le bébé s'en trouve sérieusement affaibli, non seulement parce que le lait maternel subit les effets de l'énervement, mais parce que son propre sang est empoisonné par suite du régime malsain de sa mère, qui perturbe tout l'organisme de celle-ci ainsi que la nourriture de l'enfant. Ce dernier est en outre influencé par l'état d'esprit de sa mère. Si elle est malheureuse, facilement agitée, irritable, portée à manifester ses passions la nourriture que le bébé va recevoir d'elle sera de nature à provoquer des coliques, des spasmes et même, dans certains cas, des convulsions et des attaques. Ibid., 251.

Le caractère de l'enfant est aussi plus ou moins affecté par la qualité de l'alimentation que ce dernier reçoit de sa mère. Il est donc important que celle-ci, durant la période de l'allaitement, s'efforce de se maintenir dans un état d'esprit optimiste et de se dominer. En agissant ainsi, elle évite d'altérer la nourriture de son enfant ; de plus, le calme et la maîtrise de soi qu'elle conserve quand elle s'occupe du bébé ont une influence favorable sur la formation mentale de celui-ci. Si l'enfant est nerveux et facilement agité, l'attitude prudente et patiente de sa mère tendra à l'apaiser, à le corriger, et à améliorer nettement sa santé. *Ibid.*

Amour et prévenance constants

Les enfants sont confiés à leurs parents comme un dépôt précieux, dont Dieu, un jour, leur demandera compte. Nous devrions accorder plus de temps, de soin et de prière à leur éducation. Ils ont davantage besoin d'une instruction de qualité. Ibid., 153.

Les maladies infantiles proviennent souvent d'erreurs ou d'imprudences. L'irrégularité dans les repas, l'insuffisance de vêtements par temps froid, le manque d'exercice pour activer la circulation du sang, le défaut d'air pur peuvent souvent être incriminés. Que les parents s'efforcent de découvrir les causes de la maladie et y remédient dès que possible. Ibid., 253.

Les enfants sont généralement élevés, dès le berceau, suivant le principe qu'ils peuvent satisfaire leur appétit, et on leur dit qu'ils vivent pour manger. Leur mère joue un grand rôle dans la formation de leur caractère durant leur tendre enfance. Elles peuvent leur apprendre soit à contrôler leur appétit, soit à le satisfaire et à devenir des gloutons. Très souvent elle dresse un plan de travail pour la journée et, lorsque ses enfants la dérangent, au lieu de prendre le temps d'apaiser leurs petits chagrins et de les distraire, elle leur donne quelque chose à manger pour qu'ils se tiennent tranquilles, ce qui réussit pendant un certains temps, mais peut, en fin de compte, aggraver les choses. L'estomac des enfants a été surchargé de nourriture alors qu'ils n'en avaient pas le moindre besoin. Tout ce qu'ils voulaient, c'était un peu du temps et de l'attention de leur mère. Mais celle-ci considère son temps comme trop précieux pour être consacré à l'amusement de ses enfants. Peut-être pense-t-elle que l'agencement de sa maison, les compliments qu'elle en retirera, et la préparation très élaborée des repas, sont plus digne d'intérêt que le bonheur et la santé de ses enfants. Ibid., 252.

Au lieu de penser à la mode ou au désir de provoquer l'admiration, recherchons, dans la confection de la layette du nouveau-né, le confort, la commodité et l'hygiène. La mère ne devrait pas perdre son temps à broder ou à confectionner diverses fantaisies destinées à embellir ces petits vêtements, se chargeant ainsi d'un travail inutile au détriment de sa santé et de celle de son enfant. Elle ne devrait pas davantage se fatiguer les yeux et les nerfs par des travaux de lingerie fine à un moment où elle a besoin du maximum de repos et d'exercices distrayants. Qu'elle comprenne que son devoir est de conserver ses forces pour faire face aux exigences futures. Ibid., 253.

Nécessité de faire preuve de maîtrise de soi dans l'éducation des enfants

Dans l'éducation des enfants, il arrive que la volonté ferme de la mère doive faire face à celle déraisonnable et indisciplinée de l'enfant. C'est alors qu'elle a besoin de beaucoup de sagesse. Si elle agissait d'une manière peu avisée, si elle soumettait l'enfant par la force, elle pourrait lui faire un tort incalculable.

Autant que possible, évitez les crises de ce genre, car elle implique une lutte violente pour la mère comme pour l'enfant. Mais si un tel état des choses se manifeste, celui-ci doit être amené à soumettre sa volonté à celle plus sage de ses parents.

La mère doit arriver à se dominer elle-même parfaitement, et ne rien faire qui éveille chez son enfant un esprit de bravade. Il ne faut pas qu'elle donne des ordres en élevant la voix. Elle gagnera beaucoup en restant douce et aimable. Qu'elle se conduise avec son enfant de manière à l'amener à Jésus ; qu'elle se souvienne que le Seigneur est son soutien et que l'amour est sa force. Si elle est une bonne chrétienne, elle ne cherchera pas à obliger son enfant à se soumettre. Elle priera avec ferveur pour que l'ennemi n'obtienne pas la victoire, et tout en priant elle se rendra compte que sa vie spirituelle se renouvelle. Elle verra que la même puissance qui opère en elle travaille aussi dans son enfant. Celui-ci deviendra plus aimable, plus soumis. La bataille sera gagnée. La patience, la bonté, les douces paroles de la mère ont accompli cette œuvre. La paix a succédé à l'orage comme le soleil à la pluie. Et les anges qui ont observé la scène entonnent des chants joyeux. Ces crises se produisent aussi entre mari et femme. S'ils ne sont pas soumis à l'esprit de Dieu, ils manifesteront alors le même esprit impulsif et déraisonnable qui se révèle si fréquemment chez les enfants. Cette lutte entre deux volontés sera semblable au roc qui se heurte contre le roc. Testimonies for the Church 7 :47, 48. *Cf.* Testimonies for the Church 3 :111, 112.

[114]

Chapitre 24 — Le père et la mère chrétiens

Tandis que vous vous acquittez de vos devoirs envers les vôtres, le père, comme sacrificateur, la mère, comme missionnaire, au foyer, vous multipliez les moyens de faire du bien à l'extérieur. En développant vos facultés, vous serez mieux à même de travailler dans l'église et parmi vos voisins. En s'attachant leurs enfants et en les amenant au Seigneur, les pères et les mères deviennent, avec eux, des collaborateurs de Dieu. Testimonies for the Church 7 :67. *Cf.* Testimonies for the Church 3 :122.

Le caractère sacré de la mission d'une mère

La femme devrait occuper la position que Dieu lui a assignée à l'origine, c'est-à-dire être l'égale de l'homme. Le monde a besoin de mères qui ne le soient pas de noms seulement, mais qui le soient dans le plein sens du terme. Nous pouvons dire, sans crainte de nous tromper, que les devoirs spécifiques de la femme sont plus sacrés, plus saints que ceux de l'homme. Que les femmes prennent conscience du caractère sacré de leur mission et qu'elles l'accomplissent par la puissance de Dieu et dans la crainte. Qu'elles apprennent à leurs enfants à se rendre utiles dans ce monde en vue d'un monde meilleur. Foyer chrétien, 223.

Celle qui est épouse et mère ne devrait pas épuiser se forces et laisser dormir ses talents en s'en remettant complètement à son époux. Sa personnalité ne peut pas se fondre en lui. Elle devrait se rendre compte qu'elle est son égale, et se tenir à ses côtés, fidèle à son poste comme lui l'est au sien. Son rôle dans l'éducation de ses enfants est en tout points aussi élevé et ennoblissant que tout ce que son mari pourrait être appelé à faire, fut-ce assumer les fonctions de chef d'état. *Ibid.*

Un roi sur son trône n'a pas de responsabilité plus importante que celle d'une mère. Elle est la reine de la maison. Elle détient le pouvoir de modeler le caractère de ses enfants, afin de les rendre dignes de la vie éternelle. Un ange ne pourrait réclamer une mission plus haute ; car en accomplissant cette œuvre, elle est au service de Dieu. Qu'elle prenne seulement conscience de l'importance de sa tâche, et cela lui donnera du courage. Qu'elle se rende compte de la valeur de son travail et se revête de toutes les armes de Dieu, afin de mieux résister à la tentation de se conformer aux usages du monde. Sa mission concerne le temps présent et l'éternité. Ibid., 223, 224.

Si des hommes mariés entrent dans l'œuvre, laissant le soin de leurs enfants à leur épouse, celle-ci accomplit un travail tout aussi important que le père. Si l'un consacre son temps au champ missionnaire, l'autre est, dans le foyer, une missionnaire dont les soucis, les angoisses et les fardeaux excèdent souvent ceux du père. La tâche de la mère est sérieuse et importante. ... Dans le champ missionnaire, il arrive que le mari reçoive les honneurs des hommes, mais celle qui peine au foyer ne reçoit pas toujours une récompense terrestre pour ses labeurs. Pourtant, si elle travaille en vue de l'intérêt des siens, cherchant à former leur caractère à l'image du divin modèle, l'ange inscrira son nom dans les registres du ciel avec ceux des plus grands missionnaires du monde. Dieu ne voit pas les choses comme l'homme, à la vision imparfaite, les voit. Ibid., 226.

Le monde pullule d'influences corruptrices. La mode et le milieu exercent un grand pouvoir sur la jeunesse. Si la mère néglige d'instruire, de diriger et de réprimer ses enfants, elle les verra s'engager tout naturellement sur la pente du mal et se détourner du bien. Aussi doit-elle répéter fréquemment la prière de Manoah : "Quelle règle de conduite doit suivre l'enfant, et que devra-t-il faire ?" Si elle met en pratique les instructions de la Parole de Dieu, elle recevra la sagesse nécessaire. Ibid., 227, 228.

[115]

Chaque mère de famille doit se dire que tous ses instants ont une valeur incalculable ; son travail sera jugé au jour solennel du règlement des comptes. On verra alors qu'une forte proportion de fautes et de crimes commis sur la terre sont attribuables à l'ignorance et à la négligence de celles dont le devoir était de diriger dans la bonne voie les pas chancelants de leurs enfants. On verra également que la majorité des hommes qui ont éclairé le monde de l'éclat de leur génie ou des rayons bienfaisants de la vérité et de la vertu devaient les mobiles de leurs actes et de leur succès aux efforts et aux prières d'une mère chrétienne. Ibid., 229, 230.

L'influence positive de la mère

Le milieu où vit la mère peut être humble, mais son influence, jointe à celle du père, demeure jusque dans l'éternité. La puissance qu'elle exerce dans le bien est, après Dieu, la plus forte qui soit sur cette terre. Ibid., 231.

Une mère chrétienne doit avoir l'esprit constamment en éveil, afin de discerner les dangers qui entourent ses enfants. Elle-même gardera son âme dans une atmosphère pure et sainte ; elle soumettra son caractère et ses principes à la Parole de Dieu et accomplira fidèlement son devoir, vivant au-dessus de petites tentations qui l'assailliront continuellement. Ibid., 232.

Les enfants comprennent vite et sont parfaitement capables de distinguer entre une parole patiente et affectueuse et un commandement impatient et intempestif, qui tarit l'amour et l'affection dans leur cœur. La véritable mère chrétienne ne fera pas fuir ses enfants loin d'elle par son irritabilité et son manque d'amour et de compréhension. Ibid., 233.

Maman, sachez que votre influence et votre exemple affectent le caractère et la destinée de vos enfants ; pour assumer cette responsabilité, efforcez-vous d'acquérir un esprit bien équilibré et un caractère pur qui ne reflète que la vérité, l'amour et la beauté. Ibid., 233.

Beaucoup de maris et d'enfants ne trouvent rien d'attirant à la maison, où ils sont toujours accueillis par des plaintes et des cris ; ils recherchent alors du bien-être et de l'amusement loin du foyer, dans un bar ou d'autres lieux de plaisir. L'épouse et mère, occupée par les soins du ménage, néglige les petites attentions qui rendent la vie de foyer agréable pour le mari et pour les enfants, même si elle évite de parler de ses soucis personnels en leur présence. Pendant qu'elle s'absorbe dans la préparation d'un plat ou la confection d'un vêtement, son mari et ses fils rentrent et sortent comme des étrangers. Ibid., 240.

Si les mères se laissent aller à porter des vêtements sales à la maison, elles apprennent à leurs enfants les mêmes habitudes de négligence. Beaucoup d'entre elles pensent que n'importe quel vêtement est toujours assez bon pour être porté à la maison, fût-il sale ou usé. De cette manière, elles se déprécient rapidement aux yeux de leur famille. Les enfants font la comparaison entre la tenue de leur mère et celle des autres, qui s'habillent proprement, et leur respect pour elle s'en trouve amoindri. Ibid., 244.

L'épouse et la mère véritable ... accomplira son devoir avec dignité et bonne humeur, ne considérant pas comme une tâche humiliante d'accomplir de ses propres mains ce qu'il est nécessaire de faire dans une maison bien tenue. Ibid., 235.

Le chef du foyer devra imiter Christ

Le père est véritablement l'axe de la famille. Il est le législateur qui représente, dans son seul comportement d'homme, les vertus les plus hautes : énergie, intégrité, honnêteté, patience, courage, diligence et sens pratique. Le père est, en quelque sorte, le prêtre du foyer, déposant sur l'autel de Dieu les sacrifices du matin et du soir. La femme et les enfants devraient être encouragés à s'unir à cette offrande et à participer aux chants de louange. Matin et soir le père, en tant que prêtre du foyer, devrait confesser à Dieu les péchés commis par lui-même et par ses enfants durant la journée : ceux dont il a connaissance, mais aussi les fautes secrètes, que seul l'œil de Dieu a perçues. Cette règle, fidèlement observée par le père quand il est là, ou par la mère lorsqu'il est absent, est une source de bénédiction pour la famille. Ibid., 204.

A celui qui est mari et père, je voudrais dire : Faites en sorte que votre âme baigne dans une atmosphère pure et saine. ... Chaque jour vous devez apprendre quelque chose du Christ. Vous ne devez jamais manifester un esprit tyrannique au sein du foyer. L'homme qui agit ainsi se fait complice des agents du diable. Que votre volonté soit soumise à celle de Dieu. Faites tout ce qui est en votre pouvoir pour rendre la vie de votre femme agréable et heureuse. Prenez la Parole de Dieu pour conseillère, et vivez ses enseignements dans votre foyer. Vous les vivrez alors aussi à l'église et, même sur votre lieu de travail, vous ne vous en départirez pas. Les principes célestes ennobliront la conduite de toutes vos affaires. Les anges de Dieu collaboreront avec vous et vous aideront à révéler Christ au monde. Ibid., 205.

Ne permettez pas à vos soucis professionnels d'assombrir votre vie familiale. Si vous perdez patience et cessez de témoigner gentillesse et amour dès que quelque chose, même sans importance, survient de façon légèrement contraire à ce que vous auriez souhaité, vous montrez par là que vous n'avez pas choisi pour compagnon Celui qui vous a tant aimé qu'Il a donné Sa vie pour vous, afin que vous soyez un avec lui.

Le fait de se targuer constamment de sa position de chef de famille n'est pas une marque de virilité pour un mari. De l'entendre faire appel aux Ecritures pour justifier son autorité ne fera pas grandir le respect qu'on lui doit. Exiger de sa femme, la mère de ses enfants, qu'elle agisse selon ses plans, comme s'ils étaient infaillibles, ne le rendra pas plus viril. Le Seigneur a désigné le mari comme chef de la femme pour être son protecteur ; il est le lien qui unit les membres de la famille, de même que le Christ est le Chef de l'Eglise et le Sauveur de son corps mystique. Que tout mari qui prétend aimer Dieu étudie avec soin les exigences divines concernant son rôle. L'autorité du Christ s'exerce dans la sagesse, l'amour et la douceur ; c'est ainsi que le mari doit manifester son autorité et imiter le Grand Chef de l'Eglise. Ibid., 206, 207.

Parents, œuvrez de concert pour le salut de vos enfants

Si le voile pouvait se déchirer, si le père et la mère voyaient comment Dieu évalue le travail de la journée et comment Son regard infini compare l'œuvre de l'un avec celle de l'autre, ils seraient bien étonnés des déclarations divines. Le mari considérerait ses travaux avec plus de modestie, tandis que sa femme en retirerait du courage et une énergie nouvelle pour continuer sa tâche avec sagesse, persévérance et patience. Elle connaîtrait alors la valeur de son travail : tandis que le père s'est intéressé à des choses éphémères et périssables, elle, la mère, s'est occupée du développement des esprits et des caractères ; elle a travaillé ainsi non seulement pour le temps présent mais aussi pour l'éternité. Ibid., 224, 225.

Les devoirs du père envers ses enfants ne sauraient être transférés sur la mère. Si elle accomplit sa propre tâche, son fardeau est suffisamment lourd à porter. Ce n'est qu'en agissant à l'unisson que le père et la mère peuvent mener à bien la tâche que le Seigneur leur a confiée. Ibid., 208.

Le père ne devrait pas se démettre de sa participation à l'éducation de ses enfants pour cette vie et pour l'éternité. Il doit assumer sa part de responsabilités. Il y a obligation pour le père comme pour la mère. Les parents doivent se témoigner amour et respect mutuels s'ils veulent voir ces qualités se développer chez leurs enfants. *Ibid.*

Le père qui a des garçons devrait être proche de ses fils. Qu'il les fasse profiter de sa grande expérience et leur parle avec une tendresse et une simplicité telles qu'il s'attache leur cœur. Il devrait leur faire comprendre qu'il a constamment en vue leur intérêt et leur bonheur. Ibid., 211.

Celui qui a une famille avec des garçons doit comprendre que, quelle que soit sa vocation, il n'a pas le droit de négliger les âmes dont il a la charge. En permettant qu'ils viennent au monde, il a pris la responsabilité devant Dieu de faire tout ce qui est en son pouvoir pour les préserver des fréquentations mondaines et des mauvais camarades. Il ne devrait pas laisser entièrement à la mère le soin de ses fils turbulents. C'est une charge trop lourde pour elle. Il doit arranger les choses au mieux de leurs intérêts respectifs. Il peut être très pénibles pour la mère de toujours se maîtriser et d'agir avec sagesse dans l'éducation de ses enfants. Dans ce cas, ce serait au père de porter la plus grande part du fardeau. Il devrait s'efforcer de faire tout son possible pour le salut de ses enfants. Ibid., 211.

Conseils relatifs au nombre d'enfants

Les enfants constituent l'héritage du Seigneur, et nous devons lui rendre compte de la manière dont nous aurons géré son bien.... Avec amour, foi et prière, les parents doivent travailler en faveur des leurs jusqu'à ce qu'ils puissent se présenter avec joie devant Dieu, en disant : "Me voici, moi et les enfants que l'Eternel m'a donnés..." Foyer chrétien, 151.

Dieu désire que les parents agissent et vivent comme des personnes raisonnables de manière à donner à chaque enfant une éducation convenable. La mère devrait disposer à la fois de force et de temps pour employer ses facultés mentales au service de ses enfants afin de les rendre aptes à vivre en compagnie des anges. Elle devrait avoir suffisamment de courage pour jouer loyalement son rôle auprès d'eux, inspirée par la crainte et l'amour de Dieu, afin qu'ils deviennent une source de bénédiction dans la famille et dans la société. Foyer chrétien, 155.

Le mari et père devrait réfléchir à tout cela pour que sa femme ne soit pas surchargée et, de ce fait, accablée par le découragement. Il en fera en sorte qu'elle ne soit pas placée dans des conditions qui l'empêcheraient de prendre soin de ses nombreux enfants et de leur donner une éducation convenable. Foyer chrétien, 155.

Il y a des parents qui, sans se préoccuper de savoir s'ils pourront oui ou non pourvoir aux besoins d'une nombreuse famille, mettent au monde de nombreux enfants, dont le soin et l'instruction dépendent, bien sûr, totalement d'eux. ... C'est un grand mal, non seulement pour la mère, mais aussi pour les enfants et la société. ... Ibid., 154.

C'est d'ailleurs porter un grave préjudice à une mère que l'obliger à mettre au monde un enfant chaque année. Il en découle un affaiblissement, voire même la destruction de toute joie de vivre, pour aboutir parfois à un vrai désastre familial. Ces petits sont ainsi privés à la fois des soins, de l'instruction et du bonheur que les parents ont le devoir de leur procurer. Ibid., 155.

Les parents doivent étudier sérieusement le problème de l'avenir de leurs enfants. Ils n'ont pas le droit de mettre au monde des enfants qui deviendront un fardeau pour autrui. Ibid., 156.

Combien on néglige de prendre en considération l'avenir des enfants ! La préoccupation majeure est de satisfaire la passion et, de ce fait, on impose à l'épouse et à la mère des charges qui minent sa vitalité et affaiblissent ses facultés spirituelles. Son état de santé altéré, elle se trouve ainsi portée au découragement en se voyant entourée d'enfants dont elle ne peut s'occuper comme elle le devrait. Ne recevant pas l'enseignement requis, ces derniers vont grandir dans des conditions qui les entraîneront à déshonorer Dieu et à transmettre à d'autres les défauts de leur nature. C'est ainsi que se forme toute une multitude de personnes que Satan manie à sa guise. Ibid., 155.

Chapitre 25 — Le foyer chrétien

Dieu attend de ces enfants, lorsqu'ils ont à décider de l'endroit où ils iront résider, qu'ils considèrent à quelles influences morales et religieuses ils seront soumis, eux et les leurs. Ibid., 125.

Ayez à l'esprit cette pensée en choisissant votre maison. Ne cédez pas à l'attrait des richesses, à la mode ou aux coutumes mondaines. Recherchez ce qui favorise la simplicité, la pureté, la santé et l'élévation morale. ... Ibid., 125.

Au lieu de vous fixer là où seules sont visibles les œuvres des hommes, où les spectacles qui s'offrent à vous et les bruits qui vous parviennent vous suggèrent des pensées mauvaises, où le tumulte et la confusion n'apportent que fatigue et tourments, allez habiter là où vous pourrez contempler les œuvres de Dieu et trouver le repos de l'esprit au sein des beautés et du calme de la nature. Que vos yeux reposent sur des champs verdoyants, des bosquets et des collines. Contemplez l'azur du ciel que n'obscurcissent pas la poussière et la fumée des villes ; respirez l'air vivifiant. Ibid., 125-6.

Puisque Dieu ouvre la voie, le moment est venu pour les familles de quitter les villes. Les enfants devraient être emmenés à la campagne. Que les parents y cherchent un endroit confortable en fonction de leurs possibilités. Même si l'habitation est plutôt petite, elle devrait comporter un terrain susceptible d'être cultivé. Ibid., 133.

Les parents qui possèdent un terrain et une demeure confortable sont des rois et des reines. Ibid., 134.

Autant que possible, le foyer devrait se trouver loin de la ville, dans un endroit où les enfants disposeraient d'un terrain à cultiver. Chacun d'eux devrait avoir son propre lopin de terre. Tandis que vous leur apprenez à jardiner, à préparer la terre pour y déposer la semence, et que vous leur montrez combien il est important d'enlever toutes les mauvaises herbes, attirez aussi leur attention sur la nécessité de se débarrasser, dans la vie, des habitudes inavouables et funestes. Apprenez-leur à réprimer les mauvaises habitudes comme ils luttent contre les mauvaises herbes de leur jardin. Cet enseignement vous prendra du temps, mais il en vaut grandement la peine. Ibid., 138.

Dans ses profondeurs, la terre tient en réserve de riches bénédictions pour ceux qui ont le courage, la volonté et la persévérance de recueillir ses trésors. ... De nombreux fermiers n'ont pas tiré de leurs terres des revenus normaux parce qu'ils ont considéré la culture comme un travail dégradant ; ils ne se sont pas rendu compte qu'il s'y trouve une bénédiction pour eux-mêmes et pour leurs familles. Ibid., 135.

Devant Dieu, les parents sont placés dans l'obligation de créer autour du foyer une ambiance qui corresponde à la vérité qu'ils professent. Ils peuvent ainsi donner un enseignement correct à leurs enfants, et ceux-ci sauront établir un rapport entre le foyer d'ici bas et celui d'en haut. La famille doit, autant que possible, devenir un modèle de celle qui existera dans le ciel. Ainsi, les tendances à se complaire dans ce qui est vil s'estomperont graduellement. Il faut faire comprendre aux enfants qu'ici-bas ils ne sont que des stagiaires et leur permettre, grâce à cette éducation, de devenir des habitants des demeures que le Christ est allé préparer pour ceux qui l'aiment et qui gardent ses commandements. C'est pour les parents le devoir le plus sacré qu'ils aient à remplir. Ibid., 139.

Autant que possible, les maisons d'habitation devraient être construites sur les hauteurs, sur un terrain bien irrigué et sec. ... Cette question est trop souvent considérée à la légère. Une mauvaise santé, de graves maladies et beaucoup de décès sont le résultat de l'humidité et de l'air vicié qui règne dans les lieux en contrebas insuffisamment drainés. Ibid., 141.

[120]

Il est particulièrement important de prévoir pour nos maisons une bonne aération et un grand ensoleillement. Chaque pièce devrait avoir une abondance d'air pur et de lumière, mais tout particulièrement la chambre à coucher. Il ne faudrait pas dormir dans une pièce où l'air et le soleil n'ont pas libre accès chaque jour. Dans la plupart des cas, on pourvoira à des moyens de chauffage suffisants pour tempérer ou assainir la chambre par les temps froids ou humides. Ibid., 141.

Une cour agrémentée de quelques arbres et de massifs d'arbustes placés à une distance convenable de la maison exercera une heureuse influence sur la famille ; un tel environnement, si on sait bien l'entretenir, ne saurait être préjudiciable à la santé. Mais des arbres et des arbustes touffus, qui enveloppent, en quelque sorte, la maison, rendent l'endroit plutôt malsain, car ils empêchent la libre circulation de l'air et forment un écran devant les rayons du soleil. Il en résulte une humidité qui pénètre la maison, en particulier pendant les saisons pluvieuses. Ibid., 142.

L'ameublement devra être simple et peu coûteux

Meublez votre maison d'objets simples, durables et pas trop lourd, qui puissent être entretenus facilement et remplacés à peu de frais. En exerçant votre goût, vous pourrez faire d'un humble foyer une demeure agréable et attrayante, si l'amour et la joie y règnent. Ibid., 143.

Un étalage superflu ne saurait apporter le bonheur. Cependant, plus l'aménagement d'une maison sera simple et ordonné, plus grand sera le bien-être qu'il procurera à ses occupants. *Ibid.*

La satisfaction et la joie des enfants au foyer ne nécessitent pas un cadre luxueux ni un mobilier coûteux, mais une affection profonde et des soins constants de la part des parents. Ibid., 147.

Vous avez devant Dieu la responsabilité de toujours vous conformer aux règles de bienséance dans votre foyer. Souvenez-vous que les cieux sont exempts de tout désordre et que votre foyer doit être un reflet des cieux sur la terre. Rappelez-vous, par ailleurs, qu'en étant chaque jour fidèle dans les petites choses à accomplir au foyer, vous devenez collaborateurs de Dieu dans le perfectionnement d'un caractère chrétien. Gardez à l'esprit, parents, que vous travaillez au salut de vos enfants. Si vos habitudes sont convenables, si vous vous appliquez à la propreté et à l'ordre, à la vertu et à la justice, à la sanctification de votre âme, corps et esprit, vous répondez à la norme du Rédempteur : "Vous êtes la lumière du monde."

Commencez très tôt à enseigner à vos enfants à prendre soin de leurs vêtements. Qu'ils aient un endroit où garder ce qui leur appartient et enseignez leur à plier convenablement chaque affaire et à la ranger là où il faut. Si vous ne pouvez même pas vous permettre d'acheter un bureau bon marché, utilisez une caisse de marchandise sèche, placez-y des étagères et recouvrez-le de tissus de couleurs gaies et à motifs de choix. Ces leçons de propreté et d'ordre prendront chaque jour une partie de votre temps mais dans l'avenir porteront du fruit dans la vie de vos enfants et, en fin de compte, vous feront gagner beaucoup de temps et d'affection.

Certains parents laissent leurs enfants développer un esprit de destruction, à se servir de choses qu'ils n'ont pas le droit de toucher. On doit enseigner aux enfants à prendre soin de ce qui ne leur appartient pas. Pour le confort et le bien-être de leur foyer, ils doivent apprendre à observer les règles de bienséance. Les enfants ne sont pas plus heureux quand on les laisse manipuler tout ce qu'ils voient. Si on ne les éduque pas à prendre soin des choses, ils grandiront avec des traits de caractères funestes et indésirables.

N'offrez pas aux enfants des jouets qui sont facilement cassables. Le faire, c'est leur inculquer l'art de détruire. Ils doivent posséder quelques jouets et que ces jouets soient incassables et durables. Ces suggestions, aussi insignifiantes qu'elles paraissent, ont une grande importance dans l'éducation de l'enfant.Child Guidance, 110, 111 ; 101 ; 102.

Chapitre 26 — L'influence spirituelle dans le foyer

Le salut peut être l'apanage de nos foyers. Mais il nous faut croire et vivre en conséquence, avoir une foi et une confiance inébranlables en Dieu. La contrainte que la Parole de Dieu nous impose est pour notre bien. Elle est un facteur de bonheur pour notre foyer et ceux qui l'environnent. Elle nous affine, sanctifie notre jugement, donne la paix du cœur, et enfin la vie éternelle. Les anges visiteront nos foyers et, plein de joie, apporteront au ciel les nouvelles des progrès de notre vie spirituelle. L'ange inscrira l'heureux résultat dans les registres d'en-haut. *Cf.* Testimonies for the Church 1 :310 ou page 121. Child Guidance, 484.

L'Esprit du Christ sera une influence constante dans la vie au foyer. Si les hommes et les femmes ouvraient leur cœur à l'influence céleste de la vérité et de l'amour, ces principes jailliront comme une source dans le désert, désaltérant tout un chacun et procurant de la vie là où règne la stérilité et la mort. Child Guidance, 484.

La négligence de la religion au foyer dans l'instruction de vos enfants, déplaît à Dieu. Si l'un de vos enfants était dans un fleuve, se débattant contre les vagues et en danger imminent d'être noyé, quelle agitation n'y aurait-il pas ! Que d'efforts seraient faits, que de prières offertes, que d'enthousiasme manifesté pour sauver une vie humaine ! Mais voici que vos enfants vivent loin du Christ, leurs âmes non sauvées. Peut-être même sont-ils grossiers, discourtois, constituant ainsi un blâme pour le nom d'adventiste. Ils périssent sans espoir et sans Dieu dans le monde, et vous demeurez insouciants et indifférents. Testimonies for the Church 5 :424. *Cf.* Testimonies for the Church 2 :158, 161.

Satan déploie tous ses efforts pour séparer l'homme de Dieu, et il parvient à ses fins là où la vie religieuse est noyée dans le souci des affaires, au point qu'on a plus de temps pour la lecture de la Bible, pour la prière secrète, et pour faire brûler l'encens de la louange et de l'action de grâce matin et soir sur l'autel de sacrifice. Combien peu de gens se rendent compte des artifices du grand séducteur !

Combien ignorent ses plans ! Testimonies for the Church 5 :426. *Cf.* Testimonies for the Church 2 :158, 161.

Culte de famille matin et soir

Pères et mères, réunissez chaque matin et chaque soir vos enfants autour de vous, et faites monter vers le ciel vos supplications. Ceux qui vous sont chers sont exposés à la tentation ; chaque jour les jeunes et les aînés doivent faire face aux difficultés. Pour vivre dans la paix, dans l'amour et dans la joie, il faut prier. Ce n'est qu'en recevant l'aide constante de Dieu que l'on peut remporter la victoire sur soi-même.

S'il y eut jamais un temps où chaque maison devrait être une maison de prière, c'est bien maintenant. L'incrédulité et le scepticisme règnent partout ; l'iniquité abonde ; la corruption pénètre au fond des âmes, et la révolte contre Dieu se manifeste dans la vie des hommes. Captives du péché, les forces morales sont soumises à la tyrannie de Satan. Si un bras puissant ne vient à son secours, l'homme sera le jouet des tentations du chef de la rébellion qui le conduira où il lui plaira.

Cependant, à notre époque périlleuse, quelques-uns de ceux qui se disent chrétiens n'ont pas de culte de famille. Dieu n'est pas honoré dans leur maison, et ils n'apprennent pas à leurs enfants à l'aimer et à le craindre. Ils se sont tellement éloignés de lui qu'ils se sentent condamnés lorsqu'ils sont en sa présence. Ils ne peuvent "s'approcher avec assurance du trône de la grâce," et "élever des mains pures, sans colère ni mauvaises pensées." Hébreux 4 :16 ; 1 Timothée 2 :8.

N'étant pas en communion réelle avec le Seigneur, ils n'ont qu'une piété formaliste.

L'idée que la prière n'est pas essentielle est l'une des ruses de Satan qui réussit le mieux à détruire les âmes. Prier, c'est communier avec Dieu, c'est la source de la sagesse, de la force, de la paix et du bonheur. Jésus pria Son Père "avec de grands cris et avec larmes." Paul exhorte les croyants à "prier sans cesse," et à "faire connaître leurs besoins à Dieu par des prières et des supplications, avec des actions de grâce." Jacques dit : "Priez les uns pour les autres... La prière fervente du juste a une grande efficace." Hébreux 5:7; 1 Thessaloniciens 5:17, Philippiens 4:6; Jacques 5:16.

Par des prières sincères, ferventes, les parents devraient élever des barrières autour de leurs enfants. Qu'ils prient avec une foi implicite pour que le Seigneur habite en eux et que les anges les préservent, eux et leurs enfants, des pièges de Satan.

Qu'il y ait dans chaque famille une heure fixée pour le culte du matin et du soir. N'est-ce pas une bonne chose que les parents réunissent leurs enfants autour d'eux, avant le petit-déjeuner, pour remercier le Père céleste de Sa protection pendant la nuit, et lui demander qu'Il les aide et les dirige pendant la journée ? Et lorsque le soir approche, n'est-ce pas bien également que les parents et les enfants se retrouvent une fois de plus devant Dieu pour le remercier des bénédictions reçues pendant la journée ?

Consacrez-vous au Seigneur chaque matin, vous et vos enfants. Ne comptez ni sur les mois ni sur les années ; ils ne vous appartiennent pas. Vous ne disposez que de la journée présente. Conduisez-vous comme si c'était la dernière que vous deviez passer ici-bas. Exposez vos plans au Seigneur, et demandez-Lui qu'Il vous aide à les exécuter ou à les abandonner. Préférez ceux de Dieu aux vôtres, même si vous deviez renoncer à des projets qui vous sont particulièrement chers. Ainsi, votre vie sera de plus en plus façonnée sur le modèle divin ; et "la paix de Dieu, qui surpasse toute intelligence, gardera vos cœurs et vos pensées en Jésus-Christ." Philippiens 4:7.

Le père, ou en son absence la mère, devrait présider le culte, choisir un passage des Ecritures qui intéresse et puisse être compris facilement. Il faut que ce culte soit court. Il devient fatiguant, si on lit un long chapitre et si on fait une longue prière. Lorsqu'il s'achève on éprouve un sentiment de soulagement. Dieu est déshonoré quand le culte est sec et fastidieux, quand il manque d'intérêt au point que les enfants le redoutent.

Parents, faites que l'heure du culte soit des plus intéressantes. Il n'y a aucune raison pour que ce moment ne soit pas le plus plaisant et le plus agréable de la journée. Si vous le préparez un peu, vous pourrez le rendre très intéressant et des plus profitables. De temps en temps, variez-en la forme. On peut poser des questions sur le passage qui a été lu, et faire des remarques appropriées. On peut chanter un cantique. La prière doit être courte et précise. Que celui qui prie emploie des mots simples ; qu'il loue Dieu pour Ses bontés et Lui demande Son assistance. Si les circonstances le permettent, laissez les enfants prendre part à la lecture et à la prière. Testimonies for the Church 7 :42-44 ; cf. Testimonies for the Church 3 :104-107.

[124] Seule l'éternité révélera le bien accompli par ces cultes de famille. Testimonies for the Church 3 :106.

Chapitre 27 — Les finances dans le foyer

Le Seigneur veut que Son peuple soit prévoyant et consciencieux ; qu'il étudie et pratique l'économie en toutes choses, et ne laisse rien se perdre. Foyer chrétien, 369.

Vous devriez apprendre à savoir dans quelle mesure il faut économiser et jusqu'à quel point il vous faut dépenser. A moins que nous ne renoncions à nous-mêmes et ne portions notre croix, nous ne pouvons être des disciples du Christ. Il nous faut régler fidèlement nos dettes à mesure que nous les contractons, combler les déficits, rattraper les pertes et savoir exactement ce qui nous revient. Vous devriez établir le compte des moindres dépenses faites pour votre propre plaisir, noter ce que vous avez utilisé uniquement pour satisfaire et entretenir vos désirs et vos appétits pervertis. L'argent dépensé en friandises inutiles pourrait être employé pour augmenter considérablement le confort et les commodités de votre maison. Il n'est pas nécessaire de vous montrer avare ; il suffit que vous soyez honnêtes avec vous-mêmes et avec vos frères. L'avarice est un mauvais usage des bontés de Dieu. La prodigalité est aussi un abus. Les menues dépenses qui vous semblent négligeables finissent par représenter de grandes sommes. Foyer chrétien, 364, 365.

Lorsque vous êtes tentés de dépenser de l'argent en futilités, vous devriez vous rappeler le renoncement et le sacrifice que le Christ a consentis pour sauver l'homme déchu. Nos enfants devraient apprendre à renoncer à eux-mêmes et à se maîtriser. Tant de prédicateurs trouvent qu'ils ont du mal à joindre les deux bouts parce qu'ils ne savent pas refréner leurs goûts, leurs ambitions et leurs penchants. Et si tant d'hommes font faillite et s'emparent malhonnêtement de certains fonds, c'est qu'ils cherchent à satisfaire les goûts exagérés de leurs femmes et de leurs enfants. Combien les parents ne devraient-ils pas s'appliquer, par le précepte et par l'exemple, à enseigner l'économie à leurs enfants ! Ibid., 368, 369.

Il vaut mieux ne pas jouer les riches ou prétendre être plus que nous ne sommes en réalité, c'est-à-dire les disciples effacés d'un

Sauveur doux et humble. Si nos voisins construisent et aménagent leurs maisons d'une manière que nous ne pourrions nous permettre d'imiter, nous n'avons pas lieu d'en être troublés. Comment Jésus doit-il considérer nos efforts égoïstes pour satisfaire nos appétits, plaire à nos invités, ou suivre nos propres penchants ! Chercher à parader ou permettre à nos enfants de nous imiter en ce domaine constitue un véritable piège de Satan. Ibid., 370.

Tout ce qui pourrait servir ne devra jamais être jeté. Ceci demande de la sagesse, de la prévoyance et une attention de chaque instant. Il m'a été montré que l'incapacité à épargner dans les petites choses, est une des raisons pour lesquelles autant de familles souffrent du manque du minimum vital. Child Guidance, 135.

Ne devez rien à personne

*B*eaucoup de familles sont pauvres parce qu'elles dépensent tout leur argent dès qu'elles le reçoivent. Ibid., 378.

L'un des pièges consiste à prélever de l'argent et à l'employer dans un but quelconque avant même qu'il ait été gagné. *Ibid.*

Le monde a le droit de s'attendre à une stricte intégrité de la part de ceux qui se disent chrétiens. Un homme qui ne se soucie pas de payer ce qu'il doit, risque de faire considérer notre dénomination comme indigne de confiance. Testimonies for the Church 5 : 179-182.

Ceux qui prétendent à la sainteté devraient se parer de la doctrine qu'ils professent et ne pas permettre que la vérité soit outragée par leur attitude inconsidérée. "Ne devez rien à personne" (Romains 13 :8), dit l'apôtre. Testimonies for the Church 5 : 179-182. *Cf.* Testimonies for the Church 2 : 50, 53.

Ils sont nombreux, très nombreux, ceux qui n'ont pas appris à équilibrer leur budget. Ils ne parviennent pas à s'adapter aux circonstances ; ils empruntent et empruntent à nouveau, au point d'être criblés de dettes, finalement, ils sont découragés et déprimés. Foyer chrétien, 360.

Vous devez veiller à ce que personne ne dirige ses affaires de manière à s'endetter. ... Lorsque quelqu'un s'engage dans les dettes, il tombe dans les filets que Satan déploie devant les âmes. ... Foyer chrétien, 378.

Soyez bien décidé à ne plus jamais contracter de nouvelles dettes. Pour ne pas retomber dans ce travers, renoncer plutôt à milles choses. Car ces dettes ont été la grande malédiction de votre vie. Il faut les éviter comme la peste. Foyer chrétien, 379.

Ne pas économiser en négligeant l'essentiel

Dieu n'est pas honoré lorsque nous négligeons notre corps ou que nous lui imposons des excès, nous rendant aussi incapables de le servir. Prendre soin du corps en lui fournissant des aliments savoureux et nourrissants est un des premiers devoirs de la maîtresse de maison. Mieux vaut dépenser moins pour les vêtements et l'ameublement que d'économiser sur la nourriture. Le ministère de la guérison, 271.

Quelques maîtresses de maison rationnent leur famille aux repas afin de pouvoir offrir à leurs visiteurs un menu dispendieux. Comme c'est peu sage ! Apprenons à recevoir avec plus de simplicité, et à pourvoir avant tout aux besoins des nôtres. Une économie irréfléchie et des coutumes artificielles empêchent souvent d'exercer l'hospitalité lorsqu'elle sera nécessaire et bénie. Il faut que nos tables soient suffisamment garnies pour que le visiteur inattendu n'impose pas à la maîtresse de maison un travail supplémentaire. Le ministère de la guérison, 271.

Economie ne veut pas dire avarice, mais signifie une prudente utilisation des moyens disponibles, car il y a une grande œuvre à accomplir.

Dieu n'exige pas de son peuple qu'il se prive de ce qui est réellement nécessaire à sa santé et à son bien-être, mais il n'approuve ni le laisser-aller, ni le gaspillage, ni les goûts de luxe. Foyer chrétien, 363, 364.

Devoirs des Parents dans l'éducation de leurs enfants

Enseignez-leur [à vos enfants] que Dieu a des droits sur tout ce qu'ils possèdent, et que rien jamais ne peut annuler ces droits. L'argent représente un moyen nécessaire. Ne le prodiguez pas en faveur de ceux qui n'en n'ont pas besoin ; mais il y a toujours quelqu'un qui peut profiter de vos dons volontaires. Si vous avez des habitudes de prodigalité, débarrassez-vous-en d'un seul coup. Si vous ne faites pas, vous serez en faillite pour l'éternité. Conseils à l'économe, 41.

L'économie est nécessaire dans la gérance de tous les départements de la cause de Dieu. De nos jours, la tendance naturelle de la jeunesse est de mépriser et de négliger cette vertu, de la confondre avec la mesquinerie et l'avarice. Mais l'économie est compatible avec les idées et les sentiments les plus larges ; il ne peut y avoir de vraie générosité là où l'économie n'est pas en honneur. Nul ne devrait avoir l'impression qu'il s'abaisse en la pratiquant. Après que le Christ eut accompli un très grand miracle, Il dit : "Ramassez ce qui reste, afin que rien ne se perde." Testimonies for the Church 5 :399, 400. *Cf.* Colporteur Ministry, 147.

Beaucoup méprisent l'économie en la confondant avec l'avarice et l'étroitesse. Mais l'économie est compatible avec la plus large libéralité. En fait, sans économie il ne peut pas y avoir de véritable libéralité. Nous devons épargner afin de pourvoir donner. Message à la jeunesse, 318.

Dans l'étude des chiffres, il faut tout rendre pratique. Que l'enfant apprenne non seulement à résoudre des problèmes imaginaires, mais à tenir un compte précis de ses dépenses et de ses recettes. Qu'il apprenne comment se servir de l'argent. Qu'ils soient à la charge de leurs parents ou qu'ils assurent eux-mêmes leur subsistance, il faut que les étudiants sachent choisir et acheter leurs vêtements, leurs livres et tous ceux dont ils ont besoin. En notant leurs dépenses, ils comprendront mieux que par n'importe quelle méthode la valeur de l'argent et comment il faut l'employer. Conseils à l'économe, 308. *Cf.* Éducation, 243, 244.

Il nous arrive de manquer de sagesse dans l'aide que nous apportons à nos enfants. Ceux qui fréquentent les institutions et y travaillent pour gagner leur écolage apprécient mieux leurs avantages que ceux qui sont pris en charge par quelqu'un d'autre, car ils savent ce qu'il leur en coûte. Nous ne devons pas nous occuper de nos enfants au point qu'ils deviennent des fardeaux dépourvus de toute initiative. Foyer chrétien, 373.

Les parents manquent à leurs devoirs lorsqu'ils se montrent trop généreux à l'égard d'un jeune qui n'a pas encore trop essayé de gagner de l'argent en travaillant utilement, alors qu'il est assez fort physiquement pour entreprendre des études de théologie ou de médecine. Ibid., 373.

L'habitude de s'accorder tout ce dont on a envie et le manque de savoir-faire de l'épouse peuvent grever considérablement le budget familial ; cependant, la mère pense peut-être qu'elle fait de son mieux, parce qu'elle n'a jamais appris à restreindre ses besoins et ceux de ses enfants, et qu'elle n'a pas acquis l'habileté requise dans les travaux ménagers. Une famille peut ainsi avoir besoin de deux fois plus d'argent qu'une autre famille de la même importance. Ibid., 360.

Le Seigneur a bien voulu me faire connaître les maux qu'engendrent les habitudes de prodigalité, pour que je puisse exhorter les parents à enseigner une stricte économie à leurs enfants. Apprenez-leur que l'argent dépensé à des choses superflues est détourné de son usage approprié. Ibid., 360.

Conseils aux époux et aux épouses en matière de gestion des finances

Tous devraient apprendre à tenir leurs comptes. Certaines personnes pensent que ce n'est pas essentiel, mais elles ont tort. Il faut noter ses dépenses avec soin. Ibid., 360.

L'argent que vous avez gagné n'a pas été utilisé d'une façon sage et rationnelle ; vous auriez dû en réserver une partie pour le cas où vous verriez un malade et où votre famille se trouverait privée de votre soutien financier. Les vôtres devraient pouvoir compter sur un certain capital au cas où vous connaîtriez le dénuement. Ibid., 382.

Vous devriez lui remettre [votre femme] chaque semaine une certaine somme d'argent et la laisser libre de l'employer à son gré. Vous ne lui avez pas donné l'occasion de développer son ingéniosité et ses goûts parce que vous n'avez pas une juste notion du rôle que l'épouse doit remplir. La vôtre possède un jugement sain et bien équilibré. Ibid., 364.

Confiez à votre femme une partie de l'argent que vous recevez. Que cette part lui appartienne en propre et qu'elle puisse en user comme il lui plaît. Vous devriez l'autoriser à utiliser à sa guise un argent qu'elle a bien gagné. Si elle avait disposé d'une certaine

[127] somme, qu'elle aurait dépensée à son gré, sans être critiquée, son esprit aurait été soulagé d'un grand poids. Ibid., 364.

Chapitre 28 : Les activités familiales pendant les congés et les anniversaires

Nous ne devrions pas chômer les jours fériés comme le fait le monde, mais nous ne devrions pas nous en désintéresser complètement, de peur d'indisposer nos enfants. A notre époque en particulier, où ceux-ci courent le danger de subir les influences néfastes et corruptrices des plaisirs et des séductions du monde, que les parents cherchent à leur proposer quelque chose pour remplacer ces distractions dangereuses. Faites comprendre à vos enfants que vous n'avez en vue que leur bien et leur bonheur. Ibid., 458.

A force de respecter les jours fériés, les gens du monde et les membres de nos églises ont fini par croire que ces jours de relâche sont indispensables à leur santé et à leur bonheur. Mais ils s'avèrent tout à fait néfastes. *Ibid.*

Nous avons sincèrement cherché à modifier cet ordre des choses en rendant ces jours de congé les plus intéressants possible pour nos enfants et nos jeunes afin de les détourner des distractions auxquelles se livrent les incroyants. *Ibid.*

Après une journée gaspillée dans les plaisirs, quelle satisfaction en retire-t-on ? En tant qu'ouvrier du Seigneur, qui a-t-on aidé à vivre une vie meilleure, plus noble et plus pure ? Que liraient les enfants de Dieu s'ils pouvaient consulter le registre tenu par l'ange ? "Un jour de perdu !" Un jour de perdu pour leur âme, perdu pour le service du Christ, parce qu'aucun bien n'a été accompli. D'autres jours seront peut-être accordés, mais celui-là, passé dans des conversations banales ou insensées entre garçons et filles, ils ne le revivront plus jamais. Ibid., 458.

Jamais de telles occasions ne se représenteront. On aurait mieux fait d'en profiter pour accomplir un travail réel et utile. L'usage qui en a été fait n'était pas judicieux et cette journée a sombré dans l'oubli, mais elle reparaîtra à l'heure du jugement comme une journée gaspillée. Ibid., 459.

Accorder la priorité à la cause de Dieu

Ne vaudrait-il pas mieux célébrer des "jours fériés" en l'honneur de Dieu ? Ils seraient pour nous l'occasion de rappeler ses bienfaits en notre faveur. Ne serait-il pas profitable de nous souvenir de ses bénédictions passées et des appels émouvants qu'il a adressés à nos âmes pour que nous ne nous détournions pas de lui ? Le monde célèbre de nombreuses fêtes au cours desquelles les hommes s'adonnent à bien des plaisirs : courses de chevaux, jeux d'argent, tabac, boissons. ...

Le peuple de Dieu ne devrait-il pas avoir plus souvent des réunions spirituelles afin de rendre grâces à Dieu pour ses riches bénédictions ?

Dans l'église, nous voulons des hommes capables d'organiser un travail utile et de le repartir entre les jeunes gens et les jeunes filles, en vue de répondre aux besoins de leurs semblables, et de contribuer au salut des hommes, des femmes, des jeunes et des enfants. Il ne sera pas possible à tous de consacrer la totalité de leur temps à cette tâche, car certains doivent travailler pour gagner leur vie. Cependant, ils disposent des jours fériés et d'autres moments où ils peuvent se vouer à l'œuvre missionnaire et faire ainsi du bien, s'ils ne peuvent pas donner beaucoup de leurs revenus. Ibid., 461, 462.

Lorsque vous avez un jour férié, faites-en un jour de joie pour vos enfants, pour les pauvres et ceux qui souffrent. Que ce jour ne passe pas sans que vous exprimiez votre reconnaissance à Jésus et lui apportiez votre offrande. Ibid., 462.

Anniversaires : Une occasion de louer Dieu

Sous la dispensation juive, à la naissance d'un enfant, on apportait une offrande à Dieu, conformément à Ses prescriptions. De nos jours, on voit certains parents s'imposer de réels sacrifices pour offrir des cadeaux d'anniversaire à leurs enfants, en quelque sorte pour les honorer, comme si l'être humain devait être honoré. Dans ce domaine aussi Satan est arrivé à ses fins : il a détourné nos pensées et nos présents vers les hommes, de sorte que les enfants ne pensent qu'à eux, comme s'ils méritaient d'être l'objet d'une faveur spéciale. ... Ibid., 459.

Le jour de leur anniversaire, on devrait rappeler aux enfants qu'ils ont une raison d'être reconnaissants à Dieu dont l'immense bonté les a préservés durant l'année écoulée. Ils en retireraient ainsi de précieuses leçons. Nous sommes redevables au Grand Dispensateur pour tous Ses présents : la vie, la santé, la nourriture, le vêtement, et surtout l'espérance de la vie éternelle. Nous devons donc reconnaître Ses multiples bienfaits et lui présenter nos offrandes de gratitude. Ces dons d'anniversaire sont approuvés par le ciel. Ibid., 459.

Apprenez-leur [aux enfants] à faire le bilan de leur vie pour l'année qui vient de s'écouler, et à se demander s'ils aimeraient en voir le compte rendu qui a été inscrit dans les registres célestes. Incitez-les à réfléchir sérieusement pour qu'ils sachent si leur conduite, leurs paroles, leurs actes sont de nature à plaire à Dieu. Leur vie ressemble-t-elle davantage à celle de Jésus, est-elle plus noble et plus belle aux yeux de Dieu ? Conduisez-les dans la connaissance du Seigneur, de Ses voies et de Ses préceptes. Ibid., 459. [129]

Chapitre 29 — La recréation

Les chrétiens ont à leur disposition de nombreuses occasions d'être heureux, et ils peuvent dire sans se tromper quels sont les plaisirs permis et valables. Il leur est possible de jouir de distractions qui ne fausse pas l'esprit et n'avilissent pas l'âme ; qui n'entraînent aucune frustration ni ne laissent derrière elles une influence néfaste détruisant le respect de soi-même ou paralysant toute efficacité. Tant qu'ils peuvent rester en communion avec Jésus et converser un esprit de prière, ils sont en parfaite sécurité. Ibid., 498.

Tout divertissement auquel vous pouvez prendre part, et pour lequel vous pouvez, en toute conscience, solliciter l'approbation divine, ne présente aucun danger. Mais toute distraction qui vous rend incapable de prier dans le secret, de vous consacrer à l'adoration ou de participer à une réunion de prière, est dangereuse. Ibid., 498.

Nous appartenons à cette catégorie de personnes qui croient que leur privilège est de glorifier Dieu chaque jour de leur vie et qu'elles ne sont pas dans ce monde uniquement pour s'amuser et pour se faire plaisir. Nous sommes ici-bas pour rendre service à l'humanité et exercer une influence bienfaisante sur la société ; si nous permettons à notre esprit de s'aventurer sur le même terrain que celui des gens qui n'aspirent qu'à s'étourdir dans la vanité et les plaisirs, de quelle utilité serons-nous pour nos contemporains ? Quelle bénédiction pourrons-nous apporter à ceux qui nous entourent ? Nous ne saurions impunément nous complaire dans des amusements qui nous disqualifieront pour l'accomplissement fidèle de nos devoirs quotidiens. Ibid., 498.

Beaucoup de choses sont bonnes en elles-mêmes, mais perverties par Satan, elles deviennent un piège pour ceux qui n'y prennent point garde. Ibid., 499.

Comme dans tous les autres domaines, il faut beaucoup de modération dans les distractions, et l'on devrait en examiner avec soin la nature. Tous les jeunes devraient se demander : Quelle influence ces divertissements auront-ils sur ma santé physique, mentale et spirituelle ? Mon esprit en sera-t-il captivé au point d'oublier Dieu ? Ne risquerai-je pas de perdre de vue la gloire divine ? Ibid., 497.

S'ils se proposent d'employer leurs forces physiques et mentales pour la gloire de Dieu, les chrétiens ont le droit et le devoir de stimuler leur esprit et de fortifier leur corps par de saines récréations. Nos distractions ne devraient pas dégénérer en scènes de gaieté folle, qui tournent finalement à la bêtise. Nous pouvons les concevoir d'une manière telle qu'elles élèvent ceux qui y prennent part, leur fassent du bien, et qu'elles nous qualifient tous pour un meilleur accomplissement des devoirs qui nous incombent en tant que chrétiens. Ibid., 479.

Le temps passé en exercices physiques n'est pas perdu. ... Il est indispensable de faire travailler chacun de nos organes et de développer chacune de nos facultés si l'on veut fournir un meilleur travail. Si le cerveau est constamment mis à contribution tandis que les autres fonctions restent inactives, il en résulte une perte de force physique et mentale. L'organisme est privé de tonus, l'esprit perd de sa vigueur, il en résulte une agressivité morbide. Ibid., 480.

Ceux qui poursuivent des études devraient pouvoir se détendre. L'esprit ne doit pas rester constamment fixé sur un sujet bien précis, sinon le délicat mécanisme mental s'en trouvera affecté. Le corps, tout comme l'esprit, doit prendre de l'exercice. Ibid., 480.

Divertissements utiles et profitables à la fois aux riches et aux pauvres

On ne peut demander aux jeunes d'être aussi graves et réfléchis que les personnes d'âge mur, à l'enfant d'être aussi sérieux que son grand père. Tout en condamnant comme il se doit les divertissements dangereux, que les parents, les maîtres et les éducateurs assurent aux enfants de saines distractions, qui n'altéreront ni ne corrompront en rien leur moralité. N'imposez pas aux jeunes des règles trop rigides et des restrictions qui leur donnent l'impression d'être opprimés et l'envie de tout briser, au point de perdre la tête et de se précipiter dans les sentiers de la destruction. Sachez tenir les rênes avec fermeté, mais avec bonté et modération ; guidez et orientez leurs idées et leurs projets avec tant de gentillesse, de sagesse et d'amour qu'ils comprendront que vous n'avez en vue que leur plus grand bien.

[130]

Foyer chrétien, 483. Counsels to Parents, Teachers, and Students, 335.

Il y a des manières de se distraire qui sont grandement profitables à la fois pour le corps et pour l'esprit. Un esprit éclairé et plein de discernement trouvera de nombreux moyens de se divertir et de se délasser, de façon à la fois saine et instructive. La recréation au grand air, la contemplation des œuvres de Dieu dans la nature sont du plus haut intérêt. Foyer chrétien, 481, 482 ; Testimonies for the Church 4 :653.

Il n'y a pas de recréation qui soit plus profitable aux enfants et à la jeunesse et qui soit pour eux une plus grande bénédiction que celle qui leur apprend à venir en aide à leurs semblables. Les jeunes, naturellement enthousiastes et impressionnables, sont prompts à accepter les suggestions. Éducation, 217.

Dieu a prévu pour chacun des distractions dont riches et pauvres peuvent profiter : le plaisir que l'on éprouve à cultiver des pensées pures, à agir avec désintéressement, à prononcer des paroles de sympathie et à témoigner de la bonté autour de soi. Ceux qui se dévouent à un tel service diffusent la lumière du Christ, qui illumine des vies assombries par la tristesse. Foyer chrétien, 495.

Il y a une foule de choses nécessaires et utiles à faire dans notre monde, qui rendraient presque superflus les divertissements que l'on s'accorde. L'organisme tout entier acquerra force et vigueur s'il est utilisé dans un but bien précis : faire le bien, réfléchir profondément et former des plans qui permettront de développer les facultés mentales et les énergies physiques ; ainsi, les talents reçus de Dieu pourront être exercés pour sa gloire. Foyer chrétien, 493-4.

Je ne condamne pas le simple exercice qui consiste à jouer au ballon ; mais si simple soit-il, on risque d'en abuser. Je me méfie toujours du résultat presque inévitable de ces jeux. Ils exigent l'utilisation de fonds qui pourraient être employés à porter la lumière de la vérité aux âmes qui périssent loin du Christ. Les distractions que l'on s'offre et l'argent que l'on gaspille pour satisfaire son propre plaisir conduisent peu à peu à la vanité, et l'habitude de s'y livrer crée un amour et une passion pour ces choses qui ne sont pas propices au perfectionnement d'un caractère chrétien. Foyer chrétien, 485.

Rapports et habitudes convenables

De jeunes personnes qui brusquement sont introduites dans une nouvelle société, peuvent établir des relations qui seront un bienfait ou une malédiction. On peut s'édifier, se fortifier, se faire du bien mutuellement, modifier avantageusement sa conduite et ses dispositions, augmenter ses connaissances; mais on peut aussi, en s'abandonnant à la négligence et à l'infidélité, n'exercer qu'une influence démoralisante. Message à la jeunesse, 451.

Jésus sera l'aide de tous ceux qui se confient en Lui. Etre en communion avec le Christ, c'est disposer du bonheur. C'est suivre les sentiers tracés par le Sauveur, crucifier la chair avec ses affections et ses convoitises, par amour pour Lui. Quand on a fondé son espoir sur le Christ, les tempêtes de la vie sont impuissantes à renverser notre édifice. Message à la jeunesse, 413.

Vous pouvez décider, jeunes hommes et jeunes filles, de devenir des personnes dignes de confiance, intègres, et merveilleusement utiles. Vous devez vous tenir prêts et prendre l'inébranlable résolution de demeurer ferme pour la justice, en toutes circonstances. Nous ne pouvons aller au ciel avec nos mauvaises habitudes; et, si nous n'arrivons pas à les vaincre ici-bas, elles nous empêcheront de vivre dans la cité de justice. Les mauvaises habitudes livrent une résistance sans faille lorsqu'elles sont combattues. Mais si la bataille est menée avec énergie et persévérance, elles peuvent être vaincues. Pour former de bonnes habitudes, nous devons rechercher la compagnie de personnes ayant une saine influence morale et religieuse. Testimonies for the Church 4 :655.

Si l'on pouvait convaincre les jeunes de ne fréquenter que ceux qui ont des mœurs pures et une conduite pleine de prévenance et d'amabilité, ils ne pourraient qu'y gagner. S'ils choisissaient des amis qui craignent Dieu, l'influence qu'ils subiraient les pousserait à rechercher la vérité, la sainteté et à accomplir leur devoir. Une vie chrétienne authentique est une force pour le bien. En revanche ceux qui se lient d'amitié avec des hommes et des femmes d'une moralité équivoque et qui ont de mauvaises habitudes suivront bientôt la même voie. Les penchants du cœur naturel tendent à l'avilir. Celui qui sympathise avec une personne sceptique deviendra bientôt sceptique; celui qui fraye avec une personne immorale deviendra certainement immoral. Marcher selon le conseil des méchants, c'est faire le premier pas sur la voie des pécheurs et s'asseoir en compagnie des moqueurs. Foyer chrétien, 456.

Que tous ceux qui voudraient acquérir les éléments d'un bon caractère ne se lient qu'à des personnes sérieuses, réfléchies et pieuses. Ceux qui désirent travailler pour l'éternité, et qui en ont évalué le prix, doivent choisir de bons matériaux. S'ils emploient des poutres vermoulues, s'ils se contentent de caractères défectueux, leur construction est vouée à la ruine. Que tous prennent garde à la manière dont ils bâtissent. La tempête des tentations fondra sur l'édifice et s'il n'est pas solidement construit, il ne supportera pas l'épreuve. Foyer chrétien, 450.

Une bonne réputation est plus précieuse que l'or. Les jeunes sont enclins à fréquenter ceux qui leur sont inférieurs au point de vue intellectuel et moral. Quel bonheur réel un jeune homme peut-il attendre de la fréquentation d'amis dont les pensées, les sentiments et la conduite sont très médiocres ? Il est des gens aux goûts et aux habitudes dépravés, et tous ceux qui les fréquenteront finiront par suivre leur exemple. Foyer chrétien, 448.

Vous pouvez ne pas voir un véritable danger dans le premier pas vers la légèreté et la recherche du plaisir, et penser que lorsque vous désirerez changer de route, il vous sera aussi facile de faire le bien qu'avant de vous être engagé sur la voie du mal. Mais c'est une erreur. En choisissant de mauvaises compagnies, beaucoup ont été conduits peu à peu du sentier de la vertu à celui de la désobéissance et de la débauche ; et pourtant, ils avaient bien cru autrefois qu'il leur serait impossible d'y glisser. Foyer chrétien, 503.

Ne pensez pas que Dieu veuille nous voir renoncer à tout ce qui peut nous rendre heureux ici-bas. Tout ce qu'il nous demande, c'est d'abandonner ce qui s'oppose à notre bien et à notre bonheur. Foyer chrétien, 487.

Détente et Divertissement personnels

Les jeunes gens devraient se souvenir qu'ils sont responsables de tous les privilèges qui leur sont accordés, de la façon dont ils emploient leur temps, et du bon usage qu'ils font de leurs talents. Sans doute posent-ils la question : "Ne pouvons-nous pas nous distraire, nous amuser ? Devons-nous travailler, travailler, et encore travailler sans relâche ?" Ibid., 492.

Une détente succédant à une activité physique qui a mis durement à contribution les forces des jeunes peut s'avérer tout à fait nécessaire pendant un certains temps. Cela leur permet ensuite de reprendre la tâche et de fournir des efforts dont les résultats seront améliorés. Mais un repos complet n'est pas indispensable, et il ne produira pas toujours les meilleurs effets sur le plan physique. Même s'ils sont fatigués par un travail bien précis, les jeunes ne doivent pas gaspiller des moments précieux. Ils peuvent au contraire chercher à faire quelque chose de moins épuisant, mais qui apporte une aide efficace à leur mère et à leurs sœurs. Ils allègeront la tâche de celle-ci en effectuant les besognes les plus pénibles ; et du même coup ils éprouveront la satisfaction du devoir accompli qui leur procurera une vraie joie. Ils n'auront pas perdu leurs temps inutilement ou égoïstement. Ils l'emploieront à bon escient et, tout en se distrayant par un changement d'activité, ils sauront racheter le temps en se rendant utiles, si bien que tous leurs instants seront profitables à quelqu'un. Ibid., 492-3.

[132]

Beaucoup prétendent qu'il faut s'accorder quelque divertissement personnel si l'on veut préserver sa santé. Il est vrai que le changement est nécessaire au développement du corps ; il lui redonne, comme à l'esprit, vivacité et vigueur ; mais on n'atteint pas ce but en se complaisant dans des plaisirs insensés au détriment des devoirs quotidiens que les jeunes ont à remplir. *Ibid.*

Parmi les sources de plaisir les plus dangereuses se trouve le théâtre. Au lieu d'être à l'école de la moralité et de la vertu, comme on le prétend si souvent, il est le foyer même de l'immoralité. Les spectacles qu'on y donne renforcent les habitudes vicieuses et la tendance au péché. Des chansons vulgaires, des gestes, des expressions, des attitudes obscènes dépravent l'imagination et détruisent la moralité. Tous les jeunes qui ont l'habitude d'assister à de telles exhibitions auront des mœurs corrompues. Il n'y a pas d'influence plus puissante pour empoisonner l'imagination, détruire les aspirations religieuses et émousser le goût des plaisirs tranquilles et des sobres réalités de la vie, que celle des représentations théâtrales. Le désir de voir ces scènes augmente chaque fois qu'on le satisfait, comme le désir de boissons enivrantes s'accroît à mesure qu'on en fait usage.

La seule sauvegarde consiste à fuir le théâtre, le cirque et tous les autres lieux où l'on s'amuse d'une façon douteuse. Ibid., 500-1.

La danse de David n'est pas une référence. On a cité cet exemple pour justifier la coutume moderne, si populaire, de la danse, mais ce n'est pas un argument valable. L'acte du roi David n'a pas le moindre rapport avec les danses nocturnes de notre époque, divertissement où l'on sacrifie au plaisir sa santé et sa moralité. Les habitués du bal et des salles de danse ne songent pas à adorer Dieu. La prière et les cantiques y seraient déplacés. Ce fait à lui seul prouve le contraste entre ces deux genres de danses. Les chrétiens ne peuvent participer à des amusements qui ont pour tendance de diminuer leur amour des choses saintes et leur joie dans le service de Dieu. La musique et les danses offertes à Dieu en tribut de louanges à l'occasion du transfert de l'arche, n'avaient aucune ressemblance avec la dissipation qui caractérise la danse moderne. D'un côté, on s'attachait à glorifier Dieu ; de l'autre, on adopte une invention de Satan ayant pour but de porter les hommes à oublier le Seigneur et à le déshonorer. Ibid., 501-2.

Les jeunes se comportent généralement comme si les heures précieuses du temps de grâce qui se prolonge étaient une immense fête et comme s'ils ne vivaient ici-bas que pour s'amuser, pour se complaire dans un flot continuel d'émotions. Satan a déployé des efforts particuliers pour les amener à éprouver de la joie dans les divertissements mondains et à se justifier eux-mêmes en essayant de prouver que ces amusements sont sans danger, innocents et même bon pour la santé. Ibid., 506-7.

Beaucoup participent avec empressement aux divertissements profanes et dépravés que la Parole de Dieu interdit. Ils se séparent ainsi de Dieu et se rangent parmi ceux qu'il est convenu d'appeler les bons vivants. Les péchés qui ont amené la destruction des antédiluviens et des villes de la plaine existent encore aujourd'hui, non seulement dans les régions païennes ou parmi ceux qui ont la réputation d'être chrétiens, mais chez certains de ceux qui déclarent attendre le retour du Fils de l'homme. Si Dieu nous faisait voir les péchés tels qu'ils apparaissent à Ses yeux, nous en serions remplis de honte et de crainte. Ibid., 506.

Le goût des sensations fortes et des spectacles agréables est une tentation et un piège pour les enfants de Dieu et spécialement pour les jeunes. Satan invente constamment des séductions destinées à empêcher les gens de se préparer sérieusement en vue des événements tout proches. Par l'intermédiaire des gens du monde, il entretient une excitation incessante qui conduit ceux qui n'y prennent pas garde à participer aux plaisirs mondains. Certains spectacles, certaines rencontres et une foule de distractions sont prévues pour inciter à aimer le monde ; et lorsqu'on se lie avec lui, la foi s'affaiblit. Ibid., 506.

Dieu ne considère pas le jouisseur comme étant Son disciple. Seuls ceux qui pratiquent le renoncement et qui mène une vie sobre, humble et pieuse sont les véritables disciples de Jésus. En tant que tels, ils ne peuvent se complaire dans les conversations vaines et frivoles de ceux qui aiment le monde. Ibid., 508.

Si vous appartenez réellement au christ, vous aurez des occasions de Lui rendre témoignage. Lorsqu'on vous invitera à prendre part à quelque divertissement, vous aurez alors la possibilité de parler de votre Seigneur. Si vous êtes loyal envers le Christ, vous ne chercherez pas à invoquer des excuses pour ne pas venir ; vous déclarerez franchement et en toute modestie que vous êtes un enfant de Dieu et que vos principes ne vous permettent pas de fréquenter, ne serait-ce qu'une fois, des endroits où vous ne pourriez implorer la présence de votre Seigneur. Ibid., 503.

Il doit exister un contraste bien marqué entre les assemblées réunissant des disciples du Sauveur désireux de se distraire dans un esprit chrétien et les réunions mondaines qui ont pour principal objet le plaisir. Au lieu de prier et de parler du Christ et de ce qui est sacré, les gens du monde rient stupidement et parlent de futilités. Leur but est de prendre du bon temps. Leurs amusements ne sont que sottise et vanité. Ibid., 497.

[134]

Chapitre 30 — Les avenues de l'esprit doivent être protégées

Chacun doit protéger ses sens, sinon Satan arrivera à les dominer : ce sont en effet les voies qui conduisent au cœur. Ibid., 387.

Si vous voulez rester maître de votre esprit et empêcher les pensées vaines et perverses de souiller votre âme, vous devez monter bonne garde sur vos yeux, vos oreilles et sur tous vos dents. Seul le pouvoir de la grâce peut accomplir cette œuvre indispensable. Ibid., 387.

Les anges de Satan s'ingénient à paralyser les sens afin que les conseils, les avertissements et les reproches ne soient pas entendus ou n'aient pas d'effet sur les cœurs pour réformer les vies. Ibid.

Satan ne saurait accéder à notre esprit sans notre consentement

Nous devrions rappeler aux gens que Dieu a tout prévu pour que nous ne soyons pas tenté au-delà de nos forces ; pour chaque tentation il a préparé une issue. Si nous vivons pleinement pour lui, nous ne permettrons pas à notre esprit de se complaire dans des pensées égoïstes. Ibid., 388.

Si Satan trouve un moyen d'accéder à notre esprit, il y sèmera son ivraie et fera en sorte qu'elle se développe et produise une riche moisson. Mais il ne peut en aucun cas parvenir à dominer nos pensées, nos paroles, nos actions, à moins que nous ne lui ouvrions nous-mêmes la porte. Dans ce cas, il entrera et, en détruisant la bonne semence jetée dans le cœur, il anéantira l'effet de la vérité. Ibid., 388.

Il est bien risqué de nous attarder sur les avantages que nous tireront en obéissant aux suggestions de Satan. Le péché apporte le déshonneur et la ruine à toute âme qui s'y adonne. Mais comme, par nature, il sait nous éblouir et nous tromper, il nous est présenté sous les apparences les plus séduisantes. Si nous nous aventurons sur le terrain de l'ennemi, nous ne pouvons espérer être protégés contre sa puissance. Autant que possible fermons au tentateur tout accès à notre âme. Ibid., 388.

Chaque chrétien doit se tenir constamment sur ses gardes, surveillant tous les chemins de son esprit par lesquels Satan pourrait pénétrer. Il doit implorer le secours divin tout en luttant résolument contre toute tendance au péché. Il peut vaincre par son courage, sa foi et ses efforts persévérants. Mais qu'il se souvienne que, s'il veut remporter la victoire, le Christ doit demeurer en lui, et lui dans le Christ. Ibid., 388-9.

Nous devrions faire tout notre possible pour nous éviter, ainsi qu'à nos enfants, le spectacle de l'iniquité qui se pratique dans le monde. Nous devrions prendre garde à ce que nous pouvons voir et entendre, afin d'empêcher que ces sujets dangereux ne s'infiltrent dans nos esprits. Ibid., 389.

N'essayez pas de voir à quelle distance du précipice vous pouvez marcher sans y tomber. Eviter de frôler le danger. Il ne faut pas prendre à la légère la valeur de votre âme. Votre caractère constitue votre capital. Veillez-y comme sur un trésor précieux. Le respect de soi, la pureté et la force morale doivent être résolument et constamment recherchés. Ne vous départissez jamais d'une certaine réserve ; un seul acte de familiarité, une seule imprudence peuvent, en ouvrant la voie à la tentation, mettre votre âme en danger et diminuer votre force de résistance. Ibid., 390.

[135]

Chapitre 31 : Le choix des lectures

L'éducation a pour but de préparer les facultés physiques, intellectuelles et spirituelles en vue d'un accomplissement aussi parfait que possible des devoirs de la vie. La force de résistance et l'activité du cerveau sont amoindries ou augmentées suivant l'emploi que nous en faisons. Il faut soumettre l'esprit à une discipline qui ait pour résultat le développement de toutes les facultés.

Bien des jeunes gens sont avides de lecture ; ils voudraient lire tout ce qui leur tombe sous la main. Qu'ils prennent garde à ce qu'ils lisent aussi bien qu'à ce qu'ils entendent. Il m'a été montré qu'ils courent un sérieux danger de se laisser contaminer par de mauvaises lectures. Satan a mille et une manières de troubler les jeunes esprits. La moindre inattention peut être fatale. Il faut établir une sentinelle sur son esprit, pour ne pas se laisser séduire par les tentations de l'ennemi. Message à la jeunesse, 269.

L'influence des lectures malsaines

Satan sait que l'intelligence est puissamment affectée par ce dont elle se nourrit. Il s'efforce d'entraîner les jeunes gens comme les personnes âgées dans des lectures de romans et d'ouvrages fictifs. De telles lectures rendent incapables d'accomplir les devoirs immédiats. Ceux qui s'y adonnent vivent dans un monde de rêves et perdent le désir de sonder les Ecritures pour se nourrir de la manne céleste. L'intelligence, qui aurait besoin d'être fortifiée, se trouve, au contraire, affaiblie ; elle devient incapable d'étudier les grandes vérités qui touchent à la mission et à l'œuvre du Christ, vérités qui auraient pour effet de fortifier l'intelligence, d'éveiller l'imagination, d'allumer un désir irrésistible de vaincre comme le Christ a vaincu. Message à la jeunesse, 269, 270.

Si l'on pouvait brûler une grande partie des livres qui sont édités, on arrêterait une plaie qui ravage les esprits et les cœurs. Les romans d'amour, les récits frivoles et excitants, et même les romans religieux, où l'auteur cherche à dégager une leçon morale, sont une vraie malédiction pour les lecteurs. Un roman peut être tout rempli de sentiments religieux ; dans la plupart des cas, Satan s'y déguise en ange de lumière pour mieux tromper et séduire. Personne ne doit se croire si ferme dans ses principes, si garanti contre la tentation, qu'il puisse, sans danger, s'adonner à de telles lectures. Ibid., 270.

Les lecteurs de romans cultivent une mauvaise habitude qui détruit la spiritualité et qui éclipse la beauté des pages sacrées. Ces lectures créent une excitation malsaine, elles enfièvrent l'imagination, rendent l'intelligence incapable d'occupations utiles, déshabituent l'âme de la prière, et ôtent le goût des principes spirituels. Ibid., 270.

Dieu a doué beaucoup de nos jeunes gens de capacités supérieures ; trop souvent, cependant, ils ont énervé leurs facultés, affaibli leur intelligence par de mauvaises lectures, si bien que pendant des années, ils n'ont pas fait de progrès dans la grâce ni dans la connaissance religieuse. A la prochaine venue du seigneur, par un merveilleux changement, ce qui est corruptible revêtira l'incorruptibilité ; ceux qui attendent cet événement devraient, tandis que dure le temps de grâce, se maintenir sur un plan plus élevé. Ibid., 270.

Chers jeunes gens, interrogez votre propre expérience pour savoir quelle influence exercent les histoires excitantes. Pouvez-vous, après de telles lectures, ouvrir la Bible et prêter attention aux paroles de la vie ? Le livre de Dieu n'a-t-il pas perdu tout intérêt pour vous ? Le charme d'une histoire d'amour exerce une action malfaisante sur l'esprit, vous empêchant de fixer votre attention sur les vérités importantes et solennelles qui concernent votre bien-être éternel. Ibid., 271.

N'hésitez pas à mettre de côté toute lecture inutile, qui, au lieu de développer votre spiritualité, aura pour effet de pervertir votre imagination, de vous amener à penser moins souvent à Jésus, à moins vous occuper de ses précieuses leçons. Libérez votre esprit de tout ce qui pourrait l'entraîner dans une mauvaise direction. Ne l'encombrez pas de vaines histoires qui ne contribuent en rien à développer les facultés mentales. Nos pensées sont déterminées par la nourriture que nous donnons à notre esprit. *Ibid.*

Lectures funestes à l'âme

Avec la marée puissante des pages imprimées qui déferlent sur le monde, jeunes et vieux contractent l'habitude de lire hâtivement et d'une manière superficielle ; l'esprit perd ainsi la faculté de se concentrer. De plus, une grande partie des livres et des périodiques qui, comme les grenouilles d'Egypte, envahissent le pays, ne sont pas seulement des recueils de lieux communs, de pensées frivoles et excitantes, mais ils renferment des idées malsaines et avilissantes. Ils réussissent à empoisonner et à ruiner l'intelligence, comme aussi à corrompre et à détruire l'âme. Education, 189.

Dans l'éducation des enfants et des jeunes, on donne aujourd'hui une place importante aux contes de fées, aux légendes et aux fictions. De tels ouvrages sont utilisés dans les écoles et se trouveront dans bien des foyers. Comment des parents chrétiens peuvent-ils permettre à leurs enfants de se servir de livres remplis de mensonges ? Lorsqu'ils veulent qu'on leur explique des récits contraires à l'enseignement de leurs parents, on leur répond que ces histoires ne sont pas vraies ; mais cette réponse n'efface pas le mal qui résulte de leur lecture. Les idées présentées dans ces ouvrages trompent les enfants. Elles leur donnent une fausse conception de la vie, suscitent et entretiennent en eux le goût de l'irréel. ... Foyer chrétien, 399 ; *cf.* Le ministère de la guérison, 383.

La grande diffusion de tels livres est l'une des ruses du diable, qui cherche à détourner l'attention des jeunes, et même des vieux, de l'œuvre qui consiste à former des caractères. Il espère ainsi empoisonner enfants et jeunes gens par des séductions dont il remplit le monde. C'est pourquoi il cherche à détourner les esprits de la Parole de Dieu et à les empêcher de connaître les vérités qui pourraient les préserver. Le ministère de la guérison, 383.

Il ne faut jamais placer entre les mains des enfants et des jeunes gens des ouvrages qui dénaturent la vérité. Ne permettons pas qu'au cours de leurs études ils reçoivent des idées qui sont des semences de péché. Quant aux adultes, à l'esprit mûri, s'ils mettaient eux aussi ces livres de côté, ils ne pourraient qu'en bénéficier, et leur exemple serait d'un grand secours à la jeunesse pour la préserver de la tentation. *Ibid., cf.* Foyer chrétien, 413.

Un danger contre lequel nous devrions constamment nous mettre en garde est la lecture d'ouvrages écrits par des auteurs incroyants. De telles œuvres sont inspirées par l'ennemi de la vérité, et personne ne saurait les lire sans mettre son âme en péril. Foyer chrétien, 398-9.

Il est vrai que lorsqu'on s'y est laissé prendre, on peut s'en détacher ; mais tous ceux qui subissent leur influence néfaste se placent sur le terrain de Satan, qu'il exploite le plus souvent à son avantage. Comme ils s'exposent à ses tentations, ils n'ont ni la sagesse de les discerner, ni la force de leur résister. L'incrédulité et l'athéisme, par leur pouvoir fascinant et ensorcelant, prennent possession de leur esprit. Foyer chrétien, 399.

Mise en garde contre les lectures excitantes pour l'esprit

Que liront nos enfants ? C'est une question sérieuse qui exige une réponse tout aussi sérieuse. Cela me chagrine de voir dans des familles adventistes des périodiques et des journaux contenant des feuilletons dont l'influence sur les esprits des enfants et des jeunes ne saurait être bénéfique. J'ai pu observer ceux dont le goût pour la fiction a été ainsi encouragé. Ils ont eu l'occasion d'entendre des exposés sur la vérité, d'être éclairés sur la raison d'être de leur foi ; mais, avec le temps, ils ont perdu le sens du sacré ainsi que leurs habitudes de piété. Ibid., 398.

Les amateurs d'histoires frivoles et excitantes deviennent incapables d'accomplir les devoirs de la vie pratique. Ils vivent dans un monde irréel. J'ai observé les enfants à qui on a permis de lire régulièrement de tels contes. Que ce soit à la maison ou ailleurs, ils étaient agités, rêveurs, incapables de parler d'autres choses que de banalités. Leur esprit était étranger à toute réflexion et toute conversation d'ordre religieux. Quant on entretient le goût pour les récits à sensation, les aptitudes mentales se pervertissent et l'intelligence ne se trouve satisfaite qu'en absorbant cette nourriture malsaine. Pour ceux qui se complaisent dans ce genre de livres, je ne trouve pas d'autres expressions que celle d' "intoxication mentale." Lorsqu'on abuse de la lecture, celle-ci exerce sur le cerveau les mêmes effets que les conséquences physiques résultant de l'intempérance dans le manger et le boire. Ibid., 400.

Avant d'accepter la vérité présente, quelques-uns avaient coutume de lire des romans. En entrant dans l'église, ils ont fait un effort pour vaincre cette habitude. Placer devant leurs yeux des livres semblables à ceux qu'ils ont abandonnés, c'est offrir une liqueur forte à un alcoolique. Ils cèdent à cette tentation permanente, perdent bientôt le goût des bonnes lectures et ne prennent plus d'intérêt à l'étude de la Bible. Leur force morale s'affaiblit et leur aversion pour le péché diminue graduellement. Ils manifestent une infidélité croissante et un dégoût toujours plus grand pour les devoirs pratiques de la vie. A mesure que leur esprit se pervertit, il est de plus en plus enclin à se plonger dans des lectures excitantes. C'est ainsi qu'une âme ouvre la porte à Satan et lui permet de la dominer complètement. *Ibid.*

Le Livre des livres

L'expérience religieuse d'un individu se manifeste par les livres qu'il lit de préférence dans ses moments de loisir. Le jeune homme qui veut maintenir un esprit sain et se conformer à des principes religieux solides doit vivre en communion avec Dieu par Sa Parole. La Bible, qui nous montre en Christ le chemin du salut, est notre guide vers une vie plus haute et meilleure. Elle renferme les récits historiques et biographiques les plus intéressants et les plus instructifs qui aient jamais été écrits. La Bible sera le livre le plus intéressant pour tous ceux dont l'imagination n'a pas été pervertie par la lecture des romans. Message à la jeunesse, 271.

La Bible est le livre des livres. Si vous aimez la Parole de Dieu, si vous la sondez toutes les fois que vous en avez l'occasion, pour vous emparer de ses riches trésors, et pour devenir aptes à toute bonnes œuvres, vous pouvez avoir l'assurance que Jésus vous attire à Lui. Il ne suffit pas de lire les Ecritures d'une manière irrégulière, sans chercher à comprendre les leçons du Christ en vue de se conformer à Ses exigences. Il y a des trésors, dans la Parole de Dieu, qui ne peuvent être découverts qu'en creusant un puits profond dans la mine de la vérité. Ibid., 271-2.

Un esprit charnel rejette la vérité, tandis qu'une âme convertie subit un changement merveilleux. Ce livre qui paraissait antipathique parce que les vérités qu'il renferme s'élevaient en témoignage contre le pécheur, devient maintenant la nourriture de l'âme, la joie et la consolation de la vie. Le soleil de justice éclaire les pages sacrées, et par elles, le Saint-Esprit parle à l'âme. Ibid., 272. [138]

Jésus invite tous ceux qui ont le goût des lectures légères à considérer avec attention la parole de la prophétie, qui est sûre. Prenez votre Bible, et commencez à étudier avec un intérêt tout nouveau les récits sacrés de l'Ancien et du Nouveau Testament. Plus vous étudiez la Bible, plus elle vous semblera belle, et moins vous serez portés aux lectures légères. Attachez à vos cœurs ce précieux volume. Il sera pour vous un ami et un guide. *Ibid.* [139]

Chapitre 32 : La musique

L'art de la mélodie sacrée était cultivé avec diligence [à l'Ecole des Prophètes]. Aucune musique frivole n'était entendue, aucun chant désinvolte élevant l'homme et détournant l'attention de Dieu ; mais des psaumes solennels d'adoration, qui exaltent le Nom de Dieu et rappellent Ses œuvres admirables. La musique devait servir une cause sainte, élever les pensées vers les choses nobles et pures, et éveiller dans l'âme des sentiments d'amour et de reconnaissance envers Dieu. Patriarches et prophètes, 583.

La musique fait partie du culte rendu à Dieu dans les cours célestes. Aussi devons-nous nous efforcer, dans nos cantiques de louanges, de nous approcher le plus possible des chœurs angéliques. La culture de la voix est une partie importante de l'éducation et ne devrait point être négligée. Patriarches et prophètes, 633 ; *cf.* Message à la jeunesse, 291.

J'ai vu l'ordre parfait qui règne dans le ciel et, en écoutant la musique céleste, j'étais plongée dans l'extase. Lorsque je revins de ma vision, la façon de chanter de l'Eglise me parut rude et discordante. J'avais vu des anges qui se tenaient en carré, ayant chacun une harpe d'or. A l'extrémité de la harpe, il y avait un appareil pour accorder. Les mains des anges ne glissaient pas avec indifférence le long des cordes, mais avec la plus grande précision. Il y avait un ange conducteur qui touchait le premier de la harpe et donnait la note ; puis tous unissaient leurs instruments en une harmonie puissante et parfaite. Cela est impossible à décrire. Cette musique est mélodieuse, céleste, divine, cependant que le visage de chaque instrumentiste reflète l'image de Jésus et brille d'une gloire indicible. *1 T, "Aie du zèle et repens-toi," 48.*

Il m'a été montré que la jeunesse doit adopter un idéal plus élevé et faire de la Parole de Dieu son conseiller et son guide. Des responsabilités solennelles reposent sur elle, mais elle les prend à la légère. Au lieu d'inciter les jeunes à la piété et à la spiritualité, l'introduction de la musique dans les foyers a été le moyen d'éloigner leur esprit de la vérité. Ils semblent préférer les chansons frivoles et la musique à la mode. Le temps qu'ils auraient dû consacrer à la prière, ils le passent à jouer d'un instrument. Quand on n'en abuse pas, la musique est une grande bénédiction ; mais lorsqu'on en fait un mauvais usage, elle devient une terrible malédiction. Elle agit comme un excitant, mais elle ne procure pas la force et le courage que le chrétien ne peut trouver auprès du trône de la grâce, en faisant connaître, avec cris et larmes, ses besoins à Dieu, et en implorant sa puissance pour résister aux puissantes sollicitations du malin. Ce dernier est en train de réduire nos jeunes en esclavage. Que pourrais-je leur dire pour qu'ils se libèrent de son pouvoir d'égarement ? Satan est un charmeur habile qui séduit les jeunes et les conduit à leur perte. Foyer chrétien, 393-394.

Chapitre 33 : Les critiques et leurs effets

Les chrétiens doivent prendre garde à leurs paroles. Qu'ils ne prêtent jamais l'oreille aux rapports défavorables de l'un de leurs amis faits à un autre, surtout si ceux-ci ne sont pas en bons termes. C'est une chose cruelle que de faire des insinuations malveillantes, comme si l'on était très au courant des choses qui concernent autrui ou qu'on sache ce que d'autres ignorent. De telles insinuations mènent loin, et créent une impression défavorable. Il vaudrait mieux relater franchement les faits sans les exagérer. Que n'a pas souffert l'Eglise du Christ par un tel état de choses ! Les inconséquences de ses membres l'ont terriblement affaiblie. La confiance a été trahie par les fidèles d'une même église, et pourtant les coupables n'avaient nullement l'intention de faire du mal. Le manque de sagesse dans le choix des sujets de conversation a fait un mal considérable. Testimonies for the Church 2 :186-7 ; *cf.* Testimonies for the Church 1 :566.

On ne devrait s'entretenir que de choses divines, spirituelles. Malheureusement, il en est tout autrement. Si l'amitié entre chrétiens consistait surtout à enrichir son esprit et son cœur, on n'aurait jamais rien à regretter, et on se souviendrait avec joie des propos échangés. Mais si des heures sont gaspillées en paroles vaines, si un temps précieux est passé à disséquer les vies et les caractères de ses semblables, l'amitié aura été une source de maux, et l'influence exercée, une odeur de mort. Testimonies for the Church 2 :186-7 *in Ibid*.

Une attitude charitable envers tous

Lorsque nous prêtons une oreille complaisante à un reproche fait contre un frère, nous nous y associons. A la question : "O Eternel ! Qui séjournera dans ta tente ? Qui demeurera sur Ta montagne sainte ?" Le psalmiste répond : "Celui qui marche dans l'intégrité, qui pratique la justice, et qui dit la vérité selon son cœur, il ne calomnie point avec sa langue, il ne fait point de mal à son semblable, et il ne jette point l'opprobre sur son prochain." Psaumes 15 :1-3. Testimonies for the Church 2 :18-20 ; *cf.* Testimonies for the Church 5 :94-98.

Que de cancans n'éviterions-nous pas si nous pensions que ceux qui rapportent les fautes des autres, publieront tout aussi aisément les nôtres à la première occasion. Nous devrions nous efforcer de dire du bien de tous nos semblables, particulièrement de nos frères en la foi, tant que nous ne sommes pas contraints par les faits à penser différemment. Nous ne devrions pas facilement ajouter foi à de méchants racontars, qui sont souvent le produit de l'envie, de l'incompréhension, de l'exagération ou d'une connaissance incomplète de ce qui s'est passé. Dès qu'on les tolère, la jalousie et la suspicion se répandent comme de la mauvaise graine. Si un frère s'égare, c'est précisément le moment de montrer que vous vous intéressez à lui. Allez vers ce frère avec bonté, priez pour lui et avec lui, vous souvenant du prix infini que le Christ a payé pour son salut. De cette façon, vous pouvez sauver une âme de la mort et couvrir une multitude de péchés. Jacques 5 :20. *Ibid.*

Un regard, une parole, une simple intonation de la voix peuvent être lourds de conséquences fâcheuses et s'enfoncer dans le cœur comme une flèche empoisonnée faisant un mal incurable. Ainsi, un doute, un reproche peuvent être lancés sur une personne dont Dieu aurait pu se servir pour accomplir une bonne œuvre, diminuant de la sorte son influence et ruinant son utilité. Chez certaines espèces d'animaux, si l'un d'eux tombe, blessé, à l'instant même ses compagnons se précipitent sur lui pour le mettre en pièces. De même, il y a des hommes et des femmes, se disant chrétiens, qui se laissent aller à de telles cruautés, faisant preuve d'un zèle pharisaïque pour jeter la pierre à des gens moins coupables qu'eux. D'autres s'efforcent de faire remarquer les fautes et les défaillances de leurs semblables pour mieux détourner l'attention de leurs propres faiblesses ou pour montrer leur zèle à l'égard de Dieu et de Son Eglise. Testimonies for the Church 5 :94-98. *Cf.* Testimonies for the Church 2 :18-21.

Le temps passé à critiquer les intentions et les actes des serviteurs de Christ serait bien mieux employé à la prière. Si ceux qui accusent les autres connaissaient la vérité touchant les frères qu'ils critiquent, ils auraient souvent une opinion bien différente. Au lieu de censurer et de condamner, il vaudrait beaucoup mieux que chacun dise : "Je dois travailler à mon propre salut ; si je collabore avec celui qui désire sauver mon âme, je veillerai avec soin sur moi-même, j'ôterai de ma vie tout ce qui est mal, afin de devenir une nouvelle créature et de vaincre toutes mes erreurs. Donc, au lieu d'affaiblir ceux qui luttent contre le péché, je les affermirai par des paroles encourageantes." Testimonies for the Church 3 :269-270. *Cf.* Testimonies for the Church 8 :83-84.

L'homme envieux ne voit aucun mérite en l'autre

Nous ne devons pas permettre à nos perplexités et à nos désappointements de consumer notre âme et de nous rendre chagrins et impatients. Qu'il n'y ait entre nous ni antipathie, ni mauvaises pensées, ni paroles désobligeantes, ni crainte d'offenser Dieu. Mon frère, si vous ouvrez votre cœur à l'envie et aux soupçons, le Saint-Esprit ne pourra habiter en vous. Recherchez la plénitude qui est dans le Christ. Travaillez dans ce sens. Que chacune de vos pensées, de vos paroles, de vos actions le révèle. Il vous faut recevoir chaque jour le baptême de l'amour, celui que reçurent les apôtres et qui les amena à avoir une même pensée. Cet amour apportera la santé du corps, de l'esprit et de l'âme. Entourez-vous d'une atmosphère qui fortifiera votre vie spirituelle. Cultivez la foi, l'espérance, le courage et l'amour. Que la paix de Dieu règne dans votre cœur. Testimonies for the Church 1 :566-7 ; *cf.* Testimonies for the Church 8 :191.

L'envie n'est pas simplement un défaut de caractère, mais une véritable maladie qui désorganise toutes les facultés. Elle a commencé avec Satan qui voulait être le premier dans le ciel. Ne pouvant obtenir la toute-puissance et la gloire qu'il recherchait, il entra en révolte contre le gouvernement divin. Il envia nos premiers parents et les incita à pécher, causant ainsi leur perte et celle de toute la race humaine. Testimonies for the Church 2 :18-21 ; *cf.* Testimonies for the Church 5 :94-98.

L'envieux ferme les yeux sur les qualités de ses semblables et la noblesse de leurs actes. Il est toujours prêt à dénaturer même les choses les plus excellentes. Souvent, on voit des hommes confesser et abandonner d'autres fautes, mais il n'y a guère à espérer d'un envieux. Puisque envier quelqu'un c'est admettre qu'il est supérieur aux autres, l'orgueil ne permettra pas qu'on fasse des concessions. Essayez de convaincre un envieux de son péché, il s'aigrira davantage encore contre l'objet de son ressentiment et il se montrera irréductible. *Ibid.*

L'envieux répand son poison partout où il passe, séparant les amis, excitant les haines et la révolte contre Dieu et contre les hommes. Il veut qu'on le croie meilleur et plus grand qu'il n'est, non en déployant des efforts héroïques et désintéressés pour atteindre à la perfection, mais en restant impassible là où il se trouve et en diminuant le mérite dû aux efforts des autres. Ibid., 19.

La langue qui se complaît dans le mal, la langue bavarde qui dit : "Raconte pour que je le répète," est appelée par l'apôtre Jacques un feu infernal, répandant ses flammes de tous côtés. Qu'importe au colporteur de commérages s'il diffame l'innocent ! Il n'en interrompra pas pour cela sa méchante besogne, même s'il détruit ainsi l'espoir et le courage chez ceux qui ploient déjà sous leurs fardeaux. Son seul souci est de satisfaire son penchant à la médisance et à la diffamation. Il y a même des chrétiens de profession qui ferment les yeux sur tout ce qui est pur, honnête, noble et aimable, retenant soigneusement tout ce qu'ils voient de mal et de répréhensible pour le crier à tous les vents... Ibid., 19.

[142]

Jalousie et critique

Je suis peinée de dire qu'il y a parmi les membres de l'Eglise des langues indisciplinées. Il y a des langues menteuses qui se repaissent du mal. Il y a des langues sournoises qui chuchotent. Il y a du bavardage, des indiscrétions impertinentes et du persiflage adroit. Parmi les amateurs de cancans, certains sont poussés par la curiosité, d'autres par la jalousie, et beaucoup par la haine à l'égard de ceux par qui Dieu a parlé pour les reprendre. Tous ces éléments de discorde sont à l'œuvre. Certains cachent leurs sentiments réels, tandis que d'autres s'empressent de publier ce qu'ils savent — ou soupçonnent — de mal.

J'ai vu que même l'esprit du parjure, qui change le vrai en faux, le bien en mal et l'innocence en crime, est maintenant à l'œuvre. Satan se réjouit de la condition de ceux qui prétendent être le peuple de Dieu. Alors que beaucoup négligent leurs propres âmes, ils attendent impatiemment une occasion de critiquer et de condamner les autres. Tous les hommes ont des défauts de caractère, et il n'est pas difficile de trouver en eux quelque chose que la jalousie puisse interpréter à leur désavantage. " Maintenant disent ceux qui se sont érigés en juges à leur égard, nous avons des *faits*. Nous allons lancer sur ces hommes une accusation dont ils ne pourront se justifier." Ils attendent une occasion favorable, puis étalent leur fatras de commérages. Testimonies for the Church 2 :21-26. *Cf.* Testimonies for the Church 5 :94-8.

Dans leurs efforts pour marquer un point, ceux qui ont naturellement une forte imagination risquent de se tromper et de tromper les autres. Ils collectionnent des expressions imprudentes sans penser qu'on peut avoir dit ces choses à la hâte et que, par conséquent, elles ne reflètent pas les sentiments réels de celui qui a parlé. Mais ces remarques non préméditées, souvent de si peu d'importance qu'elles peuvent passer inaperçues, on les regarde à travers la loupe de Satan, on les médite et on les répète jusqu'à ce que des taupinières deviennent des montagnes. ... Testimonies for the Church 2 :22. *Ibid.*

Est-ce la charité chrétienne que de ramasser toutes les vagues rumeurs, d'aller déterrer tout ce qui jettera la suspicion sur quelqu'un et de prendre plaisir à s'en servir pour lui faire du tort ? Satan exulte quand il peut diffamer ou blesser un disciple du Christ. Il est "l'accusateur des frères." Les chrétiens le seconderont-ils dans son travail ? *Ibid.*

Dieu dont l'œil voit tout, note les défauts de tous et la passion dominante de chacun ; cependant, il supporte nos fautes et prend pitié de notre faiblesse. Il demande à Son peuple de cultiver le même esprit de tendresse et de patience. De véritables chrétiens ne prendront pas plaisir à exposer les fautes et les manquements des autres. Ils se détourneront de la laideur et de la bassesse pour fixer leur esprit sur ce qui est beau et attrayant. Pour le chrétien, chaque acte de critique, chaque parole de censure ou de condamnation est pénible. Testimonies for the Church 5 :94-8.

Le fruit de la Critique

La médisance et les racontars sont des spécialités de Satan pour semer la discorde, séparer les amis et détruire la foi de beaucoup dans le bien-fondé de nos principes. Les frères et sœurs sont trop disposés à parler des fautes et des erreurs qui peuvent exister chez les autres, et spécialement chez ceux qui sont chargés d'adresser des messages de reproches et d'avertissements de la part du Seigneur.

Les enfants de ces censeurs impénitents ouvrent toutes grandes leurs oreilles et se délectent du poison dispensé par les mécontents. Les parents ferment ainsi aveuglément les avenues par lesquelles le cœur de leurs enfants pourrait être atteint. Que de familles assaisonnent leur repas quotidiens de doute et de critique. Ils dissèquent le caractère de leurs amis, et servent cela comme un dessert délicieux. Un bon morceau de médisance fait le tour de la table afin d'être dégusté, non seulement par les adultes, mais aussi par les enfants. Tout cela déshonore Dieu. Jésus a dit : "Toutes les fois que vous avez fait ces choses à l'un de ces plus petits de mes frères, c'est à moi que vous les avez faites." Matthieu 25 :40. C'est ainsi que le Christ est méprisé par ceux qui critiquent ses serviteurs. Testimonies for the Church 4 :193-4 ; Testimonies for the Church 1 :562-7.

On a manqué de respect envers les serviteurs que Dieu s'est choisi, et, en quelque cas, ils ont été l'objet d'un mépris absolu de la part de certaines personnes dont le devoir aurait été de les encourager. Les enfants n'ont pas manqué d'écouter les remarques désobligeantes de leurs parents au sujet des reproches et des avertissements solennels des serviteurs de Dieu ; ils ont compris les moqueries et les critiques qu'ils ont entendues, et ils ont été amenés à mettre sur le même niveau les choses éternelles et les affaires temporelles. A quelle mauvaise besogne se livrent les parents en semant l'incrédulité dans le cœur de leurs enfants, et ceci même dès leurs jeunes années ! Ils les amènent ainsi à être irrévérencieux et à se rebeller contre toute répréhension d'en haut. *Ibid.*

Où un tel mal existe, il ne peut y avoir que déclin spirituel. Ces pères et ces mères, aveuglés par l'ennemi, s'étonnent que leurs enfants aient des tendances à l'incrédulité et doutent des vérités de la Parole de Dieu. Ils se demandent pourquoi ils sont si réfractaires aux influences religieuses. Si ces parents étaient spirituels, ils se rendraient compte immédiatement que cet état de choses déplorable est le résultat de l'atmosphère qui règne dans leur propre foyer. C'est là qu'est la source de leur jalousie et de leur manque de confiance. C'est ainsi que dans des familles soit disant chrétiennes l'incrédulité se glisse dans le cœur des jeunes. *Ibid.* Testimonies for the Church 4 :193-4 ; Testimonies for the Church 1 :562-7.

Ils sont nombreux ceux qui trouvent un plaisir tout particulier à parler des fautes, réelles ou imaginaires, des frères qui portent de lourdes responsabilités dans l'œuvre. Ils perdent de vue le bien accompli, les heureux résultats de durs travaux et l'attachement sans défaillance à la cause, pour s'arrêter à quelques prétendues erreurs ou aux conséquences qu'ont eues certaines décisions. Ils s'imaginent qu'eux-mêmes auraient fait beaucoup mieux. En réalité, s'ils avaient été chargés de ce travail, ou ils auraient refusé de s'en occuper, ou auraient fait plus de mal que ceux qu'ils critiquent. Testimonies for the Church 4 :193-4 ; Testimonies for the Church 1 :562-7.

Mais ces incorrigibles bavards se cramponnent aux traits les plus désagréables de l'œuvre accomplie, comme le lichen s'attache aux rochers. Ces personnes sont spirituellement diminués parce qu'elles s'occupent continuellement des fautes des autres. Elles sont moralement incapables de discerner les bonnes et les nobles actions, les efforts désintéressés, le véritable héroïsme, le sacrifice. Elles n'acquièrent pas plus de noblesse et d'élévation d'esprit ; elles ne deviennent pas plus généreuses ; leurs idées et leurs plans restent étriqués. Elles ne cultivent pas la charité qui doit caractériser la vie du chrétien. Chaque jour, elles descendent un peu plus la pente et leurs conceptions se rétrécissent. La petitesse est leur élément, et l'atmosphère qui les entoure chasse la paix et le bonheur. *Ibid.*

Chaque institution devra lutter contre les difficultés. Celles-ci sont d'ailleurs voulues de Dieu afin de mettre ses enfants à l'épreuve. C'est lorsque l'adversité atteint l'une de nos institutions que la foi que nous avons en lui et en son œuvre se révèle. Dans un temps tel que le nôtre, que nul ne considère les choses sous leur jour le plus défavorable et n'exprime des pensées de doute ou d'incrédulité. Ne dénigrez pas ceux qui ont des responsabilités ; ne permettez pas que conversations en famille soit empoisonnées par la critique à leur égard. Les parents qui parlent mal des frères ne travaillent pas au salut de leurs enfants. Leurs paroles tendent à ébranler leur foi et leur confiance, ainsi que celles des adultes. Testimonies for the Church 7 :183 ; Testimonies for the Church 3 :199-200.

Les directeurs de nos institutions ont une tâche bien difficile pour maintenir l'ordre et la discipline parmi les jeunes qui leur sont confiés. Les membres de l'église peuvent faire beaucoup pour les encourager. Lorsque ces jeunes refusent de se soumettre à la discipline ; lorsqu'ils veulent en faire à leur tête chaque fois qu'ils ne sont pas du même avis que leurs supérieurs, que les parents aient bien soin de ne pas les soutenir aveuglément et de ne pas sympathiser avec eux. Testimonies for the Church 7 :186-7 ; *cf.* Testimonies for the Church 3 :202.

Ils vaudraient mieux que vos enfants souffrent, et même qu'ils reposent dans leur tombe, que d'apprendre à traiter à la légère, les principes qui sont à la base même de la loyauté envers la vérité, envers le prochain et envers Dieu. *Ibid.*

Seule la critique personnelle est noble

Si, aujourd'hui, tous ceux qui se disent chrétiens, au lieu de parler des défauts des autres, s'examinaient pour voir ce qui, en eux-mêmes, a besoin d'être corrigé, l'état de l'Eglise serait meilleur. Certains sont honnêtes si cela ne leur coûte rien ; mais si la dissimulation rapporte davantage, ils oublient l'honnêteté. Or l'honnêteté et la dissimulation ne vont pas de pair. Elles ne peuvent s'accorder car elles n'ont rien de commun. L'une est le vrai prophète de Dieu, l'autre celui de Baal. Avec le temps, ou la dissimulation sera expulsée et la vérité et l'honnêteté régneront en maîtresses, ou, si l'on cultive la dissimulation, l'honnêteté sera oubliée. Quand le Seigneur fera le compte de Ses enfants, ceux qui sont francs, sincères, honnêtes seront considérés avec satisfaction. Des anges leur préparent des couronnes, et sur ces couronnes constellées de joyaux se reflétera avec splendeur la lumière que le trône de Dieu irradie. Testimonies for the Church 5 :94-98. *Cf.* Testimonies for the Church 2 :21-26.

Le Seigneur met son peuple à l'épreuve. Soyez aussi critiques et aussi sévères qu'il vous plaira envers votre caractère défectueux, mais soyez bons, miséricordieux et courtois envers les autres. Demandez-vous chaque jour : "Suis-je sain jusqu'au fond de l'âme, ou ai-je le cœur faux ?" Suppliez le Seigneur de vous épargner toute illusion sur ce point. Des intérêts éternels sont en jeu. Alors que tant d'autres courent après les honneurs ou sont avides de gain, cherchez-vous ardemment, mes frères bien-aimés, à vous assurer l'amour de

Dieu, et vous dites-vous : "Qui m'enseignera comment affermir mon appel et mon élection ?" *Ibid.*

Satan observe soigneusement les péchés des hommes, puis il commence son travail de séduction et de supercherie. Nous sommes alors au plus fort de la tentation, mais la victoire est à nous si nous combattons vaillamment pour le Seigneur. Vous êtes tous en danger, mais si vous marchez dans l'humilité et la prière, vous sortirez de l'épreuve, plus précieux que l'or fin, que l'or d'Ophir. Si vous négligez la prière, vous serez comme l'airain qui résonne et la cymbale qui retentit. *Ibid.*

Chapitre 34 — Conseils sur l'habillement

Nous avons le privilège d'honorer notre Créateur dans notre mise comme dans n'importe quelle autre chose. Il ne désire pas seulement voir nos vêtements propres et hygiéniques, il veut les voir seyants et bien faits. Éducation, 279.

Nous devrions chercher à avoir une mise aussi correcte que possible. En relation avec le service du Tabernacle, Dieu avait pris soin de mentionner chacun des détails se rapportant aux vêtements de ceux qui devaient officier en sa présence, nous montrant qu'il s'intéresse à la manière de se vêtir de ses enfants. Les indications qui sont données au sujet des robes d'Aaron sont très précises, car ces robes avaient un caractère symbolique. Les vêtements des disciples de Christ devraient avoir le même caractère. Nous devons être en toutes choses ses représentants. La propreté, la simplicité, la modestie, la décence devraient nous caractériser dans le domaine du vêtement.

Ainsi, par le spectacle de la nature [les fleurs, le lis] Christ définit la seule beauté que le ciel apprécie : la grâce modeste, la simplicité, la pureté, l'à-propos d'une mise qui lui est agréable.

Les principes essentiels dans l'habillement

On juge généralement une personne d'après ses habits et la façon de les porter. Messages choisis 2 :534.

Nous jugeons le caractère d'une personne par sa façon de se vêtir. Une femme modeste et pieuse s'habille avec modestie. Un goût fin, un esprit cultivé manifestent dans le choix d'un vêtement simple et approprié. Celle qui est simple et sobre dans son habillement et dans ses manières montre qu'elle a compris qu'une vraie femme est caractérisée par la valeur morale. Quel charme se dégage d'un vêtement simple aussi gracieux que les fleurs des champs !

Je supplie notre peuple de marcher avec circonspection et retenue devant Dieu. Suivez les modes vestimentaires dans la mesure où elles sont conformes aux principes sanitaires. Que nos sœurs s'habillent simplement, comme beaucoup le font, en utilisant du tissu de bonne qualité, durable, sans prétention, approprié à leur époque, et qu'elles évitent de ne penser qu'à la toilette. Nos sœurs doivent s'habiller avec simplicité. Elles doivent être vêtues avec modestie, avec discrétion et sobriété. Soyez pour le monde une illustration vivante de la parure intérieure de la grâce divine.

Si le monde adopte, en ce qui touche au vêtement, une mode modeste, convenable et hygiénique, en accord avec la Bible, nous pouvons l'adopter nous-mêmes sans modifier nos relations avec Dieu ou avec le monde. Les chrétiens devraient suivre le Christ et se conformer, quant aux vêtements, à la Parole de Dieu. Message à la jeunesse, 348. Qu'ils évitent les extrêmes. Qu'ils marchent droit devant eux, sans se préoccuper des applaudissements ou des blâmes, se cramponnant au bien en raison de sa propre valeur. *Ibid*

Ne consacrez pas tout votre temps à la poursuite des folies de la mode. Ayez une mise soignée et convenable. Que l'on ne juge pas votre vêtement trop raffiné ou trop négligé. Habillez-vous comme si vous vouliez plaire à Dieu et non pour vous attirer son déplaisir.

Instructions bibliques

Jésus a remarqué le soin donné aux vêtements, et Il nous a recommandé de ne pas nous en occuper outre mesure. "Et pourquoi vous inquiétez au sujet du vêtement ? Considérez comment croissent les lis des champs ; ils ne travaillent ni ne filent ; cependant je vous dis que Salomon même, dans toute sa gloire, n'a pas été vêtu comme l'un d'eux."

Il m'a été montré les écrits bibliques suivants. Ils existent pour instruire le peuple de Dieu, dit l'ange. (1 Timothée 2 :9-10) : "Que les femmes, vêtues d'une manière décente, avec pudeur et modestie, ne se parent ni de tresses, ni d'or, ni de perles, ni d'habits somptueux, mais qu'elles se parent de bonnes œuvres, comme il convient à des femmes qui font profession de servir Dieu". (1 Pierre 3 :3-5) "Ayez, non cette parure extérieure qui consiste dans les cheveux tressés, les ornements d'or, ou les habits qu'on revêt, mais la parure intérieure et caché dans le cœur, la pureté incorruptible d'un esprit doux et paisible, qui est d'un grand prix devant Dieu. Ainsi se paraient autrefois les saintes femmes qui espéraient en Dieu".

Il en est qui considèrent ces recommandations comme trop anciennes pour qu'on s'y arrête ; mais celui qui les a données comprenait les dangers de notre époque en ce qui concerne les vêtements. Voulez-vous prendre garde à ces avertissements et agir avec sagesse ?

Ceux qui cherchent sincèrement à suivre le Christ éprouveront des scrupules de conscience en ce qui concerne le vêtement ; ils s'efforceront de se conformer aux directives (1 Pierre 3 :3-5) si clairement données par le Seigneur.

Le renoncement à soi-même dans le vêtement fait partie de notre devoir chrétien. S'habiller simplement, s'abstenir de toute envie, de bijoux et d'ornements de toute sorte est en accord avec notre foi.

Beaucoup ne savent pas comment se comporter au culte le jour du sabbat. Ne nous présentons pas devant le Seigneur en habits de travail ; ayons un vêtement convenable pendant que nous nous rendons au culte dans la maison du Seigneur.

Bien que nous ne devions pas nous conformer aux usages du monde, il ne faut pas que notre mise soit négligée. Les enfants de Dieu doivent être purs intérieurement et extérieurement.

Les femmes de nos prédicateurs particulièrement devraient avoir soin de ne pas s'écarter des enseignements positifs de la Bible. Il en est qui considèrent ces recommandations comme trop anciennes pour qu'on s'y arrête ; mais celui qui les a données comprenait les dangers de notre époque en ce qui concerne les vêtements. Voulez-vous prendre garde à ces avertissements et agir avec sagesse ? L'extravagance dans les vêtements augmente sans cesse et nous n'avons pas encore tout vu ! La mode change constamment et nos sœurs la suivent sans considération de temps et de dépenses. On prodigue en vêtement une quantité d'argent que l'on devrait consacrer à Dieu qui l'a donné...

L'influence du mode vestimentaire

L'amour de la toilette met en danger la moralité, et fait de la femme l'opposée de la femme chrétienne que distinguent la modestie et la sobriété. Exhiber une robe extravagante encourage trop souvent la convoitise dans le cœur de l'utilisateur et réveille les basses passions dans le cœur de celui qui regarde. Dieu voit que la ruine du caractère est souvent précédée par l'indulgence de l'orgueil et la vanité dans la tenue vestimentaire. Il considère que le coût des vêtements étouffe le désir de faire le bien.

Mes jeunes sœurs se feront recommander par des vêtements simples, sans prétention. Rien ne contribuera davantage à faire briller votre lumière que la simplicité de votre vêtement et de votre attitude. Vous pouvez montrer à tous combien peu de cas vous faites des choses de cette vie en comparaison des biens éternels.

Il en est beaucoup qui se vêtent comme les gens du monde, croyant avoir ainsi une influence sur les incroyants ; mais ils commettent une funeste erreur ; s'ils veulent avoir une influence salutaire, qu'ils vivent selon ce qu'ils professent être, et qu'ils montrent leur foi par leurs bonnes œuvres, ne craignant pas de faire une distinction entre ce qui est chrétien et ce qui est mondain. Leurs paroles, leurs actes, leurs vêtements doivent rendre témoignage à Dieu. Alors ils exerceront autour d'eux une sainte influence, et même les incroyants reconnaîtront qu'ils ont été avec Jésus. Si quelqu'un désire contribuer à faire discerner la vérité à son prochain, qu'il vive selon sa profession de foi et imite le divin modèle.

Mes sœurs, évitez l'apparence du mal. En cette ère rapide, tournez le dos à la corruption, vous n'êtes pas à l'abri à moins que vous ne preniez garde. La vertu et la modestie sont rares. Je vous interpelle comme des disciples de Christ, faisant un travail exaltant, à chérir le précieux et incommensurable germe de la modestie.

La simplicité et la décence unies à des matières modestes feront beaucoup pour entourer une jeune femme de cette atmosphère de sainte réserve qui est pour elle un abri contre toutes sortes de dangers.

La simplicité dans les vêtements fera paraître une femme sensée à son avantage. Habillez-vous comme le feraient des femmes chrétiennes -avec simplicité, vous parant de bonnes œuvres, comme il convient à des femmes qui font profession de servir Dieu.

Par souci de la mode, beaucoup se départent du goût de la simplicité naturelle pour s'attacher aux choses artificielles. Ils sacrifient temps et argent, vigueur et intelligence, ainsi que la vraie noblesse d'âme pour se consacrer entièrement aux exigences de la mode.

Chers jeunes gens et chères jeunes filles, ce n'est pas en vous conformant à la mode, en portant des dentelles, de l'or et des ornements de luxe que vous recommanderez votre religion ou votre doctrine. Les personnes qui ont du discernement y verront plutôt une faiblesse d'esprit et une preuve de vanité. Message à la jeunesse, 346.

La justice des saints est le vêtement que chaque enfant et chaque jeune devraient rechercher avec candeur. Si ceux-ci tentent de l'obtenir avec la même ardeur et la même persévérance qu'ils dénotent dans la poursuite des modes vestimentaires suivant les normes de la société mondaine, ils seront très bientôt revêtus de la justice de Christ, et leurs noms ne seront point effacés du livre de vie. Les mères aussi bien que les jeunes et les enfants doivent prier ainsi : "créé en moi un cœur pur, oh Dieu, et renouvelle en moi un esprit bien disposé." Psaumes 51 :10. Cette pureté de cœur et cette beauté du caractère sont plus précieuses que l'or, pour le présent et pour l'éternité. Seuls ceux qui ont le cœur pur verront Dieu.

[148]

Chapitre 35 — Un appel à la jeunesse

Chers jeunes amis, ce que vous semez, vous le moissonnerez aussi. C'est maintenant pour vous le temps des semailles. Qu'en sera-t-il de la moisson ? Que semez-vous ? Toute parole, toute action, est une semence qui portera son fruit, bon ou mauvais, et qui portera joie ou tristesse pour le semeur. Dieu vous a accordé une grande lumière et de nombreux privilèges. Votre responsabilité est maintenant engagée. La façon dont vous aurez accueilli la lumière divine fera pencher le plateau de la balance du côté de votre bonheur ou de votre perte. Vous êtes en train de forger votre destinée.

Vous avez tous une influence, bonne ou mauvaise, sur l'esprit et le caractère de vos camarades. Cette influence est enregistrée dans les livres célestes, car un ange est à vos côtés qui prend note des vos paroles et des vos actes. Lorsque vous vous éveillez le matin, sentez-vous votre faiblesse et la nécessité où vous êtes de recevoir la force de Dieu ? Faites-vous connaître avec humilité et de tout votre cœur, vos besoins à votre Père céleste ? S'il en est ainsi, les anges enregistrent vos prières et si elles ne sont pas sorties de lèvres menteuses, lorsque vous serez inconsciemment en danger de mal faire et d'exercer une influence qui entraîne les autres au mal, votre ange gardien sera à vos côtés, vous remettant sur la bonne voie, vous inspirant dans vos paroles et influençant vos actes.

Si vous ne voyez pas le danger et si vous ne demandez pas à Dieu la force de résister aux tentations, vous pouvez être sûrs de vous égarer. Votre négligence sera inscrite dans le livre de Dieu et vous serez jugés trop légers au jour de l'épreuve.

Il en est parmi vous qui ont été élevés avec piété, mais d'autres ont été choyés, flattés, loués, si bien qu'ils sont littéralement désarmés devant la vie. Je parle de personnes que je connais. On a été pour elles si indulgent que l'indolence de leur caractère en a fait des êtres inutiles ici-bas. Que pouvons-nous espérer alors de ce qui concerne la vie où tout sera pureté et sainteté et où tous les caractères seront harmonieusement développés ? J'ai prié pour de telles personnes, je me suis adressée à elles directement. Je pouvais distinguer l'influence qu'elles avaient sur leurs camarades, les entraînant dans la vanité, la coquetterie dans le vêtement, l'insouciance de leurs intérêts éternels. Leur seul espoir, c'est de se rendre compte du chemin où elles sont engagées, d'humilier leurs cœurs pleins d'orgueil et de vanité, de confesser leur péché et de se convertir.

Développer l'amour des choses spirituelles

La seule sauvegarde pour les jeunes, c'est une vigilance de tous les instants et l'humble prière. Ils ne doivent pas se flatter de pouvoir être chrétiens sans cela. Satan cache ses tentations et ses ruses sous des apparences de lumière, comme il le fit lorsqu'il aborda le Christ dans le désert. Il avait alors l'aspect d'un ange. L'adversaire de nos âmes s'approchera de nous sous l'apparence d'un hôte céleste ; aussi l'apôtre recommande t-il la sobriété et la vigilance. Les jeunes qui se laissent aller à l'insouciance et à la légèreté, qui négligent leurs devoirs de chrétiens, cèdent constamment aux tentations de l'ennemi au lieu de vaincre comme le Christ a vaincu.

Beaucoup de gens prétendent être du côté du Seigneur, mais leurs actions prouvent qu'ils sont du côté de Satan. Qui peut décider de quel côté nous sommes ? Qui a notre cœur ? A qui appartiennent nos pensées ? Avec qui aimonsnous à nous entretenir ? Pour qui sont nos plus chaudes affections et nos meilleures énergies ? Si nous sommes du côté du Seigneur, nos pensées lui appartiennent et Il nous inspire les plus doux sentiments. Le monde n'est pas notre ami, car nous avons tout consacré à Dieu à qui nous désirons ressembler. Nous voulons être animés de son esprit, faire sa volonté et lui plaire en tous points.

[149]

La véritable éducation, c'est d'apprendre à employer nos facultés afin d'arriver à des résultats positifs. Pourquoi la religion retient-elle si peu notre attention alors que le monde exerce son attraction sur notre être tout entier ? C'est parce que toutes nos forces sont tendues dans la direction du monde. Nous nous sommes entraînés à mettre toute notre ardeur et toutes nos énergies dans les affaires de cette terre, si bien qu'il est maintenant facile à notre esprit de prendre ce chemin. C'est pourquoi les chrétiens trouvent la vie religieuse si difficile et la vie du monde si aisée, car toutes nos facultés ont été dirigées dans ce sens. La vie religieuse, pour nous, consiste surtout à reconnaître les vérités de la parole de Dieu, et non à les vivre dans l'existence quotidienne.

La culture des pensées pieuses et des sentiments religieux ne fait pas partie de l'éducation, alors que tout notre être devrait être influencé par elle. Il nous faut acquérir l'habitude de faire le bien. On le fait généralement par intermittence, quand les circonstances sont favorables, mais notre esprit n'est pas naturellement incliné vers les réalités d'en haut.

Il faut que l'esprit apprenne par une discipline constante à aimer la pureté. L'amour de la piété doit être encouragé, si tu veux croître dans la grâce et dans la connaissance de la vérité. Le désir d'être bon et vraiment sanctifié est très appréciable, pour autant qu'il dure, mais si l'on s'arrête en chemin cela n'aura servi de rien. Les bonnes résolutions ne seront d'aucune valeur si elles ne sont pas mises à exécution. Nombreux sont ceux qui seront perdus tout en espérant devenir chrétiens et en désirant l'être ; ils ne font pas les efforts suffisants, c'est pourquoi ils seront pesés dans les balances célestes et trouvés trop légers. La volonté doit être exercée dans la bonne direction. Il faut que tu puisses dire : je veux être chrétien de tout mon cœur. Je veux connaître la longueur, la largeur, la hauteur et la profondeur de l'amour parfait. Prête l'oreille aux paroles de Jésus : "heureux ceux qui ont faim et soif de la justice, car ils seront rassasiés" ; Romains 5 :6. Le Christ a amplement pourvu que soient satisfaites la faim et la soif de l'âme pour la justice.

Elévation du niveau spirituel

Grâce à l'amour, l'âme atteindra un niveau spirituel plus élevé et comprendra mieux les réalités divines ; elle ne sera pas satisfaite si elle n'est pas remplie jusqu'à toute la plénitude de Dieu. Beaucoup de chrétiens de profession n'ont aucune idée de la vigueur spirituelle qu'ils pourraient avoir s'ils avaient autant d'ambition, de zèle et de persévérance pour acquérir la connaissance des choses de Dieu qu'ils en ont pour s'intéresser aux mesquineries de cette vie périssable. Les masses chrétiennes se sont contentées d'une vie spirituelle chétive. Elles ne se sont pas disposées à rechercher avant tout le royaume de Dieu et sa justice ; c'est pourquoi le mystère de la piété ne leur est pas accessible. La connaissance qu'elles ont du Christ ne provient pas d'une expérience personnelle.

Supposons que ces hommes et femmes qui se contentent d'être spirituellement des paralytiques et des nains, soient subitement transportés dans le ciel et qu'ils puissent contempler pendant quelques instants la perfection et la sainteté qui y règnent. Toute âme y est remplie d'amour, tout être resplendit de joie. Une musique enchanteresse s'élève constamment en l'honneur de Dieu et de l'Agneau. Les saints sont inondés par la lumière qui émane sans cesse de la face de celui qui est assis sur le trône et de la face de l'Agneau. Mais dans le ciel on ressent toujours plus d'allégresse car plus la joie de Dieu est reçue, plus grande est la capacité de recevoir de nouvelles joies provenant des sources intarissables de gloire et de béatitudes inexprimables. Les chrétiens chétifs dont nous parlons pourraient-ils se mêler à la foule céleste, unir leurs voix aux chants des saints et supporter l'éclat de la gloire pure et exaltante qui émane de Dieu et de l'agneau ? Non, certes. Dieu a usé de patience envers eux pendant de longues années afin qu'ils puissent apprendre le langage du ciel et devenir "participants de la nature divine, en fuyant la corruption qui existe dans le monde par la convoitise". 2 Pierre 1 :4. Mais ils ont mis toutes leurs forces mentales et toutes leurs énergies à s'occuper de leurs propres affaires. Ils n'ont pas accepté de servir Dieu sans réserve, en faisant de ce service leur occupation essentielle. Ils ont fait passer avant tout leurs affaires matérielles, auxquelles ils ont voué le meilleur d'eux-mêmes, et ils n'ont accordé à Dieu qu'une pensée éphémère. Pourraient-ils être transformés après que ces paroles auront été prononcées : "que celui qui est saint se sanctifie encore... que celui qui est souillé se souille encore" ? Ce moment est proche.

Ceux qui ont habitué leur esprit à se plaire aux exercices spirituels seront transmués et ne seront pas anéantis par la pureté et la gloire transcendante du ciel. On peut être versé dans les arts, être un familier de la science, exceller en musique et en lettre, savoir tenir sa place dans un salon, mais à quoi cela sert-il à ceux qui se préparent pour le ciel ? Cela sera-t-il de quelque utilité lorsqu'il faudra se tenir devant le tribunal de Dieu ?

Le caractère céleste doit s'acquérir sur la terre

Ne vous y trompez pas : on ne se moque pas de Dieu. Seule la sanctification vous préparera pour le ciel. Seule, une piété sincère procédant de l'expérience, peut vous donner un caractère pur et élevé et vous permettre de vous présenter devant Dieu, qui habite une lumière inaccessible. Le caractère que nous aurons dans le ciel doit s'acquérir sur la terre, car il ne peut s'obtenir nulle part ailleurs. C'est pourquoi il vous faut commencer immédiatement. Ne vous bercez pas de l'illusion qu'un jour viendra ou vous pourrez vous y efforcer plus aisément que maintenant. Chaque jour augmente la distance entre Dieu et vous. Préparez-vous pour l'éternité avec un zèle que vous n'avez jamais encore connu. Exercez votre esprit à aimer la Bible, les réunions de prière, l'heure de la méditation, et par-dessus tout le moment ou l'âme communie seule avec Dieu. Ayez dès ici-bas l'esprit du ciel, si vous voulez un jour unir votre voix au chœur céleste.

Assurez-vous l'amour de Dieu

Je pense à la fidélité d'Abraham qui, pour obéir à l'ordre divin reçu dans une vision nocturne à Beer-Schéba, poursuivit son voyage accompagné d'Isaac. Il voyait devant lui la montagne que Dieu lui montrait comme étant celle sur laquelle il devait sacrifier son fils.

Le malheureux père, de ses mains tremblantes, lie Isaac, parce que Dieu l'a voulu ainsi. Mais quand tout est prêt, quand la foi du père et l'obéissance du fils sont rendues évidentes, l'ange de l'Eternel arrête la main levée d'Abraham sur le point d'immoler son fils. Il lui dit : "je sais maintenant que tu crains Dieu, et que tu ne m'as pas refusé ton fils, ton unique." Genèse 22 :12.

Cet acte de foi d'Abraham nous est rapporté pour notre instruction. Il nous apprend une bonne leçon de confiance dans les exigences de Dieu, si dures et si sévères qu'elles puissent paraître. Ce récit enseigne aussi aux enfants à se soumettre entièrement à leurs parents et à Dieu. Par l'obéissance d'Abraham, nous comprenons que rien n'est trop précieux pour que nous ne l'abandonnions pas à Dieu.

Dieu a donné son fils pour qu'il vécût ici-bas une vie d'humiliation, de renoncement, de pauvreté, de labeur harassant, d'opprobre, et pour qu'il agonisât sur une croix. Mais il n'y eut pas d'ange pour apporter le joyeux message : c'est assez, tu ne mourras pas, mon fils bien-aimé. Des légions d'anges, pleins de tristesse attendaient, espérant que, comme dans le cas d'Isaac, Dieu au dernier moment épargnerait à son fils cette mort ignominieuse. Mais les anges n'eurent pas le droit de s'interposer. Il fallut que le Christ subît l'humiliation du prétoire, puis monta au calvaire. On se moqua de lui et on lui cracha au visage. Il endura les railleries, les insultes, les outrages de ceux qui le haïssaient, jusqu'à ce qu'enfin, il inclinât la tête et mourût.

[151]

Dieu pouvait-il nous donner une plus grande preuve de son amour qu'en livrant son fils pour subir de telles souffrances ? Et de même que le don de Dieu à l'homme est offert gratuitement, de même que son amour est infini, ainsi sont sans limites les exigences de Dieu qui réclame notre confiance, notre obéissance, notre cœur tout entier et la richesse de nos affections. Le Seigneur veut tout ce qu'il est possible à un homme de donner. Notre soumission doit être proportionnée au don de Dieu, c'est-à-dire totale. Nous sommes tous débiteurs du très haut. Nous ne pouvons répondre à ce qu'il réclame de nous sans faire le sacrifice complet et volontaire de nous mêmes. Il veut que nous consentions à obéir promptement, et il n'acceptera pas une obéissance imparfaite. Nous avons l'occasion maintenant de nous assurer l'amour et la faveur de Dieu. Cette année est peut-être la dernière que vivront certains de ceux qui lisent ces livres. Y en a-t-il parmi mes jeunes lecteurs qui préféreraient les plaisirs du monde à la paix que le Christ donne à ceux qui recherchent avec empressement à faire sa volonté ?

Pesés dans les balances

Dieu pèse dans la balance du sanctuaire notre caractère, notre conduite et nos mobiles. C'est une chose terrible que d'être dépourvu d'amour et de fidélité envers notre Rédempteur, qui est mort sur la croix pour attirer nos cœurs à lui. Dieu nous a confié de grands et précieux dons. Il nous a donné la lumière et la connaissance de sa volonté, pour que nous ne marchions pas dans les ténèbres et ne soyons pas livrés à l'erreur. Ce sera donc une chose terrible que d'être trouvé trop léger au dernier jour, une fatale erreur qui ne pourra jamais se corriger. Jeunes amis, devra-t-on chercher en vain vos noms dans le livre de vie ?

Dieu nous a confié une œuvre qui fera de vous ses collaborateurs. Tout autour de vous, il y a des âmes à sauver. Vous pouvez être pour elles un sujet d'encouragement et de bénédiction, les détourner du péché et les amener à la justice. Quand vous sentirez le poids de votre responsabilité envers Dieu, vous sentirez aussi le besoin de la fidélité dans la prière et dans la résistance aux assauts de Satan. Si vous êtes vraiment chrétiens, vous vous attristerez des ténèbres morales dans lesquelles vit le monde plutôt que de penser à votre toilette avec orgueil et légèreté. Vous ferez partie de ceux qui soupirent et pleurent à cause des abominations qui se commettent ici-bas. Vous résisterez aux tentations de Satan qui vous engagent à vous préoccuper de vaines parures et de vains ornements. Se complaire à de telles frivolités et négliger de lourdes responsabilités, n'est-ce pas faire preuve d'un esprit étroit et d'une intelligence diminuée ?

La jeunesse d'aujourd'hui peut devenir collaboratrice du Christ. En travaillant au service de Dieu, la foi se fortifiera et la connaissance de la volonté divine augmentera. Les mobiles et les actions en accord avec la vérité et la justice seront consignés dans le livre de vie. Je désire amener la jeunesse à comprendre le péché qui résulte d'une vie égoïste et d'un comportement entraînant l'esprit à se complaire à des vanités. Si les jeunes élèvent leurs pensées et cessent de s'entretenir avec des frivolités de ce moment, s'ils ont pour but la gloire de Dieu, alors ils goûteront la paix qui surpasse toute intelligence.

Dieu veut que les jeunes gens deviennent des hommes à l'esprit ardent, prêts à l'action et qualifiés pour porter des responsabilités dans sa grande œuvre. Dieu cherche des jeunes gens au cœur pur, forts et courageux, décidés à lutter virilement, afin de glorifier Dieu et faire du bien a l'humanité. Si seulement la jeunesse voulait étudier la Bible, modérer l'impétuosité de ses désirs, écouter la voix de son Créateur et Rédempteur, non seulement elle vivrait en paix avec Dieu, elle se trouverait ennoblie, élevée.

Où que vous alliez, portez la lumière ; montrez-vous fermes et non pas indécis ou facilement ébranlés par de mauvaises compagnies. Ne vous montrez pas dociles aux suggestions de ceux qui

[152]

déshonorent Dieu ; efforcez-vous plutôt de réformer, de redresser, de délivrer les âmes du mal.

Ayez recours à la prière, et persuadez avec douceur et humilité ceux qui s'opposent à vous. Pour une âme arrachée à l'erreur et ralliée au drapeau du Christ, il y aura de la joie au ciel et une étoile sera ajoutée à votre couronne de joie. Une sainte influence, émanant d'une âme sauvée, en amènera d'autres à la connaissance du salut, et ainsi l'œuvre prendra des proportions qui seront pleinement manifestées au jour du jugement.

Ne vous laissez pas détourner de l'œuvre du Seigneur par la pensée que vous ne pouvez faire que peu de choses. Accomplissez ce peu avec fidélité : Dieu ajoutera ses efforts aux vôtres. Il inscrira votre nom dans le livre de vie, vous jugeant dignes de participer à la joie du Seigneur.

[153]

Chapitre 36 : La discipline et l'éducation appropriées à nos enfants

L'influence du monde en général pousse la jeunesse à suivre ses inclinations. Si elle est très indisciplinée au début, les parents disent qu'elle changera après un certain temps ; que, lorsque les jeunes gens auront seize ou dix-huit ans, ils seront plus raisonnables, délaisseront leurs mauvaises habitudes et deviendront enfin des hommes et des femmes utiles. Quelle erreur ! On permet ainsi à l'ennemi de semer l'ivraie pendant des années. De la sorte croissent de mauvaises tendances que, dans la plupart des cas, il est impossible d'extirper malgré tous les efforts.

Satan travaille avec ruse et persévérance ; c'est un terrible ennemi. Il met à profit toute parole imprudente, qu'il s'agisse d'une flatterie ou d'un mot qui fasse envisager le péché avec moins d'horreur. Il s'en sert pour nourrir la mauvaise semence afin qu'elle s'enracine profondément et produise une abondante moisson. Certains parents ont permis à leurs enfants de prendre de mauvaises habitudes qui laisseront des traces pendant la vie entière. Ils sont responsables de ce péché. Leurs enfants pourront prétendre être chrétiens, mais si la grâce n'opère pas spécialement dans leur cœur et ne réforme pas entièrement leur vie, ces habitudes se remarqueront toujours et on verra se manifester le caractère que les parents ont laissé se former.

Les parents doivent diriger leurs enfants, corriger leurs passions et leur apprendre à obéir ; sinon Dieu anéantira ces enfants au jour de sa colère, tandis que les parents qui ont failli à leur tâche recevront le blâme justement encouru. Les serviteurs de Dieu, tout particulièrement, devraient se faire obéir de leurs enfants. J'ai vu qu'ils n'étaient pas en mesure de juger ou de décider pour l'église, s'ils ne pouvaient gouverner leur propre maison. Qu'ils mettent de l'ordre chez eux : ainsi leurs avis auront du poids dans l'église et leur autorité s'affirmera.

Chaque enfant devrait être appelé pour se justifier s'il est absent la nuit. Les parents devraient connaître la compagnie de leurs enfants et chez qui ils passent leurs soirées.

La philosophie humaine n'a pas de découverte qui dépasse la science de Dieu et n'a pas imaginé un plan d'éducation plus sage que celui donné par notre Seigneur. Qui peut mieux connaître les besoins des enfants si ce n'est leur Créateur ? Qui peut éprouver un intérêt plus grand pour leur bien-être que celui qui les a rachetés par son propre sang ? Si l'on étudiait avec plus de soin la parole de Dieu et si on lui obéissait plus fidèlement, beaucoup d'âmes seraient angoissées par la mauvaise conduite d'enfants foncièrement méchants.

Les enfants ont des droits que les parents devraient connaître et prendre en considération. Ils ont le droit de recevoir une instruction et une éducation qui les préparent à devenir, ici-bas, dans la société, des membres utiles, respectés et aimés, et qui leur donnent des qualités morales requises pour faire partie de la société pure et sainte du monde à venir. Il faudrait dire aux jeunes que leur bonheur présent et futur dépend en grande partie des habitudes qu'ils auront contractées durant l'enfance et l'adolescence.

Des hommes et des femmes qui prétendent révérer la Bible et suivre ses enseignements ne se conforment pas à ses exigences à bien des égards. Dans l'éducation des enfants, ils suivent leur nature perverse plutôt que la volonté de Dieu, pourtant connue. Cette négligence du devoir entraîne la perte de milliers d'âmes. La Bible expose les règles d'une discipline correcte à appliquer aux enfants. Si ces instructions étaient suivies par les parents, les jeunes gens qui arrivent aujourd'hui à l'âge des responsabilités seraient bien différents. Mais certains parents qui prétendent être des lecteurs de la Bible et se conformer à ses instructions font exactement le contraire de ce qu'elle enseigne. Nous entendons les cris des pères et des mères angoissés qui déplorent la conduite de leurs enfants, se rendant peu compte qu'ils ont attiré la tristesse et l'angoisse sur eux-mêmes, et fait leur malheur en leur témoignant une affection déplacée. Ils oublient que le Seigneur les a chargés de leur inculquer de bonnes habitudes dès le berceau.

[154]

Les enfants chrétiens estimeront au-dessus de toute autre bien terrestre l'amour et l'approbation de parents craignant Dieu. Ils les aimeront et les honoreront. Leur principal souci sera de les rendre heureux. Les enfants indisciplinés qui n'ont pas reçu une bonne éducation, n'auront, dans ce siècle de rébellion, que peu le sentiment de leurs obligations envers leurs parents. Souvent, plus les parents font pour eux, plus les enfants sont ingrats et moins ils les respectent.

Les parents ont dans une grande mesure entre les mains le bonheur futur de leurs enfants. Les instructions reçues dans l'enfance subsisteront pendant la vie entière. Les parents répandent une semence qui portera des fruits soit pour le bien, soit pour le mal.

Les parents doivent donner leur accord

Les enfants sont de nature sensible et aimante. Ils sont facilement comblés et facilement irritables. Par une discipline tendre avec des mots et des actes d'amour, les mères pourront lier leurs enfants à leurs cœurs. Faire preuve de sévérité et d'excitation à l'égard des enfants est une grave erreur. La fermeté constante et le contrôle dépassionné sont nécessaires à la discipline de chaque famille. Faites-vous comprendre dans le calme, avancez avec considération, et ressortez ce que vous avez à dire sans détour.

Les parents ne devraient pas oublier le temps de leur enfance, combien ils avaient besoin de sympathie et se sentaient malheureux quand on les réprimandait avec brusquerie. Il faut qu'ils redeviennent jeunes de sentiments et mettent leur esprit au niveau de celui de leurs enfants. Toutefois, avec une fermeté mêlée d'amour, qu'ils exigent l'obéissance. Les ordres des parents doivent être implicitement obéis.

Les divergences dans la direction de la famille sont cause de bien de difficultés ; en fait, elles sont aussi préjudiciables que l'absence totale d'autorité. On se demande toujours pourquoi les enfants de parents croyants sont si souvent têtus, insolents et rebelles. Cela provient de l'éducation qu'ils reçoivent chez eux.

Si les parents ne sont pas d'accord, qu'ils discutent en l'absence de leurs enfants jusqu'à ce qu'ils aient trouvé un terrain d'entente.

Si les parents sont unis dans cette œuvre d'éducation, l'enfant comprendra ce qu'on attend de lui. Mais si le père d'un mot ou d'un regard montre qu'il n'approuve pas la façon d'agir de sa femme ; s'il trouve qu'elle est trop stricte et estime qu'il doit compenser sa dureté en faisant preuve d'indulgence et en gâtant son enfant, celui-ci est perdu. Il comprendra vite qu'il peut faire ce qui lui plaît. Les parents qui commettent cette faute envers leurs enfants seront responsables de la perte de leur âme.

Les parents devraient d'abord apprendre à être maîtres d'eux-mêmes ; ils pourraient alors réussir à mieux diriger leurs enfants. Chaque fois qu'ils perdent l'empire sur eux-mêmes, qu'ils parlent avec impatience, ils pèchent contre Dieu. Ils devraient raisonner avec leurs enfants, leur montrer clairement leurs torts et leur faire comprendre que non seulement ils ont péché contre leurs parents, mais contre Dieu. Le cœur soumis et plein de piété et de tristesse pour vos enfants égarés, priez avec eux avant de les corriger. Alors, votre correction ne vous fera pas haïr. Au contraire ils vous aimeront, car ils verront que vous les avez punis, non parce qu'ils vous avaient causé du désagrément ou parce que vous vouliez vous venger, mais pour leur bien, afin de ne pas les laisser grandir dans le péché. [155]

Le danger d'une éducation trop sévère

De nombreux enfants paraissent bien élevés tant qu'ils sont sous l'influence d'une discipline donnée. Mais quand le système de règles qui les entourait a disparu, ils semblent incapables de penser, d'agir ou de décider par eux-mêmes.

L'éducation de fer qui ne se préoccupe pas d'apprendre aux jeunes à penser et à agir par eux-mêmes, dans la mesure où le permettent leurs propres capacités et leur tournure d'esprit, afin que par ce moyen ils arrivent à la maturité de pensée et à un sentiment de respect et de confiance en soi, aura des effets désastreux sur leurs facultés mentales et morales. Lorsque de telles personnes devront agir par elles-mêmes, la preuve sera faite qu'elles ont été dressées à la manière des animaux, et non éduquées. La volonté, au lieu d'être dirigée, a été brisée et soumise à l'austère discipline imposée par les parents et les maîtres.

Les parents et les maîtres qui se vantent d'avoir un contrôle parfait sur l'esprit et la volonté des enfants dont ils s'occupent, cesseraient d'être fiers des résultats dont ils se prévalent s'ils pouvaient discerner quelle sera la vie des hommes qu'ils auront ainsi subjugués par la force ou par la peur. De telles personnes seront à peu près totalement inaptes à faire face aux responsabilités de l'existence.

Privés de la direction de leurs parents et de leurs maîtres, obligés de penser et d'agir par euxmêmes, ces jeunes gens courent presque infailliblement le risque de suivre une mauvaise ligne de conduite et de céder à la puissance de la tentation. La vie présente ne sera pas pour eux un succès et leur vie religieuse aura de sérieuses déficiences. Si donc eux qui les ont ainsi instruits avaient devant les yeux le résultat de leur discipline malfaisante, ils changeraient de méthode. Une telle catégorie de maîtres, qui se prévalent de contrôler à peu près complètement la volonté de leurs élèves, ne sont pas ceux qui réussissent le mieux, malgré les apparences flatteuses du moment. Ils se tiennent souvent sur la réserve, exercent leur autorité d'une manière froide et sans sympathie qui ne peut leur gagner les cœurs. S'ils rassemblaient les enfants autour d'eux, leur témoignant de l'amour, s'intéressant à leurs efforts et à leurs jeux, parfois même vivant comme les enfants au milieu d'autres enfants, ils feraient des heureux et gagneraient l'affection et la confiance. Les enfants arriveraient vite à aimer et à respecter l'autorité de leurs parents et de leurs maîtres.

D'un autre côté, on ne devrait pas laisser la jeunesse penser et agir en toute indépendance. Il faut apprendre aux enfants à respecter l'expérience de leurs parents et de leurs maîtres et à se laisser conduire par eux. L'éducation doit constituer en une alliance des esprits des éducateurs et de leurs élèves de telle sorte que ceux-ci comprennent la nécessité de rechercher le conseil de ceux-là. Lorsque les jeunes quitteront les parents et leurs maîtres, ils ne ressembleront pas au roseau agité par le vent.

Laisser grandir les enfants dans l'ignorance est un péché

Certains parents ont négligé de donner à leurs enfants une éducation religieuse, de même qu'ils ne les ont pas fait instruire à l'école. C'est un double tort. L'esprit des enfants est constamment en mouvement : s'ils ne sont pas occupés à quelque travail physique ou mental, ils seront exposés à de mauvaises influences. C'est un péché que de laisser des enfants grandir dans l'ignorance. On doit leur fournir des livres utiles et intéressants, et leur apprendre à travailler aussi bien manuellement qu'intellectuellement. Il faut chercher à élever l'esprit, à cultiver l'intelligence, car l'intelligence que l'on abandonne à elle-même est en général peu élevée, sensuelle et corrompue. Satan profite de cette disposition et éduque à sa manière les esprits paresseux.

[156]

L'œuvre de la mère commence dès la plus tendre enfance. Elle doit soumettre la volonté et le caractère de l'enfant et lui apprendre à obéir. A mesure qu'il grandit, ne relâchez pas votre discipline. Il faut que chaque mère prenne le temps de raisonner avec son enfant, de redresser ses erreurs et de lui montrer avec patience quel est le droit chemin. Que les parents chrétiens sachent qu'ils doivent préparer leurs enfants à devenir des enfants de Dieu. Toute l'expérience religieuse se ressent de l'éducation reçue et du caractère modelé dans l'enfance. Si la volonté de l'enfant n'a pas été habituée à céder à celle des parents, il sera difficile d'apprendre plus tard à obéir. Quelle lutte difficile que de soumettre aux exigences de Dieu une volonté jamais subjuguée ! Les parents qui négligent cette tâche essentielle commettent une grave erreur et pèchent contre leurs enfants et contre Dieu.

Parents, si vous négligez de donner à vos enfants l'éducation que Dieu vous impose comme un devoir à leur égard, à la fois par le précepte et par l'exemple, vous devrez répondre devant lui des conséquences. Ces conséquences ne se limiteront pas à vos enfants uniquement. De même qu'un seul chardon toléré dans un champ prépare une moisson du même genre, ainsi les péchés résultant de votre négligence amèneront la ruine chez tous ceux qui subiront leur influence directe.

La malédiction retombera certainement sur les parents infidèles. Non seulement ils récolteront ici-bas ce qu'ils auront semé, mais il leur sera demandé compte au jour du jugement de leur infidélité. Beaucoup d'enfants se lèveront en ce jour-là, condamneront leurs parents parce qu'ils ne les ont pas corrigés et les rendront responsables de leur perte. L'amour aveugle des parents et leur indulgence coupable les amènent à excuser les fautes de leurs enfants et à ne pas les corriger. De cette façon, ceux-ci seront perdus et leur sang retombera sur les parents infidèles.

La paresse est un péché

Il m'a été montré que la paresse a été la cause de beaucoup de péchés. Ceux dont les mains et l'esprit sont actifs ne trouvent pas le temps de prêter l'oreille aux tentations de l'ennemi ; mais des mains et des têtes oisives sont prêtes à se laisser entraîner par Satan. Quand l'esprit n'est pas convenablement occupé, il s'arrête à des pensées malsaines. Les parents devraient enseigner à leurs enfants que la paresse est un péché.

Rien ne conduit plus sûrement au mal que d'éviter aux enfants toute responsabilité en les laissant mener une vie oisive et en permettant qu'ils ne fassent rien ou seulement ce qui leur plaît. L'esprit des enfants est vif et, s'il n'est pas absorbé par ce qui est bon et utile, il se retournera inévitablement vers le mal. Bien qu'il soit juste et nécessaire de se distraire, on devrait leur apprendre à travailler, à avoir des heures régulières consacrées aux exercices physiques ainsi qu'à la lecture et à l'étude. Veillez à ce qu'ils aient des occupations adaptées à leur âge et à ce qu'ils soient pourvus de livres utiles et intéressants.

Souvent, les enfants commencent un travail avec enthousiasme, mais, ne sachant trop quoi faire ou devenus las, ils désirent changer et entreprendre quelque chose d'autre. C'est ainsi qu'ils laissent tomber un grand nombre d'ouvrages inachevés au moindre découragement, et passent d'une chose à l'autre sans avoir achevé la première. Les parents devraient empêcher leurs enfants d'être capricieux. Il ne faut pas qu'ils soient tellement occupés qu'ils n'aient pas le temps de former avec patience les esprits en développement. Quelques mots d'encouragement ou une aide, si petite soit-elle, suffiront aux enfants pour surmonter l'ennui et le découragement ; en outre la satisfaction personnelle qu'ils tireront du travail achevé les incitera à redoubler d'efforts.

Les enfants qui ont été gâtés et choyés s'attendent qu'il en soit pour toujours ainsi ; si ce n'est pas le cas, ils sont déçus et découragés. Ces mêmes dispositions se remarqueront pendant toute leur vie. Ils seront incapables de se diriger eux-mêmes et attendront toujours que les autres leur fassent plaisir et cèdent à leurs caprices. Une fois arrivés à l'âge adulte, s'ils rencontrent de l'opposition, ils se croient brimés. Ils se traînent lamentablement dans la vie, presque incapables de supporter leurs propres fardeaux, murmurant souvent et s'irritant de ce que tout ne s'accorde pas avec leurs désirs.

Une femme se fait et fait aux siens un sérieux dommage quand elle se charge à la fois de son travail et du leur : quand elle porte de l'eau et du bois, prend même la hache pour couper ce dernier, tandis que son mari et ses fils sont assis près du feu, bavardant agréablement. Il n'a jamais été dans le plan de Dieu que les femmes et les mères soient les esclaves de leur famille. Mainte mère est surmenée par les tracas du ménage alors que ses enfants ne sont pas habitués à prendre leur part des soucis domestiques. Le résultat est qu'elle vieillit et meurt prématurément, laissant ses enfants au moment même où sa présence serait le plus nécessaire pour guider leurs pas inexpérimentés. Qui faut-il blâmer ?

Les maris devraient faire tout ce qu'ils peuvent pour épargner des soucis à leur femme et pour leur garder un esprit joyeux. On ne devrait tolérer ou encourager l'oisiveté chez les enfants, car elle devient bientôt une habitude.

Parents, amenez vos enfants à Christ

Les enfants peuvent désirer faire le bien et décider en leur cœur d'être bons et obéissants envers leurs parents, mais ils ont besoin qu'on les encourage et qu'on les aide. Ils peuvent prendre de bonnes résolutions, mais à moins que leurs principes n'aient pour fondement la religion et que leur vie ne soit soumise à l'influence sanctifiante de la grâce de Dieu, ils n'atteindront pas le but.

Les parents devraient travailler de toutes leurs forces au salut de leurs enfants. Il ne s'agit pas de leur permettre de faire eux-mêmes leur propre éducation. Il ne faut pas les laisser apprendre indistinctement le bien et le mal en pensant qu'avec le temps le bien prendra le dessus et le mal perdra sa force. Le mal prospérera plus vite que le bien.

Parents, vous devriez commencer à former l'esprit de vos enfants dès leur plus tendre enfance, afin qu'ils puissent être des chrétiens. Que tous vos efforts tendent à leur salut. Ils ont été remis à vos soins pour en faire de précieux joyaux destinés à briller dans le royaume de Dieu : agissez en conséquence. Prenez garde de ne pas les endormir au bord du précipice avec la pensée erronée qu'ils ne sont pas assez âgés pour être responsables de leur conduite, pour se repentir de leurs péchés et croire en Jésus.

Le plan du salut doit être expliqué aux enfants d'une manière si simple que les jeunes esprits puissent le comprendre. Ceux de huit à douze ans sont assez âgés pour qu'on leur parle de religion personnelle. Ne leur dites pas que plus tard ils seront assez grands pour se repentir et croire à la vérité. De très jeunes enfants, s'ils sont convenablement enseignés, peuvent avoir des idées justes sur leur état de péché, sur la voie du salut en Jésus-Christ. Les prédicateurs en général sont trop indifférents au salut des enfants et ne s'adressent pas à eux d'une manière assez personnelle. On laisse souvent passer les meilleures occasions d'agir sur leur esprit.

Pères et mères, vous rendez-vous compte de la responsabilité qui vous incombe ? Comprenez-vous la nécessité de préserver vos enfants de l'insouciance et des habitudes démoralisantes ? Ne leur permettez de fréquenter que des personnes qui auront une bonne influence sur leur caractère. Ne les autorisez pas à sortir le soir, à moins que vous ne sachiez où ils vont et ce qu'ils font. Faites-leur connaître les principes de la pureté morale. Si vous avez négligé de les instruire à cet égard, " préceptes sur préceptes, ligne après ligne, un peu ici, un peu là", acquittez-vous immédiatement de ce devoir ; prenez vos responsabilités, et travaillez pour le présent et pour l'éternité. Ne laissez pas se passer un jour de plus sans confesser votre négligence à vos enfants. Dites-leur que vous avez décidé maintenant de faire le travail que le Seigneur vous a assigné. Demandez-leur d'entreprendre avec vous cette réforme. Faites tous vos efforts pour racheter le passé. Ne restez plus longtemps dans l'état de l'Eglise de Laodicée. Au nom du Seigneur, je supplie chaque famille de montrer son vrai drapeau. Réformez l'église au sein de votre foyer.

Ne négligez pas les besoins de l'esprit

Il m'a été montré que lorsque des parents qui craignent Dieu veulent corriger leurs enfants, ils devraient étudier leur caractère et leur tempérament afin de connaître leurs besoins. Certains parents ont le souci matériel de leurs enfants ; ils les soignent avec amour quand ils sont malades et pensent qu'ils ont accompli leur devoir.

C'est une erreur, car leur tâche ne fait que commencer. On doit aussi se préoccuper des besoins de l'esprit.

Les enfants ont des épreuves difficiles à supporter et aussi accablantes que celles des personnes âgées. Les parents eux-mêmes ne se sentent pas toujours dans les mêmes dispositions. Il leur arrive d'être inquiets et d'agir d'après des opinions ou des sentiments erronés. Satan les assaille et ils cèdent à la tentation. Ils parlent d'une manière irritée et de façon à irriter les enfants. Ils sont parfois exigeants et de mauvaise humeur. Cet esprit gagne les pauvres enfants et les parents ne sont pas à même de les aider, car ils sont à l'origine de cet état de choses. Il semble parfois que tout aille de travers. L'atmosphère est tendue et tout le monde en souffre. Les parents blâment leurs enfants et pensent qu'ils sont désobéissants et insoumis, les pires enfants du monde, en somme. Pourtant, ils sont eux-mêmes la cause du désordre.

Certains parents provoquent bien des orages à leurs foyers par manque de maîtrise d'eux-mêmes. Au lieu de demander à leurs enfants avec gentillesse de faire ceci ou cela, ils leur donnent d'un ton rogue des ordres accompagnés aussitôt de reproches immérités. Parents, une telle attitude à l'égard de vos enfants détruit en eux toute joie et toute ambition. Ils exécutent vos ordres non par amour, mais parce qu'ils ne peuvent faire autrement. Le cœur n'y est pas. C'est une corvée d'obéir et non un plaisir, et même souvent cela les pousse à oublier vos instructions, ce qui augmente votre irritation et met les choses au pire. Leurs fautes sont ressassées et leur mauvaise conduite dépeinte.

Ne montrez pas à vos enfants un visage courroucé. S'ils cèdent à la tentation, mais qu'ils se repentent de leur erreur, pardonnez-leur comme vous espérez être pardonnés par votre Père céleste. Instruisez-les avec douceur et portez-les sur votre cœur. C'est un moment critique pour eux. Des influences agiront pour vous les arracher, mais vous devez neutraliser ces influences en apprenant à vos enfants à faire de vous leur confident auquel ils viendront dire leurs ennuis et leurs joies. Ainsi, vous les sauverez de bien de pièges que Satan avait tendus sous leurs pas inexpérimentés. N'exercez pas sans cesse la sévérité, oubliant que ce sont des enfants et que vous l'avez été aussi. Ne vous attendez pas qu'ils soient parfaits et n'exigez pas qu'ils agissent comme des adultes. En le faisant, vous vous fermeriez la porte de leur cœur et vous les amèneriez à l'ouvrir à de mauvaises influences, ce qui permettrait à d'autres de corrompre leurs jeunes esprits avant que vous ayez eu le temps de vous apercevoir du danger.

Il ne faut jamais corriger un enfant quand on est en colère

[159] Les enfants doivent être corrigés lorsqu'ils désobéissent à leurs parents. Avant de les corriger, parents, éloignez-vous d'abord pour prier. Demandez à Dieu d'adoucir et de contenir leurs sentiments et de vous montrer comment les traiter avec sagesse. Autant que je sache, jamais une telle méthode n'a échoué. Vous ne pouvez pas faire comprendre les choses spirituelles à un enfant quand le cœur [le cœur des parents] est plein de fureur.

Vous devez corriger vos enfants avec amour. Ne les laissez pas en faire à leur guise jusqu'à ce que, n'en pouvant plus, vous ayez recours à la punition. Une telle correction ne fait qu'aggraver le mal au lieu d'y remédier.

S'emporter contre un enfant qui commet une faute ne fait qu'envenimer la situation. Cela provoque les pires passions chez l'enfant et l'amène à penser que vous ne vous souciez pas de lui. Il se dit que vous l'auriez traité autrement si vous vous souciiez de lui.

Pensez-vous que Dieu n'a pas connaissance de la manière dont vous les corrigez ? Il est parfaitement au courant, et il connaît aussi les conséquences heureuses qui découlent d'une discipline rédemptrice comparativement à une discipline rébarbative.

L'importance d'une honnêteté absolue envers les enfants

Les parents doivent être des modèles de vérité, car c'est un précepte qu'il faut inculquer à l'enfant chaque jour. Les principes de la droiture doivent régir toutes les affaires de leur vie, en particulier l'éducation et la formation du caractère de leurs enfants. "L'enfant laisse déjà voir par ses actions si sa conduite sera pure et droite."

Une mère qui manque de discernement et qui ne suit pas les conseils du Seigneur peut entraîner ses enfants à devenir des imposteurs et des hypocrites. Ces traits de caractère caressés peuvent devenir si tenaces que ces enfants mentiront comme ils respirent tout naturellement et continuellement.

Parents, ne faites jamais usage de faux-fuyants. Ne dites jamais un mensonge en guise de précepte ou d'exemple. Si vous voulez que votre enfant dise la vérité, dites la vérité vous-mêmes. Soyez honnêtes et fermes. Le plus petit mensonge même ne doit être toléré. Parce que les mères ont coutume d'user de faux-fuyants et de dire de contrevérités, les enfants aussi suivent leur exemple.

Les mères doivent se conformer aux principes d'honnêteté absolue dans tous les aspects de leur vie, et il est aussi important, dans l'éducation des enfants, qu'on apprenne aux jeunes filles aussi bien qu'aux jeunes garçons à ne jamais user de faux-fuyants ni de tromperies.

L'importance du développement des caractères

Dieu a confié pour tâche aux parents la formation du caractère de leurs enfants suivant le modèle divin. Cette tâche peut être accomplie, par sa grâce, mais il faudra beaucoup de patience et d'efforts assidus, non moins de fermeté et de détermination pour guider et contenir leurs passions. Un champ abandonné ne produit qu'épines et ronces. Celui qui voudrait mettre en lieu sûr une récolte pour son utilisation ou sa beauté doit d'abord préparer le terrain et semer les graines, puis creuser tout autour des jeunes pousses, arrachant les mauvaises herbes et ramollissant la terre. Ainsi, les précieuses plantes pousseront et il sera richement récompensé pour ses soins et son dur labeur.

Former le caractère! Jamais œuvre plus importante n'a été confiée aux hommes. Jamais il n'a été aussi essentiel qu'aujourd'hui de s'y consacrer avec soin. Jamais aucune des générations passées n'a été placée devant des problèmes aussi considérables, jamais les jeunes gens, les jeunes femmes n'ont été confrontés à des dangers aussi grands qu'aujourd'hui. — Éducation, 255-256.

La force de caractère comprend deux choses : une volonté ferme et le pouvoir de se dominer. Beaucoup de jeunes se trompent en prenant pour de la force de caractère leurs passions incontrôlées. La vérité, c'est que celui qui est dominé par ses passions est un homme faible. La grandeur réelle et la noblesse d'un homme sont mesurés par la force des sentiments qu'il subjugue, et non par la force des sentiments qui le subjugue. L'homme le plus fort est celui qui, bien violemment tenté, maîtrise ses passions et pardonne à ses ennemis. De tels hommes sont de véritables héros.

Beaucoup ont de si maigres ambitions qu'ils resteront toujours spirituellement des nains, alors que, s'ils essayaient de développer les facultés que le Seigneur leur a données, ils acquerraient un caractère noble, et exerceraient une influence qui gagnerait des âmes au Christ. La science est une force, mais la capacité intellectuelle sans la bonté, sont des forces pour le mal.

Dieu nous a dotés de facultés intellectuelles et morales mais nous sommes en grande partie l'architecte de notre caractère. Chaque jour l'édifice s'élève. Mais la parole de Dieu nous met en garde sur la manière dont nous bâtissons, elle nous dit de veiller à ce que la construction soit fondée sur le Rocher des siècles. Le temps vient où notre œuvre se révélera telle qu'elle est. C'est maintenant que nous devons cultiver les facultés que le Seigneur nous a données, pour que nous puissions former des caractères qui soient utiles ici-bas et dans l'au-delà.

Chaque acte de notre vie, même s'il est sans grande importance, exerce son influence sur la formation de notre caractère. Un bon caractère est plus précieux que toutes les richesses du monde ; travailler à sa formation est l'œuvre la plus noble dans laquelle les hommes puissent s'engager.

Les caractères formés au hasard des circonstances sont variables et discordants. Ceux qui les possèdent n'ont pas de but élevé dans la vie. Ils n'ont pas une influence ennoblissante sur le caractère des autres. Ils sont sans but et sans puissance.

Le peu de vie qui nous est accordé doit être sagement mis à profit. Dieu aimerait voir son église vivante, consacrée, missionnaire. Mais dans l'ensemble, nous sommes loin de cet idéal. Dieu fait appel aux âmes fortes, courageuses, actives, qui suivent le divin modèle et exercent une bonne influence. Le Seigneur nous a confié les vérités les plus importantes et les plus solennelles ; il faut que nous en montrions la portée dans nos vies et nos caractères.

Une expérience personnelle dans l'assistance des enfants

Certaines mères ne sont pas logiques dans leur manière d'élever leurs enfants. Tantôt elles leurs permettent des choses mauvaises, tantôt elles leur refusent un plaisir inoffensif qui comblerait de joie leur innocence. En cela elles n'imitent pas le Christ, qui aimait les enfants, les comprenait et sympathisait avec eux dans leurs plaisirs et dans leurs peines.

Lorsque les enfants demandent la permission de rejoindre tel ami ou d'assister à telle réception, dites-leur : "mes enfants, je ne puis vous laisser aller. Asseyez-vous là et je vais vous expliquer pourquoi. Je poursuis une œuvre pour Dieu et pour l'éternité. Le Seigneur vous a confié à ma garde pour que je prenne soin de vous. En quelque sorte, je le remplace auprès de vous. C'est pourquoi je dois veiller sur vous comme devant rendre des comptes au jour du Seigneur. Voulez-vous que le nom de votre mère soit inscrit dans les livres du ciel comme celui de quelqu'un qui a failli à son devoir envers ses enfants ; un territoire dont elle aurait dû garder la maîtrise ? Je vais vous indiquer le droit chemin ; ensuite, si vous choisissez néanmoins de vous détourner de votre mère et d'emprunter le sentier du mal, ma responsabilité sera dégagée ; mais vous aurez à subir les conséquences de vos propres péchés."

[161]

C'est ainsi que j'agissais avec mes enfants, et, avant que j'aie terminé, ils se mettaient à pleurer et me demandaient : "maman, veux-tu prier pour nous ?" bien sûr, je n'ai jamais refusé de prier pour eux. Je me mettais à genoux et priais avec eux. Ensuite, je m'éloignais pour plaider avec Dieu toute la nuit jusqu'à l'aube, afin que les sortilèges de l'ennemi soient dissipés, et j'obtenais la victoire. Bien que cela m'ait coûté une nuit blanche, je me sentais pleinement récompensée, lorsque mes enfants se jetaient à mon cou en me disant : "oh ! Maman, nous sommes si contents que tu ne nous aies pas laissés aller quand nous te l'avons demandé. Maintenant nous voyons que cela aurait été mal."

Parents, c'est de cette façon que vous deviez agir, quoique vous en pensiez. Vous devez prendre votre tâche à cœur si vous désirez sauver vos enfants pour le royaume de Dieu.

Jamais ne peut être donnée une bonne éducation à la jeunesse dans ce pays, ou ailleurs dans un autre pays, à moins qu'ils ne soient séparés d'une grande distance des villes. Les coutumes et pratiques dans les villes empêchent la vérité d'entrer dans les esprits des jeunes.

Les parents ont besoin de plus de directives divines

Les parents ne peuvent impunément négliger l'éducation de leurs enfants. Les défauts de caractère de ces derniers témoigneront de votre infidélité à cet égard. Les erreurs que vous négligez de corriger, les manières rudes et grossières, le manque de respect et la désobéissance, les habitudes d'indolence et d'inattention jetteront le déshonneur sur votre nom, et verseront de l'amertume dans votre âme. La destinée de vos enfants est en grande partie entre vos mains. Si vous manquez à votre devoir, vous pouvez les placer dans les rangs de l'ennemi et faire d'eux ses suppôts pour perdre leurs semblables. Mais si vous les instruisez fidèlement, si vous leur offrez l'exemple d'une vie de piété, vous pouvez les conduire à Christ ; et à leur tour, ils exerceront sur d'autres une bonne influence. C'est ainsi que, par votre moyen, un grand nombre d'âmes pourront être sauvées.

Dieu veut que nous traitions nos enfants avec simplicité. Il se peut que nous oubliions que les enfants n'ont pas eu l'avantage de jouir des longues années de formation dont les adultes ont joui. Quand les tous petits ne nous obéissent pas à tous égards, nous pensons quelquefois qu'il faut les gronder ; mais cela n'arrange rien ; amenez-les plutôt au Sauveur, dites-lui tout et croyez que ses bénédictions reposeront sur eux.

Il faut apprendre aux enfants à respecter l'heure de la prière. Avant de quitter la maison pour aller au travail, tous les membres de la famille devraient s'assembler pour que le père, ou la mère en son absence, adresse à Dieu une fervente prière, lui demandant sa protection pour la journée. Avec humilité et un cœur plein de tendresse, conscients des tentations et des dangers au-devant desquels vous allez tous, placez-vous avec eux sur l'autel et demandez au Seigneur de veiller sur vous. Les anges entoureront et garderont vos enfants ainsi consacrés à Dieu. C'est le devoir des parents chrétiens de dresser soir et matin autour de leurs enfants une muraille protectrice grâce à la prière ardente et à la foi persévérante. Ils enseigneront ainsi inlassablement, avec patience et avec amour, comment on doit vivre pour être agréable à Dieu.

Enseignez aux enfants que c'est un privilège de recevoir chaque jour le baptême du Saint-Esprit. Laissez Christ vous montrer sa main salvatrice pour manifester ses objectifs. Vous gagnerez une expérience qui fera de votre ministère en faveur de vos enfants un parfait succès.

La puissance des prières d'une mère ne peut être évaluée. Celle qui s'agenouillera aux côtés de son fils et de sa fille, à l'heure où ils devront affronter les problèmes de l'enfance et les dangers de la jeunesse, ne connaîtra qu'au jour du jugement l'influence que ses prières auront exercée sur leur vie. Si une mère reste par la foi en contact avec le Fils de Dieu, elle, de sa douce main, peut préserver son fils de la puissance de la tentation et empêcher sa fille de se complaire dans le péché. Lorsque la passion semble remporter la victoire, le pouvoir de l'amour, l'influence modératrice d'une mère fidèle et résolue pour ramener l'âme dans le droit chemin.

Après avoir accompli fidèlement votre devoir envers vos enfants, amenez-les alors à Dieu et demandez-lui de vous aider. Dites-lui que vous avez fait votre part, et demandez-lui avec foi de faire sa part, que vous ne pouvez pas faire. Demandez-Lui d'adoucir leurs dispositions, de les rendre doux et gentils par Son Saint-Esprit. Il écoutera votre prière. Il aimera répondre à vos prières. A travers Sa parole Il vous a enjoint de corriger vos enfants, de "ne pas regarder à leurs pleurs," et Sa parole doit être prise en compte dans ces choses.

Enseigner le respect et la courtoisie

Dieu a particulièrement recommandé de témoigner une tendresse respectueuse aux vieillards. Il dit : "les cheveux blancs sont une couronne d'honneur ; c'est dans le chemin de la justice qu'on la trouve." Proverbes 16 :31. Ils racontent l'histoire de batailles livrées et de victoires remportées, de fardeaux portés et de tentations repoussées. Ils parlent de pieds fatigués qui s'approchent du repos et de places qui vont bientôt être vacantes. Que les enfants pensent à cela, et ils aplaniront le sentier des vieillards, par leur courtoisie et leur respect. Ils apporteront de la grâce et de la beauté en prenant garde à l'ordre de se lever "devant les cheveux blancs et d'honorer la personne du vieillard". Voir Lévitique 19 :32.

La politesse est aussi une des grâces de l'Esprit-Saint. Elle devrait être cultivée par tous. Elle a le pouvoir d'adoucir les natures qui, sans elle, seraient rudes et grossières. Ceux qui se disent disciples du Sauveur, et qui sont durs, brusques, impolis n'ont rien compris du caractère de Christ. Leur sincérité et leur intégrité peuvent être indéniables, mais ces vertus ne sauraient suppléer au manque de bonté et de politesse.

Chapitre 37 — L'éducation chrétienne

Nous nous rapprochons à grands pas de la crise finale de l'histoire de ce monde, il est donc important que nous comprenions que les avantages quant à l'éducation qu'offrent nos écoles doivent être différents de ceux qu'offrent les écoles du monde.

Nous concevons l'éducation d'une manière trop terre à terre et trop étroite. Il nous faut élargir notre horizon et viser plus haut. La véritable éducation est plus que la poursuite d'un certain programme d'études. Elle est plus qu'une préparation à la vie présente, elle s'adresse à l'être tout entier et couvre toute son existence. Elle est le développement harmonieux des énergies physiques, mentales, spirituelles, et prépare l'étudiant à la joie du service ici-bas ainsi qu'à celle bien supérieure d'un service plus étendu dans le monde à venir.

Au sens le plus élevé, l'éducation et la rédemption sont une seule et même chose ; car dans l'éducation, de même que dans la rédemption, " personne ne peut poser un autre fondement que celui qui a été posé, savoir Jésus-Christ ". "Car Dieu a voulu que toute la plénitude habitât en lui." 1 Corinthiens 3 :11.

Le glorieux objectif de l'éducation dans son ensemble et d'une vie disciplinée est de rétablir l'harmonie entre l'homme et Dieu en vue d'élever et d'ennoblir sa nature morale pour que l'homme puisse à nouveau refléter l'image de son Créateur. Cette tâche était si importante que le Sauveur dut quitter son palais céleste pour venir enseigner aux hommes comment acquérir les aptitudes pour une vie plus noble.

C'est si facile d'adopter les plans, les méthodes et les usages du monde et de ne pas avoir du temps dans lequel nous vivons ou de la grande œuvre qui doit être accomplie une plus claire conception que n'en avaient les contemporains de Noé. Nos éducateurs courent le danger de fouler le même terrain que les juifs, en se conformant à des usages, à des pratiques et à des traditions qui ne viennent pas de Dieu. Armés d'une fermeté tenace, certains s'accrochent à de vieilles habitudes et se livrent avec prédilection à diverses études qui ne sont pas de première nécessité, comme si leur salut en dépendait. En faisant ainsi, ils s'éloignent de l'œuvre spéciale de Dieu et donnent à leurs élèves une éducation insuffisante et mauvaise.

Il faudrait des hommes et des femmes qualifiés pour travailler dans nos églises afin de former nos jeunes à certaines œuvres spéciales afin que des âmes soient gagnées à Jésus. Nos écoles ne devraient pas perdre de vue cet objectif et s'intéresser aux méthodes en vogue dans les écoles confessionnelles établies par d'autres églises ni aux méthodes en vogue dans les séminaires et établissements d'enseignement supérieur du monde. Elles doivent avoir une méthode supérieure qui ne donnera naissance à aucune apparence d'infidélité ni ne la tolèrera. Les élèves doivent être instruits dans le christianisme pratique, et la Bible doit être considérée comme le manuel, plus grand et le plus important.

La responsabilité de l'église

Une nuit, je me trouvais en vision avec un groupe important de personnes dont l'esprit était préoccupé par le problème de l'éducation. Beaucoup trouvaient que les méthodes en vogue devaient subir des modifications. Celui qui avait été longtemps notre instructeur avait la parole et disait : "Le problème de l'éducation doit intéresser le corps adventiste tout entier."

L'église a une œuvre spéciale à faire, celle de former et d'éduquer ses enfants, afin qu'en fréquentant les écoles ou les associations, ils ne soient pas contaminés par les habitudes perverses qu'on y rencontre. Le monde est rempli d'iniquités et il a du mépris pour les préceptes divins. Les villes sont devenues semblables à Sodome et nos enfants sont journellement en butte aux diverses formes du mal. Ceux qui vont dans les écoles publiques fréquentent souvent des enfants moins favorisés qu'eux et qui, en dehors des heures passées en classe sont abandonnées aux caprices de la rue. Le cœur des jeunes étant facilement impressionné, Satan emploiera les mauvais sujets pour influencer ceux qui reçoivent une éducation plus soignée. Ainsi, avant que des parents, observateurs du sabbat, se soient rendu compte de l'étendue du mal, des leçons de dépravation ont déjà souillé l'âme de leurs enfants.

De nombreuses familles qui, pour l'éducation de leurs enfants, viennent habiter dans les centres où se trouvent nos grandes écoles, feraient un meilleur service pour le maître en restant à l'endroit où elles sont. Elles devraient encourager les membres de leur église à former une école d'église, où les enfants de la région pourraient recevoir une éducation chrétienne pratique. Ce serait bien plus profitable à leurs enfants et à eux-mêmes et à la cause de Dieu, si elles restaient dans les petites églises où leur aide est nécessaire au lieu de venir se fixer dans les grandes villes où, leur présence n'étant pas utile, elles s'exposent constamment à tomber dans une léthargie spirituelle.

Partout où il y a quelques observateurs du sabbat, les parents devraient s'unir pour fonder une école d'église dans laquelle les enfants pourraient être instruits. On devrait employer un maître chrétien qui, en tant que missionnaire consacré, éduquerait les enfants de manière à ce qu'à leur tour ils deviennent des missionnaires.

Dieu nous convie solennellement à élever nos enfants pour Lui et non pour le monde, à leur apprendre à ne pas s'unir à ce dernier, mais à aimer, à craindre Dieu, et à garder ses commandements. Les enfants doivent être pénétrés de l'idée qu'ils ont été formés à l'image de Dieu, leur Créateur, et que le Christ est le modèle d'après lequel ils doivent être façonnés. Il faudrait accorder une plus grande attention à l'éducation qui communique la connaissance et qui contribue à amener la vie et le caractère à la ressemblance divine.

Pour suppléer au manque d'ouvriers, Dieu désire que des centres d'éducation soient fondés dans différents pays; là des élèves d'avenir seront initiés à des travaux pratiques et instruits dans la vérité biblique. Ceux-ci fourniront ensuite un excellent travail dans de nouveaux champs.

En plus de ceux qui doivent être éduqués et envoyés comme missionnaires par nos Fédérations, des personnes, dans les diverses parties du champ mondial, devraient être formées pour le travail parmi leurs compatriotes et auprès de leurs voisins. Autant que faire se peut, il est préférable et plus sûr qu'elles soient entraînées dans le champ même où elles devront travailler. Il est rare que l'ouvrier et l'œuvre aient à gagner du fait que le missionnaire doive aller s'instruire ailleurs.

En tant qu'Eglise et individu, si nous voulons subsister au jour du jugement, nous devons redoubler d'efforts généreux dans la formation de nos jeunes afin qu'ils soient mieux préparés pour travailler dans les diverses branches de la grande œuvre que le Seigneur nous a confiée. En tant que peuple possesseur d'une grande lumière, nous devions établir des plans avisés pour que ceux qui sont doués de talents soient fortifiés, disciplinés, polis et pour que l'œuvre de Jésus-Christ ne soit pas retardée faute d'éléments capables d'accomplir le travail avec zèle et fidélité.

Le soutien moral de nos institutions

Les pères et les mères devraient coopérer avec le maître à la conversion de leurs enfants. Qu'ils s'efforcent, dans leurs foyers, de cultiver un intérêt sain et vigoureux et d'élever les êtres que Dieu leur a confiés dans le respect et la discipline du Seigneur. Qu'ils consacrent chaque jour un moment à l'étude avec eux ! Ils pourront ainsi faire de cette méditation un instant utile et agréable, et leur confiance dans la recherche de tout ce qui touche au salut de leurs enfants augmentera. Ils s'apercevront, ce faisant, que leur croissance spirituelle s'en trouve fortifiée.

De retour à la maison, certains élèves murmurent et se plaignent, et les parents et les membres d'église prêtent l'oreille à leurs exagérations. Avant de se faire une opinion, il conviendrait d'écouter les deux sons de cloches, celui des élèves et celui des professeurs ; mais au lieu de cela, on ajoute foi à cela jusqu'à élever un véritable mur entre les familles et le collège. On exprime ses craintes, ses soupçons ; on discute sur la manière dont le collège est dirigé. Il en résulte beaucoup de mal. Les paroles de mécontentement se répandent comme une maladie contagieuse, et l'impression produite sur les esprits s'effacent bien difficilement. Les critiques s'amplifient chaque fois qu'elles sont répétées, jusqu'à prendre des proportions gigantesques, alors que, renseignements pris, on s'aperçoit que les professeurs n'ont rien à se reprocher. Ils n'avaient fait que leur devoir en appliquant les règlements de l'école, ce qui était nécessaire pour que celle-ci n'aille pas à la dérive.

Si les parents se mettaient à la place des professeurs et comprenaient combien il est difficile de maintenir la discipline dans une école qui compte des centaines d'élèves, d'âges et de caractères différents, ils jugeraient les choses autrement. Ils verraient que certains enfants n'ont jamais été disciplinés à la maison. Ayant toujours suivi leurs propres impulsions et n'ayant jamais appris à obéir, ces enfants auraient grand avantage à quitter des parents irréfléchis, pour être soumis à de sévères règlements et à des exercices comparables à ceux des soldats. Si l'on ne fait rien pour ces enfants qui ont été si tristement négligés par des parents infidèles à leurs devoirs, ils ne seront jamais acceptés par Jésus. S'ils ne sont pas soumis à une stricte discipline, ils seront sans utilité ici-bas et n'auront aucune part à la vie future.

Plusieurs pères et mères font erreur en contestant les efforts du fidèle enseignant. Les jeunes et les enfants à l'entendement imparfait et au jugement embryonnaire ne sont pas toujours en mesure de comprendre tous les plans et méthodes de l'enseignant. Cependant, lorsqu'ils exposent à la maison ce qui a été dit et fait à l'école, ces rapports sont discutés par les parents dans le cercle familial, et le cours de l'enseignant est critiqué sans retenue. Ici, les enfants apprennent les leçons qu'ils ne peuvent facilement désapprendre. Chaque fois qu'ils sont soumis à un contrôle inhabituel ou qu'on leur demande de s'appliquer dans leur étude et de travailler dur, ils font appel à la compassion et à l'indulgence de leurs parents irréfléchis. Ainsi, l'on encourage un esprit de malaise et de mécontentement qui exerce une influence démoralisante sur toute l'école et complique davantage la tâche de l'enseignant. Mais ce sont les victimes de la mauvaise direction parentale qui en pâtissent. Les défauts de caractère qu'une bonne éducation aurait corrigés, se sont développés et consolidés avec les années pour galvauder et peut-être détruire l'utilité de leur possesseur.

Des enseignants totalement soumis à Dieu

Le Seigneur coopère avec tous les enseignants zélés et ceux-ci doivent le savoir pour leur bien. L'Esprit Saint communique aux enseignants qui obéissent à Dieu la grâce, la vérité et la lumière qu'ils transmettent aux enfants. Ils travaillent sous la discipline du plus grand Enseignant que le monde ait jamais connu, et il serait inconvenant qu'ils manifestent un esprit malveillant, qu'ils parlent d'un ton autoritaire et animé ! En agissant ainsi, ils perpétuent leurs propres défauts de caractère chez les enfants.

Dieu communiquera avec l'âme par son Esprit. Demandez-lui en priant, alors que vous étudiez : "ouvre mes yeux, pour que je contemple les merveilles de ta loi", Psaumes 119 :18. Lorsque l'enseignant s'en remet à Dieu par la prière, l'Esprit de Christ surviendra sur lui, et Dieu

[166]

l'utilisera pour agir sur l'esprit de l'élève grâce au Saint-Esprit. L'Esprit Saint insufflera du courage et de l'espoir à l'élève et gravera dans son cœur, les images bibliques qui lui sont transmises. Les paroles de vérité deviendront plus importantes et prendront une envergure qu'il n'aurait jamais imaginée. La beauté et la vertu de la Parole de Dieu ont une influence transformatrice sur l'esprit et le caractère. La lueur de l'amour céleste luira dans les cœurs des enfants et sera pour eux source d'inspiration. Nous pourrons amener des centaines de milliers d'enfants à Christ si nous œuvrons pour leur bien. Pour posséder la vraie sagesse et être remplis de Sa sagesse, les hommes doivent d'abord prendre conscience de leur dépendance vis-à-vis de Dieu. Dieu est la source de la puissance intellectuelle et spirituelle. Les plus grands hommes que le monde considère comme étant des sommités dans le domaine de la science ne sauraient être comparés au bien-aimé Jean ou à l'apôtre Paul. La stature parfaite de l'homme fait est atteinte lorsque la force intellectuelle est unie à la force spirituelle. Dieu acceptera ceux qui agissent ainsi comme œuvrant ensemble avec lui dans la formation de l'esprit. L'œuvre la plus importante qui incombe à nos institutions scolaires en ce moment est de présenter au monde un exemple qui honore Dieu. Les saints anges superviseront les travaux effectués par les agents humains, et chaque département portera la marque de l'excellence divine.

Les qualifications d'un enseignant

Que la direction de vos écoles soit assurée par des hommes forts, des hommes qui seront soutenus par leur force physique dans l'accomplissement de cette tâche consciencieuse qu'est celle des personnes strictes en matière de discipline. Que les enseignants soient qualifiés pour inculquer aux élèves des habitudes d'ordre, de propreté et de zèle au travail. Soyez minutieux dans tout ce que vous entreprenez. Si vous êtes fidèles dans l'enseignement des disciplines communes, un grand nombre de vos étudiants pourraient travailler directement dans l'œuvre en tant que colporteurs évangélistes et évangélistes. Il ne faut pas penser que tous les ouvriers doivent faire des études supérieures.

Il faudrait prendre beaucoup de précaution en choisissant les maîtres, nous souvenant que ce choix a tout autant d'importance que celui des personnes préparées au ministère. Cette sélection devrait être faite par des hommes sages, capables de discerner les caractères, car jamais on n'aurait trop de talent pour éduquer et modeler l'esprit des jeunes, pour poursuivre avec succès les différentes activités qui sont l'apanage de ceux qui ont la charge de nos écoles d'église. Ne confiez pas les enfants à des maîtres jeunes et inexpérimentés et qui n'ont pas le sens des affaires, car leurs efforts n'aboutiront qu'à la désorganisation.

Il ne faut employer que des enseignants ayant démontré qu'ils aiment Dieu et qu'ils craignent de l'offenser. Si les enseignants sont à l'écoute de Dieu, s'ils apprennent quotidiennement à l'école du Christ, ils travailleront suivant ses instructions et gagneront l'estime des enfants et des jeunes avec Christ, car tous les enfants et les jeunes lui sont précieux.

Les habitudes et les principes d'un maître devraient être tenus pour plus importants que ses connaissances professionnelles. Si c'est un chrétien sincère, il sentira la nécessité de s'intéresser également à l'éducation à l'éducation physique, mentale, morale et spirituelle. Pour exercer une bonne influence, il lui faut avoir une parfaite maîtrise de soi et son cœur doit être plein d'amour pour ses élèves, un amour qui se reflétera dans son regard, ses paroles et ses actes.

Un maître doit se comporter en gentleman chrétien. Son attitude à l'égard des élèves doit être celle d'un ami et d'un conseiller. Si tous nos membres - enseignants, pasteurs, et membres laïques, cultivaient l'esprit de courtoisie chrétienne, ils gagneraient plus facilement les cœurs et un plus grand nombre de personnes seraient amenées à sonder et à recevoir la vérité. Si chaque enseignant, ayant pris conscience que ses élèves appartenaient à Dieu et qu'il devait rendre compte de l'influence qu'il a exercée sur leurs esprits et leurs caractères, s'oubliait, et se préoccupait vraiment de leur réussite et de leur prospérité, nos écoles seraient des endroits où les anges aimeraient beaucoup s'attarder.

Nos écoles d'église ont besoin de maîtres qui possèdent de hautes qualités morales en qui l'on puisse avoir confiance, qui sont fermes dans la foi, pleins de tact et de patience, et marchent avec Dieu et s'abstiennent de toute apparence du mal.

Confier les enfants à des éducateurs orgueilleux et dépourvus d'amour est mauvais, car leur influence ne peut être que néfaste sur des caractères en formation. Si les maîtres ne sont pas soumis à Dieu, s'ils n'aiment pas les enfants qui leur sont confiés, s'ils font preuve de partialité à l'égard de ceux qui leur plaisent, et s'ils manifestent de l'indifférence envers les moins favorisés, les turbulents et les nerveux, ils ne doivent pas être employés, car le résultat de leur travail sera une perte d'âmes pour le Christ. Il nous faut, pour les enfants plus particulièrement des maîtres qui soient calmes, bons, qui fassent preuve d'un esprit de support et qui témoignent de l'amour envers ceux qui ont en le plus besoin.

A moins de se rendre compte du besoin de prier et de s'humilier devant Dieu, l'enseignant oubliera l'essence même de l'éducation.

L'on ne saurait exagérer l'importance des capacités physiques de l'éducateur, car mieux il se porte, plus parfait sera son travail. L'esprit ne peut pas être clair pour penser ni fort pour agir quand les forces physiques sont défaillantes pour cause de faiblesse ou de maladie. L'esprit marque le cœur de son empreinte, mais si, en raison de l'incapacité physique, le mental perd sa vigueur, le canal menant aux sentiments et motivations supérieurs est obstrué, et l'enseignant est moins apte à faire la distinction entre le bien et le mal. Lorsque les résultats sont affectés par une santé défaillante, il est difficile d'être patient et de bonne humeur ou d'agir avec intégrité et justice.

La Bible dans l'éducation chrétienne

Comme moyens de formation intellectuelle, la Bible est plus efficace que n'importe quel autre livre, et même que tous les livres réunis. La grandeur des sujets qu'elle traite, la noble simplicité de ses accents, la beauté de ses images stimule la pensée et l'élève mieux que quoi que ce soit. Aucune autre étude ne peut donner une plus grande puissance spirituelle que celle des vérités étonnantes de la révélation divine. L'esprit qui se met ainsi en relation avec la pensée de l'infini, ne peut que s'étendre et s'affermir.

Dans le développement de la nature spirituelle, la puissance de la Bible joue un rôle plus grand encore. L'homme créé pour vivre en communion avec Dieu ne peut réellement vivre et progresser sans elle. Créé pour éprouver en Dieu ses joies les plus élevées, il lui est impossible de trouver ailleurs de quoi satisfaire les ardents désirs de son cœur, calmer et restaurer son âme. Celui qui étudie la parole de Dieu dans un esprit sincère et disposé à être instruit sera mis en contact avec son auteur et ses possibilités de développement n'auront d'autres limites que celles qu'il leur assignera lui-même.

Que les passages bibliques les plus importants ayant trait à la leçon soient appris par cœur, non pas par devoir mais comme un privilège. Quoique défectueuse au départ, la mémoire sera revigorée à force de pratique, si bien qu'après un moment, l'on se délectera à garder précieusement les paroles de vérité. En outre, l'habitude se révèlera une précieuse aide à la croissance spirituelle. [168]

Les risques liés à la scolarisation précoce des enfants

De même que les habitants d'Eden s'instruisaient par la nature, Moïse discernait l'écriture de Dieu dans les plaines et les montagnes de l'Arabie, et Jésus sur les collines de Nazareth, de même les enfants d'aujourd'hui peuvent apprendre de Dieu. L'invisible est illustré par le visible.

N'envoyez pas vos enfants à l'école trop tôt. Les mères doivent faire preuve de prudence en confiant la formation du caractère de leurs enfants aux autres. Les parents devraient être les meilleurs enseignants de leurs enfants jusqu'à ce qu'ils aient atteint huit ou dix ans. Leur salle de classe doit être le plein air, au milieu des fleurs et des oiseaux, et leur manuel, le trésor de la nature. A mesure que leur esprit s'éveille, les parents doivent ouvrir devant eux le grand livre de la nature créée par Dieu. Des enseignements donnés dans de tels cadres ne seront pas oubliés de si tôt.

Il ne suffit pas de dire que la santé physique ou mentale des enfants a été mise en danger parce que ceux-ci ont été envoyés trop tôt à l'école; il faut ajouter qu'il y a eu perte aussi au point de vue moral. On leur donne l'occasion de connaître des enfants mal élevés.

On les introduit dans la société d'enfants grossiers qui mentent, jurent, dérobent et trompent, et qui sont impatients de communiquer leur vice à de plus jeunes qu'eux. Laissés à eux-mêmes de jeunes enfants apprennent plus vite ce qui est mal que ce qui est bien. De mauvaises habitudes plaisent au cœur naturel ; les choses qu'on voit durant l'enfance et l'adolescence restent gravées dans la mémoire ; les mauvaises semences déposées dans un jeune cœur prennent racine et donneront des épines aiguës qui blesseront le cœur des parents.

L'importance de former aux devoirs de la vie pratique

Aujourd'hui come aux jours d'Israël, tout jeune homme devrait étudier les devoirs de la vie pratique. Chacun devrait apprendre quelque métier manuel pouvant lui assurer un gagne-pain. Ceci est indispensable non seulement pour une sauvegarde contre les vicissitudes de la vie, mais aussi en vue du développement physique, mental et moral.

Différents arts devraient être appris dans nos écoles. La formation professionnelle devrait comprendre la tenue des livres de compte, la menuiserie, et tout ce que renferme l'agriculture. Tout devrait être mis sur pied pour enseigner le forgeage, la peinture, la cordonnerie, la cuisine, la pâtisserie, la blanchisserie, le raccommodage, la dactylographie, et l'imprimerie. Toutes nos facultés doivent être mises au service de cette formation, pour que les étudiants puissent sortir bien équipés pour assumer les devoirs de la vie active.

Des opportunités de travail devraient être offertes aux jeunes filles en formation, pour qu'elles aient une éducation pratique et complète. Elles devraient recevoir une formation en couture et en jardinage. Des fleurs devraient être cultivées et des fraises plantées. Ainsi, pendant qu'elles reçoivent une formation pour les choses utiles de la vie, elles auront des exercices en plein air bon pour leur santé.

Il importe d'insister sur l'influence de l'esprit sur le corps et du corps sur l'esprit. La puissance électrique du cerveau, renforcée par l'activité mentale, vivifie le système tout entier et constitue un élément de grande valeur pour résister à la maladie.

Il existe dans les écritures, touchant la physiologie, une vérité à laquelle nous devrions prêter attention : "un cœur joyeux est un bon remède pour le corps". Proverbes 17 :22.

Pour que les enfants et la jeunesse soient en bonne santé, gais, pleins de vivacité, et aient des muscles et des cerveaux bien développés, ils devraient être constamment en plein air, et avoir des activités et des jeux bien planifiés. Les enfants et les jeunes qui restent toujours à l'école et qui sont confinés dans les livres ne peuvent pas être équilibrés. Les efforts que font le cerveau pendant les moments d'étude, sans exercices physiques équivalents, ont tendance à attirer le sang au cerveau, et la circulation sanguine à travers le corps est alors déséquilibrée. Le cerveau reçoit trop de sang, et les extrémités sont trop petites. Ils devraient avoir des règles définissant les études des enfants et de la jeunesse à certaines heures et ensuite une partie de leur temps devrait être employée au travail physique. Si leur manière de manger, de s'habiller et de dormir est conforme aux lois de la santé, ils pourront recevoir une éducation sans sacrifier leur santé physique et mentale.

[169]

Le travail physique couplé au travail intellectuel pour une plus grande efficacité, est une discipline de la vie active, qui apporte toujours une satisfaction lorsqu'on se souvient qu'elle est qualifiante et qu'elle forme l'esprit et le corps à mieux faire le travail que Dieu désire que les hommes accomplissent dans tous les domaines

La dignité du travail

Il faut enseigner à la jeunesse la vraie dignité du travail. Montrez-lui que Dieu est sans cesse à l'œuvre. La nature accomplit, elle aussi, la somme de travail exigée d'elle. L'activité se manifeste dans tout l'univers, et afin de remplir notre mission, nous devons nous aussi être laborieux.

Nul ne devrait avoir honte de travailler, quelque petite et servile que puisse être son occupation. Le travail ennoblit. Tous ceux qui ont une occupation intellectuelle ou manuelle sont des "ouvriers", des "travailleurs". En faisant la lessive, ou en lavant la vaisselle, on accomplit aussi bien son devoir et on honore tout autant sa religion qu'en assistant aux assemblées. Tandis que les mains sont occupées aux travaux les plus communs, l'esprit peut être ennobli par de pures et saintes pensées.

Une des raisons essentielles pour lesquelles le travail manuel est généralement méprisé, c'est la manière négligée et irréfléchie avec laquelle il est accompli. On s'y soumet par nécessité et non volontairement. L'ouvrier n'y met pas son cœur ; il ne se respecte pas lui-même et ne se fait pas respecter des autres. L'enseignement manuel devrait corriger cette erreur, développer des habitudes de précision et de perfection. Il faut apprendre aux élèves à agir avec habileté et d'une manière systématique, à économiser le temps et à augmenter leur utilité. Il faut non seulement leur enseigner les meilleures méthodes de travail mais les inciter à travailler de façon aussi parfaite que possible.

Laisser grandir les enfants dans l'oisiveté est un péché. Qu'ils exercent leurs membres et leurs muscles, même si cela les fatigue. S'ils ne sont pas surmenés, pourquoi la lassitude leur nuira-t-elle plus qu'à vous ? Il y a une grande différence entre la lassitude et l'épuisement. Les enfants ont davantage besoin de changement d'occupation et de moment de repos que les adultes ; mais même lorsqu'ils sont très jeunes, ils peuvent commencer à apprendre à travailler et ils seront heureux à la pensée d'avoir pu se rendre utiles. Leur sommeil sera doux après un travail sain et ils en sortiront reposés pour une nouvelle journée de travail.

La langue maternelle ne devrait pas être négligée

Dans chaque branche d'étude, il y a des matières plus importantes que celles que l'on acquiert par une connaissance purement technique. Prenez l'étude des langues, par exemple. Il est plus important d'écrire et de parler avec aisance et précision sa langue maternelle que d'apprendre des langues étrangères ou des langues mortes. Mais aucune connaissance acquise

[170]

grâce à l'étude des règles grammaticales ne peut se comparer en importance à l'étude de la langue considérée d'un point de vue supérieur. Cette étude, dans une large mesure, peut apporter dans la vie le bonheur ou le malheur.

Les œuvres des sceptiques interdites par Dieu

Est-ce la volonté du Seigneur que les faux principes, les faux raisonnements, et les sophismes de Satan soient présentés aux esprits de notre jeunesse et de nos enfants ? Est-ce que les idées des païens et des infidèles doivent être présentées à nos étudiants comme des choses de valeurs à ajouter à leur bagage intellectuel ? Les œuvres des plus grands sceptiques sont les œuvres d'un esprit prostitué au service de l'ennemi ; et faut-il que ceux qui se proclament être des réformateurs, qui cherchent à conduire les enfants et la jeunesse sur le droit chemin, dans le sentier destiné aux rachetés du Seigneur, imaginent que Dieu les laissera présenter à la jeunesse, au cours de leurs études, des choses qui dénatureront Son caractère et Le placeront sous un faux jour ? Faut-il que les idées des incroyants, les expressions d'hommes débauchés, soient considérées comme dignes d'être portés à la connaissance d'un étudiant, parce qu'elles sont les œuvres d'hommes que le monde admire et considère comme de grands penseurs ? Faut-il que des hommes qui professent croire en Dieu tirent de ces auteurs non sanctifiés leurs expressions et leurs idées, et les chérissent comme des joyaux précieux à conserver dans les richesses de l'esprit ? Dieu nous en garde !

Les résultats de l'éducation chrétienne

De même que les enfants chantèrent dans les parvis sacrés : "Hosanna ! Béni soit celui qui vient au nom du Seigneur !", ainsi dans les derniers jours, les enfants élèveront la voix pour proclamer le dernier message d'avertissement à un monde en péril. Quand les intelligences célestes verront qu'il n'est plus permis aux hommes de proclamer la vérité, l'Esprit de Dieu se saisira des enfants et accomplira par eux l'œuvre que les aînés ne pourront plus poursuivre parce qu'ils en seront empêchés.

Nos écoles d'église ont reçu de Dieu l'ordre de préparer les enfants pour cette grande tâche. Le maître doit les y instruire des vérités spéciales à notre époque et les former pour un travail missionnaire pratique. Il doit être enrôlé dans l'armée de ceux qui travaillent en faveur des malades et des souffrants. Les enfants peuvent participer à l'œuvre missionnaire et aider à la faire progresser par leurs faibles moyens. Même si c'est peu de chose ; par leur effort, ils peuvent gagner beaucoup d'âmes à la vérité. Grâce à eux, le message divin sera connu et il deviendra un bienfait pour toutes les nations. Ainsi donc, que l'église ait à cœur les agneaux du troupeau. Que nos enfants soient formés pour le service de Dieu, car ils sont son héritage.

Si elles sont bien dirigées, nos écoles d'église seront le moyen d'élever l'étendard de la vérité à l'endroit où elles sont établies, car les enfants qui reçoivent une éducation chrétienne seront des témoins du Christ. A l'exemple de Jésus qui, dans le temple, dévoila les mystères que les docteurs n'arrivaient pas à approfondir, dans les derniers jours, les enfants qui auront reçu une bonne éducation, prononceront des paroles empreintes de simplicité, paroles qui confondront les hommes qui parlent aujourd'hui d' "éducation supérieure".

Il m'a été montré que notre collège a été conçu de Dieu pour accomplir la grande œuvre du salut des âmes. Ce n'est que lorsque placés sous le plein contrôle de l'Esprit de Dieu que les talents des individus sont rendus utiles à la pleine mesure. Les préceptes et les principes de la religion sont les premières étapes dans l'acquisition de la connaissance, et lient à la véritable

[171]

fondation de la vraie éducation. La connaissance et la science doivent être vitalisées par le Saint-Esprit de Dieu afin de servir de nobles objectifs. Seul le chrétien peut faire bon usage de la connaissance. La science pour qu'elle soit pleinement appréciée, doit être vue d'un point de vue religieux. Le cœur qui est ennobli par la grâce de Dieu peut mieux comprendre la valeur réelle de l'éducation. Ces attributs de Dieu, comme on le voit dans Ses œuvres créées, ne peuvent être pleinement appréciés que si nous avons une connaissance du Créateur. Afin de conduire les jeunes à la fontaine de la vérité, à l'Agneau de Dieu qui efface les péchés du monde, les enseignants doivent non seulement se familiariser avec la théorie de la vérité, mais ils doivent avoir une connaissance expérimentale sur la manière d'être saint. Le savoir est un pouvoir quand il est uni à la vraie piété.

Les préceptes et les principes de la religion sont les premières étapes de l'acquisition de connaissance, et sont à la base d'une vraie éducation. La connaissance et la science doivent être vivifiées par l'Esprit de Dieu pour servir les plus nobles aspirations. Seul le

Chrétien peut faire un bon usage de la connaissance. Pour que la science soit appréciée à sa juste valeur, elle doit être étudiée du point de vue religieux

Responsabilité de l'élève

Des élèves qui font profession d'aimer Dieu et d'obéir à la vérité devraient posséder une maîtrise et une fermeté dans les principes religieux suffisantes pour rester inébranlables au milieu des tentations et tenir ferme pour Jésus à l'école, à la pension, et partout. La religion n'est pas un manteau à revêtir seulement quand on entre dans la maison de Dieu ; la vie entière devrait s'inspirer des principes religieux.

Ceux qui se désaltèrent à la source de la vie ne cherchent pas, comme les mondains, à satisfaire leurs désirs d'une manière toujours nouvelle. Dans leur comportement, dans leur caractère, on voit transparaître la paix et le bonheur qu'ils ont trouvé en Jésus en déposant à ses pieds, jour après jour leurs difficultés et leurs soucis. Ils montrent le contentement et la joie qu'on éprouve à suivre le sentier de l'obéissance et du devoir. Des élèves de ce genre exercent une heureuse influence sur leurs condisciples et sur toute l'école. Ceux qui composent cette fidèle armée réjouiront et réconforteront les professeurs en s'efforçant de décourager toute manifestation de révolte ou d'indiscipline à l'égard du règlement. Leur influence sera salutaire et leur œuvre subsistera au grand jour de Dieu. Elle les suivra dans le monde futur et se répercutera à travers les âges. Un jeune homme sérieux, consciencieux, fidèle, est, dans une école, un trésor inestimable. Les anges le regardent avec amour. Son Sauveur l'aime et dans le grand livre du ciel seront inscrits toute bonne œuvre, toute tentation repoussée, tout mal vaincu. Ses pieds reposeront sur un fondement solide : il sera prêt à affronter l'avenir et il possèdera un jour la vie éternelle.

C'est en grande partie sur les jeunes que reposent la conservation et la durée des institutions que le Seigneur nous a données pour faire avancer son œuvre. Cette lourde responsabilité est placée sur la jeunesse actuelle, au moment où elle va jouer son rôle sur la scène du monde. On n'a jamais vu une époque dont l'issue si redoutable dépende d'une génération. Combien il est alors important que la jeunesse soit qualifiée pour l'œuvre immense qui est devant elle, afin que Dieu puisse l'employer comme son instrument ! Le Créateur a sur elle des droits qui dépassent tous les autres.

La vie et tous les dons que possèdent les jeunes, c'est le Seigneur qui les leur a donnés. Ces capacités, ils doivent les utiliser avec sagesse afin que puisse leur être confiée une œuvre qui durera pendant l'éternité. En retour, le Seigneur leur demande de cultiver leurs facultés intellectuelles et morales. Il ne leur a pas donné celles-ci pour [172] leur divertissement, ou pour être

employées contre sa volonté et sa providence, mais pour faire connaître la vérité et la piété dans le monde. Il réclame leur gratitude, leur vénération et leur amour pour sa bonté inlassable et sa miséricorde infinie. Il exige à juste titre l'obéissance à ses lois et à tous ses sages règlements qui protègent la jeunesse des pièges de Satan et la conduit dans le sentier de la paix. Il faut que la jeunesse se rende compte qu'en se soumettant aux lois et aux règlements de nos institutions, elle contribue tout simplement à assurer une meilleure place dans la société, elle acquiert une plus grande élévation du caractère, elle ennoblit son esprit et augmente son bonheur. Quand elle l'aura compris, elle ne se rebellera plus contre les règles justes et utiles, et n'essayera plus de créer la suspicion et les préjugés contre les écoles. Notre jeunesse doit être énergique et fidèle : c'est ce que l'on attend d'elle. Elle aura ainsi une garantie de succès. Le caractère farouche, téméraire de bien de jeunes de nos jours est décourageant. Le blâme repose en grande partie sur les parents. Sans la crainte de [173] Dieu, nul ne peut être vraiment heureux.

Chapitre 38 — L'appel à une vie de tempérance

La santé est une bénédiction inestimable et est liée de plus près à la conscience, que certains ne l'imaginent. Elle est très liée à la capacité que l'on a pour le service et on doit la préserver de façon aussi sacrée que le caractère, car plus parfaite est la santé, plus parfaits seront nos efforts pour l'avancement de la cause de Dieu et pour la bénédiction de l'humanité. Counsels on Health, 566.1.

Le 10 décembre 1871, il m'a été à nouveau montré que la réforme sanitaire fait partie intégrante de la grande œuvre à laquelle le peuple de Dieu sera prêt pour la venue du Seigneur. Elle est au message du troisième ange ce que la main est au corps. L'homme a fait peu de cas du Décalogue, mais le Seigneur ne punira pas les transgresseurs de cette loi sans leur avoir au préalable envoyé un message d'avertissement. Le troisième ange proclame ce message. Si les hommes avaient toujours obéi au Décalogue, accordant leur vie aux principes qui y sont contenus, la malédiction de la maladie n'aurait pas inondé le monde comme elle le fait aujourd'hui. Conseils sur la nutrition et les aliments, 81.

Il est impossible que des hommes et des femmes violent la loi de la nature en s'adonnant à leurs appétits dépravés et à leurs passions déréglées, sans violer également la loi de Dieu. C'est pourquoi le Seigneur a permis que la lumière de la réforme sanitaire brillât sur nous, afin que nous puissions voir les péchés que nous commettons en violant les lois qui régissent tout notre être entier. Nos joies ou nos souffrances dépendent de l'obéissance aux lois de la nature ou de leur transgression. Notre miséricordieux Père céleste voit qu'elle est la condition déplorable des hommes, qui, certains consciemment, mais la plupart inconsciemment, vivent en violation des lois qu'il a établies. Aussi, par amour et par pitié pour la race humaine, il fait briller la lumière de la réforme sanitaire. Il publie sa loi et annonce le châtiment qui suivra la transgression afin que tous puissent apprendre à vivre en harmonie avec les lois de la nature. Il proclame sa loi si distinctement et la rend si évidente comme une ville située sur une montagne. Tous les êtres doués de responsabilité peuvent la comprendre s'ils veulent. Les simples d'esprit ne seront pas tenus pour responsables. Enoncer clairement les lois de la santé et insister pour qu'on s'y conforme, telle est l'œuvre qui accompagne le message du Troisième Ange afin de préparer un peuple qui soit prêt à accueillir le Seigneur quand il viendra sur les nuées des cieux. Conseils sur la nutrition et les aliments, 81.

"Vous ne vous appartenez pas"

Nous croyons sans doute que le Christ revient bientôt. Ce n'est pas une fable. C'est une réalité. Quand il viendra, ce n'est pas pour nous purifier, ni pour nous laver de nos péchés, encore moins pour enlever les défauts de notre caractère. Il ne viendra pas pour nous guérir des infirmités de notre tempérament et de nos dispositions. Il accomplira toute cette oeuvre avant son retour. *FLB, The Faith I Live By FLB 218.2 1958 Chapter 7 The Sanctuary of God*

Quand le Seigneur viendra, ceux qui sont saints resteront saints. Ceux qui ont préservé leurs corps et leurs esprits dans la sainteté, la sanctification et l'honneur deviendront donc immortels. Ceux qui sont injustes, non sanctifiés et impurs resteront tels pour toujours. Aucune œuvre ne pourra être accomplie en ce moment pour enlever leurs défauts et leur donner un caractère saint. Ce n'est pas à ce moment que le Seigneur s'engage dans le processus de les purifier de leurs péchés et de leur corruption. Tout cela est accompli pendant le temps de grâce. C'est maintenant que le Seigneur accompli ce travail pour nous. (The Faith I Live By, 218.3, 1958).

Nous vivons dans un monde qui s'oppose à la justice, à la pureté de caractère, et spécialement à toute croissance en grâce. Où que nous regardions, nous ne voyons que souillure, corruption, dégénérescence et iniquité, c'est-à-dire tout l'opposé de l'œuvre qui doit s'accomplir en nous avant que nous puissions recevoir le don de l'immortalité. Les élus de Dieu doivent sortir sans tâche de cette corruption générale qui sévit en ces derniers jours. Conseils sur la nutrition et les aliments, 141.

"Ne savez-vous pas que votre corps est le temple du Saint-Esprit qui est en vous, que vous avez reçu de Dieu, et que vous ne vous appartenez point à vous-mêmes ? Car vous avez été rachetés à un grand prix. Glorifiez donc Dieu dans votre corps et votre esprit, qui appartiennent à Dieu." 1 Corinthiens 6 :19, 20. Conseils sur la nutrition et les aliments, 140.

Nous ne nous appartenons pas. Nous avons été achetés à un grand prix et même la souffrance et la mort du Fils de Dieu. Si nous pouvons le comprendre et le réaliser, nous sentirions notre grand devoir de rester en bonne santé et de servir Dieu parfaitement. Mais quand nous adoptons une conduite qui détruit notre vitalité, réduit notre force ou empoisonne notre intellect, nous péchons contre Dieu. En poursuivant sur cette voie, nous ne le glorifions pas dans notre corps et dans notre esprit qui lui appartiennent, mais nous commettons un grand péché. Counsels on Health, 243.2. *Counsels on Health 1923 Section lll Essentials to Health*

L'obéissance : Une affaire de devoir personnel

Le Créateur de l'homme a lui-même imaginé les rouages vivants de la machine humaine. Chaque fonction est admirablement et sagement établie. Et Dieu a promis de maintenir cette machine en santé si l'être humain consent à obéir aux lois divines et à collaborer. Chacune des lois qui régissent la machine humaine doit être considérée dans son origine, dans son caractère et dans son importance comme étant aussi divine que la Parole de Dieu. Toute négligence, toute initiative imprudente et tout abus à l'égard de cette créature du Seigneur du fait que les lois particulières gouvernant le corps humain sont aussi transgressées, deviennent des violations de la loi de Dieu. Nous pouvons admirer l'œuvre de Dieu dans le monde naturel, mais le corps humain représente ce qu'il y a de plus parfait. Child Guidance, 103.1. *Child Guidance 1954 Chap. 16 "Health Principles"*

Du moment que les lois naturelles sont d'origine divine, nous avons le strict devoir de les étudier avec soin. Nous devons connaître leurs exigences au sujet de notre corps, et nous y conformer. Dans ce domaine, l'ignorance est synonyme de péché. Conseils sur la nutrition et les aliments, 19.

Les hommes et les femmes vraiment régénérés observent consciencieusement les lois de la vie que Dieu a établies en eux, et s'efforcent ainsi d'éviter les faiblesses physiques, mentales et morales. L'obéissance à ces lois doit apparaître comme un devoir personnel. Nous devons nous-mêmes subir les maux qui résultent de la transgression de la loi. Nous devons répondre devant Dieu de nos faits et gestes. Par conséquent, la question qui importe n'est pas "Qu'est ce que le monde dira ?" mais : "Du fait que je professe être chrétien, comment vais-je traiter la demeure que Dieu m'a confiée ? Vais-je contribuer à mon avancement physique et spirituel en prenant soin de mon corps en tant que demeure du Saint-Esprit, ou vais-je me sacrifier aux idées et aux coutumes du monde ?" Conseils sur la nutrition et les aliments, 19-20.

La vie de Dieu dans l'âme est le seul espoir de l'homme

[175]

La religion de la Bible n'est pas au détriment de la santé du corps ou de l'esprit. L'influence de l'Esprit Saint de Dieu est le meilleur remède contre la maladie. Tout le ciel respire la santé ; plus nous réalisons profondément les influences célestes, plus sûr sera le rétablissement du croyant malade. Les principes réels du Christianisme donnent à tous une source inestimable de bonheur. La religion est une source constante de laquelle le chrétien peut boire à volonté sans l'épuiser. Counsels on Health, 28.1 *1923 Counsels on Health Section l The World's Need*

L'état de l'esprit affecte la santé du système physique. Si l'esprit est libre et heureux parce qu'il est conscient de la justice, parce qu'il a un sens de satisfaction en œuvrant pour le bonheur des autres, il crée une joie qui réagit dans tout le système, permettant une circulation plus libre du sang et fortifiant tout le corps. La bénédiction de Dieu a le pouvoir de guérir et ceux qui aident abondamment les autres réaliseront cette bénédiction merveilleuse dans leurs cœurs et dans leurs vies. Counsels on Health, 28.2. *Counsels on Health 1923 Section l the World's Need, Religion and Health Christian Temperance Pages 13, 14*

Quand les hommes qui ont de mauvaises habitudes et pratiques se soumettent au pouvoir de la vérité divine, la pratique de cette vérité dans le cœur anime les pouvoirs moraux, qui apparemment, étaient paralysés. Celui qui reçoit comprend mieux ce qu'il comprenait avant de s'attacher au Rocher éternel. Même sa santé physique s'améliore parce qu'il réalise qu'il a la sécurité en Christ. Counsels on Health, 28.

Les hommes doivent apprendre que toutes les bénédictions de l'obéissance, peuvent leur appartenir à condition qu'ils reçoivent la grâce du Christ. C'est sa grâce qui donne à l'homme le pouvoir d'obéir aux lois de Dieu. C'est elle qui lui permet de cesser d'être l'esclave du mal. C'est le seul pouvoir qui peut le former et le maintenir accroché au bon chemin. God's Amazing Grace, 103.6. *God's Amazing Grace 1973 Chapter 95 Gives Power To Obey*

Quand on reçoit l'Evangile dans sa pureté et dans sa puissance, c'est un remède contre les maladies causées par le péché. Le Soleil de la justice se lève. "Mais pour vous qui craignez mon nom se lèvera Le soleil de la justice, et la guérison sera sous ses ailes ; Vous sortirez, et vous sauterez comme les veaux d'une étable." Ce n'est pas tout ce que ce monde donne qui peut guérir un cœur brisé, donner la paix du cœur ou détruire la maladie. Ni la célébrité, ni le génie ni le talent ne peuvent réjouir le cœur triste ou retrouver une vie gaspillée. La vie de Dieu dans l'âme est le seul espoir de l'homme. Counsels on Health, 29.2. *Counsels on Health 1923 Section I The World's Need*

L'amour que le Christ répand dans l'être tout entier est une puissance vivifiante. C'est lui qui guérit notre cœur, notre cerveau, nos nerfs. Par lui, les nobles énergies de notre être sont mises en activité. Il libère l'âme de sa culpabilité et de la tristesse, de ses anxiétés et de ses soucis. Il nous apporte le calme et la sérénité, et répand dans notre âme une joie, une joie dans le Saint-Esprit, qui est une source de vie et de santé, et que rien au monde ne saurait détruire. Le ministère de la guérison, 90-91.

Les paroles de notre Sauveur "Venez à moi, vous tous qui êtes fatigués et chargés, et je vous donnerai du repos." sont une prescription pour la guérison des maladies physiques, mentales et spirituelles. Même si les hommes ont créé leur propre souffrance par leurs péchés, Il a pitié d'eux. En Lui ils peuvent trouver de l'aide. Il fera de grandes choses pour ceux qui ont confiance en Lui. (The Ministry of Healing, 115), *1905, 1MCP Mind, Character and Personality 1977 Volume 1 Chapter 8 Religion and the Mind (See Chapter 43)*

Réforme sanitaire présente

[176]

Dans notre œuvre, une grande place devrait être accordée à la question de la tempérance. Tout devoir qui comporte une réforme nécessite le concours de la foi, de la repentance et de l'obéissance, c'est à dire l'orientation de l'âme vers une vie nouvelle plus noble. Ainsi, toute vraie réforme a sa place dans l'œuvre du message du troisième ange. La tempérance exige une attention et un soutien tout particuliers. Nous devrions aborder ce problème à nos camps-meetings et arriver à des résultats positifs. Nous devrions présenter au monde les principes de la véritable tempérance, et faire des appels pour obtenir des signatures d'engagements à l'abstinence. On devrait accorder un intérêt vigilant à ceux qui sont les esclaves de mauvaises habitudes, et faire tout pour les amener au pied de la croix. Témoignages pour l'Église 2 :464.

Comme nous nous approchons de la fin des temps, nous devrions tenir fermes à la question de la réforme de la santé et à celle de la tempérance chrétienne et la présenter de façon plus positive et décisive. Nous devrions toujours nous efforcer d'éduquer le peuple, non seulement par nos paroles, mais aussi par nos actions. La combinaison de la parole et de la pratique a une influence révélatrice. *Manuscript 87, 1908 A Call to Medical Evangelism and Health Education 1933 Chapter 7 The Temperance Work*

[177]

Chapitre 39 — L'importance de la propreté

Pour jouir d'une bonne santé, il faut avoir le sang pur. Lorsqu'il contient les éléments nutritifs voulus et qu'il est purifié et vivifié par l'oxygène, il porte partout la vigueur et la vie. Il répare et nourrit l'organisme. Plus parfaite est la circulation, mieux s'accomplit ce travail. Conseils sur la nutrition et les aliments, 108.

L'application externe de l'eau est l'un des moyens les plus faciles et les plus satisfaisants pour régulariser la circulation sanguine. Un bain froid ou neutre est un excellent tonique. Les bains chauds ouvrent les pores et facilitent l'élimination des impuretés. Pris chauds ou tièdes, ils calment les nerfs et régularisent la circulation du sang. Le ministère de la guérison, 203.

L'exercice physique stimule et régularise la circulation du sang tandis que l'inaction ralentit et entrave les échanges qui doivent s'y produire et qui sont nécessaires à la vie et à la santé. La peau devient paresseuse ; les impuretés ne sont pas éliminées aussi complètement que lorsque la circulation est activée par un exercice vigoureux, l'épiderme maintenu sain et les poumons remplis d'air. Pour un bon équilibre mental et spirituel 121.

On devrait laisser aux poumons la plus grande liberté possible. Lorsqu'ils fonctionnent normalement, leur capacité s'accroît ; elle diminue s'ils sont gênés ou comprimés. De là les mauvais effets de la pratique si courante, surtout dans les travaux sédentaires, de se tenir penché sur son ouvrage. Dans cette position il est impossible de respirer profondément. La respiration superficielle devient bientôt une habitude, et les poumons perdent leur élasticité. La compression de la taille produit le même effet.... La quantité d'oxygène reçue de cette manière est insuffisante, les déchets toxiques qu'il faut éliminer par les expirations sont retenus, le sang circule lentement et devient impur. Et ce ne sont pas les poumons seuls qui souffrent de cet état de choses, mais encore l'estomac, le foie et le cerveau. La peau devient jaune, la digestion se ralentit, le cœur s'affaiblit, le cerveau s'obscurcit : les pensées deviennent confuses, et l'esprit est envahi par des idées noires. L'organisme tout entier est déprimé et devient particulièrement sujet à la maladie. Conseils sur la nutrition et les aliments, 123.

Les poumons rejetant constamment des impuretés doivent être pourvus d'air pur en abondance. Vicié, il n'apporte pas une quantité suffisante d'oxygène, et le sang passe dans le cerveau et les autres organes sans être vivifié ; d'où la nécessité d'une ventilation parfaite. C'est affaiblir l'organisme tout entier que de vivre dans des chambres fermées, mal aérées, ou l'atmosphère est viciée. On y devient particulièrement sensible au froid ; le moindre courant d'air détermine une maladie. Bien des femmes sont pâles et faibles parce qu'elles restent enfermées. Elles respirent le même air jusqu'à ce qu'il soit saturé des substances toxiques éliminées par les pores et les poumons, et ainsi les impuretés retournent dans le sang. Le ministère de la guérison, 230-231.

Beaucoup de personnes souffrent de la maladie parce qu'elles refusent de laisser l'air pur de la nuit entrer dans leurs chambres. L'air libre et pur du ciel est l'une des bénédictions les plus riches dont nous pouvons nous réjouir. My Life Today, 137.7, My Life Today, 137.6. *My Life Today 1952 Chap 5 A Healthful Life*

La propreté est essentielle pour la santé physique et mentale. La peau rejette constamment les impuretés du corps. Ses millions de pores sont rapidement bloqués si on ne se lave pas souvent et les impuretés que la peau doit éliminer deviennent un fardeau de plus pour les autres organes. Child Guidance, 108.2. *Child Guidance 1954 Chap 17 Cleanliness*

La plupart des gens devraient prendre un bain froid ou tiède, chaque jour, le matin ou le soir. Au lieu d'aggraver le refroidissement du corps, un bain, convenablement pris, protège contre le froid parce qu'il améliore la circulation. Le sang est transporté à la surface et ainsi il circule

plus facilement et régulièrement. L'esprit et le corps sont également revigorés. Child Guidance, 108.3. *Child Guidance 1954 Chapter 17 Cleanliness*

C'est aussi important de garder les vêtements propres. Les vêtements que l'on porte absorbent les saletés éliminées à travers les pores. Si on ne les lave pas et ne les change pas souvent, les impuretés seront absorbées à nouveau. Child Guidance, 109.1. *Child Guidance 1954*

Toute saleté engendre la maladie. Des germes qui causent la mort sont abondants dans des coins noirs et négligés, dans des poubelles qui pourrissent, dans l'humidité et dans la moisissure. Il faut éviter de laisser les légumes ou des tas de feuilles tomber près de la maison parce qu'ils pourrissent et empoisonnent l'air. On ne doit tolérer rien de sale ou de pourrit à la maison. Dans les villes et cités qu'on considère comme en parfaite santé, beaucoup d'épidémies de fièvre ont été détectées. Child Guidance, 108.1. *Child Guidance 1954*

Une propreté méticuleuse, une abondance de soleil et le respect des principes sanitaires dans tous les détails de la vie familiale sont essentiels à la santé et au bonheur des habitants de la maison. Le ministère de la guérison, 233.

Enseignez aux enfants que Dieu n'aime pas les voir avec des corps sales et avec des habits sales et déchirés. Gardez les habits en ordre et propres pour que nos pensées soient pures et agréables. Chaque article qui vient en contact avec la peau doit être propre. My Life Today, 129.3. *My Life Today 1952 Chap 5 A Healthful Life*

La vérité ne mêle jamais ses pieds délicats à un chemin sale et impur. Celui qui était si méticuleux à l'endroit des habitudes de propreté que les enfants d'Israël devaient chérir ne permettra aucune impureté dans les maisons de son peuple aujourd'hui. Dieu ne permet pas de saleté, quelle qu'elle soit. My Life Today, 129.4. *My Life Today 1952*

Des coins sales et négligés dans la maison ont tendance à créer des coins impurs et négligés dans l'âme. My Life Today, 129.5. *My Life Today 1952*

Le ciel est pur et saint et ceux qui passent par les portes de la cité de Dieu doivent se revêtir de pureté intérieure et extérieure. My Life Today, 129.7. *My Life Today 1952*

[179]

Chapitre 40 — Les aliments que nous consommons

Nos corps sont constitués des aliments que nous consommons. Il y a une destruction constante des tissus du corps. Le mouvement de chaque organe implique le rejet et notre nourriture répare cette destruction. Chaque organe du corps exige sa part de nourriture. Le cerveau, les os, les muscles et les nerfs exigent la leur. C'est un merveilleux processus qui transforme la nourriture en sang et utilise ce sang pour reconstituer les différentes parties du corps. Mais ce processus est constant et donne la vie à chaque nerf, muscle et tissu.

On devrait choisir les aliments qui pourvoient au mieux les éléments nécessaires pour le développement du corps. Selon ce choix, l'appétit n'est pas un guide certain. A cause de mauvaises habitudes alimentaires, l'appétit a été perverti. Il demande souvent la nourriture qui détruit la santé et cause la faiblesse au lieu de la force. Les coutumes de la société ne nous garantissent pas la sécurité. La maladie et la souffrance qui prévalent partout sont en grande partie causées par les erreurs populaires concernant notre régime alimentaire. Child Guidance, 380.3. *Child Guidance 1954 Chapter 62 Eating To Live*

Pourtant, ce ne sont pas tous les aliments sains en eux-mêmes qui sont également compatibles avec nos besoins dans toutes les circonstances. On doit méticuleusement choisir les aliments. Il faut que notre régime alimentaire soit compatible avec la saison, le climat dans lequel nous vivons et notre occupation. Certains aliments, compatibles avec certaines saisons ou certains climats ne sont pas compatibles avec d'autres. Donc, des aliments différents conviennent le mieux avec des personnes exerçant des métiers différents. Souvent, les aliments consommés par des personnes qui exercent des activités physiques difficiles ne conviennent pas aux personnes sédentaires ou intellectuellement très actives. Dieu nous a donné une variété suffisante d'aliments sains et chaque personne doit choisir ceux qui, selon son expérience et son appréciation conviennent mieux à ses besoins. Child Guidance, 386.1. *Child Guidance 1954*

Le plan originel de Dieu pour le régime de l'homme

Pour connaître les meilleurs aliments, il nous faut étudier le plan originel de Dieu concernant le régime de l'homme. Celui qui a créé l'homme et qui comprend ses besoins a donné à Adam sa nourriture. "Voici" Il dit : "Je vous donne toute herbe portant de la semence et qui est à la surface de toute la terre, et tout arbre ayant en lui du fruit d'arbre et portant de la semence : ce sera votre nourriture." Genèse 1 :29. En quittant le jardin d'Eden pour cultiver la terre puisque c'était la conséquence du péché, l'homme a aussi obtenu la permission de consommer de "l'herbe des champs." Genèse 3 :18. Child Guidance, 380.1 **1954**

Les céréales, les fruits et les légumes sont donc les aliments que Dieu nous offre. A l'état naturel ou apprêtés d'une manière très simple, ils constituent le régime le plus sain et le plus nourrissant. Ils donnent une force, une endurance et une vigueur physiques et intellectuelles qu'une nourriture plus compliquée et plus stimulante ne saurait jamais fournir. Conseils sur la nutrition et les aliments, 95.

Les besoins du corps exigent une quantité suffisante d'aliments sains et nourrissants. Le ministère de la guérison, 252.

Il est possible avec un peu de prévoyance et de méthode, de se procurer en tout pays ce qui est le plus favorable à la santé. Le blé, le riz, le maïs et l'avoine, ainsi que les haricots, les pois et les lentilles s'expédient partout. En y ajoutant les fruits du pays ou de l'étranger et les légumes qui croissent dans la localité, on a tout ce qu'il faut pour se passer de viande. Conseils sur la nutrition et les aliments, 372.

Partout on l'on peut se procurer à des prix modérés des fruits secs, tels que raisins, pruneaux, pommes, poires, pêches et abricots, on trouvera avantageux de les utiliser dans l'alimentation quotidienne, et, pour assurer la santé et la vigueur, ils conviendront parfaitement aux travailleurs. Le ministère de la guérison, 253.

L'art de cuisiner

Cuisiner n'est pas une science inférieure ; c'est au contraire l'une des plus importantes de la vie pratique. Toutes les femmes devraient l'approfondir et il faudrait en adapter l'enseignement aux besoins des classes pauvres. Ce n'est pas facile de préparer des aliments appétissants et en même temps simples et nourrissants, mais on peut y arriver. Ils paraîtront d'autant plus savoureux et sains qu'ils auront été préparés avec plus de simplicité. Conseils sur la nutrition et les aliments, 303.

Dans la simplification de notre régime sachons progresser intelligemment. La providence de Dieu a permis que chaque pays produise des aliments renfermant les éléments nutritifs nécessaires à la formation et à l'entretien de l'organisme. Et ces aliments peuvent être présents dans des plats appétissants et sains. Conseils sur la nutrition et les aliments, 112.

Beaucoup ne comprennent pas que l'art culinaire constitue un devoir. C'est pourquoi ils n'essaient pas de préparer convenablement les repas. Cela doit être fait d'une manière simple, saine et facile sans employer de lard, de beurre ou de viande. Le savoir-faire doit s'allier à la simplicité. Pour y arriver, les femmes doivent lire, et mettre ensuite en pratique ce qu'elles ont lu. Conseils sur la nutrition et les aliments, 306.

Les fruits, les céréales, les légumes préparés d'une façon simple, sans épices, ni graisse d'aucune sorte, forme avec le lait ou la crème un régime le plus sain. Conseils sur la nutrition et les aliments, 372.

Les fruits et les céréales sont des aliments convenant aux personnes qui se préparent à être transmuées. Conseils sur la nutrition et les aliments, 372.

On emploie généralement trop de sucre dans l'alimentation. Les gâteaux, les pâtisseries, les gelées, les confitures sont des causes fréquentes d'indigestion. Les crèmes composées d'œufs, de lait et de sucre sont particulièrement nuisibles. Il faut éviter l'usage du lait et du sucre pris ensemble. Conseils sur la nutrition et les aliments, 134.

Moins nous utilisons de sucre dans nos préparations culinaires, moins nous éprouvons de difficulté à supporter les chaleurs du climat. Conseils sur la nutrition et les aliments, 113.

Le lait doit être parfaitement stérilisé. Grâce à cette précaution, il offre moins de danger. Conseils sur la nutrition et les aliments, 426.

Le temps viendra où il sera dangereux de consommer du lait. Mais si les vaches sont saines et le lait soigneusement bouilli, il n'est pas nécessaire de se mettre en souci prématurément. Conseils sur la nutrition et les aliments, 426.

Aliments trop assaisonnés

Les condiments, si fréquemment employés par les gens du monde, sont préjudiciables à la digestion. Conseils sur la nutrition et les aliments, 403.

En notre siècle de vitesse, moins les aliments seront excitants, mieux cela vaudra. Les condiments sont nocifs. La moutarde, le poivre, les épices, le vinaigre, les conserves au vinaigre et les produits similaires irritent l'estomac et échauffent le sang tout en le rendant impur. On présente souvent l'inflammation de l'estomac d'un buveur pour montrer l'effet des boissons alcoolisées. L'action des condiments a le même résultat. Leur usage fait que bientôt les aliments ordinaires ne satisfont plus l'appétit, et que l'organisme exige quelque chose qui soit encore plus excitant. Conseils sur la nutrition et les aliments, 403.

[181]

Certaines personnes se sont habituées à tel point à céder à leur appétit que si celui-ci n'obtient pas exactement l'aliment souhaité, elles n'éprouvent aucun plaisir à manger. Lorsque des condiments et des épices sont placés à leur portée, elles s'en servent comme d'un fouet mordant pour faire travailler leur estomac ; du reste, leur estomac s'est accoutumé à ne plus admettre de nourriture non stimulante. Conseils sur la nutrition et les aliments, 404-405.

Les épices irritent d'abord la muqueuse de l'estomac, et finissent par détruire la sensibilité de cette membrane si délicate. Le sang s'enflamme, les passions charnelles se réveillent, tandis que les facultés morales et mentales s'affaiblissent et deviennent esclaves de viles passions. La mère devra donc s'efforcer de donner à sa famille une nourriture à la fois simple et nourrissante. Conseils sur la nutrition et les aliments, 406.

Manger régulièrement

Après avoir mangé le repas régulier, laissez l'estomac se reposer pendant cinq heures de temps. Ne mangez rien d'autre jusqu'au prochain repas. Pendant ce temps, l'estomac fera son travail et se préparera ainsi à recevoir plus de nourriture. Child Guidance, 389.2. *Child Guidance1954 Chap 62 Eating to Live*

On doit manger à intervalles réguliers et ne rien prendre entre les repas : ni pâtisserie, ni fruits, ni nourriture d'aucune sorte. L'irrégularité est préjudiciable au bon fonctionnement des organes digestifs, et altère la santé et la bonne humeur. En outre, les enfants se mettent à table sans appétit pour les aliments sains, et manifestent des préférences pour ce qui leur fait du mal. Conseils sur la nutrition et les aliments, 213.

Lorsque nous nous couchons, l'estomac devrait avoir terminé son travail, de manière à pouvoir bénéficier du repos, comme tous les autres organes du corps. Les soupers pris tard dans la nuit sont particulièrement nuisibles aux personnes sédentaires. Conseils sur la nutrition et les aliments, 206-207.

Dans bien des cas, la faiblesse qui provoque le désir de manger avant de se coucher provient de ce que les organes digestifs ont été surmenés pendant la journée. Après avoir digéré un repas, ils ont besoin de repos. Cinq ou six heures au moins devraient s'écouler entre les repas. D'ailleurs, bien de personnes, après en avoir fait l'essai, trouvent que deux repas par jour valent mieux que trois. Conseils sur la nutrition et les aliments, 206.

La méthode de prendre deux repas par jour est généralement favorable à la santé. Cependant, certaines personnes ont besoin d'un troisième repas. Celui-ci devrait être très léger et se constituer de nourriture qu'on peut le plus facilement digérer. Conseils sur la nutrition et les aliments, 209.

Quand les étudiants combinent l'activité physique et mentale, c'est approprié de consommer un troisième repas. Dans ce cas, on doit le préparer sans légumes, mais avec une nourriture simple et saine comme un fruit et le pain.

Les aliments ne devraient jamais être pris très chauds ou très froids. Pris froids, ils fatiguent l'estomac, qui doit les réchauffer avant que la digestion puisse avoir lieu...Conseils sur la nutrition et les aliments, 125.

Application des principes de la réforme sanitaire

[182]

Il faut montrer beaucoup de bon sens dans la réforme alimentaire. Etudions ce sujet à fond. Et d'abord, nul ne doit se permettre de critiquer ceux dont la manière de faire n'est pas en tous points en harmonie avec la sienne. On ne peut établir une règle invariable pour chacun, et personne n'a le droit de se croire le critère auquel les autres doivent se conformer. Tous ne peuvent manger les mêmes mets ; des aliments sains et appétissants pour certains sont désagréables et même nuisibles pour d'autres. D'aucuns ne peuvent supporter le lait, alors qu'il réussit très bien à d'autres. Il en est qui ne digèrent pas les pois et les haricots tandis que d'autres s'en trouvent très bien. Pour les uns, les préparations de céréales à l'état naturel sont excellentes ; d'autres ne peuvent en faire usage. Conseils sur la nutrition et les aliments, 233.

Si l'on a contracté de mauvaises habitudes alimentaires, il ne faut pas tarder à les réformer. Lorsque les abus ont provoqué une dyspepsie, conservons les forces qui nous restent en évitant tout surmenage de l'estomac. Quand il a été maltraité trop longtemps, celui-ci ne peut plus se rétablir tout à fait ; mais une alimentation convenable le préservera d'une plus grande faiblesse et réussira à l'améliorer. Il n'est pas facile de prescrire des règles s'adaptant à chaque cas, mais en se conformant aux principes d'une alimentation saine, de grands changements peuvent être opérés, et la cuisinière n'aura plus besoin de chercher constamment à exciter l'appétit. Conseils sur la nutrition et les aliments, 150-151.

Les ouvriers occupés à un travail physique épuisant, ne sont pas obligés d'être aussi attentifs à la quantité et à la qualité de leurs aliments ; mais ils n'en jouiraient pas moins d'une meilleure santé, s'ils prenaient l'habitude de se dominer dans le manger et le boire. Conseils sur la nutrition et les aliments, 165.

Certains demandent parfois qu'on leur prescrive exactement le régime qu'ils doivent suivre. Ce sont surtout ceux qui se suralimentent, puis le regrette, en sorte qu'ils pensent constamment au manger et au boire. Mais nul ne peut, sur un sujet semblable faire la loi aux autres. Chacun doit utiliser son bon sens et se conformer aux principes de l'hygiène, tout en s'efforçant de se contrôler soi-même. Conseils sur la nutrition et les aliments, 165.

La réforme alimentaire doit être progressive. A mesure que les maladies des animaux augmentent, l'usage des œufs et du lait devient de plus en plus sujet à caution. Il faut s'efforcer de les remplacer par d'autres aliments sains et bon marché. Chacun devrait, autant que possible, savoir faire la cuisine sans lait et sans œufs, mais en veillant toutefois à ce que les aliments soient sains et de bon goût. Conseils sur la nutrition et les aliments, 436.

Dieu n'est pas honoré lorsque nous négligeons notre corps ou que nous lui imposons des excès, nous rendant ainsi inaptes pour son service. Prendre soin du corps en lui fournissant des aliments savoureux et nourrissants est un des premiers devoirs de la maîtresse de maison. Mieux vaut dépenser moins pour les vêtements et l'ameublement que se restreindre sur la nourriture. Foyer chrétien, 362-363.

Quelques maîtresses de maison rationnent leur famille au repas afin d'être en mesure de recevoir somptueusement leurs visiteurs. Ce n'est pas raisonnable. Soyons plus simples avec nos hôtes et songeons avant tout aux besoins des nôtres. Foyer chrétien, 363.

Une économie excessive et des coutumes artificielles nous empêchent souvent d'exercer l'hospitalité lorsqu'elle serait nécessaire et bénie. Il faudrait que nos tables soient suffisamment garnies pour que le visiteur inattendu n'impose pas à la ménagère un travail supplémentaire. Foyer chrétien, 363.

Accordez une grande attention à votre alimentation. Allez de la cause à l'effet; maintenez l'appétit sous le sceptre de la raison. Ne malmenez pas votre estomac en mangeant trop, mais ne vous privez pas des aliments sains et nécessaires à la santé. Conseils sur la nutrition et les aliments, 199.

Ceux qui ont vraiment compris les lois de la santé évitent les extrêmes. Ils choisissent leurs aliments non seulement pour satisfaire leur appétit mais pour fortifier leur corps. Ils cherchent à maintenir leurs énergies dans le meilleur état possible pour les mettre au service de Dieu et de leurs semblables. Leur appétit est contrôlé par la raison et la conscience, et il en résulte la santé du corps et de l'âme. Et s'ils ne font pas une grande propagande, leur exemple n'en rend pas moins témoignage en faveur de leurs principes. Ils exercent autour d'eux une heureuse influence. Conseils sur la nutrition et les aliments, 232-233.

On ne devrait pas servir le Sabbat un repas plus copieux ou une plus grande variété de mets que les autres jours. Bien au contraire, le repas doit être plus simple et frugal pour conserver un esprit clair et vigoureux à même de comprendre les choses spirituelles.

On évitera de faire la cuisine ce jour-là, mais il ne faut pas nécessairement manger froid. En hiver, les aliments préparés la veille doivent être réchauffés. Que les repas, bien simples, soient appétissants et bien présentés. Dans les foyers où il y a des enfants, on mettra sur la table du sabbat un plat qui soit un régal et que la famille n'ait pas l'habitude de manger chaque jour. Le ministère de la guérison, 260.

Contrôler l'appétit et les passions

Une des plus grandes tentations que l'homme doive affronter, c'est celle de son appétit. Il règne un rapport mystérieux et merveilleux entre l'esprit et le corps qui réagissent l'un sur l'autre. Le premier souci de la vie devrait être de conserver son corps en bonne condition pour que chaque organe de la machine vivante puisse jouer son rôle avec harmonie. Négliger le corps, c'est négliger l'esprit. Des corps maladifs et des esprits diminués ne peuvent glorifier Dieu. Se laisser aller à la gourmandise aux dépens de santé constitue un abus pernicieux. Ceux qui manquent de modération, dans le manger ou le boire, ou en quoi que ce soit, gaspillent leurs énergies physiques et diminuent leurs forces morales. La transgression des lois physiques se fera sentir un jour. Testimonies for the Church 3:476.

Beaucoup de gens sont handicapés dans leur travail, tant mentalement que physiquement par les excès de la table et par la satisfaction des passions sensuelles. Les tendances animales se trouvent fortifiées, alors que la nature morale et spirituelle est affaiblie. Quand nous serons autour du grand trône blanc, quel rapport sera donné de la vie de plusieurs d'entre nous ? Ils verront alors ce qu'ils auraient pu faire s'ils n'avaient pas dégradé les facultés que Dieu leur avait données. Ils se rendront compte du niveau d'intelligence à laquelle ils auraient pu atteindre s'ils avaient donné à Dieu toute la force physique et mentale qu'il leur avait confiée. Pris de remords, ils désireront alors ardemment revivre leur vie. Témoignages pour l'Église 2 :30-31.

Tout vrai chrétien doit contrôler ses appétits et ses passions. A moins d'être affranchi de la servitude de ses appétits, il ne peut être un serviteur du Christ fidèle et obéissant. L'esclavage des appétits et des passions atténue l'action de la vérité sur le cœur. Conseils sur la nutrition et les aliments, 512-513.

Le Christ a enduré ce long jeûne dans le désert pour nous apprendre la nécessité du sacrifice de soi et de la tempérance. On doit commencer ce travail à nos tables et on doit l'appliquer strictement à tous les aspects de la vie. Le Rédempteur du monde est venu du ciel pour aider l'homme à vaincre sa faiblesse avec Son pouvoir pour qu'il soit assez fort pour vaincre l'appétit, la passion et vaincre toute autre faiblesse. Counsels on Health, 125.2. *Counsels on Health 1923*

Section 3 : Diet and Health

Chapitre 41 — Les aliments carnés

Dieu donna à nos premiers parents la nourriture qu'il avait choisie pour la race humaine. Il était contraire à son plan que la vie d'aucune de ses créatures soit enlevée. La mort ne devait pas entrer en Eden. Le fruit des arbres du jardin constituait la nourriture qui répondait aux besoins de l'homme. Ce n'est qu'après le déluge que Dieu donna à l'homme, la permission de manger de la viande. Tout ce qui aurait pu servir de subsistance à l'homme avait été détruit. C'est pourquoi Dieu permit à Noé de manger la chair des animaux purs qu'il avait introduits dans l'arche. Mais la viande ne constituait pas pour l'homme l'aliment le plus sain. Conseils sur la nutrition et les aliments, 445.

Après le déluge, les hommes se mirent à manger de la viande librement. Dieu vit que leurs vies s'étaient corrompues et qu'ils cherchaient à s'élever orgueilleusement contre leur Créateur et à obéir aux inclinations de leurs cœurs. Il leur permit alors de se nourrir de viande en vue de raccourcir leur existence de pécheurs. Très tôt après le déluge, la race humaine fut frappée par la dégénérescence à la fois dans sa taille et dans la durée de sa vie. Conseils sur la nutrition et les aliments, 446.

En assignant à Adam sa nourriture en Eden, Dieu lui indiquait le régime qui lui convenait le mieux. Plus tard, il donna dans le désert une leçon semblable au peuple d'Israël. Lorsqu'Il le fit sortir du pays d'Egypte, son dessein était d'en faire un peuple particulier. Pour que celui-ci fût en exemple et en bénédiction au monde, il lui fournit l'aliment le mieux adapté au but à atteindre : non pas la viande, mais la manne, le "pain du ciel". C'est à cause des regrets des Israélites à l'égard des " potées de viande" d'Egypte, et de leurs murmures, que la nourriture animale leur fut accordée. Mais pour très peu de temps seulement, car son usage amena parmi eux la maladie et la mort. Cependant l'alimentation non carnée ne fut jamais acceptée de bon cœur. Elle continua à provoquer des plaintes, ouvertes ou cachées, et ne fut pas maintenue de façon permanente. Conseils sur la nutrition et les aliments, 447.

Une fois en Canaan, les Israélites reçurent la permission de manger de la viande, mais avec des restrictions pour en diminuer les conséquences fâcheuses. Le porc fut interdit, ainsi que d'autres mammifères, oiseaux et poissons, déclarés impurs. La graisse et le sang furent aussi strictement défendus. Conseils sur la nutrition et les aliments, 447.

Les bêtes dont il était permis de consommer la chair devaient être saines. Aucun animal déchiré, aucun animal ayant périt de mort naturelle ou qui n'avait pas été vidé entièrement de son sang ne pouvait servir de nourriture. Conseils sur la nutrition et les aliments, 447.

En s'écartant des directives divines touchant leur manière de se nourrir, les Israélites s'exposèrent à de sévères préjudices. Ayant désiré une alimentation carnée, ils durent en subir les conséquences. Ils ne parvinrent pas au caractère idéal que Dieu leur avait proposé, et n'accomplirent pas ses desseins. Le Seigneur "accorda ce qu'ils demandaient ; puis il envoya le dépérissement dans leur corps". Psaumes 106 :15. Ils firent passer les choses terrestres avant les choses spirituelles, et n'arrivèrent pas à la prééminence sacrée que Dieu voulait leur accorder. Conseils sur la nutrition et les aliments, 447.

Ceux qui consomment de la viande absorbent en réalité - mais de seconde main - les éléments contenus dans les céréales et les légumes, puisque l'animal s'en nourrit. La vie des céréales et des légumes passent dans l'animal, et nous la recevons en mangeant la chair de l'animal. Ne serait-il pas préférable de prendre directement cette vie dans les aliments que Dieu nous a destinés ? Conseils sur la nutrition et les aliments, 474.

La cause de beaucoup de maladies

La chair n'a jamais été la meilleure nourriture. Pourtant sa consommation est doublement insupportable puisque la maladie, chez les animaux, augmente rapidement. Ceux qui consomment les aliments carnés savent peu de choses au sujet de ce qu'ils mangent. S'ils pouvaient souvent voir ces animaux quand ils vivent et connaître la qualité de la viande qu'ils consomment, ils se détourneraient de cela avec répugnance. Les gens continuent de consommer la chair remplie de germes tuberculeux et cancérigènes. Ainsi, la tuberculose, le cancer et d'autres maladies fatales sont transmises. Child Guidance, 382.3. *Child Guidance 1954 Eating to Live Chapter 62*

Les risques de maladies sont augmentés dix fois par l'usage de la viande. Conseils sur la nutrition et les aliments, 461.

Les animaux sont malades, et en consommant leur chair nous introduisons les germes de la maladie dans nos tissus et dans notre sang. Lorsque nous sommes soumis aux variations d'un climat malsain, ces germes sont encore plus actifs ; de même lorsque nous sommes exposés aux épidémies et aux maladies contagieuses, notre organisme n'est pas dans les conditions requises pour résister à la maladie. Conseils sur la nutrition et les aliments, 462.

D'après la lumière que Dieu m'a donnée, la prolifération des cancers et autres tumeurs a pour cause principale l'habitude de consommer de la viande. Conseils sur la nutrition et les aliments, 463.

En maints endroits, les poissons vivant dans une eau polluée par les égouts des grandes villes deviennent, pour ceux qui les consomment une cause de maladie. Même s'ils se rendent plus loin et sont pêchés en eau pure, ils risquent de rendre malades et de causer la mort de gens qui ne suspectent pas le danger. Le ministère de la guérison, 265.

Les effets de l'usage de la viande peuvent ne pas apparaître immédiatement, mais ce n'est pas une preuve de la non-toxicité de l'alimentation carnée. Bien peu de personnes en arrivent à croire que la viande qu'ils ont consommée a vicié leur sang et causé leurs souffrances. Bien des gens meurent de maladies causées uniquement par la viande, sans que eux-mêmes, ni les autres, s'en doutent. Conseils sur la nutrition et les aliments, 467-468.

Les tissus du porc fourmillent de parasites. Dieu dit de cet animal : "Vous le regarderez comme impur. Vous ne mangerez pas de sa chair et vous ne toucherez pas son corps mort" Deutéronome 14 :8. Ce commandement fut donné parce que la viande de porc est impropre à l'alimentation. Les porcs ont été créés pour nous débarrasser des immondices. Leur viande n'a jamais été destinée à servir de nourriture à l'homme. Conseils sur la nutrition et les aliments, 469.

Le porc, bien qu'il soit un article courant de consommation, est un des aliments les plus nuisibles. Dieu n'a pas défendu aux Hébreux de manger la chair du porc uniquement pour leur manifester son autorité, mais parce que ce n'était pas un aliment convenant à la nourriture de l'homme. Elle remplit l'organisme de scrofule, et, spécialement dans les pays chauds, elle provoque la lèpre et toutes sortes de maladies. Son influence sous ce climat est beaucoup plus nuisible que sous un climat plus tempéré. Mais Dieu n'a jamais autorisé l'usage de la viande de porc dans aucune circonstance. Les païens mangeaient du porc et les Américains en ont fait un important article d'alimentation. La viande de porc ne serait pas agréable au palais dans son état naturel. Elle est rendue plus appétissante par un assaisonnement très relevé, ce qui accroît la nocivité d'une chose déjà malsaine. La viande de porc plus que toute autre viande rend le sang impur. Ceux qui mangent beaucoup de porc ne peuvent que devenir malades. Conseils sur la nutrition et les aliments, 469-470.

Les nerfs fins et sensibles du cerveau s'affaiblissent tellement qu'on ne discerne plus les choses sacrées, mais plutôt, on les met au même niveau que les choses ordinaires. Testimonies for the Church 2:96.2. *Testimonies for the Church*

Ceux qui prennent beaucoup d'exercice physique au grand air ne ressentent pas autant les effets désastreux de l'usage du porc que ceux qui vivent plutôt à l'intérieur, dont les habitudes sont sédentaires et dont le travail est intellectuel. Conseils sur la nutrition et les aliments, 470.

Les méfaits de la viande ne sont pas moindres au point de vue moral que physique. Tout ce qui nuit au corps nuit également à l'esprit et à l'âme. Conseils sur la nutrition et les aliments, 457.

Un régime carné change les dispositions et renforce l'animalité. Nous sommes faits de ce que nous mangeons et une large consommation de la viande diminue l'activité intellectuelle. Les étudiants réussiraient beaucoup mieux dans leurs études s'ils ne touchaient jamais à la viande. Lorsque le côté animal de la nature humaine est favorisé par la consommation de la viande, les facultés intellectuelles diminuent dans la même proportion. Une vie spirituelle est plus facilement acquise et entretenue si la viande est écartée, car ce régime favorise l'activité intense des tendances à la sensualité, et affaiblit la nature morale et spirituelle. "La chair a des désirs contraires à ceux de l'Esprit, et l'Esprit en a de contraire à ceux de la chair." (Galates 5 :17) Conseils sur la nutrition et les aliments, 465.

Si jamais il y eut une époque où le régime doit être le plus simple, c'est bien maintenant. On ne devrait pas donner de viande aux enfants, car c'est un excitant des passions les plus basses et une nourriture qui diminue la force morale. Conseils sur la nutrition et les aliments, 466.

On devrait constater des réformes plus grandes parmi la communauté qui prétend attendre le prochain avènement du Christ. La réforme sanitaire doit accomplir au sein de notre communauté une œuvre qui n'a pas encore été faite. Parmi tous ceux qui devraient être attentifs aux dangers de l'usage de la viande, il y en a beaucoup qui en consomment encore, exposant ainsi leur santé physique, mentale et spirituelle. Plusieurs, qui à l'heure actuelle, ne sont qu'à moitié convaincus au sujet de la consommation de la viande, s'éloigneront du peuple de Dieu et cesseront de marcher dans la même voie. Conseils sur la nutrition et les aliments, 456.

Ceux qui prétendent croire à la vérité doivent tenir en bride les énergies du corps et de l'esprit afin, que Dieu et sa cause ne soient jamais déshonorés par leurs paroles ou par leurs actes. Les habitudes et les façons de faire doivent être soumises à la volonté de Dieu. Nous devons accorder une attention toute particulière à notre régime. Il m'a été clairement présenté que les enfants de Dieu devaient refuser fermement de manger de la viande. Dieu aurait-il rappelé à son peuple pendant trente ans qu'il devait abandonner l'usage de la viande s'il voulait avoir un sang pur et un esprit clair, si ce n'était pas pour le rendre attentif à ce message ? L'usage de la viande renforce la nature animale et affaiblit la nature spirituelle. Conseils sur la nutrition et les aliments, 457.

Instruction pour un changement de régime

C'est une erreur de croire que la force musculaire dépend de la viande. Les besoins de l'organisme seront mieux satisfaits, on jouira d'une meilleure santé sans en faire usage. Les céréales, les fruits et les légumes contiennent tous les éléments nutritifs nécessaires à

[187] la formation d'un sang généreux. Ces éléments ne se trouvent pas d'une façon aussi complète ni aussi abondante dans le régime carné. Si la viande donnait la force et la santé, la chair des animaux aurait été incluse dans le régime donné à l'homme aux origines. Conseils sur la nutrition et les aliments, 473-474.

Lorsqu'on abandonne l'usage de la viande, on éprouve souvent un sentiment de faiblesse. Beaucoup voient là une indication de l'absolue nécessité d'une alimentation carnée ; mais c'est bien plutôt la preuve que la viande est un stimulant, qu'elle enfièvre le sang et excite les nerfs. Il est aussi difficile à certains d'abandonner son usage qu'il ne l'est au buveur de délaisser son petit verre ; Mais en persévérant, ils verront que ce changement est pour leur bien. Conseils sur la nutrition et les aliments, 474- 475.

Lorsqu'on renonce à la viande, il faut la remplacer par une variété de céréales, de légumes et de fruits nourrissants et appétissants. Cela est particulièrement nécessaire pour les personnes faibles ou surmenées. Conseils sur la nutrition et les aliments, 476.

La bonne cuisine est une exigence essentielle quand surtout la viande n'est pas l'élément principal du repas. Préparez quelque chose pour remplacer la viande ; on doit bien préparer les substituts de la viande pour qu'on en désire plus. Child Guidance, 384.4. *Child Guidance 1954 Chapter 62 Eating to Live*

J'ai vu des familles qui ont quitté le régime carné, mais l'ont remplacé par une alimentation trop pauvre, et si mal préparée que l'estomac s'en dégoûte. De telles personnes m'ont dit que la réforme sanitaire ne leur convenait pas et qu'elle les affaiblissait....Enfin, si la nourriture doit être préparée avec simplicité, il faut néanmoins qu'elle soit appétissante. Conseils sur la nutrition et les aliments, 235.

C'est pour son bien que le Seigneur conseille à l'Eglise du reste, d'écarter l'usage de la viande, du thé, du café et d'autres aliments malsains. Il existe une foule d'autres choses, qui sont à la fois appétissantes et saines, qui nous permettent d'être nourris. Conseils sur la nutrition et les aliments, 455.

Parmi ceux qui attendent le retour du Seigneur, l'usage de la viande sera délaissé ; la viande cessera de faire partie de leur régime. Nous ne devrions pas perdre de vue ce but, et nous devrions nous efforcer d'y atteindre. Conseils sur la nutrition et les aliments, 454.

L'habitude de manger de la viande diminue les forces physiques, intellectuelles et morales. Elle introduit le déséquilibre dans l'organisme, obscurcit l'esprit et émousse le sens moral. Nous vous assurons, cher frère et chère sœur, que la manière la plus sûre de conserver la santé tant morale que physique est d'écarter la viande.
Conseils sur la nutrition et les aliments, 467. [188]

Chapitre 42 — Fidélité dans la réforme sanitaire

Je suis chargée de donner à notre Eglise un message au sujet de la réforme sanitaire, car beaucoup d'Adventistes se sont écartés de ces principes. Conseils sur la nutrition et les aliments, 41.

Dieu désire que ses enfants atteignent à la stature parfaite d'hommes et de femmes en Jésus-Christ. Pour y arriver, ils doivent faire un usage judicieux de toutes les facultés de l'esprit, de l'âme et du corps. Ils ne sauraient se permettre de gaspiller aucune force mentale et physique. Conseils sur la nutrition et les aliments, 41.

La question de savoir comment préserver la santé a une importance capitale. En l'examinant dans la crainte de Dieu, nous nous rendons compte qu'il vaut mieux, pour notre développement physique et spirituel, observer un régime simple. Etudions cette question avec persévérance. Il nous faut des connaissances et du jugement pour agir sagement à cet égard. Les lois de la nature ne peuvent être violées impunément. Conseils sur la nutrition et les aliments, 41.

Tous ceux qui ont compris les dangers de l'usage de la viande, du thé et du café, ainsi que d'aliments trop riches ou préparés d'une mauvaise manière, et qui sont décidés à contracter une alliance avec Dieu par le sacrifice, banniront de leur régime tout ce qu'ils savent être antihygiénique. Dieu exige que les appétits soient purifiés, et que l'on renonce à ce qui peut nuire à la santé. C'est ainsi que nous pourrons être à Ses yeux un peuple parfait. Conseils sur la nutrition et les aliments, 41.

L'Eglise du "reste" doit être une Eglise convertie. Il faut que la proclamation du message ait pour résultat la conversion et la sanctification des âmes, et que la puissance de l'Esprit se fasse sentir dans notre Mouvement. Ce message, merveilleux, précis, est pour tous. Il doit être proclamé d'une voix forte. Croyons fermement qu'il prendra une importance croissante jusqu'à la fin des temps. Conseils sur la nutrition et les aliments, 42.

Il est des chrétiens de profession qui acceptent certaines parties des témoignages comme venant de Dieu, mais en rejettent d'autres qui condamnent leurs habitudes favorites. Ces personnes travaillent contre leur intérêt et celui de l'Eglise. Il est essentiel que nous marchions dans la lumière. Ceux qui prétendent croire à la réforme sanitaire et en renient les principes dans leur vie quotidienne se font du mal à eux-mêmes et produisent une impression défavorable sur l'esprit des croyants et des incroyants. Conseils sur la nutrition et les aliments, 42.

Une responsabilité solennelle repose sur tous ceux qui connaissent la vérité : celle de veiller à ce que leurs actes correspondent à leur foi. Il faut que leurs vies soient affinées et sanctifiées, afin qu'ils puissent être préparés pour l'œuvre qui doit s'accomplir rapidement aux derniers jours de la proclamation du message. Ils ont ni temps ni force à dépenser dans la satisfaction de leurs appétits. Ces paroles devraient retentir puissamment à nos oreilles : "Repentez-vous et convertissez-vous, pour que vos péchés soient effacés, afin que des temps de rafraîchissement viennent de la part du Seigneur." (Actes 3 :19) Ils sont nombreux parmi nous ceux qui manquent de spiritualité et qui, à moins d'une réelle conversion, seront irrémédiablement perdus. Voulez-vous courir ce risque ? Conseils sur la nutrition et les aliments, 42.

Dieu exige que son peuple fasse des progrès continuels. Sachons que la satisfaction de nos appétits est le plus grand obstacle au développement mental et à la sanctification de l'âme. Malgré toutes nos connaissances en ce qui concerne la réforme sanitaire, il en est un bon nombre parmi nous qui se nourrissent mal. La satisfaction de l'appétit est la cause principale de la débilité physique et mentale, de l'épuisement et des morts prématurées. Que celui qui recherche la pureté

[189]

de l'esprit se souvienne qu'il y a en Christ une puissance capable de dominer l'appétit. Conseils sur la nutrition et les aliments, 151-152.

Si nous pouvions tirer quelque profit de l'usage de la viande, je ne vous adresserais pas cet appel ; mais je sais qu'il n'en est pas ainsi. Les aliments carnés nuisent à l'organisme et il faut apprendre à s'en passer. Ceux qui peuvent suivre un régime végétarien et qui préfèrent satisfaire leurs propres goûts à cet égard, mangeant et buvant à leur guise, négligeront graduellement les instructions que le Seigneur a données concernant d'autres aspects de la vérité présente. Ils perdront la faculté de la percevoir et moissonneront certainement ce qu'ils auront semé. Conseils sur la nutrition et les aliments, 482-483.

Il m'a été montré qu'on ne devrait pas servir aux élèves de nos écoles de la viande ou des aliments reconnus anti-hygiéniques. Tout ce qui pourrait faire naître des désirs pour des stimulants doit être banni de la table. Je fais appel aux jeunes, aux personnes d'âge mûr et aux vieillards. Renoncez aux choses qui vous font du mal. Servez le Seigneur par le sacrifice. Conseils sur la nutrition et les aliments, 483.

Il en est qui croient ne pas pouvoir se passer de viande. Si ces personnes voulaient se placer du coté du Seigneur, et suivre résolument le chemin ou il nous conduit, elles recevraient force et sagesse comme Daniel et ses compagnons. Elles se rendraient compte que le Seigneur leur donne un jugement sain. Beaucoup seraient étonnés de voir tout ce qu'elles pourraient mettre de côté pour la cause de Dieu. Les petites sommes économisées en faisant des sacrifices contribueraient davantage à soutenir l'œuvre du Seigneur que des dons plus importants, mais qui n'ont pas exigé de renoncement. Conseils sur la nutrition et les aliments, 483-484.

Un appel à une décision ferme

Les Adventistes du septième jour possèdent des vérités de la plus haute importance. Il y a plus de quarante ans que le Seigneur nous a communiqué des lumières particulières sur la réforme sanitaire. Qu'en faisons-nous ? Ils sont nombreux ceux qui ont refusé de suivre les instructions que le Seigneur nous a données. En tant qu'adventistes, efforçons-nous de réaliser des progrès proportionnés à la lumière reçue. Il est de notre devoir de comprendre et de respecter les principes de la réforme sanitaire. En ce qui concerne la tempérance, nous devrions être en avance sur tous les autres. Cependant, il y a parmi nous des membres d'église qui ont été bien instruits à cet égard, et même des prédicateurs, qui manquent de respect pour la lumière que le Seigneur nous a donnée. Ils mangent selon leurs goûts et font ce qui leur plaît. Conseils sur la nutrition et les aliments, 26-27.

Que nos professeurs et les hommes qui dirigent notre œuvre se placent résolument sur le terrain biblique en ce qui concerne la réforme sanitaire. Qu'ils rendent un bon témoignage devant ceux qui croient que nous sommes parvenus aux derniers jours de l'histoire du monde. Conseils sur la nutrition et les aliments, 27.

Il m'a été montré que les principes qui nous ont dirigés au début du message sont aussi importants et méritent d'être considérés aussi consciencieusement qu'à ce moment-là. Il en est qui n'ont jamais suivi la lumière qui nous a été donnée sur la question alimentaire. C'est le moment aujourd'hui de sortir celle-ci de dessous le boisseau, afin qu'elle se montre dans tout son éclat. Conseils sur la nutrition et les aliments, 25-26.

Les principes qui sont à la base d'une vie saine ont une grande importance pour nous en tant qu'individus et en tant que peuple. Quand j'ai d'abord reçu le message de la réforme sanitaire, j'étais faible et je m'évanouissais fréquemment. Je plaidais avec Dieu pour qu'il m'aide et il m'a introduit au grand sujet de la réforme sanitaire. Il m'a dit que ceux qui gardent ses

[190]

Commandements doivent avoir une relation sacrée avec Lui et que par la tempérance dans le manger et le boire, ils doivent garder l'esprit et le corps dans une condition favorable pour le service. Cette lumière a été une grande bénédiction pour moi. J'ai décidé d'être une réformatrice de la santé, sachant que le Seigneur allait me fortifier. Malgré mon âge, ma santé, aujourd'hui, est meilleure qu'elle ne l'était quand j'étais plus jeune.

Certaines personnes ont fait courir le bruit que je n'ai pas appliqué les principes de la réforme sanitaire tels que je les ai défendus par la plume. Mais je peux dire, pour autant qu'il m'en souvienne, que je ne me suis jamais écartée de ces principes. Ceux qui ont mangé à ma table savent que je ne leur ai pas présenté de viande...Conseils sur la nutrition et les aliments, 590.

"Faites tout pour la gloire de Dieu"

Nous n'avons pas de régime précis à prescrire. Mais nous disons que dans les pays où abondent les fruits et les céréales, la viande n'est pas l'aliment qui convient au peuple de Dieu. Il m'a été montré que celle-ci tend à abrutir le corps, à priver hommes et femmes de l'amour et de la sympathie qu'ils doivent éprouver les uns pour les autres, et à soumettre leurs facultés les plus nobles aux passions inférieures. Si l'usage de la viande a jamais été sain, il ne l'est plus aujourd'hui. Les cancers, les tumeurs et les maladies pulmonaires sont en grande partie causés par la consommation de la viande.

Les cancers et autres tumeurs, ainsi que tous les états inflammatoires, sont largement dus à la consommation de la viande. Conseils sur la nutrition et les aliments, 463.

Il ne faut cependant pas faire du végétarisme une question d'entrée dans l'église, mais nous devrions tenir compte de l'influence qu'exerce sur les autres les croyants de profession faisant usage de viande. En tant que messagers du Seigneur, ne dirons-nous pas à tous : "Soit que vous mangiez, soit que vous buviez, soit que vous fassiez quelque autre chose, faites tout pour la gloire de Dieu" ? 1 Corinthiens 10 :31. Ne devons-nous pas nous déclarer nettement contre la satisfaction des appétits ? Un prédicateur de l'Evangile, proclamant la vérité la plus solennelle qui ait jamais été confiée aux mortels, donnera-t-il le mauvais exemple en retournant aux potées de viande d'Egypte ? Est t-il possible que ceux qui sont soutenus par les dîmes provenant du trésor de Dieu consentent, par une complaisance coupable, à empoisonner le courant vivifiant qui circule dans leurs veines ? Mépriseront-ils la lumière et les avertissements que le Seigneur leur a donnés ? La santé du corps doit être considérée comme essentielle à la croissance et à la formation d'un caractère normal. Si l'estomac ne reçoit pas les soins nécessaires, la formation de ce caractère en sera entravée. Le cerveau et les nerfs sont en étroite relation avec l'estomac. Des erreurs dans le manger et le boire en entraînent d'autres dans la pensée et dans les actes. Conseils sur la nutrition et les aliments, 484-485.

Aujourd'hui, nous sommes tous mis à l'épreuve. Nous avons été baptisés en Christ. Si nous voulons éviter tout ce qui tend à nous affaiblir et à nous rendre impropres à notre tâche, nous recevrons la force nécessaire pour croître dans le Christ, notre Chef, et nous verrons le salut de Dieu. Conseils sur la nutrition et les aliments, 26.

Ce n'est que lorsque nous considérerons d'une manière intelligente les principes d'une vie saine que nous pourrons bien discerner les maux qui résultent d'un régime erroné. Ceux qui, après avoir constaté leurs erreurs, auront le courage de changer leurs habitudes, s'apercevront que la réforme exige beaucoup de luttes et de persévérance. Mais lorsqu'ils auront formé des goûts normaux, ils se rendront compte que l'usage de la viande, qu'ils considéraient inoffensif,

préparait lentement mais sûrement la dyspepsie et d'autres maladies. Conseils sur la nutrition et les aliments, 26.

Pères et mères, veillez et priez. Gardez-vous avec soin de l'intempérance, sous quelque forme que ce soit. Enseignez à vos enfants les principes d'une véritable réforme sanitaire. Dites-leur ce qu'il faut éviter pour conserver une bonne santé. La colère divine s'exerce déjà contre les rebelles. Quels crimes, quels péchés, quelles pratiques iniques se manifestent de tous côtés ! En tant qu'adventistes, nous devons préserver avec soin nos enfants de toute relation avec ceux qui sont dépravés. Conseils sur la nutrition et les aliments, 291.

Eduquez le peuple

On devrait faire de plus grands efforts pour vulgariser les principes de la réforme sanitaire. Organisons des cours de cuisine, et donnons dans les familles des instructions sur l'art de préparer des aliments sains. Que jeunes et vieux apprennent à cuisiner plus simplement. Partout où la vérité est proclamée, enseignons aux gens à préparer les aliments d'une manière simple et à la fois appétissante. Montronsleur qu'un régime nourrissant peut être obtenu sans la viande. Instructions pour un Service Chrétien Effectif, 75.

Que nos professeurs et les hommes qui dirigent notre œuvre se placent résolument sur le terrain biblique en ce qui concerne la réforme sanitaire. Qu'ils rendent un bon témoignage devant ceux qui croient que nous sommes parvenus aux derniers jours de l'histoire du monde. Une distinction très nette doit être faite entre ceux qui servent Dieu et ceux qui ne pensent qu'à eux-mêmes. Conseils sur la nutrition et les aliments, 27.

Il faut beaucoup de tact et de sagesse pour conseiller à ceux qui commencent à pratiquer la réforme sanitaire un régime nourrissant devant remplacer ce qu'ils ont suivi jusqu'alors. Cela exige la foi en Dieu, une volonté ferme et le désir d'être utile à ses semblables. Un régime déficient jette le blâme sur la réforme sanitaire.

Nous sommes mortels, et il faut fournir à nos corps une nourriture fortifiante. Conseils sur la nutrition et les aliments, 570-571.

Les extrêmes déforment la réforme sanitaire

Certains adventistes, tout en s'abstenant consciencieusement d'aliments malsains, négligent de s'accorder les aliments nécessaires au soutien de leur corps. Ceux qui poussent à l'extrême la réforme sanitaire courent le danger de préparer des plats insipides dont on ne peut se satisfaire. Les aliments doivent être préparés de telle manière qu'ils soient appétissants en même temps que nourrissants. Il ne faut pas refuser à notre organisme ce dont il a besoin. J'emploie un peu de sel, et je l'ai toujours fait, parce que ce dernier, loin d'être nuisible, est indispensable au sang. Les légumes devraient être rendus appétissants avec un peu de crème ou de lait, ou d'un équivalent. Conseils sur la nutrition et les aliments, 244.

Bien que des avertissements aient été donnés contre les dangers de l'usage du beurre et d'une grande consommation d'œufs par de petits enfants, il ne faut cependant pas considérer comme une violation de nos principes l'emploi d'œufs de poules qui sont bien soignées et convenablement nourries. Ceux-ci possèdent des propriétés qui combattent efficacement certains poisons. Conseils sur la nutrition et les aliments, 244-245.

D'aucuns en s'abstenant de lait, d'œufs et de beurre, ont négligé d'assurer à leur organisme une nourriture suffisante. Ils se sont affaiblis au point de ne plus pouvoir travailler, et ils ont jeté le discrédit sur la réforme sanitaire. C'est ainsi que l'œuvre que nous nous sommes efforcés d'établir solidement a été compromise par des bizarreries que le Seigneur n'a pas exigées et les énergies de l'Eglise ont été paralysées. Mais Dieu interviendra pour prévenir les conséquences de tels excès. L'Evangile doit réconcilier une race pécheresse, amener riches et pauvres ensemble aux pieds de Jésus. Conseils sur la nutrition et les aliments, 245.

Le temps viendra où il se peut que nous devions proscrire des aliments dont nous usons aujourd'hui, tels que le lait, la crème et les œufs. Mais il n'est pas nécessaire de nous créer des difficultés par des restrictions prématurées et exagérées. Attendez que les circonstances l'exigent et que le Seigneur ouvre la voie. Conseils sur la nutrition et les aliments, 245.

Ceux qui veulent proclamer avec succès les principes de la réforme sanitaire doivent prendre la Parole de Dieu pour guide et pour conseiller. Ce n'est qu'ainsi qu'ils pourront faire un bon travail. Ne donnons jamais un mauvais exemple au sujet de la réforme sanitaire en négligeant de prendre des aliments sains et appétissants au lieu et place d'aliments nuisibles auxquels nous avons renoncé. N'encouragez d'aucune manière le désir d'user de stimulants. Ne prenez que des aliments simples, sains, et remerciez le Seigneur constamment pour les principes de la réforme sanitaire. En toutes choses, pratiquez la droiture et la fidélité, et vous remporterez de précieuses victoires. Conseils sur la nutrition et les aliments, 245.

Considérez les conditions locales

En luttant contre la gloutonnerie et l'intempérance, nous devons nous souvenir des principes et des remèdes renfermés dans la vérité évangélique, qui se recommandent à un jugement avisé. En vue d'accomplir notre travail d'une façon simple et droite, nous devons avoir une notion des conditions auxquelles la famille humaine est soumise. Dieu a pourvu aux besoins de tous, dans quelque pays qu'ils vivent. Ceux qui désirent collaborer avec Dieu doivent veiller avec soin sur la manière dont ils enseignent la réforme sanitaire dans la vigne du Seigneur. Ils doivent être très prudents en indiquant ce qui doit être mangé et ce qui doit être éliminé. Le messager humain doit s'unir au Conseiller céleste en présentant le message de miséricorde aux multitudes que Dieu désire sauver. Nous devons entrer en contact avec les foules. Quand je présente l'Evangile aux gens pauvres, je suis invitée à leur conseiller de consommer les aliments qui sont le plus nourrissants. Je ne peux pas leur dire : Vous ne devez pas manger d'œufs, de lait, de crème ; vous ne devez pas employer de beurre dans la préparation de vos repas. L'Evangile doit être annoncé aux pauvres, et le temps n'est pas encore venu de leur prescrire un régime plus strict. Conseils sur la nutrition et les aliments, 241-242.

Dieu peut alors bénir

Les prédicateurs qui se croient libres de satisfaire leurs appétits sont loin de l'idéal qui nous est proposé. La volonté de Dieu est qu'ils soient convaincus de la réforme sanitaire et se conforment à la lumière qui a été donnée à ce sujet. Je suis attristée lorsque je constate que ceux qui devraient être zélés pour les principes sanitaires n'ont pas encore adopté la bonne manière de vivre. Je demande au Seigneur de leur montrer la grande perte qu'ils subissent. Si les choses étaient ce qu'elles doivent être parmi ceux qui édifient l'Eglise, nous ferions deux fois plus pour Dieu.

Pour obtenir et conserver la pureté, les Adventistes du Septième Jour doivent posséder dans leurs cœurs le Saint Esprit. Le Seigneur m'a montré que quand l'Israël spirituel s'humiliera devant lui et bannira toute souillure, il écoutera ses prières en faveur des malades, et il donnera de l'efficacité aux remèdes. Les efforts de l'homme sont bénis, lorsqu'il fait tout ce qu'il peut, avec foi, pour combattre la maladie, employant les simples méthodes de traitement que le Seigneur a indiquées.

Si, après avoir reçu tant de lumière, le peuple de Dieu cultive de mauvaises habitudes, s'il recherche sa propre satisfaction et s'oppose à la réforme, il en subira inévitablement les conséquences. Dieu ne préservera pas miraculeusement ceux qui sont décidés à satisfaire à tout prix leur appétit perverti. Ils se "coucheront dans la douleur" Ésaïe 50:11.

Ils sont nombreux ceux qui se privent des bienfaits du Seigneur en ce qui concerne la santé et les dons spirituels. Ils luttent pour obtenir des victoires et des bénédictions particulières en vue d'accomplir de grandes choses; mais pour atteindre ce but, ils croient devoir être toujours en prière et dans les larmes. Ce n'est que lorsqu'ils s'appliqueront à sonder les Ecritures pour connaître la volonté divine, afin de s'y soumettre sans réserve, qu'ils trouveront le repos du cœur. Toutes leurs angoisses, toutes les larmes, toutes leurs luttes ne sauraient leur assurer les bénédictions après lesquelles ils soupirent. Qu'ils abandonnent le moi entièrement, et fassent ce qui se présente à eux, tout en s'appropriant la grâce abondante du Seigneur promise à tous ceux qui la réclament avec foi.

"Si quelqu'un veut venir après moi, a dit Jésus, qu'il renonce à luimême, qu'il se charge chaque jour de sa croix, et qu'il me suive." Luc 9 :23. Imitons la simplicité et le renoncement de l'homme du Calvaire par la parole et une vie sainte. Il s'approche tout près de ceux qui se consacrent à lui. Si jamais il y eut une époque où il était nécessaire que l'esprit de Dieu travaille dans nos cœurs, c'est bien maintenant. Saisissons-nous de la puissance divine, afin de pouvoir vivre dans la sainteté et le renoncement. Tém, vol. 3, pp. 432, 433, 434

[194]

Chapitre 43 — L'Eglise sur la terre

Dieu a sur la terre une Eglise formée d'élus qui gardent ses commandements. Il ne dirige pas ici et là un individu ; il dirige une Eglise. La vérité possède une puissance sanctifiante ; mais l'Eglise militante n'est pas l'Eglise triomphante. L'ivraie se trouve mêlée au bon grain. "Veux-tu que nous arrachions l'ivraie ?" demandent les serviteurs ; mais le Maître leur dit : "Non, de peur qu'en arrachant l'ivraie, vous ne déraciniez aussi le bon grain." Le filet de l'Evangile ne ramène pas seulement de bons poissons, il en ramène aussi de mauvais, et Dieu seul connaît les siens.

Notre devoir personnel est de marcher humblement avec Dieu. Nous ne devons pas chercher quelque message nouveau et bizarre. Il ne faut pas prétendre que les élus de Dieu, ceux qui s'efforcent de marcher dans la lumière, constituent Babylone. Témoignages pour l'Église 2 :420, 421.

Bien que des imperfections se trouvent dans l'Eglise des derniers temps - il en sera ainsi jusqu'à la fin - cette Eglise doit être la lumière qui brille au milieu d'un monde souillé et perverti par le péché. Affaiblie et imparfaite, elle a besoin d'être reprise, avertie, conseillée ; mais elle n'en est pas moins ici-bas l'unique objet sur lequel le Christ jette un suprême regard. Le monde est un atelier où, avec la coopération de ses agents divins et humains, Jésus agit dans les cœurs par sa grâce et sa miséricorde. Témoignages pour l'Église 2 :413, 414.

Dieu a un peuple particulier, une Eglise sur la terre qui n'est inférieure à aucune, mais supérieure à toutes par les moyens dont elle dispose pour enseigner la vérité et revendiquer les droits de la loi de Dieu. Dieu s'est établi des agents qu'il dirige, des hommes qui ont porté le poids et la chaleur du jour, et qui coopèrent avec les instruments célestes pour faire avancer l'œuvre du Seigneur dans ce monde. Que tous s'unissent à ces instruments choisis de Dieu, et soient trouvés enfin avec ceux qui ont "la persévérance des saints, qui gardent les commandements de Dieu et la foi de Jésus" Témoignages pour l'Église 2 :420.

L'Eglise de Dieu sur la terre ne forme qu'un corps avec celle qui est dans le ciel. Les croyants d'ici-bas et les êtres célestes qui n'ont pas connu le péché constituent une seule et même Eglise. Toutes les intelligences de l'au-delà s'intéressent aux assemblées des saints qui adorent Dieu en ce monde. Dans les cours célestes, ils prêtent une oreille attentive aux paroles des témoins du Christ qui se trouvent sur la terre, et les expressions de louanges et de reconnaissance de ceux-ci sont répétées dans les parvis célestes où retentissent des cris de réjouissance, parce que le Christ n'est pas mort en vain pour les fils déchus d'Adam. Alors que les anges se désaltèrent à la source, les saints sur la terre boivent l'eau pure des ruisseaux qui sortent du trône de Dieu et réjouissent la cité céleste. Ah ! Si nous pouvions voir combien le ciel est près de la terre. Sans qu'ils s'en rendent compte, les enfants de Dieu ont des anges pour compagnons. Un témoin silencieux garde toute âme et s'efforce de l'amener au Christ. Aussi longtemps qu'on n'a pas résisté au Saint-Esprit, on est gardé par les intelligences célestes. Souvenons-nous que les anges de Dieu sont présents à toutes nos assemblées ; ils écoutent nos chants, nos témoignages et nos prières. Sachons que le chœur des anges supplée à l'insuffisance de nos louanges.

Quand vous vous réunissez le jour du sabbat, chantez donc les louanges de celui qui vous a appelés des ténèbres à sa merveilleuse lumière. Rendez hommage "à celui qui nous aime et qui nous a lavés de nos péchés par son sang". Que l'amour du Christ soit le grand thème du prédicateur. Que cet amour soit exprimé simplement dans chaque cantique, et nos prières, dictées par l'Esprit. Lorsque vous entendez la Parole, que la réponse empressée de votre cœur témoigne que vous recevez un message directement du ciel. Témoignages pour l'Église 3 :34, 35.

Le Seigneur veut que nous nous réunissions dans sa maison pour y cultiver les attributs de l'amour parfait. C'est ainsi que les habitants de la terre seront préparés pour les demeures que le Christ est allé édifier au ciel pour tous ceux qui l'aiment. Alors ils s'assembleront dans le

sanctuaire "chaque nouvelle lune et chaque sabbat" pour exécuter les chants les plus sublimes. Ils feront monter sans cesse devant celui qui est assis sur le trône et devant l'Agneau des louanges et des actions de grâce. Témoignages pour l'Église 3 :36, 37.

L'autorité de l'Eglise

Le Rédempteur du monde a investi son Eglise d'une grande autorité. Il a établi les règles qui doivent être appliquées en cas de difficultés entre les membres de cette Eglise. Après avoir donné des directives explicites sur la manière de procéder, il ajoute : "Je vous le dis en vérité, tout ce que vous lierez sur la terre sera lié dans le ciel, et tout (en matière de discipline ecclésiastique) ce que vous délierez sur la terre sera déliez dans le ciel." Matthieu 18 :18. Ainsi, l'autorité céleste confirme la décision de l'Eglise envers ses membres pour autant que le précepte biblique ait été suivi.

La Parole de Dieu ne permet pas à un homme d'opposer son propre jugement à celui de l'Eglise pas plus qu'elle ne le laisse soutenir ses opinions contre celles de l'Eglise. Celle-ci s'éparpillait s'il n'y avait pas de discipline ; elle ne constituerait pas un corps. Il y a toujours eu des esprits indépendants qui ont proclamé qu'ils étaient dans le droit chemin et que Dieu leur avait donné certains enseignements particuliers et les avait conduits d'une manière toute spéciale. Il s'agissait toujours des théories personnelles, que l'on prétendait être en accord avec la Parole de Dieu. Ces personnes s'écartent du corps de l'Eglise et constituent chacune pour elle-même une église. Elles ne peuvent pas toujours avoir raison, bien qu'elles prétendent toutes avoir été conduites par le Seigneur.

Notre Sauveur, dans ses enseignements, nous a fait la promesse que là où deux ou trois étaient rassemblés pour demander quelque chose à Dieu, cela leur serait accordé. Le Christ montre par là la nécessité de l'union, même dans nos prières pour un objet déterminé. Une grande importance est attachée à l'unité dans la prière, à l'union dans les intentions. Dieu écoute les prières individuelles, mais à cette occasion Jésus donna des instructions spéciales et importantes qui devaient avoir une portée décisive sur l'Eglise nouvellement organisée. Les membres de l'Eglise doivent se mettre d'accord sur les objets de leurs recherches et de leurs prières. Il ne s'agit pas simplement des pensées et des réflexions d'un seul esprit sujet à l'erreur; mais la demande doit être celle de plusieurs esprits concentrés sur le même sujet. Témoignages pour l'Église 1 :449.

L'Eglise est le moyen que Dieu a choisi pour faire connaître le salut aux hommes. Etablie pour servir, elle a pour mission de proclamer l'Evangile. Dès le commencement, Dieu a formé le dessein de révéler par elle sa puissance et sa plénitude. Appelés des ténèbres à sa merveilleuse lumière, les hommes qui la composent doivent refléter sa gloire. L'Eglise est la dépositaire des richesses de la grâce du Christ; c'est par elle que l'amour de Dieu se manifestera finalement de façon puissante et décisive aux "dominations et aux autorités dans les lieux célestes." Conquérants pacifiques, 11.

Paul dirigé vers l'Eglise pour recevoir des instructions

Beaucoup de gens pensent qu'ils ne sont redevables qu'au Seigneur de leurs lumières et de leurs expériences, indépendamment de ses autres disciples dans le monde. Mais cela est démenti par Jésus dans ses enseignements, ainsi que dans les exemples qu'il a donnés pour notre instruction. Paul est un de ces exemples. Le Christ voulait le préparer pour une œuvre essentielle, il l'avait choisi comme son instrument, et il s'était montré à lui miraculeusement. Pourtant Jésus n'enseigna pas luimême la vérité à Paul. Il l'arrêta dans sa course et le convainquit de son erreur.

[196]

Mais lorsque Paul lui dit : "Que veux-tu que je fasse?" Le Sauveur ne lui répondit pas directement; il le mit en contact avec son Eglise. Les disciples devaient lui dire ce qu'il fallait faire. Jésus est l'ami du pécheur; son cœur est toujours ouvert, toujours sensible à l'appel des hommes. Il possède toute la puissance au ciel et sur la terre, mais il respecte les instruments qu'il a choisis pour éclairer les hommes et les amener au salut. Il dirigea Saul vers son Eglise, sanctionnant ainsi l'autorité dont il l'a investie pour qu'elle soit la lampe qui fasse briller la lumière dans le monde. Elle est le corps du Christ sur la terre et on doit respecter ses ordonnances. Dans le cas de Saul, Ananias représente le Christ, et il représente aussi les ministres du Christ sur la terre, ceux qu'il a désignés pour agir à sa place.

Dans la conversion de Paul on nous donne des principes importants que nous devons toujours garder à l'esprit. Dans une zone où existe l'Eglise de Dieu, le Rédempteur du monde ne sanctionne pas l'expérience et l'exercice dans les affaires religieuses indépendamment de celle-ci.

Le Fils de Dieu s'est identifié avec la position, le rôle et à l'autorité de son Eglise organisée. On devait recevoir ses bénédictions à travers les hommes qu'il a consacrés, et ainsi lier l'homme au moyen à travers lequel nous recevons ses bénédictions. Le fait que Paul était strictement consciencieux dans son travail de persécuter les saints ne le libère pas de sa culpabilité quand l'Esprit de Dieu le fait reconnaître son œuvre cruel. Il va devenir l'élève des disciples.

Tous les membres de l'Eglise, s'ils sont fils et filles de Dieu, devront se plier à une discipline avant de pouvoir être la lumière du monde. Dieu ne peut se servir d'hommes et de femmes qui se plaisent dans les ténèbres et qui ne font aucun effort pour se rapprocher de la source de la lumière. Ceux qui sentent leur misère et font tout ce qu'ils peuvent pour sortir de leur état tout en adressant au ciel de ferventes prières sont assurés du secours d'en haut. On a beaucoup à apprendre et à désapprendre sur son propre compte. Il faut combattre les vieilles habitudes, et c'est seulement en luttant courageusement pour se débarrasser de ses défauts et pour acquérir une connaissance parfaite de la vérité en la mettant en pratique, que par la grâce de Dieu, l'on peut remporter la victoire.

Conseil au sujet d'une erreur qui se propage

Ceux qui ont commencé à proclamer un message de leur propre chef et qui, prétendant être enseignés et conduits par Dieu, continuent par des efforts persévérants de saper l'œuvre que Dieu a bâtie pendant des années ne font pas la volonté de Dieu. Que l'on sache que ces hommes sont du côté du grand séducteur. Ne les croyez pas !

En tant qu'économes des biens et des talents, vous avez mal géré les biens de Dieu en propageant l'erreur. Le monde entier est rempli de haine pour ceux qui proclament que les exigences de la loi de Dieu sont en vigueur, et l'Église, qui est loyale à Jéhovah, doit s'engager dans un conflit peu ordinaire. "Car nous n'avons pas à lutter contre la chair et le sang, mais contre les dominations, contre les autorités, contre les princes de ce monde de ténèbres, contre les esprits méchants dans les lieux célestes." Ephésiens 6 :12. Ceux qui comprennent le sens de cette guerre ne dirigeront pas leurs armes contre l'église militante, mais au contraire, uniront toutes leurs forces au peuple de Dieu pour lutter contre la coalition des forces du mal. [197]

Chapitre 44 — L'organisation de l'Eglise

Il faut que le mandat évangélique du Christ soit rempli et que l'œuvre qu'Il a entamée sur la terre soit poursuivie ; et c'est à l'église qu'a été confié ce privilège, car c'est pour ce but qu'elle a été organisée.

Les pasteurs doivent aimer l'ordre et être eux-mêmes disciplinés. Ils pourront alors diriger avec succès l'Eglise de Dieu et apprendre à ses membres à travailler de concert, comme un régiment bien entraîné. Si l'ordre et la discipline sont nécessaires pour la réussite d'une opération sur un champ de bataille, ils le sont bien davantage dans le conflit où nous sommes engagés et dont l'enjeu est plus important et plus noble que ceux pour lesquels s'affrontent des forces armées. Dans ce conflit, des intérêts éternels sont en jeu.

Les anges travaillent dans l'harmonie. Un ordre parfait préside à tous leurs mouvements. Mieux nous imiterons l'harmonie et l'ordre des armées angéliques, plus nous bénéficierons des efforts de ces agents célestes en notre faveur.

Si nous refusons de voir la nécessité d'une action harmonieuse, et que, dans notre activité, nous soyons désordonnés, indisciplinés et adversaires de toute organisation, les anges, qui sont parfaitement organisés et qui agissent dans l'ordre, ne peuvent nous apporter une aide efficace. Ils se retirent attristés, car ils ne sont pas autorisés à donner leur appui à la confusion, à la distraction et à la désorganisation. Ceux qui souhaitent l'assistance des messagers célestes doivent coopérer étroitement avec eux. Ceux qui ont reçu l'onction d'en haut rechercheront l'ordre, la discipline, et la coopération dans leurs efforts, et les anges de Dieu pourront ainsi travailler avec eux. Mais jamais, non jamais, les messagers célestes ne donneront leur approbation à l'irrégularité, à la désorganisation et au désordre.

Satan sait bien que le succès ne peut venir que d'une action coordonnée et harmonieuse. Il sait que toute chose ayant trait au ciel nécessite un ordre parfait, et que la soumission et une discipline totale caractérisent les mouvements de l'armée angélique. Il s'est donné pour objectif crucial d'éloigner les chrétiens de profession aussi loin que possible des dispositions du ciel ; de ce fait, il trompe même le peuple élu de Dieu et lui fait croire que l'ordre et la discipline sont contraires à la spiritualité, et que sa seule sécurité se trouverait dans le fait de laisser libre cours aux choses, de se distinguer de façon spécifique des autres groupes de chrétiens qui se sont unis et qui œuvrent pour établir la discipline et une harmonisation de leurs actions. Tous les efforts faits pour établir l'ordre sont considérés comme dangereux et vus comme une restriction de la véritable liberté, et donc craints parce qu'assimilés au papisme. Ces âmes trompées considèrent que c'est une vertu pour eux de se glorifier de leur liberté de penser et d'agir indépendamment. Ils n'accepteront aucun conseil venant d'autrui. Ils ne se soumettent à aucune autorité humaine. Il m'a été montré que c'est Satan qui, par son œuvre spéciale, fait croire aux gens qu'ils sont en accord avec Dieu alors qu'ils s'éloignent de leurs frères et empruntent leur propre voie.

Dieu a fait de son Eglise un instrument par lequel il a communiqué sa volonté aux hommes. Il ne permet pas que l'un de ses serviteurs fasse une expérience indépendante ou contraire à celle de l'Eglise elle-même. Il ne donne pas non plus à un homme en particulier la connaissance de ses desseins pour toute l'Eglise, tandis qu'il laisse entièrement cette dernière, qui est le corps du Christ, dans une ignorance totale. Dans sa providence, il met étroitement en rapport ses serviteurs avec son Eglise, afin qu'ils aient moins de confiance en eux-mêmes, et se fient davantage aux hommes que Dieu dirige pour l'avancement de son règne.

Les églises organisées par les prophètes

[198]

L'organisation de l'Eglise de Jérusalem devait servir de modèle à celle de tous les pays où les hérauts de la vérité gagneraient des âmes à l'évangile. Ceux qui avaient la responsabilité d'assurer la bonne marche de l'Eglise ne devaient dominer sur les fidèles, mais, comme des sages bergers, ils étaient appelés à "paître le troupeau de Dieu en étant les modèles du troupeau". Les diacres devaient être "des hommes de qui l'on rende un bon témoignage...plein d'Esprit Saint et de sagesse". il leur fallait prendre position en faveur du droit et s'y maintenir avec fermeté et résolution. Ainsi, ils auraient sur tout le troupeau une influence unificatrice.

Le soin avec lequel ils les entourèrent fut un facteur important dans le développement de leur vie spirituelle. Ils organisèrent des Eglises en Lycaonie et en Pisidie, partout où se trouvaient des Chrétiens. Des anciens furent nommés dans chaque Eglise, et ordre et méthode introduits dans les affaires qui concernaient le bien spirituel des frères. Ceci était en accord avec le but que se proposait l'évangile, à savoir : unir tous les disciples du Christ en un seul corps, et c'est ce but que Paul s'efforça d'atteindre pendant tout son ministère. Partout où, grâce à ses efforts, un certain nombre de païens reconnaissaient le Christ comme leur sauveur, l'apôtre les constituait en église. Il procédait de même dans les endroits où les chrétiens étaient peu nombreux. Il les exhortait alors à s'entraider, et à se souvenir de la promesse qui avait été faite par Jésus : "là où deux ou trois sont assemblés en mon nom, je suis au milieu d'eux." Matthieu 18 :20.

Règlement de litiges au sein de l'Eglise

A Jérusalem, les délégués d'Antioche rencontrèrent les frères des diverses églises qui s'étaient réunis pour la grande assemblée, et ils leur firent part des succès qui avaient couronné leurs efforts parmi les gentils. Puis, ils donnèrent un résumé précis de la confusion produite par les déclarations de certains pharisiens convertis, venus à Antioche, qui prétendait que, pour être sauvés les païens devaient être circoncis et observer la loi de Moïse. Cette affaire fut chaudement débattue par l'assemblée. Le Saint Esprit jugea qu'il était bon de ne pas imposer la loi cérémonielle aux païens convertis, et l'opinion des apôtres à ce sujet était conforme à la volonté divine. Jacques présidait l'assemblée ; il la clôtura par ces paroles : "Je suis d'avis qu'on ne crée pas de difficultés à ceux des païens qui se convertissent à Dieu." et ceci mit fin à la discussion. Dans cette circonstance, Jacques semble avoir été choisi pour annoncer aux fidèles la résolution prise par l'assemblée. Cependant les païens convertis devaient abandonner les coutumes qui étaient contraires aux principes chrétiens. Les apôtres et les anciens acceptèrent d'informer par lettre les païens de s'abstenir "des viandes sacrifiées aux idoles, du sang, des animaux étouffés, et l'impudicité", d'observer les commandements et de mener une vie sainte. En outre, on affirmait que ceux qui avaient déclarés la circoncision obligatoire n'y étaient pas autorisés par les apôtres.

L'assemblée qui régla le litige se composait des apôtres et des docteurs qui s'étaient signalés dans l'établissement des églises chrétiennes, tant parmi les Juifs que parmi les Gentils, ainsi que les délégués choisis dans différentes régions. Il y avait aussi les Anciens de Jérusalem, des délégués d'Antioche, ainsi que des églises les plus influentes. L'assemblée agissait conformément à l'inspiration divine et avec la dignité d'une Eglise établie par la volonté d'en haut. A la suite de leurs délibérations, tous furent convaincus que Dieu avait lui-même tranché la question en répandant le Saint Esprit sur les Gentils. Ils comprirent alors que tous devaient suivre les directives de l'Esprit. Le corps entier des chrétiens ne fut pas appelé à statuer sur ce différend. Ce furent "les Apôtres et les Anciens", hommes influents et au jugement sain, qui rédigèrent et émirent le décret, accepté en général par les églises chrétiennes. Cependant, tous ne furent pas [199]
satisfaits de la décision qui avait été prise. Quelques frères, ambitieux et présomptueux, la désapprouvèrent. Ils décidèrent donc de travailler pour le Seigneur sous leur propre responsabilité. Ils se complurent dans la critique, proposèrent de nouveaux plans de travail et cherchèrent à saper l'influence des hommes que Dieu avait choisis pour prêcher l'évangile. Dès ses débuts, l'Eglise rencontra de tels obstacles et elle en rencontrera toujours jusqu'à la fin des temps.

Le danger de considérer son propre jugement comme infaillible

Ceux qui sont portés à considérer comme infaillible leur propre jugement, courent un grave danger. Satan s'efforce alors de les séparer des hommes de Dieu, véritables porte-lumière, par lesquels le Seigneur agit pour édifier et développer son œuvre ici-bas. Dédaigner ou mépriser ceux qui sont chargés de diriger l'Eglise, c'est rejeter les moyens qu'il a donnés pour aider, encourager et fortifier son peuple. Si un homme méprise ceux que le Seigneur a choisis pour accomplir son œuvre, s'il croit qu'il ne recevra la lumière que de Dieu seul, il s'expose à être le jouet de Satan. Dans sa sagesse, le Seigneur a prévenu ce danger en établissant des liens étroits entre les croyants : le chrétien doit être uni au chrétien et la cohésion doit régner dans l'Eglise. C'est ainsi que l'humain coopérera avec le divin. Chaque moyen employé par Dieu, pour son œuvre sera contrôlé par le Saint Esprit. Tous les chrétiens seront unis pour agir avec méthode et sous une direction éclairée, afin d'apporter au monde la bonne nouvelle du salut.

Nous avons plusieurs membres dans un seul corps, et chacun de ces membres remplit ses fonctions sous l'impulsion de l'intelligence qui gouverne le corps tout entier. Ainsi les membres de l'Eglise du Christ doivent être unis dans un corps bien ordonnés, soumis à l'intelligence sanctifiée de l'ensemble.

Le choix des conducteurs de l'église locale

L'apôtre Paul écrit à Tite : "je t'ai laissé en Crète, afin que tu mettes en ordre ce qui reste à régler, et que, selon mes instructions, tu établisses des anciens dans chaque ville, s'il s'y trouve quelque homme irréprochable, mari d'une seule femme, ayant des enfants fidèles qui ne soient ni accusés de débauche ni rebelles. Car il faut que l'évêque soit irréprochable, comme économe de Dieu." Tite 1:5-7. "N'impose les mains à personne avec précipitation." 1 Timothée 5:22. Dans quelques-unes de nos églises, le travail a été organisé avec précipitation et les anciens ont été consacrés prématurément; on n'a pas observé la règle biblique et il s'en est suivi des troubles graves dans l'église. Quelles que soient leurs capacités, on ne devrait ni élire ni consacrer avec tant de hâte des hommes qui, en aucune manière, ne sont qualifiés pour porter des responsabilités dans l'œuvre, des hommes qui ont besoin d'être convertis, cultivés, ennoblis, épurés, avant de pouvoir servir la cause de Dieu.

Prévoir des lieux de culte

Quand un intérêt a été suscité dans une localité, cet intérêt doit être suivi. Le message doit y être prêché partout, jusqu'à ce qu'un humble lieu de culte y soit établi, se présentant comme un signe, un mémorial du sabbat de Dieu, une lumière au milieu des ténèbres. Il doit y en avoir de nombreux endroits comme témoins de la vérité.

Les questions relatives aux lieux de culte ne doivent pas rester en suspens. Les mesures nécessaires doivent être prises pour que des lieux de culte soient assurés pour la cause de Dieu,

[200]

afin que le progrès de l'œuvre ne soit pas retardé et que les moyens par lesquels les gens désirent se consacrer à la cause de Dieu ne retournent doucement dans les rangs de l'ennemi.

Il m'a été montré que le peuple de Dieu doit se conduire avec circonspection, et faire tout ce qui en son pouvoir pour sécuriser les affaires Dieu. Puis, après avoir fait de son mieux, il peut être confiant que Dieu anéantira les projets de Satan de profiter de son reste. Pour Satan, l'heure de travailler est venue. Un futur orageux nous attend ; et l'église doit être réveillée pour aller de l'avant et s'opposer avec fermeté à ses plans. C'est le moment d'agir. Dieu n'est pas content que son peuple ne sache pas trop quoi faire en ce qui concerne les problèmes de l'église, et supporte que l'ennemi prenne l'avantage sur lui et dirige les affaires à sa guise.

Rencontre régionale - Les camps-meetings

Faites un effort pour fréquenter les rassemblements du peuple de Dieu. Frères et sœurs, il vaudrait infiniment mieux négliger vos affaires que de laisser passer ces occasions d'entendre le message que Dieu a pour vous. Ne cherchez aucune excuse qui vous priverait de l'avantage spirituel qui s'offre à vous. Vous avez besoin de vous préparer à donner raison de l'espérance qui est en vous, avec fermeté et douceur. Vous ne pouvez pas vous priver d'un tel privilège. Nous ne devrions pas aller aux camps-meetings en comptant sur les prédicateurs ou sur les lectrices bibliques pour que cette rencontre soit une bénédiction pour nous. Dieu ne veut pas que nous déchargions nos fardeaux sur les prédicateurs et que nous nous affaiblissions en comptant sur le secours d'êtres humains. Nous ne devons pas nous appuyer sur autrui, comme des enfants sans soutien. En tant qu'économe des grâces de Dieu, chaque membre devrait sentir sa responsabilité et penser que dans une certaine mesure le succès de l'assemblée dépend de lui. Le succès de l'assemblée dépend de la présence et de la puissance du Saint-Esprit. Quiconque aime la vérité devait demander l'effusion de l'Esprit. Autant que cela est à notre pouvoir, nous devons renverser tout ce qui fait obstacle à son œuvre. L'effusion de l'Esprit ne peut se produire tant que les membres de l'église cultivent la division et l'amertume. L'envie, la jalousie, les mauvais soupçons, la critique, viennent de Satan et ferment effectivement la voie à l'action du Saint-Esprit. Rien au monde n'est aussi cher à Dieu que son Eglise. Il n'est rien qu'il ne garde avec un soin aussi jaloux, et rien ne l'offense plus que de nuire à l'influence de ceux qui sont à son service. Il appellera en jugement quiconque aide Satan dans son œuvre de critique et de découragement.

Chapitre 45 — La maison de Dieu

Pour l'âme humble et croyante, la maison de Dieu sur la terre est la porte du ciel. Les chants de louange, la prière, les paroles prononcées par les représentants du Christ, sont les moyens que Dieu emploie pour préparer un peuple en vue du ciel et de ce culte plus élevé ou rien de souillé ne peut entrer.

La maison est le sanctuaire de la famille et la chambre ou le bosquet, l'endroit le plus reculé pour le culte individuel ; mais l'Eglise est le sanctuaire de la congrégation. Il devrait y avoir des règles concernant le temps le lieu et l'ordre du culte. Rien de ce qui est sacré, rien de ce qui appartient au service de Dieu ne doit être traité avec négligence ou indifférence. Afin que les hommes puissent faire de leur mieux en célébrant les louanges de Dieu, leurs associations devront tendre à maintenir la distinction dans leur esprit entre les choses sacrées et les choses profanes. Ceux qui ont des idées larges, des pensées et des aspirations nobles, sont ceux dont la compagnie fortifie toutes les pensées ayant traits aux choses divines. Heureux ceux qui possèdent un sanctuaire humble ou élevé, dans la ville ou dans les cavernes sauvages des montagnes, dans l'humble cabane ou dans le désert ! Si c'est ce qu'ils peuvent offrir de mieux au Maître, celui-ci honorera le lieu de sa présence, et ce lieu sera saint pour l'Eternel des armées.

Disposition de prière dans la maison de Dieu

Quand les adorateurs de Dieu pénètrent dans le lieu de culte, ils devraient le faire avec dignité, se rendant tranquillement à leur place. S'il y a un poêle dans la pièce, il ne convient pas de s'y presser autour dans une attitude indolente et insouciante. Le bavardage, les murmures et le rire ne devraient pas être admis dans le lieu de culte, que ce soit avant ou après le service. Une piété fervente et active devrait caractériser les fidèles. Si certains doivent attendre quelques minutes avant que la réunion commence, qu'ils observent un véritable esprit de dévotion par la méditation silencieuse, élevant leur cœur vers Dieu par la prière afin que le service apporte une bénédiction spéciale à leur propre cœur, convainque d'autres âmes et les amène à la conversion. Ils devraient se souvenir que les messagers célestes sont présents. Nous perdons beaucoup de la douce communion avec Dieu par notre agitation, notre négligence de la méditation et de la prière. Nous devons souvent examiner notre état spirituel et diriger notre esprit et notre cœur vers le soleil de la justice. Si lorsque les fidèles entrent dans le lieu de culte, ils sont animés d'une véritable révérence pour le Seigneur et se souviennent qu'ils sont en sa présence, il y aura dans le silence une éloquence suave. Les chuchotements, le rire et le bavardage qui pourraient être inoffensifs dans un quelconque endroit d'affaires ne devraient pas être tolérés dans la maison où Dieu est adoré. Il faut que l'esprit soit préparé à entendre la Parole divine, afin qu'elle puisse être comprise et qu'elle impressionne le cœur à salut.

Quand le pasteur entre, ce doit être avec sérieux et dignité. Qu'il s'incline dans la prière silencieuse dès qu'il monte en chaire, et demande avec ferveur le secours d'en haut. Quelle impression peut produire cette manière d'agir ! La solennité et le respect saisissent l'auditoire. Le pasteur est en communion avec Dieu ; il se remet entre ses mains avant d'oser se présenter devant son auditoire. La solennité repose sur tous les fidèles et des anges de Dieu se tiennent tout près d'eux. Tête inclinée que l'assemblée s'unisse au prédicateur dans la prière silencieuse, afin que Dieu lui fasse la grâce de sa présence et qu'il donne de la puissance à la vérité proclamée par des lèvres humaines.

Les réunions d'exhortation et de prière ne devraient pas être ennuyeuses. D'abord il faut commencer à l'heure fixée et ne pas attendre ceux qui se permettent de venir avec une

[202]

demi-heure ou même un quart d'heure de retard. N'y eût-il que deux personnes présentes, elles peuvent compter sur la promesse de la présence de Dieu. Que la réunion commence à l'heure fixée, qu'il y ait peu ou plusieurs personnes.

Avoir le sentiment de la présence de Dieu

Le respect que nous avons pour Dieu nous est inspiré par le sentiment de son infinie grandeur et de sa présence parmi nous. La présence parmi nous. La présence de l'invisible devrait être ressentie profondément par chaque cœur. L'heure et le lieu de la prière sont sacrés, car Dieu est là ; et le respect que montre notre attitude influe aussi sur la profondeur de nos sentiments. "Son nom est saint et redoutable", déclare le Psalmiste. (Psaumes 111 :9)

Quand la réunion s'ouvre par la prière, tout genou doit fléchir en présence du Seigneur, et chaque cœur doit s'élever vers le ciel pieusement et en silence. Les prières des adorateurs fidèles seront entendues et le ministère de la parole s'avérera efficace. L'attitude sans vie des chrétiens dans la maison de Dieu est une des grandes raisons pour lesquelles le ministère ne fait pas plus de bien. Les chants qui jaillissent des cœurs en accents clairs et nets sont un moyen dont Dieu se sert pour sauver les âmes. Tout le service devrait se dérouler avec solennité et respect, comme en la présence du maître des assemblées.

Pendant la prédication, vous devriez vous souvenir, mes frères, que vous entendez la voix de Dieu par l'intermédiaire de son serviteur. Ecoutez attentivement. Ne dormez pas un instant, de crainte de perdre les paroles dont vous avez le plus besoin, les paroles même qui, si vous y prêtiez attention, empêcheraient que vos pieds ne s'égarent dans les sentiers du mal. Satan et ses anges travaillent à créer un état de paralysie afin que les conseils, les avertissements et les reproches ne soient pas entendus ou n'aient pas d'effet sur les cœurs et ne reforment pas les vies. Parfois un petit enfant détourne l'attention des auditeurs si bien la précieuse semence ne tombe pas dans un terrain bien préparé pour produire du fruit. Parfois, des jeunes gens et jeunes filles ont si peu de respect pour la maison de Dieu et pour le culte qu'ils entretiennent une conversation ininterrompue pendant le sermon. S'ils pouvaient voir les anges de Dieu les considérer et prendre note de leurs actions, ils seraient remplis de honte et de dégoût pour euxmêmes. Dieu veut des adorateurs attentifs. C'est pendant que les hommes dormaient que Satan sema l'ivraie.

La bénédiction prononcée, tous les membres devraient rester tranquilles, comme s'ils craignaient de perdre la paix du Christ. Que tous sortent sans se bousculer, sans parler bruyamment, avec le sentiment qu'ils sont en la présence de Dieu, que son œil repose sur eux et qu'ils doivent se comporter en conséquence. Qu'on ne s'arrête pas dans les couloirs, pour bavarder ou médire, encombrant le passage de telle sorte qu'il en soit obstrué. L'enceinte de l'église devrait être empreinte d'un saint respect. On ne devrait pas en faire un endroit où l'on rencontre de vieux amis, et où l'on introduit des pensées profanes et des transactions commerciales. Qu'on laisse tout cela hors de l'église. Dieu et les anges ont été déshonorés par le rire insouciant et bruyant des chrétiens, par le bruit des pieds qui ne respectent pas le sanctuaire.

Les enfants doivent être révérencieux

Parents, élevez le niveau du christianisme dans l'esprit de vos enfants. Aidez-les à faire entrer Jésus dans la trame de leur vie, enseignez-leur le plus grand respect pour la maison de Dieu et faites-leur comprendre que lorsqu'ils y entrent, ce doit être avec des cœurs émus et subjugués par des pensées de ce genre : "Dieu est ici. Je suis dans sa maison. Mes pensées doivent être pures et les mobiles qui m'animent saints. Mon cœur doit être débarrassé de l'orgueil, de la jalousie, de l'envie, des mauvais soupçons, de la haine, de la tromperie, car je me présente devant le Dieu saint. Voici l'endroit où Dieu rencontre et bénit son peuple. Le Très-Haut et très saint qui habite l'éternité m'observe, sonde mon cœur et lit les pensées et les actes les plus secrets de ma vie."

Les esprits délicats et sensibles des jeunes se feront une opinion des travaux des serviteurs de Dieu d'après le jugement de leurs parents. Chez eux, beaucoup de pères de familles font des services religieux un sujet de critique ; ils en approuvent une partie et en condamnent le reste. Ainsi le message de Dieu aux hommes est critiqué et mis en doute, et on le traite à la légère. Quelle impression ces remarques inconsidérées et irrévérencieusement peuvent-elles faire sur l'esprit des jeunes ? Seuls les livres du ciel le révéleront. Les enfants voient et comprennent ces choses bien plus rapidement que les parents ne peuvent l'imaginer. Leur sens moral est souvent faussé.

Les parents se lamentent sur la dureté de cœur de leurs enfants et sur la difficulté d'éveiller leur sensibilité morale pour répondre aux exigences de Dieu.

Le nom de Dieu doit aussi être respecté ; il ne faut jamais le prononcer à la légère. Même dans la prière, sa répétition fréquente ou inutile doit être évitée. "Son nom est saint et redoutable." Psaumes 111 :9. Lorsque les anges articulent ce nom, ils couvrent leur face. Avec quel respect ne devrions-nous pas le prononcer, nous qui sommes des êtres déchus et pécheurs !

J'ai vu que le nom de Dieu ne devait être prononcé qu'avec révérence et une crainte respectueuse. En priant, quelques-uns emploient à la légère les mots Dieu Tout-puissant, sans réfléchir à ce qu'ils disent. Cela déplaît au Seigneur. Ils ne se rendent pas compte du sens de leurs paroles, sinon ils ne parleraient pas ainsi du Dieu grand et redoutable qui les jugera bientôt au dernier jour. L'ange me dit : "Ne prononcez pas ces deux mots ensemble, car terrible est le nom de Dieu." ceux qui comprennent la grandeur et la majesté de Dieu ne prononceront son nom qu'avec une sainte révérence. Nul ne peut voir celui qui habite une lumière inaccessible et vivre. J'ai vu que si l'Eglise veut prospérer, ces choses doivent être comprises et corrigées.

Vénérons la Parole de Dieu, et montrons du respect même pour le saint livre, nous refusant à en faire un usage commun ou à le manier négligemment. Il ne faut jamais se servir d'une citation de l'Ecriture pour plaisanter ou la paraphraser pour en faire un jeu de mots. "Toute parole de Dieu est éprouvée", semblable à "un argent éprouvé sur terre au creuset et sept fois épuré". Proverbes 30 :5 ; Psaumes 12 :7.

Par-dessus tout, apprenez aux enfants que le respect doit se manifester par l'obéissance. Dieu n'a rien commandé qui ne soit essentiel, et aucune manifestation de respect ne lui est plus agréable que l'obéissance à sa Parole. Il faut manifester du respect envers les représentants de Dieu - les pasteurs, les professeurs et les parents qui sont appelés à parler et à agir à sa place. Dieu est honoré par les égards qui leur sont témoignés.

Ce serait un bienfait pour les jeunes et vieux que de méditer toutes les paroles de l'Ecriture qui montrent avec quel respect on devrait considérer le lieu où Dieu se manifeste particulièrement.

"Ote tes souliers de tes pieds", fut-il dit à Moïse qui s'approchait du buisson ardent, "car le lieu sur lequel tu te tiens est une terre sainte". Exode 3 :5. Jacob, après avoir contemplé les anges dans sa vision, s'écria ; "l'Eternel est en ce lieu, et moi, je ne le savais pas...C'est ici la maison de Dieu, c'est ici la porte des cieux !" (Genèse 28 :16, 17)

Par l'exemple aussi bien que par le précepte, vous devriez démontrer que vous accordez de l'importance à votre foi, en parlant avec révérence des choses sacrées. Ne permettez jamais que des expressions légères et vulgaires s'échappent de vos lèvres lorsque vous citez les Ecritures. Tandis que vous tenez la Bible entre vos mains, rappelez-vous que vous êtes sur une

terre sainte. Les anges vous entourent et si vos yeux pouvaient s'ouvrir, vous les auriez aperçus. Que votre conduite soit telle que chaque âme avec laquelle vous vous associez soit imprégnée de l'atmosphère pure et sainte qui vous entoure. Un seul mot vain, un rire insouciant pourrait pousser une âme dans la mauvaise direction. Terribles sont les conséquences d'un manque de relation constante avec Dieu.

Habillez-vous de telle sorte que Dieu soit l'objet des pensées.

Tous les membres devraient apprendre à être propres et soignés dans leur tenue, sans toutefois se laisser aller à une parure extérieure qui n'est pas de bon ton à l'église. On devrait éviter l'ostentation qui encourage l'irrévérence. L'attention des gens est souvent attirée par quelque beau vêtement, donnant ainsi naissance à des pensées qui ne devraient pas avoir place dans l'esprit des adorateurs de Dieu. Le Seigneur doit être l'objet des pensées, du culte, et tout ce qui détourne l'esprit du service solennel et sacré lui est une offense. L'étalage de nœuds et de rubans, de volants et de plumes, d'ornement d'or et d'argent est une espèce d'idolâtrie tout à fait inappropriée au service sacré de Dieu, durant lequel l'œil de chaque adorateur ne devrait être tourné que vers la gloire céleste.

Chapitre 46 - Comment traiter ceux qui s'égarent

Le Christ est venu mettre le salut à la portée de tous. Sur la croix du Calvaire, il a payé le prix infini de la rédemption pour un monde perdu. Son renoncement, son sacrifice, son travail désintéressé, son humiliation, et par-dessus tout le don de sa vie, témoignent de la profondeur de son amour pour le pécheur. C'est pour chercher et sauver ceux qui étaient perdus qu'il est venu sur la terre. Sa mission le conduisait vers les pécheurs - pécheurs de toutes classes, de toutes langues et de toutes nations. Pour tous, il paya la rançon afin de les unir à lui et de gagner leur sympathie. Les plus égarés, les plus pécheurs ne furent pas oubliés. Il travaillait surtout en faveur de ceux qui étaient les plus éloignés de la voie du salut. Plus leur besoin de réforme était grand, plus profond était son intérêt, plus enveloppante sa sympathie et plus fervents ses travaux. Son cœur débordant d'amour était ému jusqu'au tréfonds pour ceux dont l'état était le plus désespéré et qui avaient le plus besoin de sa grâce transformatrice. Mais bien que faisant partie du peuple de Dieu, certains parmi nous manquent de cette sympathie profonde, sincère qui touche l'âme, et n'ont pas d'amour pour ceux qui sont tentés et qui tombent. Beaucoup ont manifesté une grande froideur et une négligence coupable ; ils sont représentés par le Christ comme passant outre et se tenant aussi loin que possible de ceux qui ont le plus besoin d'aide. Celui qui est nouvellement converti doit souvent livrer de rudes combats contre des habitudes enracinées ou une tentation particulière. Dominé par une passion ou par une tendance puissante, il se rend coupable d'imprudence ou il tombe dans le mal. C'est alors qu'il a besoin de l'énergie, du tact et de la sagesse de ses frères afin de retrouver son équilibre spirituel. C'est à de tels cas que s'appliquent les instructions de la Parole de Dieu : "Frères, si un homme vient à être surpris en quelques fautes, vous qui êtes spirituels, redressez-le avec un esprit de douceur. Prends garde à toi-même, de peur que tu ne sois aussi tenté." Galates 6 :1. "Nous qui sommes forts, nous devons supporter les faiblesses de ceux qui ne le sont pas, et ne pas nous complaire en nous-mêmes." Romains 15:1 Des mesures clémentes, des réponses débonnaires et des mots agréables sont mieux à même de réformer et sauver que la sévérité et la rudesse. Un peu trop de dureté pourrait éloigner les gens de vous[1], alors qu'un esprit de conciliation pourrait être le moyen de les lier à vous. Vous pourriez alors les rétablir dans le droit chemin. Vous devriez être stimulés par l'esprit de pardon aussi, et dûment reconnaître les bonnes intentions et actions de votre entourage.

"Aimez-vous les uns les autres comme je vous ai aimés."

Dieu a fait sa part dans l'œuvre du salut des âmes, et maintenant il réclame la collaboration de l'église. Voici d'un côté le sang du Christ, la Parole de vérité, le Saint-Esprit ; de l'autre, les âmes qui périssent. Tout disciple du Christ a une tâche à remplir pour amener les hommes à accepter les bénédictions du ciel. Examinons-nous avec soin et demandons-nous si nous avons accompli cette tâche. Examinons nos mobiles et toutes les actions de notre vie. Ne se trouve-t-il pas dans notre souvenir plus d'un tableau déplaisant ? Souvent vous avez eu besoin du pardon de Jésus. Vous avez été constamment l'objet de sa compassion et de son amour. Et cependant, n'avez-vous pas manqué de manifester envers vos semblables l'Esprit du Christ à votre égard ? L'angoisse a-t-elle étreint votre cœur lorsque vous avez vu une âme s'aventurer sur

[206]

le chemin défendu ? L'avez-vous avertie avec bonté ? Avez-vous pleuré sur elle et prié avec et pour elle ? Lui avez-vous montré, par des paroles de tendresse et des actes de bontés, que vous l'aimiez et que vous désiriez la sauver ? Avez-vous laissé lutter seuls alors que vous auriez pu les aider, ceux qui marchaient en tâtonnant et qui défaillaient sous le fardeau de leurs infirmités et de leurs mauvaises habitudes ? N'avez-vous pas évité de vous approcher des âmes qui étaient cruellement tentées, alors que le monde était prêt à leur accorder sa sympathie et à les jeter dans les pièges de Satan ?

N'aviez-vous pas, comme Caïn, été prêt à dire : "Suis-je le gardien de mon frère ?" De quelle manière le grand chef de l'Eglise peut-il apprécier l'œuvre de votre vie ? Que peut penser de votre indifférence à l'égard de ceux qui s'écartent du droit chemin celui pour lequel chaque âme est si précieuse qu'il a donné son sang pour elle ? Ne craignez-vous pas qu'il vous abandonne comme vous les abandonnez ? Croyez-le, le véritable gardien de la maison du Seigneur a pris note de chaque négligence. Il n'est pas encore tard pour réparer les négligences du passé. Qu'un réveil du premier amour, de la première ardeur, soit provoqué. Cherchez ceux que vous avez chassés et, par la confession, pansez les blessures que vous avez faites. Approchez-vous du Sauveur aimant, laissez le flot de la compassion divine couler dans votre cœur et, de là, dans celui des autres. Que la tendresse et la miséricorde dont Jésus a fait preuve dans sa vie toute empreinte de noblesse, soient pour nous un exemple de la manière dont nous devons traiter nos semblables, en particulier ceux qui sont nos frères dans la foi. Beaucoup ont faibli et se sont découragés dans le dur combat de l'existence alors qu'une seule parole de bonté et d'encouragement leur aurait permis de vaincre. Ne soyons jamais, non jamais, de ces cœurs durs, froids, insensibles, qui condamnent. Ne perdons jamais l'occasion de dire un mot d'encouragement, de communiquer la flamme de l'espérance. Nous ne pouvons mesurer l'étendue que peuvent avoir nos bonnes paroles et nos efforts chrétiens pour alléger quelque fardeau. Celui qui s'égare ne pourra être ramené dans le bon chemin que par un esprit d'humilité, de douceur et de tendre amour.

Christ et la discipline dans l'Eglise

En s'occupant des fautes de ses membres, l'Eglise doit suivre de très près les instructions données par le Sauveur dans le dix-huitième chapitre de Matthieu 15-18.

Les êtres humains appartiennent au Christ ; il les a acquis à un prix infini et il se les est attaché par l'amour que son Père et lui leur ont manifesté. Avec quel soin ne devrions-nous donc nous comporter les uns avec les autres ! Les hommes n'ont pas le droit de supposer le mal chez leurs semblables. Les membres d'église ne doivent pas suivre leurs impulsions et leurs inclinations lorsqu'ils s'occupent de leurs frères qui ont commis quelque faute. Ils ne devraient même pas exprimer leurs préventions à l'égard des fautifs, car ils placent ainsi dans d'autres esprits le levain du mal. Les rapports défavorables sur un frère ou une sœur de l'Eglise se communiquent de l'un à l'autre. Des erreurs et des injustices sont commises à cause de ceux qui ne sont pas disposés à suivre les instructions données par le Seigneur Jésus. "Si ton frère a péché", dit le Christ, "va et reprends-le entre toi et lui seul". Ne parlez pas à d'autres de ses torts. Sinon, le bruit se propage de l'un à l'autre et au fur et à mesure le mal grandit jusqu'à ce que l'Eglise toute entière en souffre. Réglez l'affaire entre vous et lui seul. Tel est le plan de Dieu. "Ne te hâte pas d'entrer en contestation, de peur qu'à la fin tu ne saches que faire, lorsque ton prochain t'aura outragé. Défends ta cause contre ton prochain, mais ne révèle pas le secret d'un autre." Proverbes 25 :8, 9. Ne supportez pas le péché d'autrui, mais d'autre part, ne le révélez pas, car vous augmentez ainsi la difficulté en donnant au reproche une allure de vengeance. Que la correction se fasse de la manière indiquée par la Parole de Dieu. Ne laissez pas mûrir le ressentiment. Ne permettez pas à la blessure de s'envenimer de telle sorte que des mots empoisonnés vous échappent et souillent l'esprit de ceux qui les entendent. Ne permettez pas à des pensées amères de remplir l'esprit de votre frère et le votre. Allez à lui et réglez l'affaire avec humilité et sincérité. Quel que soit le caractère de l'offense, cela ne change pas le plan que Dieu a pourvu pour le règlement des malentendus et la réparation des torts causés à une personne. Parlez seul à seul et dans l'Esprit du Christ avec celui qui est fautif, suffira souvent à écarter la difficulté. Abordez-le avec un cœur rempli de l'amour du Christ et cherchez à arranger les choses. Raisonnez calmement. Ne laissez pas échapper des paroles de colère. Faites appel à ses meilleurs sentiments. Souvenez-vous de ces paroles : "celui qui ramènera un pécheur de la voie où il s'était égaré sauvera une âme de la mort et couvrira une multitude de péchés." Jacques 5 :20. Apportez à votre frère le remède qui guérira la maladie du mécontentement. Faites votre part pour l'aider. Pour l'amour de la paix et l'unité de l'Eglise, que ce soit pour vous un privilège aussi bien qu'un devoir. Si votre frère vous écoute, vous avez gagné un ami. Le ciel entier est intéressé à cette entrevue entre l'offenseur et l'offensé. Lorsque celui qui a commis la faute accepte la réprimande faite avec l'amour du Christ et qu'il reconnaît ses torts, demandant pardon à Dieu et son frère, un rayon de soleil venu du ciel remplit son cœur. Le différend est terminé, l'amitié et la confiance renaissent. L'huile de l'amour fait disparaître la tristesse causée, l'Esprit de Dieu unit les cœurs et cette union est scellée aux accords d'une harmonie céleste. Tandis que ceux qui s'unissent ainsi dans une communion chrétienne, prient ensemble le Seigneur et s'engagent à agir en toute justice, à aimer la miséricorde et à marcher humblement avec lui, une grande bénédiction descend sur eux. S'ils ont fait du tort à autrui, ils continuent l'œuvre de confession et de restitution, pleinement décidés à se faire du bien réciproquement. Ainsi s'accomplit la loi du Christ. "Mais, s'il ne t'écoute pas, prends avec toi une ou deux personnes, afin que toute l'affaire se règle sur la déclaration de deux ou de trois témoins." Matthieu 18 :16. Prenez avec vous des hommes spirituellement avancés et parlez au fautif du différend en question. Peut-être cédera-t-il aux objurgations de ses frères. En voyant qu'ils s'accordent dans cette affaire, il comprendra peut-être ses torts. "S'il refuse de vous écouter", que faut-il faire alors ? Est-ce que quelques personnes dans une réunion de comité peuvent prendre la responsabilité de déclarer que le fautif n'est plus dans la communion de l'Eglise ? "S'il refuse de vous écouter, dites-le à l'Eglise". Que ce soit l'Eglise qui juge ses membres. "Mais s'il refuse d'écouter l'Eglise, qu'il soit pour toi comme un païen et un publicain." S'il ne veut pas écouter la voix de l'Eglise, s'il repousse tous les efforts faits pour le replacer sur la bonne voie, l'Eglise a la responsabilité de le retrancher de la communion fraternelle. Son nom doit être rayé des registres.

Le devoir de l'Eglise envers ceux qui refusent ses conseils.

Aucun membre officiant de l'Eglise, aucun comité, aucune Eglise ne peut voter la radiation d'un membre si l'instruction donnée par le Christ n'a pas été fidèlement suivie. Quand cela aura été fait, l'Eglise sera en règle avec Dieu. Le mal doit apparaître ce qu'il est et il doit être retranché afin qu'il ne puisse s'étendre davantage. La santé et la pureté de l'Eglise doivent être préservées afin qu'elle puisse être irréprochable, revêtue de la justice du Christ. Si le fautif se repent et se soumet à la discipline du Christ, il doit être mis à l'épreuve. Et même s'il ne se repent pas et s'il sort de l'Eglise, les serviteurs de Dieu ont encore à s'occuper de lui. Ils doivent tout faire pour l'amener à la repentance. Quelque aggravation qu'il ait apportée à sa faute, s'il cède à l'action du Saint-Esprit, s'il se confesse et abandonne son péché, donnant ainsi la preuve de sa repentance, il doit être pardonné et réintégré au sein de la communauté. Ses frères doivent l'encourager et le traiter comme ils voudraient qu'on les traite, considérant qu'eux aussi peuvent être tentés. "Je vous le dis en vérité, continue le Christ, tout ce que vous lierez sur la terre sera lié dans le ciel, et tout ce que vous délierez sur la terre sera délié dans le ciel." Matthieu 18 :18. Cette déclaration a gardé sa valeur à travers les siècles. L'Eglise a reçu le pouvoir d'agir à la place du Christ. Elle est l'instrument de Dieu pour la conservation de l'ordre et la discipline. Le Seigneur lui a délégué le pouvoir de régler les questions qui ont trait à sa prospérité, à sa pureté et à l'ordre qui doit régner en elle. Sur elle repose la responsabilité d'exclure de la communauté tous ceux qui ne sont pas dignes, et qui, par une conduite dépourvue de christianisme, déshonoreraient la vérité. Tout ce que l'Eglise fait en accord avec les directives données dans la Parole de Dieu, sera ratifié dans le ciel. L'Eglise est donc appelée à se prononcer sur des questions de la plus haute importance. Après s'être acquittés de leur tâche, les prédicateurs doivent lui soumettre tous les cas, afin qu'il y ait de l'unité dans les décisions prises.

Le Seigneur exige de ses disciples une grande prudence dans leurs rapports mutuels. Ils sont appelés à ennoblir, restaurer, guérir. Mais que l'Eglise ne néglige pas la discipline. Il faut que les membres se considèrent comme les élèves d'une école, où ils apprennent à former des caractères dignes de leur vocation. Les enfants de Dieu se préparent dans l'Eglise qui est sur la terre pour la grande réunion de l'Eglise dans le ciel. S'ils se conforment à la volonté du Christ, ils auront une vie sans fin dans la famille des rachetés.

A qui doit-on se confesser ?

Tous ceux qui s'efforcent d'excuser ou de dissimuler leurs péchés, les permettant ainsi de rester dans les livres du ciel non confessés et non pardonnés seront vaincus par Satan. Plus exaltée leur profession de foi, plus honorable leur poste, plus grave leur cas aux yeux de Dieu et plus sûr le triomphe de leur grand adversaire. Ceux qui reculent leur préparation pour le jour de Dieu ne pourront la faire dans le temps des troubles ou plus tard. Tous les cas de ce genre sont désespérés. Il n'est pas nécessaire que vous vous confessiez à ceux qui ne savent pas votre péché et vos fautes. Il n'est pas de votre devoir de rendre publique une confession qui fera le triomphe des incrédules. Mais à ceux à qui il est seyant de le faire, qui ne vont prendre aucun avantage de votre faute, confessez-vous selon la parole de Dieu, et qu'ils prient pour vous, et Dieu va accepter votre action et vous guérira. Pour le salut de votre âme, travaillez consciencieusement pour l'éternité, je vous exhorte. Mettez de côté et votre fierté et votre vanité, et agissez franchement. Revenez au bercail. Le Berger attend de vous accueillir. Repentez-vous et faites vos premières œuvres, et revenez dans la faveur de Dieu.

Christ est votre Rédempteur ; Il ne prendra aucun avantage de vos confessions dans l'humilité. Si votre péché est de caractère privé, confessez-le Christ, qui est le seul médiateur entre Dieu et l'homme. "Et si quelqu'un a péché, nous avons un avocat auprès du Père, Jésus-Christ le juste." 1 Jean 2 :1. Si vous avez péché par refus de rendre à Dieu ce qui lui appartient en dîmes et offrandes, confessez votre faute à Dieu et à l'église, et obéissez à l'injonction qu'il vous a adressée : "Apportez à la maison du trésor toutes les dîmes" Malachie 3 :10.

Le peuple de Dieu doit se mouvoir dans l'entente. Ils ne devraient pas se satisfaire tant que chaque péché connu n'est pas avoué. Ensuite, c'est leur privilège et leur devoir de croire que Jésus les accepte. Ils ne devraient pas attendre que les autres se bousculent hors des ténèbres et gagner, à leur grande joie. Cette jouissance ne dure que le temps d'une réunion. Mais Dieu doit être servi par principe et non par sentiment. Matin et soir, obtenez la victoire pour vous-même, dans votre propre famille. Ne laissez pas votre travail quotidien vous en priver. Prenez le temps de prier, et lorsque vous priez, croyez que Dieu vous entend. Associez la foi à vos prières. Il se peut que vous ne ressentiez pas chaque fois un effet immédiat, mais c'est ainsi que votre foi est mise à l'épreuve.

Christ seul peut juger.

Le Christ s'humilia lui-même en se mettant à la tête de l'humanité, afin de connaître ses tentations et ses épreuves. Pour secourir ceux qui sont tentés, il a voulu savoir à quoi ils étaient exposés de la part de l'ange déchu.

Il a été fait notre juge. Ce n'est pas le Père qui se charge de cette fonction, ni les anges. Le seul qui ait qualité pour nous juger, c'est celui qui a revêtu notre humanité et qui a vécu en ce monde une vie parfaite. Ne l'oubliez pas, mes frères, ni vous, prédicateurs, ni vous, parents. Ne perdons jamais de vue le fait que le Christ a revêtu notre humanité pour être notre juge. Nul d'entre vous n'a été désigné pour juger ses semblables. Tout ce que vous pouvez faire, c'est de vous discipliner vous-mêmes. Je vous exhorte, au nom du Christ, à obéir à l'ordre qu'il vous donne et qui consiste à ne jamais vous ériger en juge. Jour après jour ce message a retenti à mes oreilles : "Quittez le siège de juge ; faites-le humblement."

Dieu ne considère pas tous les péchés d'égale ampleur, il y a autant de divers degrés de culpabilité dans son estimation que dans celle de l'homme fini. Néanmoins, quelque négligeable que telle ou telle faute dans leur existence puisse paraître aux yeux des hommes, il n'y a pas de péché véniel aux yeux de Dieu. Les péchés que l'homme considère volontiers minimes, pourraient bien être ceux-là même que Dieu compte comme de grands crimes. L'ivrogne est regardé avec mépris ; on lui déclare que son péché l'exclura du royaume des cieux, tandis que la fierté, l'égoïsme et la convoitise restent sans reproche, alors que ce sont des péchés particulièrement odieux aux yeux de Dieu. "Il se moque de ceux qui se moquent de Lui", et Paul nous dit que la convoitise est de l'idolâtrie. Ceux qui sont familiers avec les dénonciations de l'idolâtrie dans la parole de Dieu verront tout de suite combien grave est ce péché.

[210]

Chapitre 47 — L'observation du saint sabbat de Dieu

L'observation du sabbat nous réserve de grandes bénédictions, et la volonté du Seigneur est que ce jour soit pour nous un jour de joie. N'est-ce pas dans l'allégresse qu'il a été institué ? Dieu contempla l'œuvre de ses mains ; tout ce qu'il avait créé, et il le déclara "très bon" (Genèse 1 :31) le ciel et la terre exultaient. "Les étoiles du matin éclataient en chants d'allégresse, et tous les fils de Dieu poussaient des cris de joie." Job 38 :7. Bien que le péché ait gâté cette œuvre parfaite, le Seigneur nous donne encore le sabbat comme témoin du fait qu'un être tout-puissant, d'une bonté et d'une miséricorde infinies, a créé toutes choses. Par l'observation du jour du repos, notre Père céleste désire conserver parmi les hommes la connaissance de son nom. Il veut nous rappeler par ce jour qu'il est le Dieu vivant et vrai, et que c'est en lui que se trouvent la vie et la paix. Lorsque le Seigneur délivra son Israël d'Egypte, il lui remit sa loi et lui fit savoir que l'observation du sabbat le distinguerait des peuples idolâtres. C'est ainsi que l'on verrait ceux qui reconnaîtraient la souveraineté de Dieu et ceux qui refuseraient de l'accepter comme leur créateur et leur Roi. "Ce sera entre moi et les enfants d'Israël un signe qui devra durer à perpétuité.", a dit l'Eternel. "Les enfants d'Israël observeront le sabbat, en le célébrant eux et leurs descendants, comme une alliance perpétuelle." Exode 31 :17, 16.

Comme le sabbat était le signe caractéristique d'Israël lorsqu'il sortit d'Egypte pour entrer dans la Canaan terrestre, de même ce jour est le signe distinctif du peuple de Dieu au moment où il se dispose à entrer dans la Canaan céleste. Il indique les liens de parenté qui unissent le Seigneur et son peuple ; par lui on reconnaît que celui-ci honore sa loi. Il distingue ses fidèles sujets de ceux qui transgressent ses commandements.

Du haut de la colonne de nuée, le Christ fit cette recommandation : "Vous ne manquerez pas d'observer mes sabbats, car ce sera entre moi et vous, et parmi vos descendants, un signe auquel on connaîtra que je suis l'Eternel qui vous sanctifie." Exode 31 :13. Le sabbat, qui fut donné à l'origine pour rappeler à l'homme que Dieu est le Créateur, lui rappelle aussi qu'il est celui qui le sanctifie. La puissance qui créa toutes choses est la même qui recrée l'âme à son image. Pour ceux qui l'observent, le sabbat est donc encore un signe de sanctification. S'ils sont réellement sanctifiés, ils rentrent dans l'harmonie divine, leur caractère est semblable à celui de Dieu. La sanctification est communiquée par la soumission aux principes qui sont l'expression du caractère divin. Le sabbat est par conséquent le signe de l'obéissance. Celui qui observe de tout son cœur le quatrième commandement obéira à toute la loi. Il est sanctifié par l'obéissance. A nous comme à Israël, le sabbat est donné "comme une alliance perpétuelle". Pour ceux qui l'honorent, ce saint jour est un gage de la fidélité de Dieu à son alliance. Ils font partie de la chaîne d'or de l'obéissance dont chaque maillon est une promesse.

Souviens-toi du jour du Sabbat.

Le Créateur commence le quatrième commandement par ces mots : "Souviens-toi." Il savait que l'homme, absorbé par ses affaires et ses soucis, serait tenté de ne pas se conformer à toutes les exigences de la loi, ou d'en oublier l'importance sacrée. C'est pourquoi il dit : "Souviens-toi du jour de repos pour le sanctifier." Exode 20 :8. Il faut se souvenir du sabbat pendant toute la semaine afin de se préparer à l'observer selon le commandement. Le jour venu, ne nous reposons pas seulement d'une manière légale, mais comprenons qu'il doit avoir une influence spirituelle sur tout le cours de notre vie. Celui qui considère le sabbat comme un signe entre lui et Dieu, signe indiquant que c'est le Seigneur qui le sanctifie, représente les principes du gouvernement céleste. Dans sa vie de chaque jour, il demandera à Dieu de faire reposer sur lui la bénédiction qui découle de l'observation du sabbat. Chaque jour, il sera en communion avec le Sauveur, et il reflètera la perfection de son caractère. Chaque jour, ses bonnes œuvres feront éclater sa lumière aux yeux de ceux qui l'entourent. Dans tout ce qui concerne les progrès de l'œuvre de Dieu, les premières victoires doivent être remportées dans la famille. C'est là que commence la préparation pour le jour du sabbat. Pendant la semaine, il faut que les parents se souviennent que leur foyer est l'école où leurs enfants se préparent pour les cours célestes. Qu'on y prononce donc que des paroles que ceux-ci puissent entendre. Parents, vivez pendant la semaine comme en la présence de Dieu, qui vous a confié vos enfants afin de les élever pour son service. Former pour celui-ci la petite église qu'est votre foyer de manière que le jour du sabbat chacun soit prêt à rendre un culte au Seigneur. Matin et soir, présenter-les à Dieu comme l'héritage qu'il s'est acquis au prix de son sang. Enseignez leurs que leur premier devoir et leur plus grand privilège c'est d'aimer et de servir le Seigneur.

Quand on se souviendra ainsi du jour du repos, le temporel n'empiétera pas sur le spirituel. Aucun devoir de six jours ouvrables ne sera négligé jusqu'au sabbat. Toutefois, on ne s'épuisera pas pendant la semaine au point que le septième jour, ce jour où le Seigneur se reposa de ses œuvres, on soit trop fatigué pour vaquer à son service. Mais si toute la semaine doit être consacrée à se préparer pour le jour du sabbat, le Vendredi est d'une manière toute spéciale le jour de la préparation. Moïse écrit ces paroles de la part du Seigneur : "Demain est le jour du repos consacré à l'Eternel ; faites cuire ce que vous avez à faire cuire, faites bouillir ce que vous avez à faire bouillir, et mettez en réserve jusqu'au matin ce qui restera." "Le peuple se dispersait pour ramasser [la manne] ; il la broyait avec des meules, ou la pilait dans un mortier ; il la cuisait au pot, et en faisait des gâteaux." Exode 16 :23 ; Nombres 11 :8. Chaque jour, les enfants d'Israël avaient donc quelque chose à faire pour préparer le pain qui leur était envoyé du ciel. Mais au lieu d'accomplir ce travail le jour du repos, ils devaient s'en acquitter le vendredi, le jour de la préparation.

Ainsi donc, le vendredi, que la préparation soit complète. Assurez-vous que tous les vêtements soient en bon état, et que rien ne reste à cuisiner. Qu'on prenne son bain et que les chaussures soient cirées. Il est possible d'y arriver, si l'on s'en fait une règle. Le sabbat ne doit pas être consacré à raccommoder ses vêtements, à faire la cuisine, à rechercher ses plaisirs, ou à se livrer à quelque autre occupation mondaine. Avant le coucher du soleil, que tout travail séculier soit mis de côté ainsi que tout journal profane. Parents, expliquez à vos enfants ce que vous faites, ainsi que l'objet que vous avez en vue; qu'ils s'associent à votre préparation afin d'observer le sabbat selon le commandement.

Nous devons veiller jalousement sur le commencement et la fin du sabbat. Souvenons-nous que chaque instant de ce jour est saint, consacré au Seigneur. Partout où cela est possible, que les patrons accordent à leurs ouvriers les après-midi du vendredi. Qu'on donne à ceux-ci le temps de se préparer pour commencer le jour sabbat dans le calme. En agissant ainsi, vous ne subirez pas même de perte matérielle.

Une autre tâche ne doit pas non plus être négligée le jour de la préparation, c'est celle qui consiste à régler les différends qui auraient pu s'élever, soit dans la famille, soit dans l'Eglise. Que toute amertume, toute colère, toute malice soient bannies du cœur. Confessez humblement "vos péchés les uns aux autres, et priez les uns pour les autres". Jacques 5:16.

Rien de ce qui, du point de vue du ciel, est considéré violation du saint Sabbat ne devrait être tu et laissé inachevé, mais doit être dit et achevé pendant le Sabbat. Dieu exige non seulement que nous nous abstenions de travail physique pendant le Sabbat, mais aussi que nous soumettions l'esprit à demeurer sur des motifs sacrés.

[212] Le quatrième commandement est virtuellement transgressé par des conversations sur des choses temporelles ou par des marivaudages ou des vétilles. Parler de tout ce qui peut passer par l'esprit est dire nos propres mots. Tout écart des justes choses nous conduit à la servitude et à la condamnation.

Les vêpres.

Beaucoup de nos membres ne savent pas comment se comporter au culte le jour du sabbat. Ne nous présentons pas devant le Seigneur en habits de travail; ayons un vêtement convenable. Bien que nous ne devions pas nous conformer aux usages du monde, il ne faut pas que notre mise soit négligée. Les enfants de Dieu doivent être purs intérieurement et extérieurement. Avant le coucher du soleil que les membres de la famille se réunissent pour lire la Parole de Dieu, chanter et prier. Une réforme est ici nécessaire, car une certaine négligence s'est manifestée chez un grand nombre à cet égard. Confessons nos fautes au Seigneur et confessons-nous mutuellement. Faisons en sorte que chaque membre de la famille puisse se préparer à honorer le jour que Dieu a béni et sanctifié.

Que les enfants prennent part au culte de famille. Que chacun prenne sa Bible et lise un ou deux versets. Qu'on chante ensuite un cantique suivi de la prière. Celle-ci doit être faite selon le modèle que Jésus nous a laissé. L'oraison dominicale n'était destinée à être répétée mot à mot, mais c'est une illustration de ce que devraient être nos prières ; simples, ferventes, renferment beaucoup en peu de mots. Exposez simplement au Seigneur vos besoins, et exprimez-lui votre reconnaissance pour ses bontés à votre égard. Il sera ainsi l'hôte bienvenu dans votre foyer et dans votre cœur. En famille, de longues prières n'ayant aucun rapport avec votre foyer n'ont pas leur raison d'être ; elles font de l'heure de la prière une heure de fatigue, alors que celle-ci devrait être un privilège et une bénédiction. Que ce soit plutôt un moment plein d'intérêt et de joie.

Au coucher du soleil [de la fin du sabbat], que la prière et le chant d'un cantique marquent la fin des heures sacrées, et sollicitent la présence de Dieu pour la semaine de labeur qui va commencer.

Sanctifier le sabbat, c'est travailler à son salut éternel. "J'honorerai celui qui m'honore." 1 Samuel 2 :30.

Les heures les plus sacrées de la famille

L'Ecole du sabbat et le culte n'occupent qu'une partie du jour du repos. Les heures qui restent doivent être pour la famille les plus précieuses et les plus sacrées du sabbat. Que les parents passent la plus grande partie de ce temps avec leurs enfants. Dans bien des foyers les plus jeunes sont abandonnés à eux-mêmes et passent leur temps le mieux qu'ils peuvent. Ils ne tardent pas à devenir remuants ; ils commencent à jouer ou à faire des polissonneries. Le sabbat perd ainsi à leurs yeux sa nature sacrée. Quand il fait beau, que les parents fassent avec leurs enfants des promenades dans les champs ou dans les bois. Là, au milieu de la belle nature, qu'ils leur expliquent pourquoi le sabbat fut institué. Qu'ils leur parlent de la grande œuvre créatrice de Dieu ; qu'ils leur disent que lorsque la terre sortit des mains du Créateur, elle était sainte et belle ; chaque fleur, chaque arbuste, chaque arbre répondait au but qu'il s'était proposé. Où que l'œil se posât, il ne voyait que des choses admirables révélant l'amour de Dieu. Chaque son émis était une musique qui se joignait à l'harmonie divine. Qu'on explique aux enfants que c'est le péché qui a gâté l'œuvre parfaite de Dieu ; que les épines et les chardons, la tristesse, la douleur et la mort sont les conséquences de la désobéissance. Qu'on leur fasse observer comment la terre, bien que sous le poids de la malédiction du péché, révèle encore la bonté de Dieu. La prairie verdoyante, l'arbre majestueux, le gai rayon de soleil, les nuages, la rosée, le calme solennel de la nuit, la splendeur du ciel étoilé, la lune dans sa beauté, tout porte l'empreinte du Créateur. Il n'est pas jusqu'à la goutte de pluie qui tombe, au rayon de soleil qui éclaire notre monde ingrat qui ne témoigne de la patience et de l'amour du Seigneur. Parents, enseignez à vos enfants la voie du salut. Dites-leur que "Dieu a tant aimé le monde qu'il a donné son Fils unique, afin que quiconque croit en lui ne périsse point, mais qu'il ait la vie éternelle". Jean 3 :16. Racontez-leur la douce histoire de Bethléem. Montrez-leur comment, enfant, Jésus obéissait à ses parents ; comment, jeune homme il était fidèle et actif, contribuant à subvenir aux besoins de la famille. Vous pouvez ainsi leur faire comprendre que le Sauveur connaît les épreuves, les difficultés, les tentations les aspirations et les joies des jeunes, et il peut sympathiser avec eux et les aider. Lisez de temps à autre avec eux les récits intéressants de l'histoire biblique. Interrogez-les sur ce qu'ils ont appris à l'Ecole du Sabbat, et étudiez avec eux la leçon du sabbat suivant.

Pendant le sabbat, la famille devrait se dévouer solennellement à Dieu. Le commandement inclut tous ceux qui sont dans votre propriété : tous ceux qui habitent la maison doivent laisser leurs affaires mondaines, et réserver les heures sacrées à la dévotion. Ensemble, honorons Dieu par un joyeux service en Son saint jour.

"Venez prosternons-nous et humilions-nous, Fléchissons le genou devant l'Eternel, notre Créateur !" "Là où deux ou trois sont assemblés en mon nom, a dit le Christ, je suis au milieu d'eux." Matthieu 18 :20. Partout où se trouvent deux ou trois croyants, le devoir est de se réunir le jour du sabbat et de se réclamer de cette promesse du Seigneur. Les petits groupes qui s'assemblent pour adorer Dieu en son saint jour ont droit à la riche bénédiction de Jéhovah. Qu'ils soient assurés que Jésus est l'hôte honoré de leurs réunions. Tout vrai croyant qui sanctifie le jour du sabbat peut s'appuyer sur cette déclaration de l'Ecriture : "Je suis l'Eternel qui vous sanctifie." Exode 31 :13.

Le sabbat a été fait pour l'homme, pour être une bénédiction pour lui en appelant son esprit du labeur séculaire pour contempler la bonté et la gloire de Dieu. Il est nécessaire que le peuple de Dieu se réunisse pour parler de Lui, échanger leurs idées et pensées concernant les vérités contenues dans Sa parole, et consacrer une partie de leur temps aux prières. Mais on ne devrait pas rendre ces moments fastidieux par leur longueur et leur absence d'intérêt, même pendant le sabbat.

Si l'Eglise n'a pas de pasteur, un frère qualifié sera chargé de présider le service. Mais il n'est pas nécessaire qu'il fasse un sermon ou qu'il occupe la plus grande partie du temps consacré au culte. Une courte et intéressante lecture de la Bible sera souvent plus profitable qu'un sermon et cela peut être suivi par une séance de prières et de témoignages. Chacun devait se rendre compte que son devoir est de contribuer à rendre intéressantes les assemblées du sabbat. Ne vous réunissez pas seulement pour la forme, mais pour échanger vos pensées, pour vous faire part de vos expériences quotidiennes, pour exprimer votre gratitude et votre désir sincère de recevoir la lumière divine afin de mieux connaître Dieu et Jésus-Christ qu'il a envoyé. En parlant ensemble du Christ vous vous fortifierez pour affronter les épreuves et les luttes de la vie. Ne croyez pas que vous pouvez être chrétien et vous renfermer en vous-mêmes. Nous faisons tous partie de la grande famille humaine, et la conduite de chacun est fortement influencée par celle des autres.

L'Ecole du Sabbat

L'objectif de l'Ecole du Sabbat devrait être la moisson des âmes. L'ordonnancement de la séance peut être irréprochable, les installations disponibles à souhait, mais si les enfants et les jeunes ne sont pas amenés à Christ, l'école aura échoué, car si les âmes ne sont pas amenées à Christ, elles deviennent de plus en plus insensibles sous l'influence d'une religion formaliste. L'animateur de la classe de l'École du Sabbat devrait coopérer, alors qu'Il frappe à la porte du cœur de ceux qui ont besoin d'aide. Si les élèves répondent aux supplications de l'Esprit et ouvrent la porte de leurs cœurs afin que

Jésus puisse y entrer, Il ouvrira leur intelligence à la compréhension des choses de Dieu. Le travail du moniteur est simple, mais si c'est fait dans l'esprit de Jésus, il sera doté de profondeur et d'efficacité par l'opération de l'Esprit de Dieu. Parents, réservez un peu de votre temps, chaque jour, à étudier la leçon de l'École du Sabbat avec vos enfants. Au besoin, renoncez aux visites sociales plutôt que de sacrifier l'heure consacrée aux précieux enseignements tirés de l'histoire sacrée. Les parents, ainsi que les enfants, bénéficieront de cette étude. Mémorisez les plus importants passages de l'Écriture liés à la leçon, non pas comme une tâche, mais comme un privilège. Bien qu'au début la mémoire puisse être défectueuse, elle gagnera de la force par l'exercice. Bientôt, vous serez enchantés d'avoir ainsi rassemblé le trésor des précieuses paroles de vérité. Et l'habitude s'avérera une aide précieuse pour la croissance spirituelle..... Soyez systématiques dans l'étude de l'Écriture en famille. Négligez tout ce qui est de nature temporelle. Libérez-vous de tout travail de couture non nécessaire et de toute préoccupation de table inutile. Assurez-vous plutôt que l'âme est nourrie du pain de vie. Il est impossible d'estimer les bons résultats d'une heure ou même d'une demi-heure de joyeuse compagnie consacrée chaque jour à la parole de Dieu. Que la Bible s'explique elle-même. Compilez tout ce qui s'est dit concernant un sujet donné à différentes époques et sous diverses circonstances. N'interrompez pas votre classe pour des appels ou des visiteurs. S'ils viennent pendant le culte, invitez-les à prendre part. Montrez que vous considérez l'obtention de la connaissance de la parole de Dieu plus importante que les gains ou plaisirs du monde. Dans certaines écoles [du Sabbat], je suis désolée de le dire, la coutume prévaut que le verset à mémoriser soit lu de la feuille. Cela ne devrait pas être ainsi. Cela ne doit pas être si le temps dépensé souvent inutilement, et même de façon coupable, était donné à l'étude des Écritures. Il n'y a aucune raison pour que les leçons de l'école du Sabbat soient moins parfaitement apprises par les enseignants ou les élèves que les leçons de l'école ordinaire. Traitant de sujets infiniment plus importants, elles devraient être mieux apprises. La négligence ici déplaît à Dieu. Ceux qui enseignent à l'école du Sabbat doivent avoir leurs cœurs réchauffés et dynamisés par la vérité de Dieu, n'étant pas seulement des auditeurs, mais aussi des acteurs de la parole. Ils devraient se nourrir de Christ comme les branches se nourrissent de la vigne. La rosée de la grâce céleste devrait tomber sur eux pour que leurs cœurs soient comme des plantes précieuses dont les bourgeons s'ouvrent, s'étalent pour donner un parfum de reconnaissance, comme des fleurs dans le jardin de Dieu. Les enseignants devraient être des étudiants assidus de la parole de Dieu, témoignant toujours du fait qu'ils apprennent les leçons quotidiennes à l'école de Christ, et de leur capacité à communiquer aux autres la lumière qu'ils ont reçue de Lui, qui est le Grand Maître, la lumière du monde. Éventuellement, lorsque vous choisissez les administrateurs, assurez-vous que ce ne soit pas dicté par les préférences personnelles, et nommez à ces postes de confiance ceux dont vous êtes convaincus qu'ils aiment et craignent Dieu, et qu'ils feront de Dieu leur conseiller.

"Il est donc permis de faire du bien les jours de sabbat." Il faut faire preuve, tant à la maison qu'à l'Eglise, du désir de se rendre utile. Celui qui nous a donné six jours pour travailler, s'est réservé le septième qu'il a béni et sanctifié. En ce jour, il veut bénir d'une manière toute particulière ceux qui se consacrent à son service.

Le ciel entier observe le sabbat ; mais non dans l'oisiveté et dans l'indolence. En ce jour, toutes les énergies de l'âme doivent être mises à réquisition. Ne nous préparons-nous pas à rencontrer Dieu et le Christ, notre Sauveur ? Contemplons le Seigneur par la foi ; il ne demande qu'à vivifier et à bénir ses enfants.

[215]

La miséricorde divine a ordonné que l'on s'occupe des malades et des souffrants. Le travail requis pour les mettre à l'aise est un travail nécessaire et non une violation du Sabbat. Mais tout travail non nécessaire devrait être évité. Beaucoup reportent négligemment jusqu'au commencement du Sabbat de petites choses qui auraient dû être faites le jour de préparation. Cela ne devrait pas se faire. Tout travail qui a été négligé jusqu'au début du temps sacré devrait rester non fait jusqu'à ce que le Sabbat soit passé.

Si l'on doit éviter de cuisiner le jour du sabbat, il ne s'ensuit pas nécessairement qu'il faille manger froid. En hivers, qu'on réchauffe les aliments préparés la veille, et que les repas, bien que simples, soient bons et appétissants. Qu'on prépare ce jour-là un plat qui soit considéré comme un régal et qui ne paraisse pas sur la table chaque jour.

Si vous voulez participer aux bénédictions promises à ceux qui obéissent, il vous faut observer le sabbat plus strictement. Je crains que nous ne voyagions trop souvent ce jour-là, alors qu'on pourrait l'éviter. D'après la lumière que le Seigneur m'a donnée à cet égard, nous devrions moins employer les bateaux et les chemins de fer, et montrer ainsi à nos enfants et à la jeunesse le bon exemple. Pour apporter aux Eglises le message que le Seigneur leur destine, il peut arriver qu'il faille voyager le jour du sabbat ; mais autant que possible procurons-nous notre billet et faisons les arrangements nécessaires un autre jour. Lorsque nous entreprenons un voyage important, il faut s'arranger de manière à ne pas arriver à destination le sabbat. Quand on ne peut faire autrement, cherchons à fuir, ce jour-là, la compagnie de ceux qui nous entretiendraient de choses temporelles. Evitons de parler d'affaires ou de nous engager dans des entretiens ordinaires ou mondains. Fixons notre attention sur le Seigneur et restons en communion avec lui. Efforçons-nous d'amener la conversation sur la vérité évangélique. Soyons toujours prêts à soulager ceux qui souffrent et à secourir les nécessiteux. Faisons alors usage de la connaissance et de la sagesse que le ciel nous a accordées. En tout temps et en tout lieu, Dieu exige que nous lui prouvions notre fidélité en honorant le sabbat.

A l'Ecole du Sabbat.

Quiconque obéit au quatrième commandement trouvera qu'une ligne de séparation est tracée entre lui et le monde. Le Sabbat est un test, non une exigence humaine, mais une épreuve de Dieu. C'est ce qui distingue ceux qui servent Dieu et ceux qui ne Le servent pas, le point du dernier grand conflit de la controverse entre la vérité et d'erreur. Certains de nos gens ont envoyé leurs enfants à l'école le jour du Sabbat. Ils n'étaient pas obligés de le faire, mais les autorités scolaires ne voulaient recevoir les enfants que s'ils venaient en classe les six jours. Dans certaines de ces écoles, les élèves ne sont pas seulement instruits dans les habituelles branches d'étude, mais on leur enseignait aussi à faire différentes sortes de travaux ; et des enfants de gens professant garder les commandements ont été envoyés là, le Sabbat. Certains parents ont essayé de justifier leur cas en citant les paroles du Christ, qu'il est licite de faire le bien le jour du sabbat. Mais le même raisonnement prouverait que l'on peut travailler le jour du Sabbat parce que l'on doit gagner le pain pour les enfants ; et alors il n'y a plus aucune limite, aucune ligne de démarcation, pour montrer ce qui doit et ne doit pas être fait. Nos frères ne peuvent pas s'attendre à l'approbation de Dieu alors qu'ils envoient leurs enfants dans des établissements où il est impossible pour eux d'obéir au quatrième commandement. Ils devraient s'efforcer de s'arranger avec les autorités pour que les enfants soient excusés de la fréquentation scolaire le septième jour. Si cela échoue, alors leur devoir est clair : obéir aux exigences de Dieu à tout prix. Certains déclareront avec insistance que l'Éternel n'est pas aussi inflexible dans Ses exigences, qu'il n'est pas de leur devoir de garder strictement le Sabbat à si grand prix ou de se mettre dans des situations où ils seront amenés en conflit avec les lois du pays. Mais c'est là, justement, l'épreuve, savoir, si nous allons respecter la loi de Dieu au- dessus des exigences des hommes. C'est ce qui va faire la distinction entre ceux qui honorent Dieu et ceux qui Le déshonorent. Voici l'occasion de prouver notre loyauté. L'histoire des relations de Dieu avec Son peuple dans tous les âges montre qu'Il exige la stricte obéissance. Si les parents permettent à leurs enfants de recevoir une éducation conforme au monde, et de faire du Sabbat un jour commun, alors le sceau de Dieu ne peut être placé sur eux. Ils seront détruits avec le monde. Leur sang ne reposera-t-il pas sur les parents ? Mais si nous enseignons fidèlement à nos enfants les commandements de Dieu, si nous leur apprenons à respecter l'autorité parentale, et ensuite, par la foi et la prière les remettons entre les mains de Dieu, Il collaborera avec nous, car Il l'a promis. Et lorsque le déchaînement du fléau passera sur la terre, ils seront, et nous avec, abrités sous l'étendard de l'Éternel.

Un jour à se reposer des quêtes mondaines.

C'est de la plus grossière présomption pour l'homme mortel que de s'aventurer à un compromis avec le Tout-Puissant, afin de garantir ses intérêts temporels mesquins. Utiliser le Sabbat pour des affaires séculaires occasionnellement est aussi carrément une violation de la loi que le rejeter entièrement, car ce serait faire des commandements de l'Éternel une simple question de convenance.

Le "Je suis un Dieu jaloux, qui punis l'iniquité des pères sur les enfants jusqu'à la troisième et la quatrième génération de ceux qui me haïssent "(Exode 20 :5), retentit du Sinaï. Pas d'obéissance partielle, pas d'intérêt mitigé qui soit accepté par Celui qui déclare que les iniquités des pères seront retenues contre les enfants jusqu'à la troisième et quatrième génération de ceux qui Le haïssent lui, et qu'Il aura pitié des milliers d'entre eux qui L'aiment et gardent Ses commandements. Ce n'est pas une bagatelle que de voler son voisin, et grande est la honte attachée à celui qui est trouvé coupable d'une telle action ; pourtant, celui qui rechigne à escroquer ses semblables s'en ira sans vergogne voler son Père céleste du temps qu'Il a béni et mis à part pour une fin spéciale.

Gardez vos paroles et vos pensées. Ceux qui discutent d'affaires et projettent des plans le jour du Sabbat sont considérés par Dieu comme engagés dans la transaction d'affaires proprement dite. Pour garder le Sabbat saint, nous ne devrions même pas permettre à nos esprits de s'attarder sur des choses d'un caractère mondain.

Dieu a parlé ; il veut que l'homme lui obéisse. Il ne demande pas qu'il le fasse quand cela l'arrange. Le Seigneur de gloire n'a pas consulté ses convenances ou son plaisir lorsqu'il a quitté son haut commandement dans les cieux pour devenir un homme de souffrance, acceptant l'ignominie et la mort pour délivrer l'homme des conséquences de sa désobéissance. Jésus est mort, non pour sauver l'homme dans ses péchés mais de ses péchés. Celui-ci doit abandonner ses erreurs, se charger de sa croix pour suivre le Christ, renier le moi et obéir à Dieu quoi qu'il en coûte.

Les circonstances ne justifieront jamais celui qui travaillera le jour du sabbat. S'il en était ainsi pour un seul homme, Dieu pourrait excuser tout le monde. Pourquoi frère L., qui est pauvre, ne pourrait-il pas travailler le sabbat si, de la sorte, il était mieux à même de subvenir aux besoins de sa famille ? Pourquoi d'autres frères, ou chacun de nous, n'observeraient-ils pas le sabbat quand les circonstances le permettent ? Voici la réponse de la voix du Sinaï : "Tu travailleras six jours, et tu feras tout ton ouvrage. Mais le septième jour est le jour du repos de l'Eternel ton Dieu." Exode 20 :9, 10.

Votre âge n'est pas une excuse pour désobéir aux commandements divins. Abraham fut cruellement éprouvé dans ses vieux jours. Les exigences du Seigneur semblaient terribles et peu en rapport avec la faiblesse d'un vieillard ; cependant, celui-ci ne les discuta pas un seul instant et il n'hésita pas à obéir. Il aurait pu dire qu'il était affaibli par l'âge et ne pouvait sacrifier son fils qui était la joie de sa vie. Il aurait pu rappeler au Seigneur que cet ordre était en contradiction avec la promesse qu'il avait faite au sujet de ce fils. Au lieu de cela, le patriarche obéit sans murmurer. Sa confiance en Dieu était implicite.

Les ouvriers du Seigneur devraient reprendre avec bonté mais avec sérieux ceux qui se laissent aller à avoir des conversations mondaines le jour du sabbat, alors qu'ils prétendent en même temps être des observateurs du quatrième commandement. Il faut qu'ils encouragent leurs frères et sœurs à diriger leurs pensées vers Dieu en ce saint jour. Personne ne devrait se sentir libre de gaspiller des heures sanctifiées. Il déplait à Dieu que ses enfants passent une grande partie du sabbat à dormir. On déshonore le Créateur en agissant ainsi et on montre par l'exemple que les six jours ouvrables sont trop précieux pour les passer à se reposer. On veut gagner de l'argent, même aux dépens du sommeil nécessaire ; aussi rattrape-t-on le temps perdu le jour du sabbat. On s'excuse en disant : "Le sabbat a été donné comme jour de repos." Ceux qui agissent ainsi font un mauvais usage du jour sanctifié par le Seigneur. Ils devraient tout particulièrement en ce jour attirer l'attention des leurs sur l'observation du quatrième commandement et s'assembler avec leur frères et sœurs, que ceux-ci soient nombreux ou non. Il faut vouer son temps et ses énergies à l'exercice spirituel, afin que la divine atmosphère dans laquelle baigne le sabbat puisse aussi se répandre sur le reste de la semaine. Le sabbat est le jour propice entre tous pour les pensées et les sentiments religieux.

Par conséquent, si le jour du repos avait toujours été sanctifié, il n'y aurait jamais eu sur la terre d'idolâtres ni d'athées. L'institution du jour de repos qui date du jardin d'Eden, est donc aussi ancienne que le monde. Ce jour a été dès lors observé par tous les patriarches. Durant la servitude d'Egypte, contraints par leurs chefs de corvée de violer le sabbat, les israélites avaient presque complètement perdu la notion de sa sainteté. Lorsque la loi fut proclamée au Sinaï, les premiers mots du quatrième commandement furent : "Souviens-toi du jour du repos pour le sanctifier" (Exode 20 :8), ce qui prouve que le sabbat avait été institué antérieurement, c'est-à-dire, comme le dit ce même commandement, lors de la création. C'est pour extirper l'idée de Dieu de l'esprit des hommes que Satan s'est efforcé de renverser ce grand mémorial, bien convaincu que s'il peut les amener à oublier leur Créateur, nul ne s'efforcera plus de résister à la puissance du mal, et que lui, Satan restera le maître incontesté.

Les bénédictions du respect du Sabbat

J'ai vu que le ciel s'intéressait au comportement de ceux qui reconnaissaient les exigences de la loi de Dieu et qui observaient le sabbat. Les anges manifestaient leur intérêt et leur considération pour l'institution divine du jour du repos. Ceux qui sanctifiaient le nom du Seigneur dans leur cœur par une stricte dévotion d'esprit et qui cherchaient à mettre à profit les heures sacrées en observant le sabbat de leur mieux et en honorant Dieu, faisant de ce jour leurs délices, ceux-là étaient l'objet d'une bénédiction spéciale, les anges leur dispensaient lumière et santé et leur donnaient une force toute particulière.

Le strict respect des exigences des cieux apporte des bénédictions aussi bien temporelles que spirituelles.

"Observez ce qui est droit, et pratiquez ce qui est juste ; Car mon salut ne tardera pas à venir, Et ma justice à se manifester. Heureux l'homme qui fait cela, Et le fils de l'homme qui y demeure ferme, Gardant le sabbat, pour ne point le profaner, Et veillant sur sa main, pour ne commettre aucun mal !" "Et les étrangers qui s'attacheront à l'Éternel pour le servir, Pour aimer le nom de l'Éternel, Pour être ses serviteurs, Tous ceux qui garderont le sabbat, pour ne point le profaner, Et qui persévéreront dans mon alliance, Je les amènerai sur ma montagne sainte, Et je les réjouirai dans ma maison de prière." Ésaïe 56 :1, 2, 6, 7.

Tant que les cieux et la terre dureront, le Sabbat continuera d'être le signe de la puissance du Créateur. Et lorsqu' Eden s'épanouira de nouveau sur terre, le saint jour de repos de Dieu sera encore honoré par tous sous le soleil. "Chaque sabbat," les habitants de la nouvelle terre glorifiée monteront pour "se prosterner devant moi, dit l'Éternel." Matthieu 5 :18 ; Ésaïe 66 :23.

Chapitre 48 — Conseils sur l'économat.

L'esprit de la libéralité est un esprit du ciel. C'est sur la croix que l'amour du Christ s'est révélé. Pour sauver l'homme, le Sauveur abandonna tout ce qu'il possédait, puis, il se donna lui-même. La croix du calvaire fait appel à la générosité de tout disciple du Christ. Le principe qu'elle met en évidence, c'est donner, toujours donner. C'est par la bienfaisance et les œuvres charitables que l'on voit le véritable fruit de la vie chrétienne. Le but des mondains c'est gagner, toujours gagner. Ils s'imaginent parvenir ainsi au bonheur. Mais lorsque le principe qui les a conduits a produit toutes ses conséquences, il n'apporte que la misère et la mort. La lumière de l'Evangile qui émane de la croix du Calvaire condamne l'égoïsme et encourage la libéralité et la bienfaisance. Pourquoi se lamenter lorsque les appels à la générosité se multiplient ? La providence divine nous invite à sortir de notre sphère d'action pour entreprendre de plus grandes choses. A notre époque, où les ténèbres morales couvrent le monde, il ne saurait y avoir de terme à notre activité. Un grand nombre d'enfants de Dieu sont en danger de tomber dans les pièges de la mondanité et de l'avarice. Puissent-ils comprendre que c'est la miséricorde divine qui fait appel à leurs moyens ! Ils imiteront le grand modèle lorsqu'ils prendront en considération les objectifs qui se rapportent à la bienfaisance. En envoyant ses disciples "dans le monde entier pour prêcher l'Evangile à toute la création", le Christ a confié aux hommes le soin de faire connaître sa grâce. Certains ont été chargés de la prédication, d'autre de soutenir son œuvre par leurs offrandes. L'argent que le Seigneur a donné à ceux-ci doit contribuer à poursuivre le travail qui nous a été assigné, à savoir sauver nos semblables. C'est l'un des moyens qu'il emploie pour nous élever. Il éveille ainsi dans nos cœurs les sympathies les plus profondes et met en jeu nos facultés les plus nobles.

La générosité bien dirigée agit sur les énergies mentales et morales des hommes et les pousse à une action salutaire, qui consiste à s'intéresser efficacement à ceux qui sont dans le dénuement et au progrès de l'œuvre de Dieu.

Chaque occasion d'aider un frère dans le besoin, ou d'aider la cause de Dieu dans la propagation de la vérité est une perle que vous pouvez déposer dans la banque du ciel.

"De chaque homme qui donne volontiers"

Le seul moyen que Dieu ait établi pour faire avancer sa cause, c'est de répandre ses bienfaits sur les hommes. Il leur envoie le soleil et la pluie; il fait pousser les plantes; il donne la santé et l'intelligence pour acquérir des biens. Tout ce que nous possédons provient de sa main libérale. En retour, il voudrait que les hommes et les femmes montrent leur gratitude en lui en rendant une partie sous forme de dîmes et offrandes : offrandes de reconnaissance, offrandes volontaires et sacrifices expiatoires.

La générosité des Juifs dans la construction du tabernacle et du temple montre un esprit de libéralité qui n'a jamais été égalé plus tard par les chrétiens. Ils venaient d'être libérés de leur long esclavage en Egypte et erraient dans le désert. A peine étaient-ils délivrés des armées égyptiennes lancées à leur poursuite, que le Seigneur s'adressa à Moise en ces termes : "Parle aux enfants d'Israël. Qu'ils m'apportent une offrande; vous la recevrez pour moi de tout homme qui la fera de bon cœur." Exode 25 :2. A ce moment-là, les Juifs ne possédaient que peu de choses et ne pouvaient guère espérer en avoir davantage; mais voici qu'il leur était demandé de bâtir un tabernacle pour le Seigneur. Dieu avait parlé et il fallait obéir à sa voix. Ils furent généreux. Les Juifs donnèrent libéralement, de tout leur cœur, et furent ainsi agréables au Seigneur. Ne tenaient-ils pas de lui tout ce qu'ils possédaient? S'il le réclamait, n'était-ce pas leur devoir de lui rendre ce qu'il leur avait prêté?

Aucune contrainte ne fut exercée. Le peuple apporta plus qu'il n'était nécessaire, et on dut refuser des dons, car il y en avait plus qu'on ne pouvait utiliser. Ceci se répéta lors de la construction du temple. A cette occasion, les appels de fonds reçurent également une réponse chaleureuse. Personne ne donna à contrecœur. Tous se réjouirent à la perspective de voir se construire une maison pour le culte de Jéhovah et se montrèrent généreux. Les chrétiens qui se flattent d'avoir plus de lumière que les Hébreux peuvent-ils être moins généreux ? Ceux qui vivent à la fin des temps se conteront-ils de leurs offrandes alors que celles-ci n'égalent pas même la moitié de celles des Juifs ?

Le Seigneur a fait dépendre la diffusion de la lumière de la vérité sur la terre, de la générosité et des efforts librement consentis par ceux qui ont été faits participants de la grâce divine. Il en est relativement peu qui soient appelés à voyager comme pasteurs ou comme missionnaires, mais des multitudes doivent collaborer à la propagation de la vérité par leurs moyens.

Mais dira quelqu'un, on fait constamment des appels pour donner à la cause de Dieu ? Je suis fatigué de donner ! Est-ce vrai ? Alors permettez-moi de vous poser une question : "Etes-vous aussi las de recevoir de la main généreuse du Seigneur ?" Vous ne cesserez d'être dans l'obligation de lui rendre la portion qu'il réclame que lorsqu'il cessera de vous bénir. Il vous fait du bien pour qu'à votre tour vous soyez en état d'en faire aux autres. Lorsque vous serez fatigués de recevoir, alors vous pourrez dire : "Je suis fatigués de tant d'appels." Dieu s'est réservé une partie de tout ce que nous recevons. Lorsque nous la lui avons apportée, ce qui nous reste est béni ; mais lorsqu'elle est retenue, notre bien entier est tôt ou tard maudit. Le droit de Dieu passe avant tout ; tout le reste est secondaire.

La dîme est une institution divine.

Les offrandes volontaires et les dîmes constituent le trésor de l'Evangile. Dieu réclame une partie des biens confiés à l'homme : le dixième.

Chacun doit se souvenir que les droits divins priment tous les autres. Le Seigneur nous comble de ses bienfaits, et selon le contrat qu'il a passé avec l'homme, la dixième partie de son revenu doit lui être restituée. Il a fait de nous ses économes, et au sujet de la dixième partie des biens qu'il nous a confiés, il dit : "Elle m'appartient". Nous devons donc lui rendre cette dixième partie. C'est le Christ qui a présidé à cet arrangement.

Il faut que la vérité présente pénètre dans les plus sombres lieux de la terre, à commencer par notre pays. Les disciples du Christ ne peuvent vivre égoïstement; mais remplis de l'Esprit du Maître, ils doivent travailler en harmonie avec lui.

La grande œuvre que Jésus a commencée sur la terre, il a chargé ses disciples de la continuer. Dieu a révélé à son peuple un plan qui permet de recueillir les fonds suffisants pour les besoins de son œuvre. Ce plan qui est celui de la dîme, est magnifique de simplicité et d'équité. Chacun peut le suivre avec foi et courage, car il est d'origine divine. En lui s'allient la simplicité et l'utilité, et il n'est pas nécessaire de faire de longues études pour le comprendre et l'exécuter. Tous peuvent se rendre compte qu'il leur est possible de contribuer au succès de l'œuvre précieuse du salut. Tout homme, toute femme, tout adolescent peut amasser de l'argent pour la cause du Seigneur. L'apôtre dit : "Que chacun de vous...mette à part chez lui ce qu'il pourra, selon sa prospérité." 1 Corinthiens 16 :2. Des buts importants peuvent être atteints grâce à ce système. Si nous l'acceptions tous, chacun deviendrait un vigilant et fidèle intendant du Seigneur, et il n'y aurait pas de problème financier dans la grande œuvre qui consiste à faire retentir dans le monde le message d'avertissement. Si chaque membre de l'Eglise adoptait ce système, le trésor serait plein et personne ne serait appauvri. Cet investissement de nos biens nous unirait davantage à la cause de la vérité présente. Nous amasserions ainsi "pour l'avenir un trésor placé sur un fondement solide, afin de saisir la vie véritable". 1 Timothée 6 :19.

Au fur et à mesure que les serviteurs persévérants du Seigneur comprennent que leur libéralité accroît leur amour pour Dieu et leurs semblables, et que leur effort personnel élargit le cercle de leur utilité, ils voient quelle grande bénédiction réside dans leur collaboration avec le Christ. Les chrétiens, en général, refusent de répondre aux exigences de Dieu leur demandant de donner une part de leurs biens pour soutenir la lutte engagée contre les ténèbres morales qui submergent le monde. Jamais l'œuvre de Dieu n'avancera vraiment si les disciples du Christ ne se jettent entièrement dans la bataille.

Le privilège d'être un collaborateur de Dieu

La cause de Dieu ne dépend pas de l'homme. Le Seigneur aurait pu envoyer directement du ciel les moyens financiers nécessaires si, dans sa providence, il avait vu que c'était pour nous la meilleure méthode. Il aurait pu charger les anges de faire connaître la vérité au monde entier, sans le secours humain. Il aurait pu écrire dans l'azur du ciel pour faire connaître au monde sa volonté. Dieu n'a pas besoin de notre or ni de notre argent. Il dit : "Tous les animaux des forêts sont à moi, toutes les bêtes des montagnes par milliers...Si j'avais faim, je ne te le dirais pas, car le monde est à moi et tout ce qu'il renferme." Psaumes 50 :10, 12. Quelque soit notre rôle dans les progrès de la cause de Dieu, c'est une grâce que le Seigneur nous a faite. Il nous a honorés en nous appelant à être ses collaborateurs. Cette coopération des hommes à son œuvre est destinée à développer notre générosité par un exercice constant. La loi morale enjoignait l'observance du sabbat, qui n'était pas un fardeau, à moins d'une transgression qui entraînant les châtiments prévus par la loi. Le système de la dîme n'était pas non plus un fardeau pour ceux qui étaient fidèles. Cette règle donnée aux Hébreux n'a jamais été abrogée

Par celui qui en est l'auteur. Au lieu de perdre de sa force, elle aurait dû être maintenue et établie dans l'ère chrétienne, au fur et à mesure que l'on comprenait mieux que le salut ne pouvait s'obtenir que par le Christ. L'Evangile, en se répandant au loin, exigeait des moyens financiers toujours plus importants pour soutenir la lutte qui suivit la mort du Christ ; aussi la libéralité devint-elle un devoir plus urgent que du temps des Hébreux. Aujourd'hui, Dieu ne demande pas moins, il exige plus encore que jamais au cours de l'histoire. Le principe établit par le Christ, c'est que les dons et les offrandes devraient être en proportion de la lumière et des bénédictions reçues.

"On demandera beaucoup à qui l'on a beaucoup donné." Luc 12 :48.

Un flot de lumière jaillit de la Parole, et il ne faut négliger aucune occasion d'en bénéficier. Lorsque tous rendrons au Seigneur ce qui lui revient ; les dîmes et les offrandes, le chemin sera ouvert pour que le monde entende le message pour notre époque. Si le cœur des enfants de Dieu débordait d'amour pour le Christ, si chaque membre d'église était animé de l'esprit de sacrifice, si tous manifestaient une grande sincérité, on ne manquerait pas de fond pour l'œuvre dans notre pays et dans les missions étrangères. Nos ressources se multiplieraient ; des milliers de portes s'ouvriraient à l'Evangile. Si les Adventistes s'étaient conformés aux desseins de Dieu en proclamant au monde le message de miséricorde, le Christ serait déjà revenu, et les saints fouleraient la citée céleste.

Dieu demande un dixième des bénéfices qu'il donne

Le système de la dîme remonte bien au-delà de Moïse. Dieu a demandé aux hommes des offrandes pour des buts religieux bien avant de donner à Moïse des indications précises concernant la dîme. Il faut remonter pour cela aux jours d'Adam. En se pliant aux ordres de Dieu, les hommes manifestaient par leurs offrandes leur reconnaissance pour la miséricorde et les bénédictions divines. A travers les générations successives, cette habitude se transmit jusqu'à Abraham, qui paya la dîme à Melchisédech, sacrificateur du Dieu Très-Haut. Le même principe existait à l'époque de Job. Jacob, à Béthel, sur le chemin de l'exil, se coucha, solitaire, à la tombée de la nuit, fit d'une pierre son chevet, et promit au Seigneur : "Je te donnerai la dîme de tout ce que tu me donneras." Genèse 28 :22. Toutes les offrandes doivent être volontaires. Dieu n'oblige pas les hommes à donner. Il ne désire pas que le trésor de son œuvre soit rempli d'offrandes faites à contrecœur. Dieu a précisé que le dixième de notre revenu lui appartenait. Cela est laissé à la conscience et à la générosité des hommes dont le jugement doit s'exercer librement à cet égard. Mais si l'homme reste libre en face de sa conscience, un plan suffisamment clair est placé devant nous tous. Cependant, il ne doit y avoir aucune contrainte. Sous la dispensation mosaïque, Dieu a demandé aux hommes de donner le dixième de leurs revenus. Il leur avait confié les biens de cette vie, des talents qu'il fallait faire fructifier et qui devaient lui revenir ensuite. Il réclamait la dîme et cette exigence correspondait au minimum de l'offrande. Il dit : "Je vous donne neuf dixième, mais je demande un dixième ; cela est à moi." Quand les hommes retiennent pour eux ce dixième, ils dérobent Dieu. Des offrandes pour le péché et des sacrifices d'actions de grâces étaient aussi demandés et s'ajoutaient à la dîme.

Tout ce que nous retenons pour nous de ce dixième, qui est la part de Dieu, est inscrit dans les livres du ciel comme un vol commis par nous. Lorsque nous avons péché par négligence en cette matière, il ne suffit pas de changer de conduite et de se conformer dès lors au principe établi. Cela n'efface pas dans le livre du ciel le récit de notre infidélité dans l'administration des biens que Dieu nous avait confiés. Il faut encore se repentir de cette gestion infidèle et de la honteuse ingratitude qui a été manifestée.

Chaque fois que le peuple de Dieu, à quelque période que ce soit de l'histoire du monde, a joyeusement et volontiers appliqué ce plan de générosité dans les dons et les offrandes, il a bénéficié de la promesse selon laquelle ses travaux seront couronnés par la prospérité, dans la mesure même de son obéissance. Lorsque les chrétiens ont ainsi reconnu les exigences de Dieu et s'y sont soumis, leurs greniers ont été abondamment remplis. Mais lorsqu'ils ont dérobé Dieu dans les dîmes et les offrandes, ils ont été amenés à constater qu'ils s'étaient aussi frustrés dans la même proportion, car Dieu limitait ses bénédictions dans la mesure où ils limitaient leurs dons.

Celui qui a des difficultés, qui est dans les dettes, ne devrait pas prendre la part du Seigneur pour s'en acquitter. Qu'il considère qu'il est mis à l'épreuve, et qu'en détournant ce qui revient à Dieu, il frustre celui qui lui a tout donné. Il est redevable envers le Seigneur de tout ce qu'il possède, mais, il est doublement débiteur s'il détourne la part qui lui revient pour rembourser les dettes qu'il a contractées. "Infidèles envers Dieu", telles sont les paroles inscrites en face de son nom dans les livres du ciel. Il a un compte à régler avec Dieu pour s'être approprié les fonds qui lui reviennent. Le manque de principe dont il fait preuve se manifestera aussi dans sa manière d'administrer d'autres affaires et dans toutes ses transactions commerciales. Celui qui se permet de frustrer Dieu cultive des inclinations qui lui fermeront l'accès à la famille céleste.

[223]

Dieu évalue les dons en fonction de l'amour qui a incité le sacrifice.

Dans les balances célestes, les offrandes du pauvre ne sont pas évaluées d'après l'importance du don, mais selon l'amour qui pousse au sacrifice. Les promesses de Jésus seront réalisées pour le pauvre qui n'a donné qu'une petite somme, mais qui l'a offerte volontiers, aussi bien que pour le riche, qui donne de son superflu. Le pauvre fait véritablement un sacrifice ; il se prive, alors que le riche donne de son abondance et n'en éprouve aucune gêne. C'est pourquoi l'offrande du pauvre a un caractère sacré que n'a pas celle du riche. La providence de Dieu a tracé le plan des offrandes pour le bien de l'homme et ce plan est toujours valable. Si les serviteurs de Dieu le suivent, ils seront tous des ouvriers actifs dans la vigne du Seigneur.

Les offrandes de petits enfants peuvent être acceptables et agréables à Dieu. La valeur de l'offrande est fonction de l'esprit qui incite à offrir. Les pauvres, en suivant la règle de l'apôtre de mettre de côté une petite somme chaque semaine, aident à grossit le trésor, et leurs dons sont tout à fait acceptables à Dieu en ce que leurs sacrifices sont aussi grands, sinon plus, que ceux de leurs frères plus riches. Le plan de générosité systématique s'avérera une sauvegarde pour chaque famille contre la tentation de dépenser pour des futilités, et surtout, il s'avérera une bénédiction pour les riches en les gardant de s'adonner à l'excentricité.

La récompense de la libéralité faite en toute âme est que l'esprit et le cœur sont amenés à une communion plus étroite avec l'Esprit.

Paul établit une règle pour les dons à cause de Dieu, et nous en indique les conséquences à la fois pour nous-mêmes et pour Dieu. "Que chacun donne comme il l'a résolu en son cœur, sans tristesse ni contrainte ; car Dieu aime celui qui donne avec joie. Et Dieu peut vous combler de toutes sortes de grâces, afin que, possédant toujours en toutes choses de quoi satisfaire à tous vos besoins, vous ayez encore en abondance pour toute bonne œuvre, selon qu'il est écrit : Il a fait des largesses, il a donné aux indigents ; Sa justice subsiste à jamais. Celui qui Fournit de la semence au semeur, Et du pain pour sa nourriture, vous fournira et vous multipliera la semence, et il augmentera les fruits de votre justice. Vous serez de la sorte enrichis à tous égards pour toute espèce de libéralités qui, par notre moyen, feront offrir à Dieu des actions de grâces." 2 Corinthiens 9 :6-11.

La bonne disposition des biens

Tant qu'ils sont sains d'esprits et de jugement, les parents devraient, dans la prière et avec l'aide de bons conseillers qui ont une expérience de la vérité et la connaissance de la volonté divine, prendre des dispositions pour leurs biens. Il leur faudra prendre en considération leurs enfants qui sont dans le besoin ou en butte à la pauvreté, et qui feront un usage judicieux des ressources, le cas échéant. Mais si leurs enfants ne sont pas croyants et mondains, alors qu'ils ont en abondance les biens de ce monde, les parents commettent un péché contre le Maître qui les a institué Ses gérants en plaçant leurs ressources entre leurs mains simplement parce qu'ils sont leurs enfants. Les revendications de Dieu ne doivent pas être prises à la légère. Et il devrait être clairement entendu que ce n'est pas parce que les parents ont fait leur volonté que cela les empêchera de donner des ressources à la cause de Dieu, de leur vivant. Voici ce qu'ils devraient faire. Ils devraient avoir la satisfaction ici-bas, et la récompense dans l'au-delà, de décider de leurs excédents de ressources de leur vivant. Ils devraient faire leur part dans l'avancement de la cause de Dieu. Ils devraient utiliser les ressources prêtées par le Maître à accomplir le travail qui doit être fait dans Sa vignoble.

[224]

Ceux qui privent le trésor de Dieu et entassent de richesses afin de les réserver à leurs enfants font courir à ceux-ci un grand danger sur le plan spirituel. Ils font de leur richesse un rocher de scandale pour eux-mêmes aussi bien que pour leurs enfants, dont elles causeront peut-être la perte. Beaucoup de gens commettent une grave erreur en faisant des économies et en se privant ainsi, eux et les autres, des bienfaits qui retomberaient sur eux s'ils faisaient un usage convenable des moyens que Dieu leur a prêtés et qui les rendent seulement ainsi égoïstes et cupides. Négligeant leurs véritables intérêts, ils entravent leur croissance spirituelle pour le seul plaisir d'accumuler de l'argent dont ils ne se servent même pas. Ils laissent ainsi à leurs enfants un héritage qui neuf fois sur dix est une plus grande malédiction pour leurs héritiers qu'elle n'en a été pour eux. Les enfants mettant toute leur confiance dans les biens de leurs parents, ne réussissent souvent pas dans cette vie et généralement se conduisent de telle manière que la vie éternelle leur échappe aussi.

Le meilleur legs, c'est d'apprendre à ses enfants à faire un travail utile et de leur donner l'exemple d'une vie caractérisée par la générosité. Une telle vie fera comprendre la véritable valeur de l'argent, qui ne doit être apprécié que pour le bien qu'il peut procurer en aidant à faire face à nos propres besoins, ainsi qu'à ceux de nos semblables, et surtout à l'avancement de la cause de Dieu.

Quand les richesses s'accroissent, n'y attachez pas votre cœur

Le système de la dîme a été fondé sur un principe qui durera autant que la loi de Dieu. La dîme était une bénédiction pour les juifs sinon le seigneur ne l'aurait pas réclamée. Elle sera encore une bénédiction pour ceux qui s'y soumettront jusqu'à la fin des temps.

Les églises qui s'astreignent à soutenir systématiquement et d'une façon libérale la cause de Dieu sont aussi les plus prospères spirituellement. La vraie générosité du disciple du christ l'amène à identifier ses intérêts à ceux du maître.

Si ceux qui en ont les moyens pouvaient comprendre qu'ils sont responsables devant Dieu pour chaque somme, même minime qu'ils dépensent, ils verraient qu'ils ont moins de besoins qu'ils ne le croient.

Si leur conscience était éveillée elle leur montrerait qu'ils ont tort de céder à leur appétit, à leur orgueil, à leur vanité, à leur amour des plaisirs et elle leur reprocherait le gaspillage de l'argent que le Seigneur leur a donné et qui aurait dû être consacré à sa cause. Ceux qui dilapident leurs biens auront des comptes à rendre à leur maître.

Si les chrétiens consacraient une toute petite partie de leur argent à leur toilette et à l'embellissement de leur maison, s'ils l'employaient moins à garnir leur table d'aliments qui détruisent la santé, ils pourraient être plus généreux dans leurs offrandes pour le trésor de Dieu. Ils imiteraient ainsi leur Rédempteur qui a laissé le ciel, ses richesses et sa gloire, et s'est fait pauvre pour notre salut, afin que nous acquérions les richesses éternelles.

Mais il est beaucoup de gens qui, sitôt que leurs affaires commencent à prospérer, se mettent à calculer combien de temps il leur faudra pour être en possession d'une certaine somme d'argent. Dans leur course aux richesses, ils oublient de devenir riches pour Dieu. Leurs offrandes ne vont pas de paire avec leur prospérité. Au fur et à mesure qu'augmente en eux la passion de richesse, tous leurs intérêts sont centrés sur leur trésor terrestre. Ils en viennent à considérer que la dîme est un impôt sévère et injuste. Le poète inspiré a dit : "quand les richesses s'accroissent n'y attachez pas votre cœur." Psaumes 62, 11. Beaucoup de chrétiens disent : "si j'étais aussi riche que tel ou tel, je multiplierais les dons pour la cause de Dieu. Je consacrerais tous mes biens à son avancement." Dieu à mis à l'épreuve certaines de ces personnes en leur donnant des propriétés mais avec la richesse est venue une redoutable tentation, si bien que leur libéralité a été moins grande que lorsqu'ils étaient pauvres. Leur esprit et leur cœur sont devenus âpres au gain, et ils se sont rendus coupables de l'idolâtrie.

Une promesse faite à Dieu est obligatoire et sacrée

Chacun doit être son propre répartiteur et donner selon ce qu'il a résolu en son cœur. Il en est qui se sont rendus coupables du péché d'Ananias et de Saphira, pensant que s'ils retenaient une partie de leurs dîmes, leurs frères n'en sauraient jamais rien. C'est ainsi que se conduisit le malheureux couple dont l'exemple nous est donné comme avertissement. Dieu montre par là qu'il sonde les cœurs. Les mobiles et les desseins des hommes ne peuvent lui être cachés. Il a donné cet avertissement aux chrétiens de tous les âges, afin de les préserver du péché auquel les cœurs des hommes sont continuellement enclins.

Lorsque, en présence de nos frères, nous avons pris l'engagement verbal ou écrit de donner une certaine somme, ces derniers sont les témoins d'un contrat conclu entre nous et Dieu. Ce n'est pas un vœu fait à un homme, mais au Seigneur ; c'est comme un billet que l'on signerait à son voisin. Il n'est pas d'engagement légal plus sacré pour le chrétien que les vœux qu'il a faits à Dieu. Ceux qui signent un engagement envers leurs semblables ne pensent généralement pas à demander à en être délié. Un vœu fait à Dieu qui repend sur nous ses bontés est d'une importance encore plus grande. Pourquoi chercherions-nous à nous en dégager ? L'homme considérerait-il que sa promesse n'est pas obligatoire parce qu'elle faite à Dieu ? Son vœu est-il moins valable pour n'être pas du ressort des tribunaux ? Celui qui prétend être sauvé par le sacrifice infini du Christ "pillera t-il Dieu" ? Ses vœux et ses actions ne sont-ils pas pesés dans la balance du tribunal céleste ? Une église est responsable de l'engagement de ses membres. Si un frère néglige d'accomplir ses vœux, il faut lui parler avec bonté, mais clairement. Si les circonstances ne lui permettent pas de s'en acquitter, et s'il est un membre fidèle, que l'église lui vienne en aide. On pourra ainsi vaincre la difficulté et en recevoir une bénédiction.

[225]

Les offrandes d'action de grâces réservées aux pauvres

Dans chacune de nos églises, il devrait y avoir un fond des pauvres. Que chaque membre offre un sacrifice d'action de grâces une fois par semaine ou une fois par mois, comme il conviendra le mieux. Cette offrande exprimera notre gratitude pour la santé, pour la nourriture et le vêtement qui nous ont été dispensés. Dans la mesure où Dieu nous aura béni, nous donnerons pour les pauvres, les souffrants et pour les nécessiteux. Je voudrais attirer spécialement l'attention de nos frères sur ce point. Souvenez-vous des pauvres et renoncez à un peu de votre luxe, même à vos aises ; assistez ceux qui n'ont qu'une maigre nourriture et des habits de misère. En faisant cela pour eux, vous obligerez Jésus dans la personne de ces saints, car il s'identifie lui-même avec l'humanité souffrante. N'attendez pas pour cela que vos besoins imaginaires soient tous satisfaits. Ne vous fiez pas non plus à vos propres sentiments, ne donnant que lorsque vous vous y sentez poussés. Donnez avec régularité, soit dix, soit cinquante centimes ou un franc chaque semaine, c'est-à-dire ce que vous aimeriez voir à votre compte dans le livre du ciel au dernier jour.

Nos possessions et l'aide à l'œuvre de Dieu

Je suis chargée de dire à ceux qui aiment le Seigneur sincèrement et qui ont des moyens : c'est maintenant que vous devez investir votre argent dans l'œuvre de Dieu. Soutenez les prédicateurs dans leurs efforts désintéressés pour sauver les âmes qui se perdent. Lorsque vous rencontrerez dans les parvis célestes celles que vous aurez contribué à sauver, ne sera-ce pas pour vous une glorieuse récompense ? Que nul ne garde sa pite, et que ceux qui possèdent beaucoup se réjouissent de pouvoir s'amasser dans les cieux un trésor qui subsistera toujours. L'argent que nous refusons d'investir dans l'œuvre du Seigneur sera perdu ; il ne produira aucun intérêt à la banque céleste. Dieu appelle aujourd'hui les adventistes en tous lieux à se consacrer entièrement à lui, et à faire tout ce qu'ils peuvent, selon les circonstances, pour soutenir son œuvre. Par leur libéralité dans les dons et les offrandes, ils montreront leur gratitude et combien ils apprécient ses bénédictions.

Le Seigneur m'a montré mainte fois qu'il est contraire à la Bible de faire des provisions pour subvenir à nos besoins temporels pendant le temps de trouble. Je vis que si les saints mettaient de côté des vivres, chez eux ou dans les champs pour ce moment-là, alors que l'épée, la famine et la peste séviraient dans le pays, ces vivres leur seraient enlevés par la violence et des étrangers moissonneraient leurs champs. C'est alors qu'il faudra mettre toute notre confiance en Dieu ; il nous soutiendra. Je vis que notre pain et notre eau nous seraient assurés, que nous ne manquerions de rien et ne souffririons pas de la faim ; car Dieu peut dresser pour nous une table dans le désert. Si c'était nécessaire, il enverrait des corbeaux pour nous nourrir comme autre fois pour Eli, ou il ferait pleuvoir de la manne du ciel, comme pour les Israélites au désert. Les maisons et les champs seront inutiles aux saints pendant le temps de trouble, car ils devront fuir une populace en fureur, et en ce moment-là ils ne pourront vendre leurs possessions pour faire avancer le règne de Dieu. Il me fut montré que c'était la volonté de Dieu que les saints se débarrassent, avant le temps de trouble de tout ce qui pourrait les gêner, et qu'ils fassent alliance avec Dieu par le sacrifice. S'ils placent sur l'autel ce qu'ils possèdent et cherchent sérieusement à connaître leur devoir envers Dieu, il leur enseignera quand et comment disposer de ces choses. Ils seront alors dégagés de tout au temps de trouble.

L'esprit d'abnégation et de sacrifice

Le plan du salut a été mis en place par l'infini sacrifice du Fils de Dieu. La lumière de l'évangile rayonnant depuis la croix du Christ blâme l'égoïsme et encourage à la libéralité et la générosité. On ne devrait plus se lamenter de ce qu'il y a de plus en plus d'appels à donner. Dieu, dans sa providence, appelle Son peuple à sortir de leurs sphères d'actions étriquées pour entamer de plus grandes œuvres. Cette époque d'obscurité morale recouvrant le monde exige une profusion d'efforts. La mondanité et la convoitise rongent les forces vitales du peuple de Dieu. Ils devraient comprendre que c'est sa miséricorde qui multiplie les demandes de leurs moyens. L'ange de Dieu estime les actes de générosité très proches de la prière. Il a dit à Corneille : "Tes prières et tes aumônes sont montées devant Dieu, et il s'en est souvenu" Actes 10 :4.

Pratiquez l'économie dans votre foyer. On trouve là beaucoup d'idoles dont il faut se débarrasser. Abandonnez vos plaisirs égoïstes. Je vous en supplie, ne dépensez pas tout votre argent à meubler vos demeures car c'est l'argent du Seigneur, et il vous en redemandera compte. Parents, pour l'amour du Christ, n'employez pas cet argent à favoriser les caprices de vos enfants ; ne leur apprenez pas à cultiver les manières et les habitudes qui leur donneront de l'influence dans le monde. Est-ce ainsi qu'ils seront amenés à sauver des âmes pour lesquelles le Christ est mort ? Non certes ; cela créera l'envie, la jalousie, la suspicion. Vos enfants seront conduits à rivaliser avec les extravagances mondaines et à dépenser l'argent du Seigneur pour ce qui n'est pas essentiel à la santé et au bonheur. Ne laissez pas croire à vos enfants que votre amour pour eux doit s'exprimer par une indulgence de leur orgueil et de leur souci de paraître. Ce n'est pas le moment aujourd'hui d'imaginer des moyens pour dépenser son argent. Cherchez plutôt à économiser. Au lieu de favoriser les inclinations de l'égoïsme, de faire des dépenses pour ce qui détruit votre faculté de raisonner, efforcez-vous de combattre le moi afin de contribuer à faire flotter l'étendard de la vérité dans de nouveaux champs. L'intelligence est un talent ; utilisez-la à savoir comment employer vos biens pour le salut des âmes.

Ceux qui renoncent à eux-mêmes pour faire du bien aux autres qui se dévouent corps et biens au service du Christ, éprouveront le bonheur que cherche en vain l'homme égoïste. Notre sauveur a dit : "Quiconque d'entre vous ne renonce pas à tout ce qu'il possède ne peut être mon disciple." Luc 14, 33. La charité "ne cherche point son intérêt". Elle est le fruit de l'amour et de la générosité qui était les traits essentiels de la vie du Christ. La loi de Dieu inscrite dans nos cœurs nous fera placer nos propres intérêts bien au-dessous des réalités éternelles.

Chapitre 49 — L'attitude du chrétien face au besoin et à la souffrance

Dieu, aujourd'hui, donne à l'homme des occasions de montrer qu'il aime son prochain. Celui qui aime vraiment Dieu et ses semblables est celui-là qui montre de la miséricorde pour les démunis, les souffrants, les blessés, et les mourants. Dieu demande à chacun de souscrire à cette œuvre négligée et de chercher à rétablir l'image morale du Créateur dans l'humanité.

Ce travail en faveur des autres, exige l'effort, le renoncement et le sacrifice personnel. Mais quel petit sacrifice en comparaison de celui que Dieu fît pour nous en donnant son fils unique !

Les conditions pour hériter la vie éternelle sont clairement indiquées par notre Sauveur de la plus simple manière. L'homme qui a été blessé et dévalisé de (Luc 10 :30-37) représente ceux qui sont les sujets de notre intérêt, sympathie et charité. Si nous négligeons les cas des nécessiteux et des malheureux qui sont portés à notre connaissance, qui qu'ils peuvent être, nous n'avons aucune assurance de la vie éternelle car nous ne répondons pas aux revendications que Dieu nous adresse. Nous n'avons pas de miséricorde et de compassion pour l'humanité, parce qu'ils ne sont peut-être pas de nos parents ou amis. Vous avez été trouvés transgresseurs du deuxième grand commandement dont les six derniers dépendent. Quiconque pèche contre un seul commandement, devient coupable de tous. Ceux qui n'ouvrent pas leurs cœurs aux misères et souffrances de l'humanité n'ouvrent pas leurs cœurs aux revendications de Dieu comme indiqué dans les quatre premiers préceptes du Décalogue. Les idoles revendiquent le cœur et les affections, et Dieu n'est pas honoré et ne règne pas suprêmement.

Cette déclaration devait être inscrite au plus profond de nos consciences en caractère indélébile, comme avec une plume d'acier sur le roc. La culture de l'esprit et du cœur est rendue plus facile lorsque nous éprouvons pour nos semblables une sympathie qui nous pousse à faire servir nos avantages et nos privilèges au soulagement

381

de leurs misères. Essayer d'obtenir et de garder jalousement pour nous-mêmes tout ce qui nous est possible, conduit à la pauvreté de l'âme. Mais tous les attributs du caractère divin sont à la disposition de ceux qui accomplissent l'œuvre même que le Seigneur leur a confié, en travaillant des rangs des disciples du Christ.

Le Sauveur ignore le rang et les castes, les richesses et les honneurs mondains c'est le caractère et le dévouement à une cause qui ont pour lui la plus grande valeur. Il ne se met pas du côté du puissant et de celui qui a les faveurs du monde. Lui, le Fils du Dieu vivant, se penche pour relever celui qui est tombé. Par des gages et des paroles d'assurances, il se force d'attirer en lui l'âme perdue. Les anges de Dieu veillent pour voir quels seront parmi ses disciples ceux qui exerceront une tendre piété et de la sympathie et manifesteront l'amour de Jésus.

Dieu ne fait pas appel à votre bienveillance, mais il aime vous voir un visage joyeux vous entendre prononcer des paroles d'espérance et vous voir tendre une main amie. Dans vos visites aux affligés, vous rencontrerez des personnes qui vivent sans espoirs. Faites pénétrer dans leurs cœurs quelques rayons d'espérance. D'autres ont besoin du pain de vie : Lisez-leur la Parole de Dieu. D'autres encore sont atteintes de ces maladies de l'âme qu'aucun baume terrestre ni aucun médecin ne peut soulager ou guérir : Prier pour elles et conduisez-les à Jésus.

Notre devoir envers les pauvres de l'église

Il y a deux catégories de pauvres que nous aurons toujours parmi nous : Ceux qui se ruinent eux-mêmes en faisant leur propre volonté et qui persévèrent dans leur égarement et ceux qui, pour l'amour de la vérité, ont été amenés à vivre dans des circonstances difficiles. Nous devons aimer notre prochain comme nous-mêmes, et à l'égard de ces deux catégories de personnes, nous ferons bien de nous laisser guider par une saine sagesse.

En ce qui concerne ceux qui sont pauvres à cause de leur foi, aucune question ne se pose. Chaque fois que ce sera nécessaire, il faudra leur venir en aide. Dieu veut que son peuple relève à un monde pécheur qu'il ne l'a pas laissé périr. Des sacrifices particuliers doivent être consentis en faveur de ceux qui, à cause de leur attachement à la vérité sont chassés de leur foyer et exposés à la souffrance. De plus en plus, il faudra de grands cœurs, ouverts, généreux, des cœurs qui bannissent l'égoïsme et s'occupent de ceux que le Seigneur aime. Les pauvres qui se trouvent parmi nous ne doivent pas être laissés sans secours. Il faut, d'une manière quelconque, leur procurer un moyen d'existence. Quelques uns devront apprendre à travailler. Une assistance particulière est nécessaire à ceux qui font un travail pénible, au-dessus de leurs forces, pour subvenir aux besoins des leurs. Nous devrions nous intéresser à de tels cas en aidant ces familles à s'assurer un emploi. Un fonds devrait être créé pour venir en aide à ces foyers nécessiteux, dignes d'intérêt, aimant et obéissant à ses commandements. Certains, qui aiment Dieu et Lui obéissent, deviennent pauvres à cause des conjonctures. Certains le sont car ils ne sont pas prudents. Ils ne savent pas comment gérer. D'autres sont pauvres par cause de maladie ou de malheurs. Quelle que soit la cause, ils sont dans le besoin, et les aider est un axe important de l'œuvre missionnaire. Partout où se trouve une église, ses membres sont tenus de faire une œuvre fidèle en faveur des croyants qui sont dans le besoin. Mais ils ne doivent pas s'arrêter là. Il faut qu'ils aident également les autre quelque soit leur apparence religieuse. Comme résultat d'un tel travail, quelques uns accepterons les vérités relatives à notre temps.

Comment aider les nécessiteux

On devrait étudier avec soin et prière les méthodes à employer pour venir en aide aux nécessiteux. C'est auprès de Dieu qu'il nous faut chercher la sagesse dont nous avons besoin car il sait mieux que nous, pauvres humains à courte vue, comment prendre soin de ces créatures. Certains donnent sans distinction à ceux qui viennent solliciter leur aide. Ils commettent une erreur en agissant ainsi. Lorsque nous essayons de secourir les malheureux, nous devons veiller soigneusement à la sorte de secours qui leur convient. Il existe une catégorie de nécessiteux qui lorsqu'ils sont assistés s'habituent à ce qu'on s'occupe d'eux et restent dépendant des autres aussi longtemps qu'ils ont quelque profit à en tirer. En leur accordant l'attention et le temps qu'ils ne méritent pas, il se peut que nous encouragions leur (paresse, leur faiblesse, leur prodigalité et leur intempérance).

Lorsque nous donnons aux pauvres nous devrions nous demander : "Est-ce que j'encourage leur prodigalité ? Est-ce que je leur porte secours ou préjudice ?" Aucun individu capable de gagner sa vie n'a le droit de dépendre de ses semblables. Des hommes et des femmes de Dieu, des personnes possédant du discernement et de la sagesse devraient être désignés pour s'occuper des pauvres et des nécessiteux en commençant par ceux de la maison de Dieu. Ces personnes devraient faire à l'église un rapport de leurs investigations et donner leurs conseils et leurs suggestions au sujet de ce qui devrait être fait.

Dieu n'exige pas que nos frères prennent en charge chaque famille pauvre qui adhère au message du troisième ange. Si c'était le cas, il faudrait cesser d'évangéliser de nouveaux territoires, car les caisses seraient vidées par les secours accordés aux nécessiteux. Beaucoup d'entre eux sont dans la pauvreté par manque d'assiduité au travail et d'économie, et aussi parce qu'ils ne savent pas employer convenablement leur argent. Leur venir en aide serait en réalité les nuire. Certains seront toujours pauvres. Leur procurer tous les avantages ne leur servirait de rien. Ils ne savent pas calculer et dépenseraient vite tout ce qui serait en leur possession, que ce soit beaucoup ou peu. Si l'on ne va pas au devant de leurs désirs, elles se plaignent de l'église et l'accusent de ne pas vivre sa foi. Mais qui doit souffrir en pareil cas ? L'œuvre de Dieu doit-elle être sapée à la base et les caisses, vidées pour subvenir à l'entretien de ces familles nombreuses ? Assurément non. Ce sont les parents qui doivent en supporter les conséquences. D'une façon générale, ils ne seront plus gênés qu'ils ne l'étaient avant d'observer le sabbat.

Dieu permet qu'il se trouve des pauvres dans chaque église. Il en aura toujours parmi nous et le Seigneur place sur nous la responsabilité d'en prendre soin. Nous ne devons pas passer cette responsabilité à d'autres. Envers ceux qui sont au milieu de nous, nous devons manifester le même amour, la même sympathie que le Christ leur aurait témoignés s'il avait été à notre place. Nous devons ainsi être disciplinés, afin de pouvoir travailler selon l'exemple du Christ.

Soin aux orphelins

Parmi tous ceux qui réclament notre intérêt, la veuve et l'orphelin ont droit d'une manière toute particulière à notre tendre sympathie. Ils sont les objets d'une attention toute spéciale de la part du Seigneur qui les a confiés à l'église. "La religion pure et sans tache, devant Dieu notre Père, consiste à visiter les orphelins et les veuves dans leurs afflictions, et à se préserver des souillures du monde." Jacques 1 :27. Plus d'un père qui est mort dans la foi, confiant en l'éternelle promesse de Dieu a quitté ses bien-aimés, pleinement assurés que le Seigneur prendrait soin d'eux. Et comment le Seigneur pourvoit-il aux besoins de ces affligés ? Il n'accomplit pas un miracle en faisant tomber du ciel la manne, il n'envoie pas non plus des corbeaux pour leur apporter de la nourriture, mais il opère un miracle dans les cœurs en chassant l'égoïsme et en ouvrant des sources de bienfaisance. Dieu éprouve l'amour de ceux qui se disent ses disciples en confiant à leur affectueuse sollicitude de pauvres orphelins. Que ceux qui possèdent l'amour de Dieu, ouvrent leur cœur et leur foyer à ces enfants. Ce n'est pas la meilleure des choses pour ces derniers d'être placés dans de grandes institutions. S'il n'y a pas de membres de la famille pouvant s'occuper d'eux, nos frères et nos sœurs devraient ou les adopter en les prenant chez eux, ou chercher à les placer dans des foyers convenables. Le Sauveur a l'œil sur ces enfants d'une manière toute spéciale et ce serait l'offenser que de les négliger. Tout acte de bienveillance accompli à leur égard au non de Jésus, sera accepté par lui comme étant fait à lui-même.

[231]

Chapitre 50 — Les chrétiens du monde entier deviennent un en Christ

[Une bonne partie des conseils de ce chapitre ont été donnés par Mme White au cours d'une réunion à laquelle avaient participé plusieurs personnes de langues et de coutumes divergentes. Quelques-uns des ouvriers présents avaient soutenu à tort que ces conseils donnés par Dieu à son peuple à travers Mme E. G. White n'étaient appropriés qu'aux gens de sa nationalité - White Trustees.]

Si nous venons au Christ avec la simplicité d'un enfant pour lui demander les choses qu'il nous a promises, en croyant que nous les recevrons, il nous les accordera. Je suis heureuse qu'il nous reste encore quelques jours avant la fin des réunions. Aujourd'hui, voici les questions qui se posent : "Irons-nous nous désaltérer à la source des eaux vives ? Donneront-ils l'exemple, ceux qui enseignent la vérité ?" Si nous le prenons au mot, avec foi, le Seigneur fera de grandes choses pour nous. Oh si nous pouvions voir ici tous les cœurs s'humilier devant Dieu ! Depuis le début de ces réunions, je me suis sentie poussée à insister d'une manière toute particulière sur l'amour et la foi, parce que vous avez besoin de ce témoignage. Il en est parmi ceux qui travaillent en Europe qui ont dit : "vous ne comprenez pas les Français, ni les Allemands ; il faut les prendre de telle et telle manière."

Mais je demande : Dieu ne les comprend-il pas ? N'est-ce pas lui qui donne à ses serviteurs un message à proclamer ? Il sait exactement ce qu'il faut à chacun. Si ce message vient directement de lui par l'intermédiaire de ses serviteurs, il accomplira son œuvre. Tous deviendront un en Christ. Bien que quelques-uns soient foncièrement Français, d'autres Allemands, et d'autres Américains, ils deviendront tout aussi foncièrement semblables au Christ. Le temple de Jérusalem était construit en pierres de taille prises dans les montagnes. Chacune d'elles, ayant sa place désignée à l'avance, avait été équarrie, polie et éprouvée avant d'être à pied d'œuvre. Une fois là, le travail se faisait sans qu'on entendît le bruit d'un marteau. Cette construction représente le temple spirituel de Dieu, composé de matériaux provenant de toute nation, de toute langue, de tout peuple, de toute classe, de grands et de petits de riches et de pauvres, de savants et d'ignorants. Mais il ne s'agit pas de substances inertes devant être façonnées au moyen du marteau et du ciseau ; ce sont des pierres vivantes, prises dans le monde par le moyen de la vérité. Le grand architecte, le Maître du temple, est maintenant occupé à les équarrir, à les polir, à les préparer à occuper leur place respective dans ce temple spirituel. Une fois achevé, celui-ci sera parfait dans toutes ses parties et fera l'admiration des anges et des hommes, car Dieu en est l'architecte et le constructeur. Que nul ne pense qu'il n'a pas besoin d'être ciselé. Aucune nation n'est parfaite dans toutes ses habitudes et toutes ses pensées. L'une doit apprendre de l'autre. C'est pourquoi le Seigneur désire que les différentes nationalités se confondent pour être une dans leur manière de voir et dans leur but. C'est ainsi que sera réalisée l'union qui est en Christ. Ce n'est pas sans quelque appréhension que je suis venue dans ce continent, tant j'avais entendu dire que les différentes nationalités d'Europe et les moyens de les atteindre étaient particulières. Mais la sagesse divine est promise à tous ceux qui en sentent le besoin et qui la réclament. C'est Dieu qui peut amener les gens à recevoir la vérité. Qu'il s'empare des esprits afin de les façonner comme le potier façonne l'argile, et ces différences disparaîtront. Regardez à Jésus, mes frères, imitez sa manière d'agir et son esprit. Vous n'aurez alors aucune difficulté à atteindre ces diverses classes. Il ne nous est pas donné plusieurs modèles à imiter, mais un seul qui est le Christ. Si les frères Italiens, Français et Allemands s'efforcent de lui ressembler, ils poseront le pied sur le même fondement, celui de la vérité. L'esprit qui animera l'un animera l'autre : "Christ en eux l'espérance de la gloire." je vous met en garde, frères et sœurs, contre l'élévation d'un mur de séparation entre les différentes nationalités. Efforcez-vous, au contraire, de l'abattre partout où il existe. Amenons chacun à l'harmonie qui est en Jésus ; travaillons en vue d'un but unique : le salut de nos semblables.

[232]

Mes frères dans le ministère, voulez-vous vous emparer des riches bénédictions du Seigneur ? Voulez-vous vous effacer, et laisser paraître Jésus ? Si oui, faites alors mourir le moi pour que Dieu puisse travailler par votre moyen. J'éprouve de l'inquiétude quand je vois percer l'égoïsme çà et là chez l'un ou chez l'autre. Je vous le déclare au non de Jésus de Nazareth, votre volonté doit mourir pour faire paraître celle de Dieu. Le Seigneur désire vous fondre et vous purifier de toute souillure. Il faut qu'une grande œuvre se fasse en vous avant que vous puissiez être remplis de la puissance de Dieu. Je vous supplie de vous approcher de lui, afin de recevoir ses riches bénédictions avant la fin de nos réunions.

Christ et la nationalité

Le Christ n'a reconnu aucune distinction entre la nationalité, le rang ou le credo. Les scribes et les pharisiens désiraient accaparer tous les dons du ciel au profit de leur nation, à l'exclusion du reste de la famille divine dans le monde entier. Mais le Sauveur est venu abattre toutes les barrières qui séparent les hommes, et montrer que le don de sa miséricorde et de son amour, comme l'air, la lumière, ou la pluie qui rafraîchit le sol, ne connaît pas de frontières.

Par sa vie, il établit une religion sans castes, grâce à laquelle Juifs et païens, libres et esclaves sont unis devant Dieu par un lien fraternel. Aucun exclusivisme n'influençait ses actes. Il ne faisait pas de différence entre voisins et étrangers, amis et ennemis. Son cœur était attiré vers toutes les âmes qui avaient soif des eaux vives. Le Sauveur ne considérait aucun être humain comme négligeable. Il cherchait au contraire à faire connaître à toute personne sa vertu guérissante. Où qu'il se trouvât, il donnait une leçon appropriée au temps et aux circonstances. Tout dédain et tout outrage infligés à quelqu'un lui inspiraient un sentiment plus vif du besoin que ressentait celui-ci de sa sympathie divino humaine. Il cherchait à faire naître l'espoir chez le plus rude des hommes comme chez celui qui promettait le moins, en leur donnant l'assurance qu'ils pouvaient devenir irréprochables et former un caractère qui ferait d'eux des enfants de Dieu.

Comme les enfants de Dieu sont uns dans le Christ, comment Jésus considère-t-il les castes, les distinctions sociales, la ségrégation d'homme à homme sur la base de la couleur, la race, la position, la richesse, la naissance, ou les réalisations ? Le secret de l'unité se trouve dans l'égalité des croyants en Christ.

Etablir l'unité : illustration

Il y a déjà bien des années, alors que les chrétiens attendant la venue prochaine du Christ n'étaient qu'un tout petit nombre, les observateurs du sabbat de Topsham, dans l'état du Maine, en Amérique, se réunissaient pour le culte dans la grande cuisine de frère Stockbridge Howland. Un sabbat matin, ce frère était absent. Nous fûmes très étonnés, car il était toujours ponctuel. Mais il arriva bientôt, le visage illuminé. "Frères, dit-il, j'ai trouvé ! Nous pouvons adopter une ligne de conduite avec l'assurance de ne jamais échouer. Voici de quoi il s'agit." Il nous raconta alors qu'il avait remarqué qu'un frère, un pauvre pêcheur, avait eu le sentiment de n'être pas estimé comme il le méritait, par frère Howland et d'autres qui se croyaient supérieurs à lui. Ce n'était pas vrai, mais il le croyait, ce qui l'avait empêché depuis plusieurs semaines d'assister aux réunions. Frère Howland était donc allé le trouver, et se mettant à genoux devant lui, il lui dit : "Pardonne-moi, mon frère, quel mal t'ai-je fait ?" cet homme le prit par le bras et voulut le relever. "Non, non, dit frère Howland. Qu'as-tu contre moi ?" "Rien, répondit-il." "Si, tu dois avoir quelque chose, insista frère Howland ; car auparavant nous parlions ensemble, tandis que maintenant tu ne m'adresses plus la parole. Je veux en connaître les raisons." "Lève-toi, frère Howland", répéta-t-il. Et comme notre frère n'en faisait rien, il lui dit : "alors c'est à moi de me mettre à genoux." et il s'agenouilla et confessa son enfantillage, et à quelles mauvaises pensées il s'était livré. "Maintenant, dit-il, je vais mettre tout cela de côté." A peine frère Howland avait-il raconté cette histoire que le pêcheur arriva avec sa famille, et nous eûmes une excellente réunion. Supposez maintenant que quelques-uns d'entre nous suivent l'exemple de ce frère Howland. Lorsque certains frères ont de mauvaises pensées à notre égard, si nous allions leur dire : "Pardonnez-moi le mal que j'ai pu vous faire", nous rompions le charme de Satan, et ils seraient délivrés de leurs tentations. Que rien ne vienne se placer entre vous et vos frères. Si, au prix d'un sacrifice, vous pouvez réussir à dissiper les soupçons, n'hésitez pas. Dieu veut que nous nous aimions les uns les autres, que nous soyons compatissants et aimables et que chacun de nous croie que ses frères l'aiment, ainsi que le Christ. L'amour engendre l'amour.

[233]

Nous attendons-nous à recevoir nos frères dans le ciel ? Si oui, il nous faut vivre dans la paix et l'harmonie avec eux ici-bas, autrement, il nous serait impossible de le faire là-haut. En effet, comment vivre avec eux dans le ciel, s'il nous est impossible de vivre avec eux sur la terre, sans querelles et luttes continuelles ? Ceux qui se conduisent de manière à se séparer de leurs frères, et suscitent la discorde et les dissensions, ont besoin d'une conversion radicale. Nos cœurs doivent être amollis et subjugués par l'amour du Christ. Cultivons cet amour qu'il a manifesté en mourant sur la croix du Calvaire. Rapprochons-nous toujours davantage du Sauveur. Prions beaucoup et apprenons à exercer notre foi. Il nous faut plus de tendresse, de compassion, de bonté. Nous ne passons qu'une fois sur la terre ; ne nous efforcerons-nous pas de laisser sur ceux avec lesquels nous sommes en contact l'empreinte du caractère du Christ ?

L'union fait la force

Recherchez l'union avec ardeur. Priez travaillez pour l'obtenir. Elle vous apportera la santé spirituelle, l'élévation de la pensée, la noblesse du caractère, les dispositions célestes ; elle vous permettra de triompher de l'égoïsme, de la méfiance, et d'être "plus que vainqueur" par celui qui vous a aimé, au point de se donner lui-même pour vous. Crucifiez le moi. Considérez les autres comme plus excellents que vous-mêmes, et ainsi vous réaliserez l'union avec le Christ. Devant l'univers céleste, l'Eglise et le monde, vous donnerez la preuve indubitable que vous êtes fils et filles de Dieu. Le Seigneur sera glorifié par l'exemple que vous donnerez. Le monde a besoin de voir ce miracle : les cœurs unis par l'amour du Christ. Il a besoin de voir les chrétiens "assis ensembles dans les lieux célestes". Ne voulez-vous pas montrer par votre conduite ce que peut la vérité divine chez ceux qui aiment et servent Dieu ? Le Seigneur sait ce que vous pourriez être. Il sait ce que sa grâce est capable de faire en votre faveur, si vous voulez devenir "participants de la nature divine".

"Je vous exhorte, frères, par le nom de notre Seigneur Jésus-Christ à tenir tous le même langage et à ne point avoir de division parmi vous, mais à être parfaitement unis dans un même esprit et dans un même sentiment." 1 Corinthiens 1 :10. L'union fait la force ;

la division, la faiblesse. Quand ceux qui croient à la vérité présente sont unis, ils exercent une puissante influence. Satan le comprend très bien ; jamais il n'a été plus déterminé à rendre sans effet la vérité divine en jetant l'amertume et la dissension parmi le peuple de Dieu.

Chapitre 51 — La réunion de prière

Les réunions de prière pourraient être beaucoup plus intéressantes si elles étaient mieux dirigées. Beaucoup viennent écouter une prédication, mais négligent ces réunions. Là aussi il faut demander à Dieu la sagesse afin que celles-ci soient intéressantes et attrayantes. Les gens ont faim du pain de vie. S'ils savent pouvoir le trouver à la réunion de prière, ils y viendront. De longs discours verbaux et des prières de même ordre n'ont leur place nulle part, et surtout pas à la réunion de prière. Ceux qui se mettent en avant et sont toujours prêts à parler empêchent les timides de rendre leur témoignage. Ce sont les esprits les plus superficiels qui ont toujours le plus à dire. On entend alors des prières machinales et sans fin, les anges aussi bien que les hommes qui les écoutent. Nos prières doivent être courtes et aller directement au but. Que les requêtes longues et fatigantes soient gardées pour la prière privée, s'il est des gens qui ont de telles prières à prononcer. Ouvrons nos cœurs à l'esprit de Dieu et il balaiera tout formalisme desséchant.

Les prières publiques ne devraient pas être longues

Jésus voulait convaincre ses disciples que leurs prières devaient être courtes et aller droit au but, sans adjonctions inutiles. Il donnait l'exemple de la longueur et du contenu de la prière qui exprime le désir de recevoir des bénédictions temporelles et spirituelles ainsi que des actions de grâces. Combien ce modèle est compréhensif ! Il contient les besoins réels de tous les hommes. Il suffit en effet d'une ou deux minutes pour prononcer une prière ordinaire. Il peut y avoir des cas où le Saint-Esprit agit d'une manière spéciale et nous dicte nos requêtes. L'âme se consume et agonise dans la recherche de son Dieu. L'esprit lutte comme le faisait jadis Jacob et ne reste pas en repos aussi longtemps que l'assistance de Dieu ne se montre pas avec évidence. C'est la volonté de Dieu.

Mais beaucoup de gens prient d'une manière sèche, en prononçant un véritable sermon. Ils parlent aux hommes et non à Dieu. Si leurs prières s'adressaient vraiment à Dieu et qu'ils comprennent vraiment ce qu'ils font, ils seraient effrayés de leur audace ; car ils font un discours au Seigneur sous le déguisement d'une prière, comme si le Créateur de l'univers avait besoin d'être spécialement informé sur des questions d'ordre général en rapport avec ce qui se passe dans le monde. De telles prières sont comme l'airain qui résonne ou la cymbale qui retentit. Le ciel y reste sourd. Les anges de Dieu s'en fatiguent tout autant que les mortels qui sont obligés de les entendre. On trouvait très souvent Jésus en prière. Il se retirait dans le bosquet solitaire ou sur les montagnes pour adresser au Père ses requêtes. Quand les travaux et les soucis du jour avaient pris fin, lorsque les hommes, lassés, recherchaient le repos, Jésus consacrait son temps à la prière. Nous ne voudrions décourager personne de prier, car en réalité il s'en faut que l'on ait assez veillé et prié jusqu'ici. On n'a pas encore suffisamment prié sous l'influence de l'esprit de Dieu et avec intelligence. La prière fervente et efficace a toujours sa raison et ne fatigue jamais. Au contraire, elle intéressera ceux qui l'écoutent et réconfortera toutes les âmes pieuses. La secrète est négligée et c'est pourquoi bien des gens prononcent dans les assemblées de longues fastidieuses prières, des prières décourageantes. Ils pensent s'attirer ainsi la faveur de Dieu. Mais bien souvent ces prières ont pour résultat d'amener ceux qui les entendent au niveau spirituel de ceux qui les prononcent, c'est-à-dire dans les ténèbres. Si les chrétiens voulaient comprendre l'enseignement du Christ au sujet de la prière, ils rendraient à Dieu un culte raisonnable.

Plus de louanges dans la prière

[236]

"Que tout ce qui respire loue l'Eternel !" Psaumes 150 :6. Nous sommes-nous arrêtés à bien considérés les nombreuses raisons que nous avons d'être reconnaissants ? Nous souvenons-nous que les bontés de Dieu se renouvellent chaque jour et que sa fidélité ne fait jamais défaut ? Reconnaissons-nous notre dépendance du Seigneur et exprimons-nous notre gratitude pour toutes ses faveurs ? Au contraire, trop souvent nous oublions que "toute grâce excellente et tout don parfait descendent d'en haut, du père des lumières".

Combien souvent ceux qui sont en bonne santé oublient les grâces merveilleuses dont ils sont comblés jour après jour, année après année. Ils ne manifestent aucune reconnaissance envers Dieu pour toutes ces bénédictions. Mais quand vient la maladie, ils se souviennent du Seigneur. Le désir ardent de guérir conduit à la prière fervente : et cela est bien. Dieu est notre refuge dans la maladie comme dans la santé. Mais beaucoup de chrétiens ne s'abandonnent pas entre ses mains ; ils favorisent la faiblesse et la maladie en s'apitoyant sur eux-mêmes. S'ils voulaient cesser de gémir et s'efforcer du découragement et de la tristesse, leur guérison serrait plus certaine. Ils devraient se souvenir avec reconnaissance des longues années durant lesquelles ils ont joui des bienfaits de la santé ; et cette précieuse faveur leur est rendue, ils ne devraient pas oublier qu'ils ont de nouvelles obligations envers leur Créateur. Quand les dix lépreux furent guéris, un seul revint vers Jésus pour lui donner gloire. Ne soyons pas comme les neuf insouciants dont les cœurs ne furent pas touchés par la miséricorde divine.

L'habitude de gémir sur des maux à venir n'est ni sage ni chrétienne. Ce faisant, nous ne profitons pas des bénédictions et des occasions du présent. Le Seigneur nous demande de remplir les devoirs d'aujourd'hui et d'en supporter les épreuves. Nous devons veiller aujourd'hui à ne pas commettre d'offenses en paroles et en actes, nous devons aujourd'hui louer et honorer Dieu. Par l'exercice d'une foi vivante, il nous faut aujourd'hui vaincre l'ennemi, rechercher Dieu, bien décidés à ne pas nous déclarer satisfaits avant de l'avoir trouvé. Nous devons veiller, agir et prier comme si aujourd'hui était le dernier jour qui doive nous être accordé. De quelle intense ferveur serait alors notre vie ! Comme nous suivrions étroitement Jésus dans toutes nos paroles et dans toutes nos actions !

Dieu s'intéresse aux petites choses

Peu de fidèles savent apprécier le précieux privilège de la prière et en profiter. Nous devrions aller à Jésus et lui dire tous nos besoins. Nous pouvons lui apporter nos moindres soucis et nos moindres doutes aussi bien que nos plus grandes difficultés. Quelques soient les événements qui viennent nous troubler ou nous affliger, nous devrions les présenter à Dieu par la prière. Si nous sentons que nous avons besoins de la présence du Christ à chaque pas, Satan aura peu de temps de nous assaillir de ses tentations. Celui-ci s'efforce par tous les moyens de nous garder loin de Jésus qui est notre ami le meilleur et le plus aimant. Lui seul devrait être notre confident. Nous pouvons en toute confiance lui dire tout ce que nous avons sur le cœur. Frères et sœurs, lorsque vous vous assemblés, croyez que Jésus est au milieu de vous ; croyez qu'il est disposé à vous bénir. Détournez les yeux de votre personne, regardez au Christ ; parlez de son amour incomparable. En le contemplant, vous serez changés à sa ressemblance. Quand vous priez soyez brefs, venez-en tout de suite au fait. Ne faites pas un sermon à Dieu par vos longues prières. Réclamez le pain de vie comme un enfant affamé demande du pain à son père. Dieu nous accordera toutes les bénédictions nécessaires, si nous les lui demandons simplement et avec foi.

La prière est le plus saint exercice de l'âme. Elle devrait être sincère, humble, fervente et exprimer les désirs d'un cœur renouvelé qui s'épanche en la présence d'un Dieu saint. Lorsque celui qui prie a le sentiment d'être en la présence divine, il s'oublie lui-même. Il n'a aucun désir de faire parade de ses talents ; il ne cherche pas à flatter l'oreille de ceux qui l'écoutent, mais à obtenir les bénédictions après lesquelles l'âme soupire. [237]

Dans la prière publique ou privée, c'est un privilège que de se présenter devant le Seigneur en se mettant à genoux. Jésus nous a montré l'exemple : "s'étant mis à genoux, il pria", dit Luc 22 :41. Ses disciples firent de même. Actes 9 :40 ; 20 :36 ; 21 :5. Paul déclare : "je fléchis les genoux devant le Père." Ephésiens 3 :14. En confessant à Dieu les péchés d'Israël, Esdras s'agenouilla. Esdras 9 :5. "Daniel se mettait à genoux trois fois le jour, il priait et il louait son Dieu". Daniel 6 :10. [238]

Chapitre 52 — Le baptême

Le baptême et la Sainte Cène sont les deux piliers qui soutiennent l'Eglise, l'un à l'extérieur, l'autre à l'intérieur de l'édifice. Sur chacun d'eux, le Christ a gravé le nom du vrai Dieu. Le Sauveur a fait du baptême le signe de l'entrée dans son royaume spirituel. Il en a fait une condition positive à laquelle doivent se conformer tous ceux qui reconnaissent l'autorité du Père, du Fils et du Saint-Esprit. Avant que tout homme ou toute femme soit reçu au sein de l'Eglise, avant de franchir le seuil du royaume spirituel de Dieu, il ou elle doit recevoir l'empreinte du nom divin : "l'Eternel notre Justice." Jérémie 23 :6. Le baptême, c'est la réconciliation solennelle au monde. Ceux qui sont baptisés au non du Père, du Fils et du Saint-Esprit, dès leur entrée dans la vie chrétienne, déclarent publiquement qu'ils ont renoncé à suivre Satan et sont devenus membres de la famille royale, enfants du Roi des cieux. Ils ont obéi au commandement : "Sortez du milieu d'eux, et séparez-vous...Ne touchez pas à ce qui est impur." et la promesse est faite : "Je vous accueillerai, je serai pour vous un père, et vous serez pour moi des fils et des filles." 2 Corinthiens 6 :17, 18.

Les vœux que nous prononçons lors de notre baptême ont une signification très étendue. Au nom du Père, du Fils et du Saint-Esprit, nous sommes ensevelis avec le Christ par le baptême et nous ressuscitons avec lui afin de vivre une vie nouvelle. Notre vie doit être unie à celle du Christ. Désormais le nouveau baptisé doit toujours se rappeler qu'il est consacré à Dieu, au Christ et au Saint-Esprit. C'est le grand but de sa vie, toutes les autres considérations doivent venir après. Il a déclaré publiquement qu'il ne voulait plus vivre désormais pour lui même, ni mener une vie insouciante et médiocre. Il a fait alliance avec Dieu ; il est mort au monde. Il vivra pour le Seigneur et emploiera à son service toutes les capacités dont il a été investi, ne perdant jamais de vue le fait qu'il participe à la nature divine. Il s'abandonne entièrement à Dieu : corps et biens et sa suprême ambition est de faire servir à la gloire de Dieu tous les dons qu'il a reçu de sa part.

Soigneuse préparation des candidats

Une préparation plus parfaite est nécessaire de la part des candidats au baptême. Ils doivent recevoir un enseignement plus complet que celui qu'on a généralement coutume de leur donner. Les principes de la vie chrétienne doivent être clairement exposés à ceux qui ont nouvellement accepté la vérité. La profession de foi d'une personne n'est pas une preuve suffisante de sa communion avec le Christ. Il ne suffit pas de déclarer : "Je crois", mais il faut mettre en pratique les enseignements divins. Lorsque la volonté de Dieu est rendue manifeste dans nos paroles, notre conduite, notre caractère, nous donnons la preuve de notre communion avec lui. La vie de celui qui renonce au péché (qui est la transgression de la loi) est rendue conforme à la volonté divine et témoigne d'une entière obéissance. C'est là l'œuvre du Saint-Esprit. La lumière qui émane de la Parole de Dieu lorsqu'elle est soigneusement étudiée, la voix de la conscience, l'action du Saint-Esprit font naître dans le cœur un véritable amour pour le Christ, qui s'est donné lui-même en sacrifice afin de racheter l'être tout entier : corps, âme et esprit. Or l'amour se manifeste par l'obéissance.

La ligne de démarcation entre ceux qui aiment Dieu et observent ses commandements et ceux qui ne l'aiment pas et foulent aux pieds ses préceptes sera nette et distincte.

Le désir de Satan est que personne ne comprenne la nécessité d'un abandon complet au Seigneur. Celui qui ne s'abandonne pas complètement à Dieu n'a pas délaissé le péché ; ses appétits et ses passions s'efforcent de prendre le dessus, la tentation obscurcit sa conscience et une véritable conversion n'a pas lieu. Si tous se rendaient compte des luttes que chaque âme nouvellement convertie doit soutenir contre les puissances sataniques qui cherchent constamment à séduire, à entraîner et à tromper l'enfant de Dieu, ils travailleraient avec plus de diligence en faveur des jeunes dans la foi.

La préparation des enfants pour le baptême

Un devoir incombe aux parents dont les enfants désirent le baptême. Ce devoir comporte deux faces : s'examiner eux-mêmes et donner à leurs enfants un enseignement fidèle et conforme à la Parole de Dieu. Le baptême est une institution sacrée d'une très grande importance et dont le sens devrait être clairement compris. Il implique la repentance du péché et l'entrée dans une vie nouvelle en Jésus-Christ.

Nul ne devrait manifester une hâte intempestive pour participer à cette cérémonie. Que les parents et les enfants en calculent ensemble le prix. En consentant au baptême de leurs enfants, les parents s'engagent solennellement à être leurs gardiens fidèles et à les guider dans la formation de leur caractère. Ils prennent l'engagement de veiller avec un intérêt tout particulier sur ces agneaux du troupeau afin qu'ils ne déshonorent pas la foi qu'ils professent.

Un enseignement religieux devrait être donné aux enfants dès leur plus jeune âge, et cela non dans un esprit de condamnation mais plutôt d'encouragement et de saine gaîté. La mère de famille a besoin de se tenir constamment sur ses gardes de crainte que la tentation ne se présente à ses enfants sous un déguisement qui ne leur permette de la reconnaître. Les pères et les mères doivent, par leur enseignement agréable et rempli de sagesse, être pour leurs enfants de véritables sentinelles. Ils devraient se montrer les meilleurs amis de ces jeunes inexpérimentés et, comme tels, les aider à surmonter la tentation car, ce qui importe le plus pour eux, c'est d'être victorieux sur le mal. Ils devraient considérer que leurs enfants sont les plus jeunes membres de la famille du Seigneur, et avoir à cœur de les diriger dans la voie de l'obéissance aux ordres divins. Enseignez-leur que la soumission à Dieu comprend la soumission aux parents. Cet enseignement devrait être celui de tous les jours, de toutes les heures. Parents, veillez, veillez et priez, et faites de vos enfants vos chers compagnons. Lorsque, parvenus à la période la plus heureuse de leur vie, ils éprouvent dans leurs cœurs un profond amour pour Jésus et expriment le désir de recevoir le baptême, parlez-leur avec sérieux. Demandez-leur si servir Dieu est pour eux la plus grande ambition de leur vie. Montrez-leur ensuite comment faire les premiers pas dans cette voie. Ce sont les premières expériences qui comptent. En toute simplicité, montrez-leur comment rendre à Dieu leur premier service. Que ce travail soit aussi facile à comprendre que possible. Expliquez-leur ce que cela veut dire d'abandonner son moi au Seigneur, et de faire exactement ce qu'il nous commande dans sa Parole, sous la tutelle de parents chrétiens.

Si, après un travail consciencieux, vous avez acquis la conviction que vos enfants ont compris le sens de la conversion et du baptême, qu'ils sont véritablement convertis, qu'ils soient baptisés. Mais, je le répète, avant tout, préparez-vous à être des bergers fidèles en guidant leurs pas inexpérimentés dans le sentier étroit de l'obéissance. Dieu doit agir lui-même dans le cœur des parents afin qu'ils puissent être pour leurs garçons et pour leurs filles, des exemples vivants d'amour, de bonté, d'humilité. Que leur vie témoigne d'un complet abandon d'eux-mêmes au Christ. Si vous consentez au baptême de vos enfants et leur laisser la liberté d'agir comme ils le désirent, sans éprouver dans votre cœur une obligation particulière à les garder dans la bonne voie, vous serez responsables de leur égarement s'il arrive qu'ils perdent la foi et se découragent parce que la vérité de l'évangile a cessé de retenir leur intérêt.

Les candidats au baptême qui ont atteint l'âge adulte devraient avoir une plus claire intelligence de leur devoir que les candidats plus jeunes, mais le pasteur de l'église ne doit pas les négliger pour autant.

Ces personnes ont-elles de mauvaises habitudes, de pratiques répréhensibles ? C'est le devoir du pasteur d'avoir avec elles des entretiens bibliques, de parler et de prier avec elles. Il doit exposer avec clarté les droits de Dieu sur ses enfants et leur lire les enseignements de la Bible se rapportant à la conversion. Montrez-leur que le fruit de la nouvelle naissance c'est une vie attestant qu'on aime Dieu, et que la vraie conversion est un changement du cœur, des pensées et des intentions. Les mauvaises habitudes doivent être déracinées, la médisance, la jalousie, la désobéissance doivent être répudiées. Une guerre sans merci doit être livrée à tout mauvais trait de caractère. Le croyant peut alors se réclamer de la promesse "Demandez et l'on vous donnera". Matthieu 7 :7.

Chapitre 53 — La sainte cène

La signification des symboles de la maison du Seigneur est simple et facile à comprendre, et les vérités qu'ils expriment ont pour nous un sens profond. Évangéliser, 248.

Christ se tenait au point de transition qui séparait deux économies ayant leur grande fête respective. L'Agneau sans tache allait s'offrir lui même en oblation pour le péché; il fallait donc mettre fin à l'ensemble des symboles et des cérémonies qui avaient annoncé sa mort pendant quatre mille ans. Pendant qu'il mangeait la Pâque avec ses disciples, Jésus institua le service qui devait remplacer cette fête et commémorer son grand sacrifice. La fête nationale des Juifs devait passer pour toujours. Le service établi par le Christ devait être observé par ses disciples dans tous les pays et dans tous les siècles. Jésus Christ, 656.

La Pâque avait été établie pour commémorer la délivrance d'Israël de l'esclavage de l'Egypte. D'après les instructions du Seigneur, chaque année le récit de cette délivrance devait être répété en réponse à la question des enfants sur le sens de cette ordonnance. Ainsi le souvenir de cet affranchissement merveilleux serait conservé dans tous les esprits. Jésus Christ, 656.

L'exemple de Christ nous interdit de nous montrer trop exclusifs en ce qui concerne la cène du Seigneur. Il est vrai qu'un péché public justifie l'exclusion; c'est ce que le Saint-Esprit enseigne clairement. En dehors de ce cas, aucun jugement ne doit être prononcé. Dieu n'a pas laissé aux hommes le soin de décider qui doit se présenter dans de telles occasions. Qui d'entre nous peut lire dans les cœurs? Qui sait distinguer entre l'ivraie et le froment? "Que chacun donc s'éprouve soi-même, et qu'ainsi il mange du pain et boive de la coupe." En effet, "quiconque mangera le pain ou boira la coupe du Seigneur indignement, sera coupable envers le corps et le sang du Seigneur." "Celui qui mange et qui boit sans discerner le corps du Seigneur, mange et boit un jugement contre lui-même." 1 Corinthiens 11:28, 27, 29. Jésus Christ, 660-661.

Personne ne devrait se priver de la communion parce qu'il y a près de lui, un être qui n'en est pas jugé digne. Chaque disciple est appelé à y participer publiquement, pour témoigner ainsi du fait qu'il accepte le Christ comme son Sauveur personnel.

En participant au pain et au vin avec ses disciples, le Christ a pris l'engagement d'être leur Rédempteur. Il leur a confié la nouvelle alliance, grâce à laquelle tous ceux qui le reçoivent deviennent enfants de Dieu et cohéritiers du Christ. Cette alliance les a mis en possession de toutes les grâces que le ciel peut accorder, pour la vie présente et la vie à venir. Ce pacte devait être ratifié par le sang du Christ. L'administration du sacrement rappellera constamment aux disciples le sacrifice infini, consenti pour chacun d'eux, comme membre de l'humanité déchue. Jésus Christ, 661-662.

Le serviteur des serviteurs

Le cœur rempli de ressentiment, les disciples étaient entrés dans la salle du souper. Judas s'empara de la place qui se trouvait à la gauche du Christ, Jean se trouvait à droite. Judas était bien décidé à obtenir la première place, immédiatement après celle du Christ. Et Judas était un traître. Jésus Christ, 647.

Un autre sujet de dispute avait surgi. Lors d'une fête, un serviteur était habituellement chargé de laver les pieds des hôtes, et des préparatifs avaient été faits en vue de ce service. La cruche, le bassin, le linge étaient là, prêts pour le lavement des pieds ; aucun serviteur n'étant présent, c'eût été aux disciples de se charger de ce soin. Mais aucun d'eux n'était assez humble pour assurer le rôle du serviteur. Tous se montrèrent parfaitement indifférents, comme s'ils n'avaient rien à faire. Par un silence obstiné ils refusaient de s'humilier. Jésus Christ, 647.

Les disciples ne manifestaient aucun désir de se rendre un service mutuel. Jésus attendit un instant pour voir ce qu'ils feraient. Ensuite il se leva de table, lui, le Maître divin. Après s'être dépouillé du vêtement de dessus, qui eût gêné ses mouvements, il se ceignit d'un linge. Les disciples dont la curiosité était éveillée, regardaient en silence. "Ensuite il versa de l'eau dans un bassin et se mit à laver les pieds des disciples et à les essuyer avec le linge qu'il avait comme ceinture." Alors leurs yeux s'ouvrirent. Leurs cœurs se remplirent de honte et d'humiliation. Ils comprirent le reproche silencieux, et se virent eux-mêmes sous un jour tout nouveau. Jésus Christ, 648.

C'est ainsi que le Christ témoigna son amour envers ses disciples. Leur égoïsme l'affligeait profondément, mais il ne voulut pas entrer en discussion à ce sujet avec eux et préféra leur donner un exemple qu'ils ne devaient jamais oublier. Son amour pour eux ne se laissait pas facilement troubler ou anéantir. Il savait que le Père lui avait remis toutes choses, et que lui même procédait de Dieu et s'en allait à Dieu. Pleinement conscient de sa divinité, il avait cependant mis de côté sa couronne et son vêtement royal, pour prendre la forme d'un serviteur. Ce fut l'un des derniers actes de sa vie sur la terre. Jésus Christ, 648.

Le Christ voulait faire comprendre aux disciples qu'en leur lavant les pieds, il n'avait aucunement dérogé à sa dignité. "Vous m'appelez : le Maître et le Seigneur, et vous dites bien, car je le suis." Il communiquait d'autant plus de grâce et de signification à ce service qu'il leur était infiniment supérieur. Bien que personne ne fût aussi grand que lui, le Christ s'abaissa pour accomplir le plus humble devoir. Il a lui-même donné un exemple d'humilité, afin que son peuple ne se laisse pas fourvoyer par l'égoïsme qui règne dans le cœur naturel et qui se développe par le service du moi. Il ne voulait pas laisser à un homme le soin de donner cet enseignement. Il y attachait une si grande importance, que lui-même, l'égal de Dieu voulut jouer le rôle de serviteur auprès de ses disciples. Alors qu'eux se disputaient la première place, lui, devant qui tout genou fléchira, et que les anges glorieux s'estiment heureux de pouvoir servir, il s'inclina pour laver les pieds de ceux qui l'appelaient leur Seigneur. Il lava même les pieds du traître. Jésus Christ, 651-652.

Après avoir lavé les pieds des disciples, il leur dit : "je vous ai donné un exemple, afin que, vous aussi, vous fassiez comme moi je vous ai fait." Par ces paroles le Christ ne s'est pas contenté de recommander l'hospitalité. Il ne s'agissait pas seulement de laver les pieds des autres pour en enlever la poussière du voyage. Le Christ instituait là un service religieux. L'acte de notre Seigneur a fait de cette cérémonie humiliante une ordonnance sacrée que les disciples devaient observer pour se remémorer ses leçons d'humilité et de service. Jésus Christ, 652.

Ordonnance de préparation

Cette ordonnance a été établie par le Christ comme le seul moyen de nous préparer en vue du sacrement. Un cœur ne peut entrer en communion avec le Christ aussi longtemps qu'il entretient des pensées d'orgueil, de discorde et de rivalité. Nous ne sommes pas préparés à recevoir la communion de son corps et de son sang. C'est la raison pour laquelle Jésus nous demande de faire précéder la cène du mémorial de son humiliation. Jésus Christ, 653.

En pratiquant cette ordonnance, les enfants de Dieu devraient se rappeler les paroles du Seigneur de vie et de gloire : "Comprenez-vous ce que je vous ai fait ? Vous m'appelez le Maître et le Seigneur, et vous dites bien, car je le suis. Si donc je vous ai lavé les pieds moi le Seigneur et le Maître, vous aussi vous devez vous laver les pieds les uns aux autres ; car je vous ai donné un exemple, afin que, vous aussi, vous fassiez comme moi je vous ai fait. En vérité en vérité, je vous le dis, le serviteur n'est pas plus grand que son Seigneur, ni l'apôtre plus grand que celui qui l'a envoyé. Si vous savez cela, vous êtes heureux, pourvu que vous le fassiez." Jean 13 :12-17.

L'homme a une tendance à se considérer comme plus excellent que son frère, à travailler pour soi, à rechercher la première place ; ceci engendre fréquemment de mauvais soupçons et de l'amertume. L'ordonnance qui précède la cène du Seigneur a pour but de dissiper ces malentendus, d'arracher l'homme à son égoïsme, de lui inspirer l'humilité du cœur qui le disposera à servir son frère.

Celui qui veille du haut des cieux est présent dans ces occasions pour nous aider à sonder nos cœurs, à éprouver les convictions du péché et à obtenir l'heureuse assurance du pardon. Le Christ est là, avec la plénitude de sa grâce, pour donner un cours différent à nos pensées qui suivent habituellement une direction égoïste. Le Saint-Esprit éveille la sensibilité de ceux qui agissent à l'exemple de leur Maître. Quand nous nous rappelons l'humiliation du Sauveur, une pensée en évoque une autre et il se forme une chaîne de souvenirs de la grande bonté de Dieu et de l'affection dévouée de nos amis terrestres. Jésus Christ, 653.

Chaque fois que cette ordonnance est célébrée convenablement, les enfants de Dieu contractent une relation sacrée les uns avec les autres, pour s'entraider et se faire du bien mutuellement. Ils promettent solennellement de consacrer leur vie à un ministère désintéressé, non seulement les uns pour les autres, mais aussi dans le vaste champ d'activité qui a été celui du Maître. Le monde est rempli de personnes ayant besoin de notre ministère. De tous côtés il y a des pauvres, des nécessiteux, des ignorants. Ceux qui ont communié avec le Christ, dans la chambre haute, en sortiront pour servir comme il a servi. Jésus Christ, 654.

Jésus qui était servi de tous, vint pour se mettre au service de tous. Et parce qu'il a exercé son ministère en faveur de tous, il sera de nouveau servi et honoré de tous. Ceux qui voudraient participer à ses attributs divins et partager avec lui la joie de voir des âmes rachetées, doivent à son exemple exercer un ministère désintéressé. Jésus Christ, 655.

Un mémorial du second avènement du Christ

Au moment où ils s'assemblaient autour de la table, il leur dit avec les accents d'une tristesse émue : "J'ai désiré vivement manger cette Pâque avec vous, avant de souffrir ; car, je vous le dis, je ne la mangerai plus, jusqu'à ce qu'elle soit accomplie dans le royaume de Dieu. Il prit une coupe, rendit grâce et dit : prenez cette coupe, et distribuez-la entre vous ; car, je vous le dis, je ne boirai plus désormais du fruit de la vigne, jusqu'à ce que le royaume de Dieu soit venu." Luc 22 :15-18. Jésus Christ, 645-646.

Le service de communion ne doit pas faire naître la tristesse. Ce n'est pas dans cette intention qu'il a été établi. Il ne faut pas, quand les disciples du Seigneur se réunissent autour de sa table, qu'ils passent leur temps à se lamenter au sujet de leurs déficits spirituels ; ni qu'ils s'arrêtent à considérer leur expérience religieuse passée, encourageante ou non. Ils ne doivent pas davantage se souvenir de leurs différends. Tout cela a été effacé par le service préparatoire. On s'est examiné soi-même, on a confessé ses péchés, tous se sont réconciliés. Maintenant on va au devant du Christ. On ne se tient pas à l'ombre de la croix, mais sous la lumière salvatrice de celle-ci. Chacun doit ouvrir son âme aux rayons lumineux du soleil de justice. Le cœur purifié par le précieux sang du Christ, dans la pleine conscience de sa présence invisible, on écoutera ses paroles : "Je vous laisse la paix, je vous donne la paix qui est la mienne. Moi, je ne vous donne pas comme le monde donne." Jean 14:27 Jésus Christ, 662.

Quand nous prenons le pain et le vin, symboles du corps rompu du Christ et de son sang répandu, nous ne pouvons nous empêcher d'évoquer par la pensée le souvenir de la communion célébrée dans la chambre haute. Il nous semble que nous visitons le jardin qui a été consacré par l'agonie de celui qui porta les péchés du monde. Nous assistons à la lutte par laquelle a été obtenue notre réconciliation avec Dieu. Jésus Christ, 665. Le Christ est comme crucifié à nouveau au milieu de nous. En regardant au Rédempteur crucifié, nous comprenons mieux la grandeur et la signification du sacrifice consenti par la Majesté du ciel. Le plan du salut est glorifié devant nous, et le souvenir du Calvaire éveille dans nos cœurs de vivantes et saintes émotions. Des louanges à Dieu et à l'Agneau jailliront de nos cœurs et de nos lèvres ; l'orgueil et le culte du moi ne peuvent prospérer dans une âme qui garde le souvenir du Calvaire. Jésus Christ, 665.

[244]

Quand nous contemplons par la foi, le grand sacrifice du Seigneur, notre âme s'assimile la vie spirituelle du Christ. Dans de telles conditions, chaque service de communion nous communique une force spirituelle. Il s'établit ainsi une relation vivante entre le croyant et le Christ, et, par lui, entre le croyant et le Père. Ce service forme un lien entre les êtres humains dépendants de leur Dieu. Jésus Christ, 664-665.

Le service de communion fait penser au retour du Christ. Il était destiné à ranimer cette espérance dans l'esprit des disciples. Toutes les fois qu'ils se réunissaient, en vue de commémorer la mort de Jésus, ceci leur revenait à l'esprit : "il prit ensuite une coupe ; et, après avoir rendu grâces, il la leur donna, en disant : Buvez-en tous, car ceci est mon sang, le sang de l'alliance qui est répandu pour beaucoup, pour le pardon des péchés. Je vous le dis, je ne boirai plus désormais de ce fruit de la vigne, jusqu'au jour où j'en boirai avec vous du nouveau dans le royaume de mon Père." L'espérance du retour du Seigneur était un réconfort dans les afflictions. Cette pensée leur était précieuse au-delà de tout ce que l'on peut imaginer : "Toutes les fois que vous mangez ce pain, et que vous buvez cette coupe, vous annoncez la mort du Seigneur jusqu'à ce qu'il vienne." 1 Corinthiens 11:26 Jésus Christ, 663.

Voilà des choses que nous ne devons jamais oublier. L'amour de Jésus qui nous presse, doit toujours être présent à notre esprit. Le Christ a institué ce service afin de parler à nos sens de l'amour que Dieu a manifesté à notre égard. Il ne peut y avoir d'union, entre notre âme et Dieu, que par le Christ. C'est l'amour de Jésus qui doit cimenter et rendre éternel l'union et l'amour qui existent entre les frères. Il ne fallait rien moins que la mort du Christ pour donner de l'efficacité à son amour pour nous. Grâce à cette mort nous pouvons attendre avec joie son retour. Son sacrifice est le centre de notre espérance et l'objet de notre foi. Jésus Christ, 663.

Chapitre 54 — La prière pour les malades

L'Ecriture dit : "qu'il faut toujours prier et ne point se relâcher". Luc 18 :1. S'il a un moment ou on éprouve le besoin de prier, c'est bien lorsque les forces nous abandonnent et que la vie semble nous échapper. Ceux qui ont une bonne santé oublient souvent les bienfaits dont ils sont comblés jour après jour, année après année et ne se montrent pas reconnaissants envers le Seigneur. Mais lorsque vient la maladie, ils s'en souviennent et ils ne tardent pas à réclamer l'assistance de Dieu qui ne se détourne jamais de l'âme implorant sincèrement son secours. N'est-il pas notre refuge dans la maladie comme dans la santé ?

Le Christ est encore le médecin compatissant comme au cours de son ministère terrestre. En lui se trouve un baume pour toutes les maladies, une puissance de guérison pout toutes les infirmités. Ses disciples actuels doivent prier pour la guérison des malades comme l'ont fait ceux d'autrefois, et leur requête sera exaucée, car "la prière de la foi sauvera le malade". La puissance du Saint-Esprit est à notre disposition, et la calme assurance de la foi peut se prévaloir des promesses divines. Le Seigneur n'a-t-il pas dit : "Ils imposeront les mains aux malades, et les malades seront guéris" ? Marc 16 :18. Ces paroles sont aussi dignes de confiance qu'aux jours des apôtres. C'est un privilège que notre foi devrait s'approprier. Les serviteurs du Christ sont des instruments par lesquels il désire manifester sa puissance de guérison. Nous devons présenter à Dieu, par la foi, les malades et tous ceux qui souffrent, et leur apprendre à se confier au grand Médecin. C'est la volonté du Sauveur que nous encouragions les malades, les affligés et les découragés à s'appuyer sur sa force. Le ministère de la guérison, 194.

Les conditions d'exaucement de la prière

Nous ne pouvons nous attendre à bénéficier des promesses de la Parole de Dieu que si nous nous conformons à ses enseignements.

Le Psalmiste dit : "Si j'avais conçu l'iniquité dans mon cœur, le Seigneur ne m'aurait pas exaucé." Psaumes 66 :18.

Inutile de compter sur les promesses de Dieu si nous lui obéissons comme à regret.

L'Ecriture contient des instructions relatives à la prière en faveur des malades ; mais cette dernière est un acte solennel qui ne devrait être accompli qu'après mûres réflexions. Dans de nombreux cas, où l'on a prié pour les malades, ce qu'on a appelé foi n'était que de la présomption.

Il en est beaucoup qui se rendent malades par leur intempérance. Ils ne se sont pas conformés aux lois naturelles et aux principes de la pureté. D'aucuns ont violé les lois de la santé dans le boire et le manger, ou dans la manière de se vêtir et de travailler. Bien souvent, la faiblesse du corps ou de l'esprit est due à quelque vice. Si ces gens recouvraient la santé, beaucoup continueraient à transgresser avec insouciance les lois divines, naturelles et spirituelles et en concluraient qu'ils peuvent persévérer dans leurs erreurs et satisfaire sans restriction leurs désirs pervers. En faisant un miracle pour rendre la santé à de tels malades, Dieu encouragerait le péché. Le ministère de la guérison, 195.

Il serait vain de faire connaître Dieu comme médecin suprême, si l'on n'enseignait en même temps à se débarrasser de toute mauvaise habitude. Avant qu'il intervienne en leur faveur, en réponse à leurs prières, le Seigneur veut que les malades cessent de mal faire, apprennent à faire le bien, corrigent leur erreurs et vivent en harmonie avec les lois naturelles et spirituelles. Le ministère de la guérison, 195.

Il faut faire comprendre aux malades désireux que l'on prie pour leur guérison que la violation des lois divines, qu'elles soient physiques ou spirituelles, est un péché, et que pour recevoir la bénédiction d'en haut, ce péché doit être confessé et délaissé. M.G. P196

L'Ecriture nous dit : "Confessez donc vos péchés les uns aux autres, et priez les uns pour les autres afin que vous soyez guéris." Jacques 5 :16. A celui qui demande le secours de la prière qu'on dise : "Nous ne pouvons pas lire dans votre cœur et connaître les secrets de votre vie. C'est une affaire qui ne concerne que Dieu et vous. Si vous vous repentez de vos fautes, il est de votre devoir de les confesser." Les péchés qui ont un caractère privé doivent être confessé au Christ, le seul médiateur entre Dieu et l'homme, car "Si quelqu'un a péché, nous avons un avocat auprès du Père, Jésus-Christ le juste." 1 Jean 2 :1. Chaque péché constitue une offense à Dieu, et doit lui être confessé par l'intermédiaire de Jésus. Les péchés publics doivent être confessés publiquement. Si l'on a fait du tort à quelqu'un, on doit se mettre en règle avec lui. Si celui qui désire recouvrer la santé s'est rendu coupable de médisance, s'il a semé la discorde dans la famille, le voisinage ou l'église, ou s'il a attisé, la rancune et la haine ou si par un mauvais exemple il a entraîné d'autres au mal, tout cela doit être confessé devant Dieu et devant ceux qui ont été offensés. "Si nous confessons nos péchés, [Dieu] est fidèle et juste pour nous les pardonner, et pour nous purifier de toute iniquité." 1 Jean 1 :9 Le ministère de la guérison, 196.

Quand les torts ont été réparés, nous pouvons présenter les besoins du malade au Seigneur avec une foi tranquille, selon les indications que l'Esprit nous donne. Dieu connaît chacun par son nom et s'occupe de lui comme s'il n y en avait pas d'autres sur la terre pour lequel il ait donné son Fils bien-aimé. Cet amour de Dieu, si grand et inépuisable devrait encourager les malades à se confier en lui, le cœur plein d'espérance. S'ils sont anxieux sur leur propre cas, cela tend à aggraver leur faiblesse et leur maladie. Mais s'ils ne se laissent pas envahir par la dépression et la tristesse, la perspective de guérison sera meilleure ; car "L'œil de l'Eternel est sur ceux qui espèrent en sa bonté." Psaumes 33 :18 Ministère évangélique, 211-212 Le ministère de la guérison, 196-197.

Souvenons-nous que dans nos prières en faveur des malades, "nous ne savons pas ce qu'il convient de demander". Romains 8 :26. Nous ignorons si la bénédiction que nous sollicitons est ce qu'il y a de meilleur. C'est pourquoi nous devrions toujours nous adresser à Dieu en ces termes : "Seigneur, tu connais les secrets de notre âme. Tu connais les personnes pour lesquelles nous te prions. Jésus, leur avocat, a donné sa vie pour elles. Il les aime plus que nous ne pouvons les aimer. Si donc c'est pour ta gloire et pour leur bien, nous te prions au nom de Jésus que leur santé soit rétablie. Si ce n'est pas ta volonté, nous te supplions que ta grâce les réconforte et que ta présence les soutienne dans leurs souffrances." Le ministère de la guérison, 197.

Dieu connaît la fin d'une chose dès son commencement. Il lit dans le cœur de tous les hommes et n'ignore pas les secrets de chaque âme. Ceux pour lesquels nous prions seraient-ils capables de supporter les épreuves qui leur surviendraient s'ils devaient continuer à vivre ? Leur vie serait-elle une bénédiction ou une malédiction pour eux et pour le monde ? Tout cela, il le sait. C'est donc une raison pour que, tandis que nous présentons notre requête avec ferveur, nous disions : "Toutefois que ma volonté ne se fasse pas, mais la tienne." Luc 22 :42. Jésus ajouta ces paroles de soumission à la sagesse et à la volonté de Dieu lorsque dans le jardin de Gethsémané il suppliait : "Mon Père, s'il est possible, que cette coupe s'éloigne de moi ! Toutefois non pas ce que je veux, mais ce que tu veux" (Matthieu 26 :39) et si ces paroles convenaient au Fils de Dieu, combien plus devraient-elles venir sur les lèvres de simples mortels ! Ministère évangélique, 212.

Ce que nous avons de mieux à faire, c'est de présenter nos désirs à notre Père Céleste qui est toute sagesse et de nous confier entièrement en lui. Nous savons que Dieu nous entend si nous prions en accord avec sa volonté. Mais il ne convient pas de lui adresser nos requêtes sans cet esprit de soumission ; nos prières ne doivent pas revêtir la forme d'un ordre, mais d'une intercession. Ministère évangélique, 213.

Il y a des cas où Dieu agit puissamment pour rendre la santé aux malades. Mais tous ne sont pas guéris. Beaucoup s'endorment en Jésus. Jean, dans l'île de Patmos, écrivit ces paroles inspirées : "Heureux dès à présent les morts qui meurent dans le Seigneur ! Oui, dit l'Esprit, afin qu'ils se reposent de leurs travaux, car leurs œuvres les suivent." Apocalypse 14 :13. Cette parole montre que si des malades ne recouvrent pas la santé, on ne doit pas de ce fait, considérer qu'ils manquaient de foi. Ministère évangélique, 213.

Nous désirons tous des réponses immédiates et directes à nos prières, et nous sommes tentés de nous décourager lorsque la réponse est différée ou qu'elle arrive d'une manière inattendue. Mais Dieu est trop sage et trop bon pour exaucer nos prières toujours exactement de la manière et au moment que nous avons choisis. Il fera plus et mieux pour nous que d'accomplir tous nos désirs. Et parce que nous pouvons avoir confiance en sa sagesse et en son amour, ne lui demandons pas d'accéder à notre volonté, mais cherchons à entrer dans ses desseins afin de nous y conformer. Ministère évangélique, 213.

Nos désirs et nos intérêts devraient se perdre dans sa volonté. Ces événements qui mettent la foi à l'épreuve sont un bienfait pour nous. Ils rendent évidente la sincérité de notre foi et font voir si celle-ci repose uniquement sur la parole de Dieu ou bien si elle dépend des circonstances, si elle est incertaine et changeante. La foi est affermie par l'exercice. Nous devons apprendre la patience, nous souvenant qu'il y a de précieuses promesses dans les Ecritures pour ceux qui espèrent en l'Eternel. Ministère évangélique, 213.

Tout le monde ne comprend pas ces principes. Bien des gens qui recherchent la miséricorde d'un Dieu qui guérit pensent qu'ils doivent recevoir un exaucement immédiat à leurs prières. Sinon, ils doutent de leur foi. Pour cette raison, ceux qui sont affaiblis par la maladie ont besoin de sages conseils afin qu'ils puissent agir avec prudence. Ils ne devraient pas négliger leurs devoirs envers les amis qui peuvent leur survivre ni l'emploi des moyens naturels de guérison. Ministère évangélique, 214.

En pareil cas, on court en effet le danger de se tromper. Convaincues qu'elles seront guéries en réponse à la prière, certaines personnes craignent de faire quoi que ce soit qui paraisse traduire un manque de foi. Mais elles ne devraient pas négliger de mettre ordre à leurs affaires comme elles le feraient si elles s'attendaient à être enlevées par la mort. Elles ne devraient pas non plus craindre de dire les paroles d'encouragement ou de conseil qu'elles désireraient dire à leurs bien-aimés à l'heure du départ. Ministère évangélique, 214.

Ceux qui recherchent la guérison par la prière ne doivent pas négliger d'employer les remèdes naturels qui sont à leur portée. Ce n'est pas manquer de foi que d'user des moyens que Dieu a donnés pour alléger la souffrance et pour aider la nature dans l'œuvre de guérison, que de coopérer avec Dieu et de se mettre dans les meilleures conditions pour guérir. Dieu nous a permis de connaître les lois de la vie et si nous avons cette connaissance, c'est pour nous en servir. Nous devrions employer tout ce qui peut faciliter la guérison, profiter de tous les avantages possibles et travailler en harmonie avec les lois de la nature. Quand nous avons prié pour la guérison des malades, nous pouvons travailler avec plus d'énergie, en remerciant Dieu de nous accorder le privilège de coopérer avec lui et en lui demandant sa bénédiction sur les remèdes qu'il met lui-même à notre disposition.

Nous avons dans ce cas précis la sanction de la parole de Dieu. Ezéchias, roi d'Israël, était malade et un prophète de Dieu lui apprit qu'il allait mourir. Il cria à l'Eternel et l'Eternel l'entendit et lui fit savoir par son messager qu'il ajoutait quinze années à sa vie. Une seule parole de Dieu aurait pu guérir Ezéchias instantanément ; mais des instructions spéciales furent données : "qu'on apporte une masse de figues, et qu'on les étende sur l'ulcère ; et Ezéchias vivra." Ésaïe 38 :21.

Quand nous avons prié pour la guérison d'un malade, quelque soit l'issue, ne perdons pas notre foi en Dieu. Si nous devons porter le deuil, acceptons la coupe amère, nous souvenant que c'est la main d'un Père qui nous la tend. Mais si la santé est rendue, il ne faut pas oublier que le bénéficiaire a de nouvelles obligations envers son Créateur. Quand les dix lépreux furent purifiés, un seul revint à Jésus pour lui rendre gloire. Que personne d'entre nous ne ressemble à ces neuf ingrats dont les cœurs ne furent pas touchés par la miséricorde de Dieu. "Toute grâce excellente et tout don parfait descendent d'en haut, du Père des lumières, chez lequel il n'y a ni changement ni ombre de variation." Jacques 1 :17 Ministère évangélique, 215.

Chapitre 55 — L'œuvre médicale

L'œuvre médicale missionnaire est le travail précurseur de l'Evangile, la porte par laquelle la vérité pour notre époque peut pénétrer dans beaucoup de foyers. Le peuple de Dieu doit se dévouer corps et âme à l'œuvre médicale missionnaire ; ils doivent apprendre à soulager les corps, tout en trouvant les moyens de subvenir aux besoins des âmes. Instruits par l'expérience, ils soigneront les malades, avec le plus parfait désintéressement. En allant de maison en maison, ils auront accès aux cœurs des gens, et beaucoup de personnes, qui, autrement n'auraient pu être touchées par l'Evangile, seraient gagnées. L'application des principes de la réforme sanitaire contribuera grandement à faire taire les préjugés contre notre œuvre évangélique. Le grand Médecin, l'initiateur de l'œuvre, bénira tous ceux qui cherchent à faire connaître la vérité présente.

La guérison physique va de pair avec la proclamation de l'évangile. Lorsque le Christ envoya ses premiers disciples en mission pour la première fois, il leur dit : "Allez, prêchez, et dites : Le royaume des cieux est proche. Guérissez les malades, ressuscitez les morts, purifiez les lépreux, chassez les démons. Vous avez reçu gratuitement, donnez gratuitement." Matthieu 10 :7, 8.

L'ordre de mission divin n'a nul besoin d'être modifié. La manière dont le Christ présentait la vérité n'a pas à être améliorée. Par ses enseignements, le Sauveur donna aux disciples des leçons pratiques par lesquelles ils amèneraient les âmes à trouver la joie dans la vérité. Il avait de la compassion pour ceux qui étaient fatigués et chargés et pour les opprimés. Il nourrissait les affamés et guérissait les malades. Le Christ ne faisait que du bien partout où il allait. Par le bien qu'il faisait, par ses paroles de tendresse et ses actes de bonté, il interpréta l'Evangile aux hommes.

Le ministère du Christ en faveur de l'homme n'est pas encore terminé. Il se poursuit encore de nos jours. Ses ambassadeurs doivent prêcher l'Evangile pour annoncer son amour plein de compassion pour les perdus et les âmes qui se meurent. En témoignant un amour désintéressé à ceux qui ont besoin d'assistance, ils feront la démonstration pratique de la vérité évangélique. Cette œuvre est plus que des sermons. L'évangélisation du monde est le mandat confié par Dieu à ses serviteurs qui travaillent en son nom ; ils doivent collaborer avec Christ pour révéler à ceux qui sont sur le point de périr son amour tendre et compatissant. Dieu invite des milliers à travailler pour lui, non pour prêcher à ceux qui connaissent la vérité pour les temps présents, mais pour avertir ceux qui n'ont jamais entendu le dernier message de miséricorde. Travaillez, soyez animés d'une passion sincère pour les âmes. Faites l'œuvre missionnaire médicale. Vous aurez, ainsi, accès aux cœurs des gens, et le chemin sera incontestablement frayé à la proclamation de la vérité.

Des institutions à établir

Il y a beaucoup d'endroits qui ont besoin du travail missionnaire médical d'évangélisation, et cela devra se faire par de petits centres de santé. Le dessein de Dieu est que nos sanatoriums soient un moyen d'atteindre les gens humbles et élevés, les riches et les pauvres. Ils doivent être administrés de façon à ce que leur travail attire l'attention sur le message que Dieu a envoyé au monde.

Les soins du corps et de l'âme doivent s'harmoniser et conduire le patient à avoir confiance dans le pouvoir du médecin céleste. Ceux qui, tout en donnant les traitements appropriés, prient également pour la guérison par la grâce du Christ, insuffleront du courage et de la confiance aux patients. L'évolution de l'état de ceux-ci sera une inspiration pour ceux qui ont pensé leurs cas désespérés.

C'est ce pourquoi nos sanatoriums ont été établis : donner courage aux désespérés en conjuguant la prière de la foi et le traitement approprié, et en instruisant sur la vie saine au physique et au spirituel. Grâce à de tels traitements, il devrait y avoir beaucoup de convertis. Les médecins de nos sanatoriums devraient donner le clair message de l'évangile sur la guérison de l'âme.

Le travail précurseur de l'évangile

Si nous devions élever la norme morale des pays où nous pourrions être appelés à aller, nous devrions commencer par corriger leurs habitudes physiques.

L'œuvre médicale missionnaire apporte à l'humanité l'évangile de libération de la souffrance. C'est le travail précurseur de l'évangile. C'est l'évangile pratiqué, la compassion du Christ révélée. Il y a un grand besoin de ce travail, et le monde l'attend. Dieu veuille que l'importance du travail missionnaire médical soit comprise et que les nouveaux champs soient immédiatement pénétrés. Alors l'œuvre répondra à l'ordre de l'Éternel : les malades seront guéris, et l'humanité souffrante et misérable sera bénie.

Vous rencontrerez maints préjugés, beaucoup de faux zèle et de fausse piété ; mais aussi bien à l'intérieur que dans les champs étrangers, vous trouverez plus de cœurs que Dieu a préparés pour la graine de vérité que vous ne l'imaginez, et, lorsque cela leur sera présenté, ils recevront avec joie le message divin.

Il m'a toujours été montré que l'œuvre médicale missionnaire est pour l'ensemble de l'œuvre ce que le bras est pour le corps. Le ministère de l'évangile est à la fois une organisation pour la proclamation de la vérité et pour l'avancement de l'œuvre en faveur des malades et des bien-portants. Ce dernier est le corps, l'œuvre médicale missionnaire en est le bras, et Christ est la tête de tous. C'est ainsi que la question m'a été présentée.

Commencez l'œuvre missionnaire médicale avec les commodités disponibles. Vous vous apercevrez qu'ainsi la voie vous est ouverte de donner des études bibliques. Le Père céleste va vous mettre en rapport avec ceux qui ont besoin de savoir comment s'occuper de leurs malades. Mettez en pratique ce que vous savez concernant le traitement des maladies. Ainsi les souffrances seront soulagées, et vous aurez l'occasion de partager le pain de vie avec des âmes affamées.

Un travail qui fait appel à tous

Les ouvriers de l'évangile doivent s'associer à l'œuvre missionnaire médicale, qui m'a été présentée comme étant l'œuvre qui va renverser les barrières de préjugés qui s'opposent dans notre monde à la vérité. Un ouvrier de l'évangile sera deux fois plus efficace s'il sait comment traiter les maladies.

Prendre les gens là où ils sont, quel que soit leur poste, quelle que soit leur condition, et les aider de toutes les manières possibles, c'est cela l'œuvre d'évangélisation. Il peut être nécessaire pour les ministres d'aller dans les foyers des malades et dire, "je suis prêt à vous aider, et je vais faire le mieux que je peux. Je ne suis pas médecin, mais je suis un serviteur de Dieu, et j'aime servir les malades et les affligés." Ceux qui sont malades dans le corps sont presque toujours malades dans l'âme, et quand l'âme est malade et affligée, le corps aussi est malade.

[251]

Il ne doit pas y avoir de séparation entre le ministère et le travail médical. Le médecin devrait travailler sur un pied d'égalité avec le pasteur, et avec autant de ferveur et d'application pour le salut de l'âme que pour la restauration du corps. Certains de ceux qui ne voient pas l'avantage d'éduquer les jeunes à être aussi bien médecins de l'âme que du corps disent que la dîme ne devrait pas être utilisée pour soutenir les missionnaires médicaux qui consacrent leur temps à soigner les malades. En réponse à de telles déclarations, je suis chargée de dire que l'esprit ne doit pas devenir tellement étroit qu'il ne peut pas comprendre le vrai de la situation. Un ministre de l'évangile qui est également un médecin missionnaire, qui peut guérir des malaises physiques, est beaucoup plus efficace qu'un travailleur qui ne peut pas faire cela. Son œuvre de ministre de l'évangile est beaucoup plus complète.

L'Éternel a déclaré que les médecins de haut niveau pourront pénétrer dans des villes dans lesquelles d'autres ne pourront pas. Enseignez le message de la réforme sanitaire. Cela aura une influence sur la population.

La présentation des principes de la Bible par un médecin intelligent aura beaucoup d'influence sur beaucoup de gens. Celui qui peut combiner l'œuvre d'un médecin et celle d'un ministre de l'évangile obtient efficacité et puissance. Son travail attire de lui-même l'approbation des gens.

C'est ainsi donc que nos médecins devraient travailler. Ils font le travail du Seigneur lorsqu'ils font œuvre d'évangélistes en instruisant sur la façon dont l'âme peut être guérie par le Seigneur Jésus.

Tous les médecins devraient savoir prier dans la foi pour les malades, ainsi qu'administrer un traitement approprié. En même temps, ils devraient travailler comme des ministres de Dieu, enseigner le repentir et la conversion, le salut de l'âme et du corps. Une telle combinaison de travaux élargira leur expérience, et agrandira considérablement leur influence. div555

Le travail médical ouvrira les portes à la vérité

Plusieurs types de travail missionnaire peuvent être accomplis par un infirmier missionnaire. Des infirmiers bien formés peuvent visiter les familles et chercher à éveiller leur intérêt pour la vérité. Dans pratiquement chaque collectivité il y a un grand nombre qui ne fréquentent aucun service religieux. S'ils doivent être touchés par l'Evangile, cela ne se fera qu'en le leur apportant dans leurs foyers. Souvent, le seul chemin pour les contacter est de soulager leurs besoins physiques. Comme les infirmiers missionnaires soignent les malades et soulagent la détresse des pauvres, ils auront beaucoup d'occasions de prier avec eux, de leur lire la parole de Dieu, de leur parler du Sauveur. Ils peuvent prier avec et pour les démunis qui n'ont pas la force de volonté de contrôler les appétits que la passion a dégradés. Ils peuvent apporter une lueur d'espoir dans la vie des gens abattus et découragés. Leur amour désintéressé, manifesté par des actes de bonté désintéressés, permettra à ces malades de croire en l'amour du Christ.

Il m'a été montré que l'œuvre missionnaire médicale découvrira, dans les profondeurs de la dégradation, des hommes qui, autrefois, étaient de belles âmes et avaient les plus riches qualifications, qui seront relevés de leur condition déchue par un travail idoine. C'est la vérité, telle qu'incarnée en Jésus qui doit être présentée aux esprits humains après qu'ils aient été traités avec sympathie et que leurs besoins physiques aient été satisfaits. L'Esprit Saint travaille et coopère avec les agents humains qui œuvrent pour ces âmes, et certains apprécieront la fondation sur un roc de leur foi religieuse.

La main droite est utilisée pour ouvrir les portes par lesquelles le corps entrera. C'est le rôle que doit jouer l'œuvre missionnaire médicale. Il s'agit de préparer grandement la voie à la réception de la vérité présente. Un corps sans mains est inutile. En donnant honneur

[252]

au corps, nous devons également l'accorder aux mains qui sont des auxiliaires si importantes que sans elles, le corps ne peut rien faire. C'est pourquoi le corps qui traite la main droite avec indifférence et refuse son aide ne peut rien accomplir.

Vivre l'évangile, maintenir ses principes, c'est une odeur de vie, donnant la vie. Les portes qui se sont fermées au prédicateur qui ne faisait que prêcher l'évangile seront ouvertes au missionnaire médecin instruit. Dieu touche les cœurs en soulageant les souffrances physiques. Une graine de vérité est semée dans l'esprit, et c'est Dieu qui l'arrose. Il faudra peut-être beaucoup de patience avant que cette semence ne montre des signes de vie, puis, enfin, elle surgit de terre et porte des fruits pour la vie éternelle.

[253]

Chapitre 56 — Relations avec les autres confessions religieuses

On peut se demander si nous ne devons avoir aucune union avec le monde. La parole du Seigneur sera notre guide sur ce point. Tout rapport avec les croyants qui serait de nature à nous identifier à eux, n'est pas en harmonie avec la Parole. Nous devons sortir du milieu du monde, nous en séparer. En aucun cas, nous ne pouvons nous unir à lui et entrer dans ses plans. Mais nous ne devons pas vivre en reclus. Il faut faire aux humains tout le bien possible.

Le Christ nous a donné un exemple à ce sujet. Lorsqu'il fut invité à manger avec des publicains et des pécheurs, il ne refusa pas ; car c'était le moyen qu'il avait d'atteindre cette classe de la société. Mais, en toute occasion, il portait la conversation sur des thèmes qui permettaient d'attirer l'attention sur les réalités éternelles. Voici donc ce qu'il nous conseille : "Que votre lumière luise ainsi devant les hommes, afin qu'ils voient vos bonnes œuvres, et qu'ils glorifient votre Père qui est dans les cieux." Matthieu 5 :16 Ministère évangélique, 385.

La société des incrédules ne nous fera aucun mal si nous nous mêlons avec eux aux fins de leur faire connaître Dieu et si nous sommes assez forts spirituellement pour repousser leur influence.

Christ est venu dans le monde pour le sauver, pour rapprocher l'homme déchu du Dieu infini. Les disciples de Christ doivent être des conduits de lumière. Tout en maintenant la communion avec Dieu, ils doivent transmettre à ceux dans l'obscurité et l'erreur les excellentes bénédictions qu'ils reçoivent des cieux. Enoch ne s'est pas maculé des iniquités de son époque ; pourquoi devrions-nous l'être de nos jours ? Par contre, nous pouvons, comme notre maître, faire preuve de compassion pour l'humanité souffrante, de pitié pour les malheureux, et de généreuse considération pour les sentiments et les besoins des nécessiteux, des inquiets et des désespérés.

Je prie pour que mes frères puissent comprendre que le message du troisième ange signifie beaucoup pour nous et que l'observation du vrai Sabbat est l'observation du signe qui distingue ceux qui servent Dieu de ceux qui ne le servent pas. Que ceux qui sont devenus léthargiques et indifférents s'éveillent.

Nous sommes appelés à être saints, et nous devrions soigneusement éviter de donner l'impression qu'il importe peu que nous conservions ou non les particularités de notre foi. Nous avons l'obligation solennelle de prendre position pour la vérité et la justice d'une façon plus décidée que par le passé. La ligne de démarcation entre ceux qui gardent les commandements de Dieu et ceux qui ne les gardent pas doit être révélée avec une incontestable clarté. Nous devons honorer Dieu avec conscience, et utiliser avec diligence tous les moyens de garder l'alliance avec lui, afin de recevoir ses bénédictions, bénédictions qui sont essentielles pour des gens qui vont passer par de si sévères épreuves.

Donner l'impression que notre foi, notre religion, n'est pas un pouvoir dominant dans nos vies, c'est grandement déshonorer Dieu. Ainsi, nous nous éloignons de Ses commandements, qui sont notre vie, et nions qu'il est notre Dieu et que nous sommes son peuple.

S'adresser aux dirigeants et aux fidèles d'autres confessions religieuses

Vous aurez peut-être l'occasion de prendre la parole dans d'autres églises. En profitant de ces occasions, souvenez-vous de la mise en garde du Sauveur : "Soyez donc prudent comme le serpent, et simple comme les colombes." Matthieu 10 :16. Ne suscitez pas l'agressivité de l'ennemi en proférant des accusations, ce qui aurait pour effet de fermer les portes d'accès à la vérité. Délivrez des messages d'une clarté limpide ; mais veillez à ne pas déclencher l'hostilité. Il y a beaucoup d'âmes à sauver. Evitez de vous exprimer avec dureté. Soyez sages à salut en parole et en actes, représentant le Christ auprès de tous ceux avec lesquels vous entrez en contact. Que tous se rendent compte que vous êtes empreint de l'esprit de paix de l'Evangile et animé de bienveillance envers les hommes. Nous verrons de merveilleux résultats si nous entreprenons notre tâche tout pénétrés de l'Esprit du Christ. Le secours nous sera assuré selon nos besoins si nous poursuivons l'œuvre avec équité, miséricorde et amour. La vérité triomphera et nous conduira à la victoire. — Évangéliser, 506.

Nous avons une œuvre à faire auprès des pasteurs des autres églises, car Dieu désire les sauver. Comme nous, ils ne peuvent recevoir l'immortalité que par la foi et par l'obéissance. Nous devons nous employer à la leur faire obtenir. Dieu désire qu'ils aient une part dans l'œuvre spéciale pour notre époque, qu'ils soient au nombre de ceux qui distribuent à sa maison la nourriture au temps convenable. Pourquoi ne seraient-ils pas engagés dans cette œuvre ? Nos prédicateurs devraient chercher à se rapprocher des pasteurs des autres dénominations. Priez pour eux et avec eux, car le Christ intercède en leur faveur. Une solennelle responsabilité repose sur eux. En tant que messagers du Christ, nous devrions manifester un profond intérêt à l'égard de ces bergers du troupeau.

Nos prédicateurs devraient entreprendre une œuvre particulière auprès de ces ministres de l'Evangile. Ils ne devraient pas engager la polémique avec eux, mais, Bible en main, les exhorter à étudier la Parole. Si on le fait, de nombreux ecclésiastiques qui aujourd'hui enseignent l'erreur, prêcheront un jour la vérité pour notre époque. — Évangéliser, 504.

[255]

Chapitre 57 — Notre attitude à l'égard des autorités civiles et de la loi

L'apôtre indiquait nettement l'attitude que les croyants devaient observer envers les autorités. "Soyez soumis, disait-il à cause du Seigneur, à toute autorité établie parmi les hommes, soit au roi comme souverain, soit aux gouverneurs comme envoyés par lui pour punir les malfaiteurs et pour approuver les gens de bien. Car c'est la volonté de Dieu qu'en pratiquant le bien vous réduisiez au silence les hommes ignorants et insensés, étant libre, sans faire de la liberté un voile qui couvre la méchanceté, mais agissant comme des serviteurs de Dieu. Honorez tout le monde ; aimez les frères, craignez Dieu ; honorez le roi." 1 Pierre 2 :13-17 Conquérants pacifiques, 467.

Il y a des autorités établies et des lois qui régissent les peuples. S'il n'en était pas ainsi, la condition du monde serait pire encore. Il y a de bonnes lois et il y en a de mauvaises. Ces dernières n'ont cessé d'augmenter, ce qui nous causera à l'avenir de grandes difficultés. Mais Dieu aidera son peuple à rester fermement attaché aux principes enseignés par sa Parole.

Il m'a été montré que nous devons obéir aux lois de notre pays, à moins que celles-ci n'entrent en conflit avec la loi bien supérieure que Dieu proclama distinctement sur le mont Sinaï, et qu'il grava plus tard de ses doigts sur une pierre. "Je mettrai mes lois dans leur esprit, je les écrirai dans leur cœur ; je serai leur Dieu, et ils seront mon peuple." Celui qui a la loi de Dieu inscrite dans son cœur obéira à Dieu plutôt qu'aux hommes ; et très vite, il préférera désobéir aux hommes plutôt que de violer ne serait-ce qu'un commandement de Dieu. Le peuple de Dieu instruit par vérité inspirée, et animé par le désir de vivre selon chaque parole prononcée par Dieu, prendra sa loi, inscrite dans son cœur, comme la seule autorité qu'il reconnaît et à laquelle il accepte d'obéir. La sagesse et l'autorité de la loi divine sont suprêmes.

Jésus vivait sous un gouvernement corrompu et tyrannique ; on voyait partout des abus criants, des extorsions, de l'intolérance, d'horribles cruautés. Cependant le Sauveur ne tenta aucune réforme politique. Il n'attaqua pas les abus nationaux, il ne condamna pas les ennemis de sa nation. Il ne s'ingéra pas dans les affaires de l'autorité et de l'administration du pouvoir en exercice. Celui qui est notre modèle se tint à l'écart des gouvernements terrestres. Non qu'il fût indifférent aux maux des hommes, mais parce que le remède ne résidait pas uniquement dans des mesures humaines et externes. Pour réussir, il convient d'atteindre les individus et régénérer les cœurs. Jésus Christ, 506.

Bien souvent, on voulut faire trancher au Christ des différends politiques, mais il refusa d'intervenir dans ces questions... Il vécut dans notre monde comme le chef du grand royaume spirituel qu'il était venu établir ; le royaume de justice. Son enseignement établissait solidement les principes nobles et saints sur lesquels ce royaume est bâti. Il montrait que la justice, la miséricorde et l'amour sont les grandes lois qui régissent le royaume de Dieu. Ministère évangélique, 387.

Les espions vinrent auprès de lui et avec une apparente sincérité, comme s'ils eussent désiré être instruits sur leur devoir, ils dirent : "Maître, nous savons que tu parles et enseignes avec droiture, et que tu ne fais pas de considération de personne, mais que tu nous enseignes la voie de Dieu selon la vérité. Nous est-il permis, ou non, de payer le tribut à César ?" Jésus Christ, 597.

La réponse du Christ loin d'être une échappatoire, est une réponse candide. Tenant dans sa main la monnaie romaine, avec le nom et l'effigie de César, il déclara que puisqu'ils vivaient sous la protection du pouvoir romain ils avaient le devoir de lui rendre ce qui lui était dû aussi longtemps que cela n'entrait pas en conflit avec un devoir supérieur. Jésus Christ, 598.

"Etonnés de cette réponse" de Jésus, les pharisiens "le quittèrent et s'en allèrent". Il leur avait reproché leur hypocrisie et présomption ; en même temps, il avait établi un grand principe qui définit clairement les limites entre les devoirs de l'homme à l'égard du gouvernement civil et ses devoirs envers Dieu. Jésus Christ, 599.

Le serment

Il m'a été montré que les enfants de Dieu se sont trompés en ce qui concerne le serment, et Satan a saisi l'occasion de les opprimer et de leur causer un dommage financier. J'ai vu que les paroles du Seigneur : "Je vous dis de ne jurer aucunement", ne concernent pas le serment que l'on prête en justice. "Que votre parole soit oui, oui, non, non ; ce qu'on y ajoute vient du malin" (Matthieu 5 :34, 37) se rapporte à la conversation ordinaire. Certaines personnes parlent toujours en exagération : elles jurent par leur propre vie, ou sur leur tête. D'autres prennent le ciel et la terre à témoin de la véracité de leurs dires. D'autres encore souhaitent que Dieu les fasse périr si elles ne disent pas la vérité. C'est ce genre de serment que Jésus recommande à ses disciples de proscrire de leurs conversations. Testimonies for the Church 1 :79.

Je vis que le Seigneur se sert encore des lois humaines. Tandis que Jésus est dans le sanctuaire, l'Esprit de Dieu retient les peuples et leurs chefs. Mais Satan exerce un contrôle étendu sur les hommes, si bien que, sans les lois humaines, nous aurions à supporter plus d'épreuves encore. Je vis donc qu'en cas d'absolue nécessité, lorsque l'on doit témoigner en justice, il n'y a pas de violation de la loi de Dieu à le prendre à témoin que ce que l'on dit est la vérité, et rien que la vérité. Testimonies for the Church 1 :80.

Si quelqu'un ici-bas peut, en toute conscience, témoigner sous la foi du serment, c'est bien le chrétien. Il vit sous le regard de Dieu. Testimonies for the Church 1 :81.

Il puise sa force dans la sienne. Aussi, lorsque la loi doit intervenir pour des affaires importantes, nul ne peut en appeler à Dieu comme le chrétien. L'ange me fit remarquer que Dieu jure par lui-même. Genèse 22 :16 ; Hébreux 6 :13, 17. Testimonies for the Church 1 :81.

Notre attitude à l'égard de la politique

Ceux qui enseignent la Bible dans nos églises et dans nos écoles ne sont pas libres de manifester leur opinion pour ou contre des hommes ou un parti politique. En le faisant, ils excitent les esprits de sorte que chacun préconise sa théorie favorite. Parmi les croyants, il en est qui seraient ainsi amenés à exprimer leurs sentiments et leurs préférences à ce sujet, et la division naîtrait dans l'Eglise.

Le Seigneur désire que son peuple ne s'occupe pas de politique. Sur cette question le silence est d'or. Le Christ invite ses disciples à s'unir sur les principes du pur Evangile tels qu'ils sont révélés dans la Parole de Dieu. Nous ne pouvons pas voter en toute sûreté pour tel ou tel parti, car nous ne connaissons pas exactement ceux en faveur desquels nous votons. Min. Ev. P,

Les vrais chrétiens seront des sarments unis au cep et ils porteront le fruit de l'espèce, et non un autre. Ils agiront en harmonie avec leurs frères. Ils n'auront pas sur eux un insigne politique quelconque, mais l'insigne du Christ.

Que devons-nous faire ? Laisser de côté les questions politiques. Ministère évangélique, 383.

Il y a une grande œuvre à faire ici-bas, mais si les chrétiens doivent travailler dans le monde, qu'ils n'aient pas l'apparence de mondains. Qu'ils ne passent pas leur temps à parler de politique ou à faire de la politique ; car ainsi, ils donneraient l'occasion à l'ennemi de s'introduire parmi nous et de provoquer la discorde. Ministère évangélique, 385.

Les enfants de Dieu doivent se tenir à l'écart de la politique et de toute alliance avec les infidèles. Ne prenez aucune part aux luttes politiques. Séparez-vous du monde et abstenez-vous de faire pénétrer dans l'Eglise ou dans les écoles des idées qui y amèneraient le désordre et les querelles. La discorde est le poison moral que des êtres humains égoïstes introduisent dans une communauté. Ministère évangélique, 386.

Le danger de faire d'imprudentes déclarations

Enseignez à nos membres à se conformer en toutes choses aux lois de leur pays tant que celles-ci ne sont pas en contradiction avec la loi de Dieu. Testimonies for the Church 3 :475.

Beaucoup de choses dites et écrites par certains de nos frères ont été interprétées comme exprimant un antagonisme au gouvernement et aux lois. C'est une erreur que de prêter le flanc ainsi à des malentendus. Il n'est pas sage de trouver à redire continuellement à ce qui est fait par les dirigeants gouvernementaux. Nous ne sommes pas là pour attaquer des personnes ou des institutions. Nous devrions prendre beaucoup de précautions pour qu'on ne pense pas que nous nous mettons en opposition avec les autorités civiles. Il est vrai que notre lutte est agressive, mais nos armes doivent avoir la marque visible du "Ainsi parle le Seigneur". Notre travail est de préparer un peuple à se tenir devant le grand Dieu. Nous ne devons pas adopter ces lignes de conduite qui encourageront la controverse ou susciteront l'antagonisme de ceux qui ne sont pas de notre foi.

Viendra le temps où des expressions imprudentes à caractère délateur, dites ou écrites négligemment par nos frères, seront utilisées par nos ennemis pour nous condamner. Elles ne viseront pas uniquement à condamner leurs auteurs, mais seront imputées à l'ensemble de l'entité adventiste. Nos accusateurs diront qu'en tel jour, un de nos responsables avait dit ceci et cela contre l'administration des lois de ce gouvernement. Beaucoup seront étonnés de voir combien de choses entretenues et rappelées donneront poids aux arguments de nos adversaires. Beaucoup seront surpris d'entendre leurs propres paroles tordues dans un sens qu'ils n'avaient pas voulu leur donner. Aussi, que nos ouvriers prennent gardent de parler prudemment à tout moment et en toutes circonstances. Que l'on fasse attention de ne pas provoquer par d'imprudentes expressions un temps de trouble bien avant la grande crise qui va mettre les âmes des hommes à l'épreuve.

Nous devrions nous rappeler que le monde va nous juger sur notre apparence. Que ceux qui cherchent à représenter le Christ soient attentifs à ne pas exposer des traits de caractère inconsistants. Avant de nous mettre pleinement en avant, veillons d'abord à ce que le Saint Esprit soit déversé sur nous. Alors, nous délivrerons un message décidé, mais bien moins dénonciateur que ce que certains ont donné, et les croyants seront de loin plus désireux du salut de leurs adversaires. Que soit réservé entièrement à Dieu le soin de condamner les autorités et les gouvernements. Avec amour et dans un esprit de douceur, défendons en fidèles sentinelles les principes de la vérité tels qu'ils sont en Jésus.

Les lois du dimanche

Des autorités religieuses, professant être en relation avec le ciel et prétendant avoir les caractéristiques de l'Agneau, montreront par leurs actes qu'elles ont un cœur de dragon et sont inspirées et dominées par Satan. Le temps vient où le peuple de Dieu sera persécuté parce qu'il sanctifie le septième jour. C'est Satan qui a changé le jour du sabbat, espérant anéantir ainsi les desseins de Dieu. Son désir est que les commandements divins aient moins de force dans le monde que les lois humaines. L'homme de péché, qui a pensé pouvoir "changer les temps et la loi", fera édicter des lois contraignant tous les hommes à observer le premier jour de la semaine. Mais le peuple de Dieu doit rester ferme. Le Seigneur travaillera en sa faveur, montrant clairement qu'il est le Dieu des dieux. Testimonies for the Church 3 :466-467.

La loi relative à l'observation du premier jour de la semaine est le produit d'une chrétienté apostate. Le dimanche est un enfant de la papauté, élevé au-dessus du saint jour de l'Eternel. Le peuple de Dieu ne doit en aucun cas lui rendre hommage. Mais je veux qu'il sache qu'on ne fait pas la volonté d'en haut en bravant l'opposition, alors qu'il nous est recommandé de l'éviter. On ne ferait que créer des préjugés si puissants qu'il deviendrait impossible de proclamer la vérité. Ne faites rien le dimanche qui puisse être interprété comme un défi aux lois. Employez ce jour-là à une œuvre qui parlera en faveur du Christ. Faites de votre mieux ; travaillez avec humilité et douceur. Testimonies for the Church 3 :472.

Lorsque nous consacrons le dimanche au travail missionnaire, nous privons d'arguments les zélotes injustes qui se feraient un plaisir d'humilier les Adventistes du Septième Jour. S'ils nous voient employer nos dimanches à rendre visite aux gens pour leur expliquer les Ecritures, ils comprendront vite qu'il est inutile de tenter d'arrêter notre œuvre par des lois dominicales. Testimonies for the Church 3 :470.

On peut faire, le dimanche, une bonne œuvre pour le Seigneur en se livrant à différentes activités. Qu'on tienne ce jour-là des réunions en plein air ou dans des maisons particulières ; qu'on fasse un travail de maison en maison. Ceux qui écrivent peuvent rédiger des articles pour nos journaux. Partout où cela est possible, organisez ce jour-là des conférences religieuses; efforcez-vous de les rendre très intéressantes. Faites retentir de véritables chants de réveil, parlez avec force et avec assurance de l'amour du Sauveur, ainsi que de tempérance et d'expériences religieuses. C'est alors que vous apprendrez l'art d'évangéliser et que vous gagnerez beaucoup d'âmes.

Que les professeurs de nos écoles consacrent le dimanche à des sorties missionnaires. Il m'a été montré qu'ils anéantiraient ainsi les desseins de l'ennemi. Qu'ils tiennent avec leurs élèves, des réunions pour ceux qui ne connaissent pas la vérité; ils se rendront beaucoup plus utiles que de toute autre manière. Testimonies for the Church 3 :470.

Proclamons la vérité d'une manière claire, nette, positive. Présentons-la dans l'esprit du Christ. Nous devons être comme des brebis au milieu des loups. Ceux qui ne se conforment pas, par amour du Sauveur, aux règles de prudence qu'il a données, qui ne restent pas maîtres d'eux-mêmes, perdent de précieuses occasions de travailler pour le Maître. Dieu n'a pas chargé son peuple d'invectiver ceux qui transgressent sa loi. N'attaquons jamais les autres Eglises. Testimonies for the Church 3 :474.

Faisons tout ce que nous pouvons pour dissiper les préjugés qui existent dans l'esprit d'un grand nombre au sujet de notre œuvre et du sabbat.

Chapitre 58 — Les ruses de Satan

J'ai vu de mauvais anges se battre pour des âmes, et les anges de Dieu qui leur résistaient. La lutte était âpre. Les mauvais anges se pressaient autour d'elles, empoisonnant l'atmosphère, paralysant leur sensibilité. Des saints anges veillaient anxieusement sur ces âmes, prêts à repousser l'armée de Satan. Mais les bons anges n'exercent pas leur action sans le consentement des individus. Si ceux-ci cèdent en face de l'ennemi, sans offrir de résistance, les anges de Dieu doivent se borner à tenir en échec l'armée de Satan, pour qu'elle ne détruise pas ceux qui sont en péril avant que de plus grandes lumières ne leur soient communiquées pour les réveiller et les pousser à réclamer l'aide du ciel. Jésus n'enverra pas ses saints anges pour délivrer ceux qui ne font aucun effort en vue de leur salut. Message à la jeunesse, 50-51.

Quand Satan est sur le point de perdre une âme, il redouble d'efforts pour la garder. Si cette âme, consciente du danger, crie sa détresse et implore le secours de Jésus, Satan, craignant de perdre un captif, appelle un renfort pour enclore cette pauvre âme, l'envelopper des ténèbres si épaisses qu'aucun rayon de lumière céleste ne puisse l'atteindre. Mais si l'âme en danger persévère dans ses efforts, sentant son impuissance et faisant appel aux mérites du sang du Christ, Jésus accueille la prière fervente de la foi, envoie un renfort d'anges puissants pour la délivrer. Message à la jeunesse, 51.

Satan ne peut supporter qu'on ait recours à son puissant rival, dont la force et la majesté le remplissent de frayeur. A l'ouïe de la prière fervente, toute l'armée de l'adversaire est saisie d'effroi. Les renforts des légions sataniques continuent à affluer, mais quand les anges puissants, revêtus de l'armure du ciel, se précipitent au secours de l'âme assaillie et défaillante, alors Satan et son armée battent en retraite, sachant bien que la bataille est perdue. Ceux qui se soumettent volontairement à l'ennemi sont fidèles, actifs et unis. Malgré la haine qu'ils éprouvent l'un pour l'autre, ils saisissent cependant toutes les occasions favorables à leurs intérêts communs.

Mais le grand Chef du ciel et de la terre a mis une limite à la puissance de Satan. Testimonies for the Church 1 :136.

Ne pas s'aventurer sur le terrain de Satan

Les anges de Dieu garderont son peuple aussi longtemps qu'il marchera dans le sentier du devoir ; mais ceux qui s'aventurent délibérément sur le terrain de Satan n'ont pas l'assurance d'une telle protection. Si un agent du grand imposteur se présente, il fera et dira n'importe quoi pour atteindre son but. Peu lui importe de s'appeler "spirite", "docteur en électricité" ou "guérisseur magnétique". Par des prétentions spécieuses, il gagne la confiance de ceux qui ne sont pas sur leurs gardes. Il prétend lire l'histoire de la vie et comprendre toutes les afflictions et toutes les difficultés de ceux qui s'adressent à lui. Se déguisant en ange de lumière, alors que les ténèbres de l'abîme sont dans son cœur, il manifeste un grand intérêt pour les femmes qui recherchent son conseil. Il leur dit que toutes les difficultés sont dues aux mariages malheureux. Ceci peut n'être que trop vrai, mais un tel conseiller n'améliore pas leur condition. Il leur dit aussi qu'elles ont besoin d'amour et de sympathie. Prétextant un grand intérêt pour leur bonheur, il jette un sort sur ces innocentes victimes, les charmant comme le serpent charme l'oiseau tremblant. Elles sont bientôt complètement en son pouvoir : le péché, la honte et la ruine résultent de cette pratique. Testimonies for the Church 2 :62, 63.

Ces ouvriers d'iniquité ne sont pas rares. Des foyers dévastés, des réputations ruinées et des cœurs brisés sillonnent leur chemin. Mais le monde est peu éclairé à ce sujet et les suppôts de Satan continuent à faire de nouvelles victimes tandis que leur maître exulte de la ruine qu'il accomplit. Testimonies for the Church 2 :63.

"Or, Achazia tomba par le treillis de sa chambre haute à Samarie, et il en fut malade. Il fit partir des messagers et leur dit : Allez, consulter Baal-Zebub, dieu d'Ekron, pour savoir si je guérirai de cette maladie. Mais l'ange de l'Eternel dit à Elie, le Thishbite : lève-toi, monte à la rencontre des messagers du roi de Samarie, et dis-leur : Est-ce parce qu'il n'y a point de Dieu en Israël que vous allez consulter Baal-Zebub, dieu d'Ekron ? C'est pourquoi ainsi parle l'Eternel : tu ne descendras pas du lit sur lequel tu es monté car tu mourras." 2 Rois 1 :2-4. Testimonies for the Church 2 :54.

L'histoire du péché et du châtiment du roi Achazia comporte un avertissement qu'on ne peut impunément dédaigner. Bien que nous ne rendions pas hommage à des dieux païens, des milliers de gens adorent cependant à l'autel de Satan aussi réellement que le roi d'Israël. L'esprit même de l'idolâtrie païenne domine aujourd'hui, bien qu'il revête une forme raffinée et plus attrayante sous l'influence de la science et de l'éducation. Testimonies for the Church 2 :55-56.

Chaque jour confirme le fait que la foi dans la sûre Parole de la prophétie décroît rapidement et qu'à sa place, la superstition et la sorcellerie satanique captivent l'esprit des hommes. Testimonies for the Church 2 :56.

Tous ceux qui ne sondent pas les Ecritures avec ferveur, soumettant chaque désir et chaque dessein de leur vie à cet infaillible critère, tous ceux qui ne cherchent pas Dieu dans la prière pour connaître sa volonté, s'égareront sûrement loin du droit sentier et ils tomberont dans les pièges de Satan. Testimonies for the Church 2 :56.

Les Hébreux étaient la seule nation qui avait eu la faveur de connaître le vrai Dieu. Quand le roi d'Israël envoya des messagers consulter l'oracle du dieu d'Ekron, il montra aux païens qu'il avait plus de confiance dans leurs idoles que dans le Dieu de son peuple, le Créateur des cieux et de la terre. De même, ceux qui prétendent connaître la Parole de Dieu le déshonorent quand ils se détournent de la source de la sagesse et de la force pour chercher aide ou conseil auprès des puissances des ténèbres. Si la colère de Dieu s'enflamma à cause de cette façon d'agir d'un roi méchant et idolâtre, comment considérera-t-il une semblable attitude de la part de ceux qui se disent ses serviteurs ? Testimonies for the Church 2 :59 - 60.

Nul ne peut servir deux maîtres

Christ nous place en face de deux maîtres ; Dieu et le monde, et il a clairement mis en évidence le fait qu'il est absolument impossible de les servir tous les deux. Si nous plaçons nos intérêts et notre amour dans le monde, nous n'apprécierons pas les choses qui, par dessus toutes les autres, sont dignes de notre attention. L'amour du monde exclura l'amour de Dieu et subordonnera nos intérêts les plus élevés aux considérations mondaines. Ainsi, Dieu n'occupera pas dans nos affections et nos dévotions la place que tiennent les choses du monde. Testimonies for the Church 1 :464.

Satan essaie de séduire les hommes avec plus de précautions qu'il ne le fit avec le Christ au désert. Il se souvient qu'il perdit la bataille et qu'il est un ennemi vaincu. Il ne s'approche pas de l'homme directement et ne réclame pas d'être adoré ouvertement. Il lui suggère simplement de placer ses affections sur les bonnes choses de ce monde. S'il réussit à capter ses pensées, il sait qu'il a fait perdre l'attrait que peut avoir le ciel. Tout ce qu'il désire de l'homme, c'est qu'il cède à la puissance illusoire de ses tentations qui consistent à aimer le monde, les places d'honneur, l'argent, ainsi qu'à mettre son cœur dans les trésors terrestres. S'il peut réussir, il obtient tout ce que jadis il demanda au Christ. Testimonies for the Church 1 :464 - 465.

Chapitre 59 — La fausse science, robe de lumière moderne de Satan

La fausse science est l'un des moyens dont Satan s'est servi dans les cours célestes, et il l'emploie encore aujourd'hui. Les assertions erronées qu'il a présentées aux anges, ses théories scientifiques subtiles en séduisirent un grand nombre et les détournèrent de leur loyauté. Testimonies for the Church 3 :320.

Ayant perdu sa place dans le ciel, Satan vint tenter nos premiers parents. Adam et Eve cédèrent à l'ennemi, et à cause de leur désobéissance l'humanité fut éloignée de Dieu et la terre, séparée du ciel. Testimonies for the Church 3 :320.

Si le premier couple n'avait jamais touché à l'arbre défendu, le Seigneur lui aurait communiqué la science sur laquelle ne reposait aucune malédiction et qui lui aurait procuré la joie éternelle. Tout ce qu'il gagna par sa désobéissance, ce fut une connaissance du péché et de ses conséquences. Testimonies for the Church 3 :320.

Les ruses par lesquelles Satan séduisit nos premiers parents sont les mêmes que celles qu'il emploie aujourd'hui. Il inonde le monde de fables agréables. Par tous les moyens dont il dispose, il cherche à empêcher les hommes d'obtenir cette connaissance de Dieu qui mène au salut. Testimonies for the Church 3 :321.

Lorsque l'erreur apparaît comme une vérité

Nous vivons à une époque de grande lumière ; mais beaucoup de ce qu'on appelle lumière ouvre la porte à la sagesse et aux artifices de Satan. Bien de choses sont présentées sous l'aspect de la vérité, et cependant il faut les considérer avec soin, avec beaucoup de prières, car elles peuvent être des ruses de l'ennemi. Le sentier de l'erreur est souvent près du sentier de la vérité. On le distingue parfois difficilement de celui qui conduit à la sainteté et au ciel. Mais éclairé par le Saint-Esprit, on peut voir où il s'en écarte. Après un certain temps, les deux sont nettement séparés. Testimonies for the Church 3 :321.

L'idée selon laquelle Dieu est une essence immanente à toute la créature est une des tromperies les plus subtiles de Satan. Elle nous donne une fausse conception de Dieu, et porte atteinte à sa grandeur et à sa majesté. Evangelism, 538.

Les théories panthéistes sont contraires aux enseignements de la Parole de Dieu. Ces théories perdent les âmes. Les ténèbres sont leur élément, et la sensualité, leur sphère. Elles flattent le cœur naturel et donnent libre cours à ses inclinations. Les accepter c'est se séparer de Dieu. Evangelism, 538.

Notre situation est devenue antinaturelle à cause du péché. La puissance qui nous rétablira doit être surnaturelle, sinon elle n'aurait aucune valeur.

Ce n'est que par la puissance de Dieu que les cœurs peuvent être soustraits à l'emprise du mal. Seul le sang du Crucifié opère la purification du péché ; seule sa grâce peut nous rendre capables de résister aux tendances d'une nature corrompue et de les vaincre. Les théories spiritualistes au sujet de la divinité annulent cette puissance. En effet, si Dieu est une essence inhérente à toute la nature, alors il habite dans tous les hommes ; et pour parvenir à la sainteté, ceux-ci n'ont qu'à développer la puissance qui est en eux. Evangelism, 538-539.

La conclusion logique de ces théories, c'est qu'elles réduisent à néant le christianisme. La rédemption n'est plus indispensable, et l'homme devient son propre sauveur. D'après elles, la Parole de Dieu est inefficace, et ceux qui les acceptent s'exposent au danger de considérer toute la Bible comme une fiction. Ils peuvent estimer que la vertu est préférable au vice ; mais en refusant la souveraineté de Dieu, ils mettent leur confiance dans leur propre force, laquelle est nulle devant Dieu. La volonté humaine, abandonnée à elle-même, n'a aucun pouvoir réel pour résister au mal et pour le vaincre. Les défenses de l'âme sont renversées. L'homme ne possède plus de barrière contre le péché. Après avoir rejeté les restrictions de la Parole et de l'Esprit de Dieu, il ne sait jusqu'où il peut tomber. Evangelism, 539.

Ceux qui persistent dans ces théories ruineront leur expérience religieuse ; ils n'auront plus aucune communion avec Dieu, et perdront la vie éternelle. Evangelism, 539.

Une tentative de séduction des élus eux-mêmes

Les sophismes concernant Dieu et la nature, qui inondent le monde de scepticisme, sont inspirés par les anges déchus. Celui-ci étudie la Bible ; il connaît la vérité nécessaire à l'humanité, et il cherche à distraire les esprits des grands faits qui ont pour but de les préparer aux événements qui vont se produire dans le monde. Evangelism, 539.

Après 1844, nous eûmes à faire face à toute espèce de fanatisme. Des témoignages de blâme me furent donnés contre quelques personnes attachées à certaines théories spiritualistes prédominantes. Testimonies for the Church 3 :323.

Les enseignements impies engendrent le péché. Ils sont l'appât dont se sert le père du mensonge pour séduire les hommes et les endurcir dans la pratique de l'impureté.

Les expériences du passé se répéteront. Les superstitions sataniques prendront des formes nouvelles ; l'erreur sera présentée d'une manière agréable et flatteuse. De fausses théories, mélangées à quelques vérités, seront présentées au peuple de Dieu. C'est ainsi que Satan cherchera à séduire les élus mêmes, s'il était possible. Des influences très séduisantes étant exercées, les esprits seront comme hypnotisés.

Toutes les formes de la corruption, comme au temps des antédiluviens, se donneront libre cours et captiveront les esprits. L'exaltation de la nature considérée comme Dieu, les divagations de la volonté humaine, l'opinion des impies, tout sera employé par Satan pour atteindre son but. Le plus triste, c'est que, placés sous cette influence décevante, les hommes auront l'apparence de la piété sans être en communion réelle avec Dieu. Comme Adam et Eve, qui mangèrent le fruit de l'arbre de la connaissance du bien et du mal, beaucoup se nourrissent aujourd'hui de théories erronées. Testimonies for the Church 3 :324 - 325.

De même que, dans le jardin d'Eden, Satan cacha son identité à nos premiers parents en leur parlant par l'entremise du serpent, les forces du mal se parent aujourd'hui de ces fausses théories comme d'un vêtement attrayant. Elles font pénétrer dans les esprits ce qui, en réalité, est une erreur mortelle. L'influence hypnotique de Satan s'exercera sur ceux qui abandonnent la Parole de Dieu pour se tourner vers des fables. Testimonies for the Church 3 :325.

Ceux qui ont le plus de lumière sont particulièrement visés par Satan. Il sait que s'il peut réussir à les séduire, ils couvriront, sous sa direction, le péché de vêtements de justice, et détourneront de la piété un grand nombre de personnes. Testimonies for the Church 3 :325.

Je dis à tous : tenez-vous sur vos gardes, car, semblable à un ange de lumière, Satan assiste à toutes les réunions des ouvriers du Seigneur ; il se trouve dans toutes les églises, et s'efforce d'attirer les membres de son côté. Je suis chargée de donner au peuple de Dieu cet avertissement : "Ne vous abusez point : on ne se moque pas de Dieu." Galates 6 :7. Testimonies for the Church 3 :325.

Le plan de Satan pour la déification de la nature

En considérant les lois de la matière et de la nature, beaucoup perdent de vue, s'ils ne la nient pas, l'intervention directe et constante de Dieu. Ils expriment l'idée que la nature agit indépendamment de Dieu, possédant en elle-même ses propres limites et sa propre puissance par laquelle elle opère. Dans leur pensée, il y a une nette distinction entre le naturel et le surnaturel. Celui-ci est considéré comme ayant des causes ordinaires, reliées à la puissance divine. Une force vitale est attribuée à la matière, et à la nature ainsi déifiée. On suppose que la matière est placée dans certaines conditions et abandonnée à des lois que Dieu lui-même ne saurait changer ; que la nature est revêtue de certaines propriétés et soumise à des lois, accomplissant ainsi l'œuvre ordonnée aux origines. Testimonies for the Church 3 :308.

Tout cela est une fausse science. Il n'est rien dans la Parole de Dieu pour la soutenir. Le Seigneur n'annule pas ses lois, mais il opère constamment par elles, les employant comme ses instruments. Elles ne font rien par elles-mêmes. Dieu agit perpétuellement dans la nature. Elle est sa servante, et il la dirige comme il lui plaît. Dans son œuvre, elle témoigne de la présence intelligente et active d'un être qui dirige toute chose selon sa volonté. Ce n'est pas par une force originelle inhérente à la nature que, année après année, la terre fournit ses richesses et poursuit sa marche autour du soleil. Une puissance infinie, celle de Dieu est perpétuellement à l'œuvre pour guider notre planète dans son mouvement de rotation. Testimonies for the Church 3 :308 - 309.

Le mécanisme du corps humain ne peut être pleinement compris. Il présente des mystères qui déconcertent le plus intelligent. Ce n'est pas comme mécanisme qu'il fonctionne, une fois mis en marche, que les pulsations du cœur continuent et que la respiration s'effectue. C'est en Dieu que nous avons "le mouvement, la vie et l'être". Chaque respiration, chaque battement du cœur est une preuve constante de la puissance d'un Dieu toujours présent. Testimonies for the Church 3 :309.

Il est des hommes d'une grande puissance intellectuelle qui ne peuvent comprendre les mystères de Jéhovah, tels qu'ils sont révélés dans la nature. L'inspiration divine pose de nombreuses questions auxquelles les plus grands savants ne peuvent répondre. Ces questions ne sont d'ailleurs pas posées pour que nous y répondions, mais pour attirer notre attention sur les profonds mystères de Dieu et nous enseigner que notre sagesse est limitée ; que, dans la vie journalière, il est bien des choses autour de nous qui sont au-dessus de la compréhension d'un esprit borné ; que le jugement et les desseins de Dieu sont hors de notre portée. Sa sagesse est insondable. Testimonies for the Church 3 :310.

L'éducation qui commence ici-bas ne sera pas complète en cette vie : elle se poursuivra pendant l'éternité, et ira toujours en progressant, sans être jamais achevée. Jour après jour, les œuvres merveilleuses de Dieu, les preuves de sa puissance miraculeuse en créant et en soutenant l'univers, ouvriront à l'esprit de nouvelles beautés. À la lumière qui procède du trône, les mystères disparaîtront, et l'âme sera remplie d'admiration devant la simplicité des choses qu'elle n'avait jamais comprises auparavant. Testimonies for the Church 3 :310 - 311.

Avertissement contre les religions à sensation

Ce qu'il nous faut aujourd'hui, dans la cause de Dieu, ce sont des hommes pieux, fermes dans les principes et ayant une claire conception de la vérité. Testimonies for the Church 3 :325.

Il m'a été montré que ce dont on a besoin, ce ne sont pas des doctrines nouvelles et fantaisistes, ni des théories humaines. Ce qu'il faut, c'est le témoignage d'hommes qui connaissent et qui pratiquent la vérité, d'hommes qui comprennent la mission dont fut chargé Timothée et qui y obéissent : "Prêche la parole, insiste en toute occasion, favorable ou non, reprends, censure, exhorte, avec toute douceur et en instruisant. Car il viendra un temps où les hommes ne supporteront pas la saine doctrine ; mais ayant la démangeaison d'entendre les choses agréables, ils se donneront une foule de docteurs selon leurs propres désirs, détourneront l'oreille de la vérité, et se tourneront vers les fables. Mais toi, sois sobre en toutes choses, supporte les souffrances, fais l'œuvre d'un évangéliste, remplis bien ton ministère." 2 Timothée 4 :2-5 ; Testimonies for the Church 3 :325 - 326.

Marchez avec fermeté et décision, vos pieds chaussés de l'évangile de paix. Soyez persuadés que la religion pure et sans tache n'est pas une religion à sensation. Dieu n'a chargé personne de faire naître le goût des doctrines et des théories spéculatives. Mes frères, écartez ces choses de votre enseignement. Ne leur permettez pas de s'introduire dans votre expérience religieuse. Ne les laissez pas gâter l'œuvre de votre vie. Testimonies for the Church 3 :326.

Le besoin de réveil à une vie spirituelle

J'ai été chargée de dire à notre peuple : "Suivons le Christ." N'oublions pas qu'il doit être notre modèle en toutes choses. Nous devons soigneusement nous tenir à l'écart des idées qui ne sont pas contenues dans son enseignement. J'en appelle à nos prédicateurs : qu'ils s'assurent que leurs pieds sont bien fermement posés sur le fondement de la vérité éternelle. Prenez garde à ne pas suivre vos impulsions en vous croyant inspirés par le Saint-Esprit. Certains d'entre nous courent ce danger. La Parole de Dieu nous presse d'être solides dans la foi et capables de rendre compte à qui nous interroge, des raisons de notre espérance. Ministère évangélique, 300.

L'ennemi cherche à distraire les esprits de nos frères et sœurs de l'œuvre qui consiste à préparer un peuple qui restera fidèle à Dieu dans les derniers jours. Ses sophismes sont destinés à détourner les esprits des dangers et des devoirs de l'heure. En les suivant, on est amené à sous-estimer la lumière que le Christ est venu donner du ciel à Jean pour son peuple. On enseigne alors que les scènes qui se déroulent sous nos yeux ne méritent pas qu'on leur accorde tant d'attention. On rend inefficace la vérité qui est pourtant d'origine divine et on prive le peuple de Dieu du bénéfice de l'expérience du passé en le nourrissant d'une fausse science. "Ainsi parle l'Eternel : Placez-vous sur les chemins, regardez et demandez quels sont les anciens sentiers, quelle est la bonne voie ; marchez-y." Jérémie 6 : 16 Ministère évangélique, 300-301.

Le Seigneur désire que le témoignage du passé soit renouvelé. Il veut un réveil dans la vie spirituelle. Les énergies spirituelles de son peuple ont été longtemps endormies, mais il doit y avoir une résurrection de cette mort apparente. En priant et en confessant nos péchés, nous devons préparer le chemin du Roi. De cette façon, la puissance de l'Esprit viendra sur nous. Il nous faut une nouvelle Pentecôte. Elle viendra, car le Seigneur a promis d'envoyer son Esprit pour nous donner la puissance qui gagne les batailles. Ministère évangélique, 301-302.

Des temps périlleux sont devant nous. Tous ceux qui connaissent la vérité devraient se réveiller et se mettre entièrement corps, âme et esprit sous les ordres de Dieu. L'ennemi est attaché à nos pas. Nous avons besoin d'avoir les yeux bien ouverts et de nous garder de ses assauts. Revêtons-nous de toute l'armure de Dieu. Suivons les directions que le Seigneur nous a données par l'Esprit de prophétie. Aimons la vérité et obéissons-lui. Cela nous sauvera des déceptions qui nous attendraient si nous acceptions l'erreur. Dieu nous a parlé par sa Parole. Il nous a parlé par les témoignages adressés à l'Eglise et par les ouvrages qui nous ont éclairés sur nos devoirs et sur les positions que nous devons occuper maintenant. Il faut prendre garde aux avertissements qui ont été donnés, ligne après ligne, précepte après précepte. Si nous les méprisons, quelle excuse aurions-nous à présenter ? Ministère évangélique, 302.

Je supplie ceux qui travaillent pour Dieu de ne pas considérer comme authentique ce qui est falsifié. Que le raisonnement humain ne prenne pas la place de la vérité qui sanctifie. Dieu désire allumer le flambeau de la foi et de l'amour dans le cœur de son peuple. Que ces théories erronées ne soient pas reçues par un peuple qui doit se tenir sur le solide fondement de la vérité éternelle. Dieu nous invite à être fermes sur les principes qui procèdent d'une autorité qu'on ne saurait remettre en question. Ministère évangélique, 302.

L'amour et la connaissance de la Parole, notre sauvegarde

Beaucoup d'adventistes qui ont compris depuis longtemps la vérité sont durs, tranchants, prêts à critiquer tout ce qui se fait. Assis comme juges, ils prononcent des sentences sévères contre tous ceux qui n'épousent pas leurs idées. Dieu leur demande de descendre de leur piédestal et de s'humilier devant lui, par le repentir et la confession des péchés. Il leur dit : "Ce que j'ai contre toi, c'est que tu as abandonné ton premier amour. Souviens-toi donc d'où tu es tombé, repens-toi et pratique tes premières œuvres ; sinon, je viendrai à toi, et j'ôterai ton chandelier de sa place, à moins que tu ne te repentes." Apocalypse 2 :5, 5. Ils cherchent à obtenir la première place, et par leurs paroles et par leurs actes, ils attristent bien des cœurs.

Le Christ demande à son peuple de croire et de mettre en pratique sa Parole. Ceux qui la reçoivent et se l'assimilent, la faisant participer à chacune de leurs actions, lui permettant d'influencer chaque trait de leur caractère, grandiront dans la force de Dieu. Leur foi s'avérera d'origine divine. Ils ne s'égareront pas dans les sentiers de l'ennemi. Leur religion ne deviendra pas une affaire de sentiments et d'émotions. Devant les anges et les hommes, ils se tiendront debout en chrétiens solides et conséquents. Ministère évangélique, 303.

Dans l'encensoir d'or de la vérité tel qu'il nous est présenté par les enseignements du Christ, nous avons ce qu'il faut pour convaincre et convertir les âmes. Proclamez dans la simplicité de Jésus, les vérités qu'il est venu apporter au monde, et l'on sentira la puissance de votre message. Ne vous faites pas les avocats de théories que le Christ n'a jamais mentionnées et qui n'ont pas de fondement biblique. Nous avons de grandes et de solennelles vérités à exposer.

"Il est écrit" : c'est cela seulement que nous devons apporter à chaque âme. Ministère évangélique, 303.

Allons à la Parole de Dieu pour être guidés par elle. Recherchons ce que dit le Seigneur. Nous en avons assez des méthodes humaines. Une intelligence entraînée seulement à la science du monde sera impuissante à comprendre les choses de Dieu ; mais la même intelligence, convertie et sanctifiée, verra la puissance divine de la Parole. Seuls un esprit et un cœur purifiés par l'opération du Saint-Esprit peuvent discerner les choses célestes. Ministère évangélique, 303.

Le besoin de soumission totale

Mes frères, au nom du Seigneur, je vous supplie de vous éveiller au sentiment de votre devoir. Soumettez vos cœurs à la puissance du Saint-Esprit, et vous saurez comprendre les enseignements de la Parole et les choses profondes de Dieu. Testimonies for the Church 3 :333.

Le témoignage du Christ, témoignage particulièrement solennel, doit être proclamé. On trouve dans Apocalypse des promesses précieuses et encourageantes ainsi que des avertissements des plus sérieux et des plus solennels. Que ceux qui prétendent connaître la vérité lisent le témoignage donné par le Christ à l'apôtre saint Jean. Là, il n'y a ni fantaisies, ni erreurs scientifiques, mais la vérité qui concerne notre bien présent et futur. "Pourquoi mêler la paille au froment ?" Testimonies for the Church 3 :334.

Le Seigneur vient bientôt. Les sentinelles qui se tiennent sur les murs de Sion sont appelés à s'éveiller au sentiment des responsabilités que Dieu fait reposer sur elles. Que, par la puissance de l'Esprit, elles donnent au monde le dernier message d'avertissement, et fassent savoir à quelle heure de la nuit nous sommes parvenus. Qu'elles invitent hommes et femmes à sortir de leur léthargie, de peur qu'ils ne s'endorment du sommeil de la mort. Testimonies for the Church 3 :334.

Chapitre 60 — Les prodiges mensongers de Satan

Mon attention fut attirée sur ce texte comme s'appliquant particulièrement au spiritisme moderne : "Prenez garde que personne ne fasse de vous sa proie par la philosophie et par une vaine tromperie, s'appuyant sur la tradition des hommes, sur les rudiments du monde, et non sur Christ." Colossiens 2 :8. Testimonies for the Church 1 :106.

J'ai pu voir que des milliers d'hommes avaient été séduits et entraînés à l'incrédulité par la phrénologie et le magnétisme. Si l'esprit se laisse aller à ce courant, il est presque sûr de perdre l'équilibre et d'être la proie du démon. "Une vaine tromperie" remplit les esprits des pauvres mortels. Ils pensent qu'il y a en eux une puissance suffisante pour accomplir des prodiges et qu'ils n'ont pas besoin de recevoir celle d'en haut. Leurs principes et leur foi reposent sur "la tradition des hommes, les rudiments du monde, et non sur Christ". Testimonies for the Church 1 :106.

Jésus ne leur a jamais enseigné cette philosophie. Rien de pareil ne se trouve dans ses enseignements. Il n'a pas dirigé l'esprit des humains vers eux-mêmes, vers un pouvoir qu'ils détiendraient. Il les a constamment encouragés à regarder à Dieu, le Créateur de l'univers, comme à la source de toute force et de toute sagesse. Testimonies for the Church 1 :106 - 107.

Le (verset 18) du même chapitre nous donne encore cet avertissement : "Qu'aucun homme, sous une apparence d'humilité et par un culte des anges, ne vous ravisse à son gré le prix de la course, tandis qu'il s'abandonne à ces visions et qu'il est enflé d'un vain orgueil par ses pensées charnelles". Testimonies for the Church 1 :107.

Les maîtres en spiritisme se présentent avec des manières plaisantes et fascinantes. Si l'on prête l'oreille à leurs fables, on est séduit par l'ennemi de toute justice et l'on est exposé à perdre le prix de la course. Une fois qu'on a été circonvenu par le maître trompeur, on est empoisonné moralement ; la foi s'altère et s'évanouit. On cesse de croire que le Christ est le Fils de Dieu et de se mettre au bénéfice de son sang précieux. Ceux qui sont victimes de cette philosophie perdent à cause des séductions de Satan leur récompense céleste. Ils cherchent le salut dans leurs mérites, s'exercent à l'humilité, s'imposent des sacrifices, s'avilissent eux-mêmes et vont jusqu'à croire à de véritables non-sens, ajoutant du crédit aux idées les plus absurdes, prétendues révélations de leurs amis défunts. Satan les a aveuglés et a perverti leur jugement à tel point qu'ils ne distinguent plus le mal ; aussi suivent-ils les instructions de ces amis qui seraient, paraît-il, devenus des anges dans un monde supérieur au nôtre.

Il m'a été montré que nous devons nous tenir sur nos gardes, et résister avec persévérance aux insinuations et aux ruses de Satan. Il est déguisé en ange de lumière pour mieux séduire, et il fait des milliers de captifs. Il est effrayant de constater à quel point il sait se servir de la science et de l'esprit de homme. Message à la jeunesse, 55 Testimonies for the Church 1 :290.

Les sciences de la phrénologie, de la psychologie et du mesmérisme ont été utilisées par Satan pour entrer en contact plus direct avec notre génération et pour agir avec la puissance qui doit caractériser son œuvre avant l'expiration du temps de grâce. Message à la jeunesse, 55.

Se soumettre au contrôle d'un autre

Personne ne devrait être autorisé à prendre le contrôle de l'esprit d'une autre personne en pensant que ce faisant, il travaille à son grand avantage. La cure d'âmes est l'une des plus dangereuses mystifications jamais opérées sur un individu. Un soulagement temporaire peut être ressenti, mais l'esprit de celui qui est ainsi contrôlé ne sera plus jamais assez fort et fiable. Nous pouvons être aussi faibles que l'a été la femme qui a touché le bord du vêtement du Christ ; mais si nous utilisons l'opportunité que Dieu nous offre de venir à lui dans la foi, il répondra aussi rapidement qu'il l'a fait à ce toucher de la foi.

Il n'est pas du dessein de Dieu pour tout être humain de soumettre son esprit à un autre être humain. Le Christ ressuscité, qui est maintenant assis sur le trône à la droite du Père, est le Puissant Guérisseur. Cherchez en Lui le pouvoir de guérison. Par lui seul les pécheurs peuvent venir à Dieu comme ils sont, jamais par l'entremise de quelque esprit humain. L'agent humain ne doit jamais s'interposer entre les représentants célestes et ceux qui souffrent.

Chacun devrait être en mesure de coopérer avec Dieu en orientant les esprits vers Lui. Parlez-leur de la grâce et du pouvoir de Celui qui est le plus grand médecin que le monde ait jamais connu.

Nous ne vous demandons pas de vous placer sous le contrôle de l'esprit de quiconque. La cure d'âme est la plus terrible science qui ait jamais été préconisée. Le premier méchant venu peut l'utiliser dans l'exécution de ses propres desseins malsains. Nous n'avons rien à faire avec une telle science. Nous devrions la craindre. Que jamais ses principes ne soient introduits dans aucune institution.

Les personnes qui négligent la prière en viennent à compter sur leur propre force, ce qui ouvre la porte à la tentation. Souvent l'imagination se laisse captiver par des recherches scientifiques et les hommes se sentent flattés de posséder de si éminentes facultés. On exalte beaucoup les sciences qui traitent de l'esprit humain. Elles ont leur bon côté, mais Satan s'en empare et en fait des instruments puissants pour séduire et détruire les âmes. Ses artifices sont reçus comme des dons du ciel ; il reçoit ainsi l'adoration qu'il recherche. Ces sciences détruisent la vertu et jettent les bases du spiritisme. M.C. Testimonies for the Church 2 :403.

La magie et la superstition

En brûlant leurs traités d'occultisme, les Ephésiens prouvaient qu'ils abhorraient désormais ce en quoi ils s'étaient complu. C'est par la pratique de la magie qu'ils avaient particulièrement offensé Dieu et mis leurs âmes en péril. C'est pourquoi ils témoignèrent une telle indignation contre cette science, donnant ainsi une preuve évidente de leur vraie conversion. Conquérants pacifiques, 255.

Il est faux de prétendre que les superstitions païennes ont disparu avec la civilisation du vingtième siècle. La Parole de Dieu et le triste témoignage des faits montrent que la sorcellerie est pratiquée de nos jours aussi réellement qu'à l'époque des anciens magiciens. Ce qu'on appelait autrefois magie est, en réalité, ce qui est connu maintenant sous le nom de spiritisme moderne. Satan trouve accès auprès de milliers d'esprits en se présentant sous l'apparence d'amis décédés.

Or l'Ecriture déclare que "les morts ne savent rien" Ecclésiaste 9 :5. Leurs pensées, leur amour, leur haine, ont péri. Ils n'ont pas de communication avec les vivants. Mais, fidèle à sa première ruse, Satan emploie ce procédé pour se rendre maître des âmes. Conquérants pacifiques, 256.

Par la pratique du spiritisme, de nombreuses personnes malades, affligées ou poussées par la curiosité communiquent avec les esprits malins. Tous ceux qui s'aventurent dans cette pratique se placent sur un terrain dangereux. La Parole de vérité nous dit comment Dieu les considère. Jadis, il prononça un jugement sévère contre un roi qui était allé consulter un oracle païen : "Est-ce parce qu'il n'y a point de Dieu en Israël que vous allez consulter Baal-Zebub, dieu d'Ekron ? C'est pourquoi ainsi parle l'Eternel : tu ne descendras pas du lit sur lequel tu es monté, car tu mourras !" 2 Rois 1 :3-4. De nos jours, les magiciens du paganisme se retrouvent chez les médiums, les voyantes, les diseuses de bonne aventure. Les voix occultes qui parlaient à Endor et à Ephèse continuent à égarer les enfants des hommes. Si le voile qui est placé devant nos yeux pouvait être levé, nous verrions les anges de Satan déployer tous leurs artifices pour nous tromper et nous perdre. Le diable exerce ses séductions partout où se fait sentir une influence quelconque pour amener les humains à oublier Dieu. Lorsque l'on cède à cette dangereuse influence, l'esprit s'égare et l'âme se pervertit avant même que l'on en soit conscient. L'exhortation que l'apôtre adressa à l'église d'Ephèse devrait servir aujourd'hui d'avertissement au peuple de Dieu : "Ne prenez point part aux œuvres infructueuses des ténèbres, mais plutôt condamnez-les !" Ephésiens 5 :11 ; Conquérants pacifiques, 256-257.

La prière de la foi

Si nos yeux pouvaient s'ouvrir, si nous pouvions voir les anges déchus à l'œuvre auprès des insouciants qui se croient en sécurité, nous ne nous sentirions pas si sûrs. Les mauvais anges nous poursuivent à chaque instant. Rien d'étonnant à ce que les hommes méchants suivent les suggestions de Satan ; mais si nous ne sommes pas en garde contre les agents invisibles de Satan, ils gagneront du terrain sur nous et accompliront de faux miracles sous nos yeux. Sommes-nous prêts à leur résister à l'aide de la Parole de Dieu, la seule arme qui soit invincible ? Message à la jeunesse, 58-59.

On sera tenté de considérer ces faux miracles comme venant de Dieu. Nous assisterons à la guérison de malades. Des prodiges apparaîtront à nos yeux. Pourrons-nous soutenir l'épreuve quand les miracles trompeurs de Satan seront pleinement exhibés ? Est-ce que beaucoup d'âmes ne seront pas prises au piège ? Accepter diverses erreurs, se départir des préceptes et des commandements divins si clairement présentés dans la Parole de Dieu pour s'attacher à des fables, c'est préparer nos esprits à accepter des miracles trompeurs de Satan. Dès maintenant, il nous faut tous nous préparer pour la lutte à laquelle nous devrons bientôt participer. La foi en la Parole de Dieu, étudiée avec prière et mise en pratique, sera notre bouclier contre les traits de Satan et nous fera triompher par le sang du Christ.

[270] Message à la jeunesse, 59.

Chapitre 61 — La crise à venir

La ligne de démarcation entre les observateurs de la loi et le monde devient d'autant plus précise que ce mépris va grandissant. L'amour des préceptes divins augmente chez les uns à mesure que le mépris s'accroît chez les autres. Testimonies for the Church 2 :71.

La crise approche à grands pas, et l'heure de la visitation ne tardera pas à sonner. Bien que Dieu soit lent à punir, il punira pourtant et même promptement. Testimonies for the Church 2 :71.

Le jour de la vengeance divine est tout proche. Le sceau de Dieu ne sera mis que sur le front de ceux qui soupirent et gémissent sur les abominations qui se commettent sur la terre. Ceux qui sympathisent avec le monde, mangeant et buvant avec les ivrognes, seront certainement détruits avec les ouvriers d'iniquité : "Car les yeux du Seigneur sont sur les justes, et ses oreilles sont attentives à leurs prières, mais la face du Seigneur est contre ceux qui font le mal." 1 Pierre 3 :12 ; Testimonies for the Church 2 :74 - 75.

C'est notre propre conduite qui déterminera si nous sommes aptes à recevoir le sceau du Dieu vivant, ou si nous méritons d'être abattus par l'épée de la destruction. Déjà quelques gouttes de la colère de Dieu sont versées sur la terre, mais lorsque les sept dernières plaies seront répandues sans mélange dans la coupe de son indignation, alors il sera trop tard pour se repentir et trouver un refuge. Aucun sang expiatoire n'ôtera plus les taches du péché. Testimonies for the Church 2 :75.

Ceux qui prétendent observer le sabbat, ne sont pas tous scellés. Ils sont nombreux les fidèles qui - même parmi ceux qui enseignent la vérité aux autres - ne recevront pas le sceau de Dieu sur le front. Ils avaient la lumière, ils connaissaient la volonté de leur Maître, ils comprenaient les points de notre message, mais leurs œuvres n'étaient pas en harmonie avec leur profession de foi. Ils auraient dû se conduire d'après celle-ci, puisque les prophéties et les trésors de la sagesse de Dieu leur étaient si familiers. Ils auraient dû agir avec autorité dans leur foyer afin que leur famille ait pu témoigner de l'influence de la vérité sur le cœur humain. Testimonies for the Church 2 :76.

Par leur manque de dévouement et de piété, par leur négligence à atteindre le niveau spirituel le plus élevé, ils ont entraîné d'autres âmes à se contenter de l'état où elles se trouvaient. L'homme dont le jugement est limité ne voit pas le danger qu'il fait courir à son âme en imitant ceux qui lui ont si souvent révélé les trésors de la Parole de Dieu. Jésus est le seul vrai modèle. Aujourd'hui, chacun doit étudier la Bible pour lui-même, à genoux devant Dieu, avec le cœur humble et docile d'un enfant, s'il veut connaître ce que Dieu lui demande. Quelque grande que soit la faveur accordée par Dieu à un prédicateur, s'il refuse de se laisser enseigner comme un petit enfant, il s'égarera au sein des ténèbres et des séductions sataniques, et il en entraînera d'autres après lui. Testimonies for the Church 2 :76 - 77.

Aucun de nous ne recevra le sceau de Dieu tant que son caractère aura une tache ou une souillure. C'est à nous qu'incombe le devoir de nous corriger de nos défauts de caractère, et de nettoyer de toute souillure le temple de notre âme. Alors, la pluie de l'arrière-saison tombera sur nous, de même que la pluie de la première saison tomba sur les disciples au jour de la Pentecôte. Testimonies for the Church 2 :77.

Nul ne doit dire que son cas est désespéré, qu'il ne peut vivre comme un chrétien. Par sa mort, le Christ a amplement pourvu aux besoins de toute âme. Jésus est pour nous un secours toujours présent au moment opportun. Adressez-vous à lui par la foi, car il a promis d'entendre et d'exaucer vos requêtes. Testimonies for the Church 2 :78.

Oh, puissions-nous avoir cette foi vivante et agissante ! Nous en avons besoin, il nous la faut, sinon nous succomberons au jour de l'épreuve. Les ténèbres qui obscurciront alors notre sentier ne doivent pas nous abattre et nous conduire au désespoir. C'est le voile dont Dieu recouvre sa gloire lorsqu'il communique ses bénédictions. C'est ce que notre expérience passée aurait dû nous apprendre. Le jour où Dieu "aura un procès avec son peuple", cette expérience sera une source de réconfort et d'espoir. Testimonies for the Church 2 :78.

C'est maintenant que nous et nos enfants devons nous séparer du monde et nous garder sans tache. C'est maintenant que nous devons purifier nos caractères et les blanchir dans le sang de l'Agneau, vaincre l'orgueil, la colère, l'indolence spirituelle. C'est maintenant que nous devons nous réveiller et faire résolument des efforts pour arriver à l'égalité du caractère. "Aujourd'hui, si vous entendez sa voix, n'endurcissez pas vos cœurs." Hébreux 3 :7-8. Testimonies for the Church 2 :79.

C'est maintenant le temps de se préparer. Jamais le sceau de Dieu ne sera placé sur un front impur. Jamais il ne sera placé sur le front de l'ambitieux, de celui qui aime le monde. Il ne sera jamais placé sur le front des hommes et des femmes dont les lèvres sont fausses et le cœur trompeur. Tous ceux qui le recevront devront être sans tache devant Dieu - des candidats pour le ciel. Allez de l'avant, frères et sœurs ! Je ne puis en ce moment que vous écrire brièvement sur ces choses, attirant seulement votre attention sur la nécessité de votre préparation. Sondez les Ecritures pour vous-mêmes, afin que vous puissiez comprendre la terrible solennité de l'heure que nous vivons actuellement. Testimonies for the Church 2 :79.

Le sabbat est le point de la controverse

La question du sabbat sera en cause dans le dernier grand conflit dans lequel tout le monde aura un rôle à jouer. Les hommes ont tenu en plus haute estime les principes sataniques que les principes qui régissent les cieux. Ils ont accepté le faux Sabbat que Satan a exalté comme le signe de son autorité. Mais Dieu a placé son sceau sur son exigence royale. Chaque institution du sabbat porte le nom de son auteur, la marque indélébile de chacun d'eux. Notre mission est d'amener les gens à comprendre cela. Nous devons leur montrer qu'il est d'une vitale conséquence qu'ils portent la marque du royaume de Dieu ou la marque du royaume de rébellion, car ils se reconnaissent eux-mêmes sujets du royaume dont ils portent la marque. Dieu nous a appelés à élever la bannière de son Sabbat qui a été piétiné.

L'esprit qui inspira ceux qui combattaient les fidèles des temps passés cherche encore à exterminer de la terre les croyants qui craignent Dieu et obéissent à sa loi. Satan excitera l'indignation contre l'humble minorité qui, en connaissance de cause, refusera d'accepter les coutumes et les traditions populaires. Des hommes influents se joindront à ceux qui rejettent la loi et qui ont une conduite dépravée, pour persécuter le peuple de Dieu. La richesse, le génie, l'éducation s'uniront pour le couvrir de mépris. Des gouverneurs, des pasteurs et des membres d'église conspireront contre lui. Par la parole et par la plume, par les railleries, les menaces et le ridicule, ils s'efforceront d'ébranler sa foi. Par des calomnies et des appels à la violence, les passions populaires s'attiseront. Ne pouvant recourir aux déclarations claires et indiscutables des Ecritures pour confondre les champions du sabbat de la Bible, on y suppléera au moyen de lois oppressives. Pour s'assurer la popularité et l'autorité, des législateurs accèderont à la demande d'une loi dominicale. Ceux qui craignent Dieu ne peuvent pas accepter une institution qui viole un précepte du Décalogue. C'est sur ce champ de bataille que se déroulera le dernier grand conflit de la lutte engagée entre la vérité et l'erreur. Il n'y a aucun doute au sujet de l'issue de ce duel : comme au temps de Mardochée, le Seigneur vengera sa vérité et son peuple. Testimonies for the Church 2 :178 - 179.

Préparez-vous pour la tempête

Dieu nous a révélé ce qui va arriver dans les derniers jours pour que son peuple ait la possibilité de se préparer à faire face à l'opposition et à la colère. Ceux qui ont été avertis des événements qui les attendent ne doivent pas rester impassibles quand ils savent que la tempête approche, avec l'idée que le Seigneur les protégera à ce moment critique. Nous devons être comme des hommes qui attendent leur Maître, non dans l'oisiveté, mais en travaillant avec une foi et un zèle infatigables. Ce n'est plus le moment de nous laisser absorber par des soucis d'importance secondaire. Tandis que les hommes sont assoupis, Satan s'emploie activement pour que le peuple de Dieu ne puisse pas recourir à la miséricorde et à la justice. Le mouvement en faveur du repos du dimanche fait son chemin dans l'ombre. Ceux qui en ont la responsabilité cachent son véritable but au point que beaucoup de ceux qui y adhèrent n'en voient pas la portée. Ses prétentions ont l'apparence chrétienne, mais, dès qu'il se manifestera au grand jour son langage révèlera l'esprit du dragon. Testimonies for the Church 2 :180 - 181.

"L'homme te célèbre même dans sa fureur, quand tu te revêts de tout ton courroux." Dieu veut que cette vérité destinée à éprouver les hommes soit mise en évidence, qu'elle soit soumise à l'examen et à la discussion, même si elle doit être méprisée. Les esprits doivent être en éveil. Dieu se servira de toute controverse, de tout reproche, de toute calomnie pour exciter chez les hommes l'esprit de recherche et pour réveiller ceux qui, sans cela, demeureraient plongés dans le sommeil. Instructions pour un Service Chrétien Effectif, 195.

En tant que peuple de Dieu, nous n'avons pas accompli la mission que le Seigneur nous a confiée. Nous ne sommes pas prêts à affronter les conséquences qui résulteront de l'obligation du repos dominical. Il est de notre devoir, à mesure qu'apparaissent les signes du péril, de nous mettre au travail. Que nul ne se laisse aller par une molle expectative des événements futurs, en s'encourageant par l'idée que cela doit se réaliser puisque la prophétie l'a prédit et que le Seigneur prendra soin de son peuple. Nous n'exécutons pas sa volonté en demeurant dans une attitude passive, en ne faisant rien pour défendre la liberté de conscience. Nous devrions faire monter vers le ciel des prières ferventes et efficaces pour que cette calamité soit écartée jusqu'à ce que l'œuvre, que nous avons si longtemps négligée, soit accomplie. Prions avec plus d'ardeur et travaillons en harmonie avec nos prières. Testimonies for the Church 2 :375.

Satan peut paraître vainqueur, la vérité peut être dominée par l'erreur, le peuple que Dieu protège de son bouclier et le pays qui a été un asile pour les défenseurs de la vérité et pour ceux qui ont souffert par motif de conscience peuvent sembler en danger. Mais Dieu rappellera aux siens les hauts faits qu'il a accomplis jadis pour les délivrer de leurs ennemis. Il a toujours choisi les moments les plus critiques, ceux où il ne semblait pas possible d'échapper aux pièges de Satan, pour faire éclater sa puissance. Les besoins de l'homme fournissent à Dieu l'occasion d'intervenir. Testimonies for the Church 2 :375 - 376.

Mes frères, vous rendez-vous compte que votre propre salut aussi bien que la destinée des autres âmes dépendent de la préparation que vous faites maintenant pour affronter le temps d'épreuve qui est devant vous ? Avez-vous ce zèle ardent, cette piété et cette consécration qui vous rendront capables de subsister alors que vous devrez faire face à l'opposition ? Si Dieu a jamais parlé par moi, le temps viendra où vous serez traînés devant les tribunaux et chaque point de la vérité que vous défendez sera sévèrement critiqué. Le temps que de si nombreux croyants se permettent maintenant de gaspiller devrait être employé à accomplir la tâche que Dieu nous a confiée et qui consiste à nous préparer en vue de la crise qui approche. Testimonies for the Church 2 :379.

Les jugements de Dieu

Nous nous approchons de la fin des temps. Il m'a été montré que les jugements de Dieu sont déjà sur la terre. Le Seigneur nous a parlé d'événements qui vont arriver bientôt. La lumière jaillit de sa Parole, et néanmoins "les ténèbres couvrent la terre et l'obscurité les peuples". "Quand les hommes diront : Paix et sûreté ! Alors une ruine soudaine les surprendra... et ils n'échapperont point." 1 Thessaloniciens 5 :3 Testimonies for the Church 2 :375.

Le Seigneur est en train de relâcher son contrôle sur la terre. Bientôt elle sera la proie de la mort, la destruction, l'augmentation de la criminalité ; les riches qui ont méprisé les pauvres seront livrés à de féroces cruautés diaboliques. Ceux qui n'ont pas la protection de Dieu ne seront en sécurité nulle part. Des agents humains sont formés et s'ingénient à mettre sur pied une artillerie très puissante pour blesser et tuer.

Les jugements de Dieu s'abattent sur la terre. Les guerres et les bruits de guerres, la destruction par le feu et par les inondations, indiquent clairement que le temps de troubles, qui doivent aller en s'intensifiant jusqu'à la fin, est très proche.

Bientôt des troubles graves surviendront au sein des nations - des troubles qui continueront jusqu'au retour de Jésus. Nous devons plus que jamais poursuivre la course ensemble, en servant celui qui a préparé Son trône dans les cieux et qui est le Roi des rois. Dieu n'a pas abandonné Son peuple, et nous serons forts si nous ne l'abandonnons pas.

Chapitre 62 — Le temps de crible

L'apôtre exhorte les frères en ces termes, "au reste, fortifiez-vous dans le Seigneur, et par sa force toute puissante. Revêtez-vous de toutes les armes de Dieu, afin de pouvoir tenir ferme ... afin de pouvoir résister dans le mauvais jour, et tenir ferme après avoir tout surmonté." Oh, quel jour ce sera pour nous ! un temps de criblage où Dieu passera au crible tous ceux qui se disent ses enfants. Les justes côtoieront les infidèles. Ceux qui ont reçu une grande lumière et qui n'ont pas marché selon celle-ci recevront des ténèbres à la mesure de la lumière qu'ils ont rejetée. Nous devons tenir compte des instructions suivantes contenues dans la parole de Paul : "mais je traite durement mon corps et je le tiens assujetti, de peur d'être moi-même rejeté, après avoir prêché aux autres." L'ennemi travaille avec ardeur et persévérance cherchant qui il pourra ajouter à sa liste d'apostats. Mais le Seigneur revient bientôt, et tous les cas seront scellés pour l'éternité. Ceux dont les œuvres sont en accord avec la lumière qui leur a été gracieusement offerte tiendront à ses côtés.

Les jours de purification de l'Eglise s'approchent à grands pas. Dieu veut un peuple pur et fidèle. Au cours du terrible criblage sur le point de se produire, nous pourrons mieux mesurer la force d'Israël. Les signes montrent clairement que le temps où le Seigneur manifestera qu'il a un van à la main est proche ; Il purifiera à fond l'Eglise.

Victoire pour ceux qui cherchent la délivrance

Le peuple de Dieu m'a été montré, et je les ai vus criblés avec puissance. J'ai vu quelques croyants qui, avec une grande foi et des cris angoissés, plaidaient avec Dieu. Premier écrits, 269.

J'ai vu que quelques-uns d'entre eux ne participaient pas à cette œuvre d'intercession ; ils semblaient indifférents à ce qui se passait autour d'eux. Ils ne résistaient pas aux ténèbres qui les entouraient, et celles-ci les emprisonnaient comme une épaisse nuée. Alors, les anges de Dieu les abandonnaient à leur sort, et allaient secourir ceux qui priaient. J'ai vu les anges de Dieu se hâter auprès de ceux qui luttaient de toutes leurs forces pour résister aux mauvais anges et qui s'encourageaient eux-mêmes en implorant le Seigneur avec persévérance. Mais les anges du ciel ne s'occupaient pas de ceux qui ne faisaient aucun effort pour s'aider eux-mêmes, et je les perdis de vue. Les croyants continuant à supplier le Seigneur, parfois un rayon de lumière provenant de Jésus venait jusqu'à eux pour les encourager ; leurs visages en étaient illuminés.

Je demandai ce que signifiait le criblage que j'avais vu. On me répondit qu'il était causé par le conseil du Témoin véritable à l'église de Laodicée. Premier écrits, 270.

Ce conseil aura son effet sur le cœur de celui qui le reçoit ; il l'amènera à exalter la vérité. Quelques-uns ne l'accepteront pas ; ils le combattront, et c'est ce qui produira le criblage parmi le peuple de Dieu. J'ai vu que le témoignage du Véritable n'a été écouté qu'à moitié. Ce témoignage solennel dont dépend la destinée de l'Eglise a été considéré à la légère, sinon tout à fait méprisé. Il doit produire une sérieuse repentance. Tous ceux qui le reçoivent vraiment s'y conformeront et seront purifiés. Premier écrits, 270.

L'ange dit : "Ecoutez !" Bientôt j'entendis une voix ressemblant à un grand nombre d'instruments de musique, douce et harmonieuse. La mélodie dépassait tout ce que j'avais jamais entendu ; elle semblait être pleine de miséricorde et de compassion, d'élévation et de sainte joie. Tout mon être en tressaillit. L'ange dit : "Regardez !" Mon attention fut alors attirée par le groupe que j'avais vu, qui était terriblement criblé. Ceux que j'avais vus auparavant me furent montrés pleurant et priant avec angoisse. Le nombre des anges gardiens qui les entouraient avait doublé, et ils étaient armés de la tête aux pieds. Ils se déplaçaient dans un ordre parfait, comme une compagnie de soldats. Les visages des fidèles révélaient le combat terrible qu'ils avaient livré. Cependant leurs traits, marqués par l'angoisse, resplendissaient maintenant de la lumière et de la gloire du ciel. Ils avaient obtenu la victoire, et ils en éprouvaient une profonde gratitude et une sainte joie. Premier écrits, 270-271.

Le nombre de ce groupe avait diminué. Quelques-uns avaient été éliminés par le crible et laissés le long du chemin voir Apocalypse 3 :15-17. Les insouciants et les indifférents qui ne s'étaient pas joints à ceux qui appréciaient suffisamment la victoire et le salut pour persévérer dans la prière, n'obtinrent rien et furent laissés en arrière dans les ténèbres. Leurs places étaient immédiatement prises par d'autres qui acceptaient la vérité et entraient dans les rangs. Les mauvais anges continuaient à les entourer, mais ils n'avaient aucun pouvoir sur eux. Voir Ephésiens 6 :12-18.

J'entendis ceux qui étaient revêtus de l'armure parler de la vérité avec beaucoup de puissance. Celle-ci produisait son effet. Plusieurs avaient été retenus : des femmes par leurs maris, des enfants par leurs parents. Les âmes sincères qui avaient été empêchées d'entendre la vérité l'acceptaient maintenant avec empressement. La crainte des parents avait disparu ; seule comptait pour eux la vérité ; elle leur était plus chère et plus précieuse que la vie. Ils avaient eu faim et soif de la vérité. Je demandai ce qui avait produit ce grand changement. Un ange me répondit : "c'est la pluie de l'arrière saison, le rafraîchissement de la part du Seigneur, le grand cri du troisième ange." Premier écrits, 271.

Une grande puissance accompagnait ces élus. L'ange dit : "Regarde !" Mon attention fut alors dirigée vers les méchants, les incrédules. Ils étaient tous actifs. Le zèle et la puissance du peuple de Dieu les avaient réveillés et rendus furieux. La confusion régnait partout. Je vis qu'on avait pris des mesures contre le groupe qui jouissait de la lumière et de la puissance de Dieu. Les ténèbres s'épaississaient autour d'eux ; cependant ils restaient fermes, ayant l'approbation de Dieu et se confiant en lui. Je les vis perplexes ; puis je les entendis prier avec ferveur Voir Luc 18 :7-8 ; Apocalypse 14 :14-15. Ils ne cessaient de répéter jour et nuit : "O Dieu, que ta volonté soit faite ! Si cela peut glorifier ton nom, ouvre un chemin pour sauver ton peuple. Délivre-nous des païens qui nous entourent. Ils ont décidé notre mort ; mais ton bras peut nous apporter le salut." Ce sont les seules paroles que j'aie retenues. Tous semblaient avoir un sentiment profond de leur indignité, et ils manifestaient une entière soumission à la volonté de Dieu. Cependant, comme Jacob, chacun, sans exception, réclamait la délivrance et luttait pour l'obtenir. Premier écrits, 271-272.

Peu de temps après qu'ils eurent commencé à supplier le Seigneur, les anges pleins de sympathie à leur égard, désiraient aller les délivrer. Mais un ange puissant qui les commandait, ne le leur permit pas. Il leur dit : "La volonté de Dieu n'est pas encore accomplie. Ils doivent boire la coupe, être baptisés du baptême." Premier écrits, 272.

Bientôt j'entendis la voix de Dieu qui secouait le ciel et la terre Voir Joël 3 :16 ; Hébreux 12 :26 ; Apocalypse 16 :17. Il y eut un grand tremblement de terre. Les bâtiments tombaient de tous côtés. J'entendis alors un grand cri de victoire, puissant, musical, clair. Je regardai le groupe qui, peu de temps auparavant, gémissait dans la détresse et l'esclavage. Leur captivité était terminée. Une lumière glorieuse luisait sur eux. Comme ils me parurent beaux ! Toute trace de soucis et de fatigue avait disparu ; la santé et la beauté étaient sur tous les visages. Leurs ennemis, les païens qui les entouraient, tombaient comme s'ils étaient morts ; ils ne pouvaient pas supporter l'éclat de la lumière qui resplendissait sur les saints libérés. Cette lumière, cette gloire reposa sur eux jusqu'à ce que Jésus parût sur les nuées des cieux. Alors les fidèles éprouvés furent changés en un instant, en un clin d'œil, de gloire en gloire. Les sépulcres s'ouvrirent et les saints en sortirent revêtus d'immortalité, en s'écriant : "Victoire sur la mort et sur le sépulcre !" Et tous ensemble, avec les justes vivants, ils furent enlevés à la rencontre de leur Seigneur dans les airs, tandis que chaque langue immortelle faisait retentir des cris de victoire. Premier écrits, 272-273.

Les deux armées

Dans une vision, il m'a été montré deux armées engagées dans un terrible conflit. L'une était précédée par des étendards portant les insignes du monde ; l'autre, par la bannière teinte de sang du Prince Emmanuel. Drapeau après drapeau jonchaient la poussière, à mesure que des détachements de l'armée du Seigneur se joignaient à l'ennemi et qu'une tribu après tribu quittaient les rangs de celui-ci pour s'unir au peuple de Dieu qui observe les commandements. Un ange, volant par le milieu du ciel, plaçait l'étendard d'Emmanuel en de nombreuses mains, tandis qu'un puissant général criait d'une voix forte : "Serrez vos rangs ! Que tous ceux qui sont fidèles aux commandements de Dieu et au témoignage de Jésus se placent maintenant du côté du Seigneur ! Sortez du milieu du monde, 'ne touchez pas à ce qui est impur, et je vous recevrai ; je serai pour vous un père, et vous serez mes fils et mes filles' Que tous les volontaires viennent au secours de l'Eternel!"

Aujourd'hui, l'Eglise est militante. Aujourd'hui, il faut affronter un monde de ténèbres presque totalement abandonné à l'idolâtrie. Le ministère de la guérison, 436.

Mais le jour vient où la lutte sera achevée, où la victoire aura été remportée. La volonté de Dieu doit être faite sur la terre comme au ciel. Alors les rachetés ne connaîtront plus d'autre loi que celle du ciel. Tous seront rassemblés en une famille heureuse et unie, ayant revêtu la robe de justice du Christ. La nature entière, éclatante de beauté, offrira à Dieu un tribut de louange et d'adoration. La terre sera baignée de la lumière céleste; la lune brillera comme le soleil, et celui-ci sera sept fois plus puissant qu'aujourd'hui. Les années s'écouleront dans la joie. Les étoiles du matin chanteront ensemble et les fils de Dieu éclateront en cris de joie tandis que Dieu et le Christ proclameront que le péché et la mort ont disparu pour toujours. Le ministère de la guérison, 437-438.

Voici la scène qui me fut présentée. Mais l'église doit se battre, et se battra contre les ennemis visibles et invisibles. Les agents humains de Satan sont sur le champ de bataille. Les hommes se sont associés en vue de s'opposer au Seigneur des armées. Ces associations dureront jusqu'au moment où le Christ cessera d'intercéder devant le propitiatoire et revêtira ses vêtements de vengeance. Dans chaque ville, des agents de Satan s'occupent à organiser des partis parmi ceux qui s'opposent à la loi de Dieu. Des croyants de profession et des incrédules notoires entrent dans ces partis. Ce n'est pas le moment pour les enfants de Dieu de se montrer débiles. Nous ne pouvons nous relâcher de notre vigilance un seul instant. Messages choisis 2:161.

[277]

Chapitre 63 — Des choses à ne pas oublier

Les instructions que le Sauveur donnait à ses disciples étaient également pour les chrétiens qui viendraient après eux au cours des âges. Le Christ pensait à ceux qui vivraient à la fin des temps quand il déclarait : "Prenez garde à vous-mêmes." Le devoir de chacun de nous est de serrer dans son cœur les grâces précieuses du Saint-Esprit. Testimonies for the Church 2 :14.

La grande crise est sur le point d'éclater. Pour affronter les tentations, pour nous acquitter de nos devoirs, il nous faudra une foi persévérante. Mais il est possible d'en triompher glorieusement ; aucune âme qui veille, prie et croit ne tombera dans les filets de l'ennemi. Testimonies for the Church 3 :9.

Mes frères, vous à qui les vérités de la parole de Dieu ont été révélées, que ferez-vous quand se dérouleront les dernières scènes de l'histoire de ce monde ? Avez-vous conscience de ces réalités solennelles ? Vous rendez-vous compte de la grande œuvre de préparation qui aura lieu ici-bas et dans les cieux ? Que tous ceux qui ont eu part à la lumière, qui ont eu le privilège de lire et d'entendre la prophétie y prennent garde, "car le temps est proche". Que nul ne pratique le péché, la cause de tous les maux en ce bas monde, et ne reste plus longtemps dans un état de léthargie et de stupide indifférence. Que la destinée de votre âme ne dépende pas d'une incertitude. Soyez sûrs d'être tout à fait du côté du Seigneur. Que la question suivante se pose à tous cœurs sincères : "Qui pourra subsister ?" vous êtes-vous efforcés, en ces dernières heures du temps de grâce, d'améliorer votre caractère ? Avez-vous purifié votre âme de toute souillure ? Avez-vous vécu selon la lumière qui vous a été départie ? Vos actes sont-ils en harmonie avec votre profession de foi ? Testimonies for the Church 3 :10.

On peut être chrétien formaliste et perdre la vie éternelle. On peut pratiquer certaines doctrines bibliques, être considéré comme chrétien et en réalité être perdu parce qu'on manque des qualités essentielles. Si vous négligez ou traitez avec indifférence les avertissements que Dieu vous a donnés, si vous caressez un péché ou si vous l'excusez, vous décidez de la destinée de votre âme. Vous serez pesés dans la balance et trouvés trop légers. La grâce, la paix et le pardon vous seront pour toujours retirés, et Jésus ne pourra plus exaucer vos prières. Tandis que le temps de grâce se prolonge, et que le Sauveur intercède pour vous, faites tous vos efforts en vue de l'éternité. Testimonies for the Church 3 :11.

Loin de dormir, Satan s'efforce d'empêcher l'accomplissement de la parole prophétique. Habile séducteur, il fait tout ce qu'il peut pour contrecarrer la volonté de Dieu révélée dans l'Ecriture. Pendant des années il a réussi à dominer les esprits par des sophismes subtils qu'il a substitués à la vérité. À l'heure périlleuse où nous sommes, ceux qui pratiquent le bien, qui craignent Dieu, glorifieront son nom en répétant les paroles de David : "Il est temps que l'Eternel agisse : ils transgressent ta loi." Psaumes 119 :126. Testimonies for the Church 3 :393.

En tant que peuple, nous prétendons avoir plus de lumière qu'aucun autre corps religieux. Il est donc nécessaire que notre vie soit en harmonie avec notre foi. Le jour est bientôt arrivé où les justes seront réunis dans le grenier céleste comme de précieuses gerbes, tandis que les impies, semblables à l'ivraie, seront rassemblés, eux aussi, pour être jetés dans le feu au jour du jugement. Mais le blé et l'ivraie "doivent croître ensemble l'un et l'autre jusqu'à la moisson". Matthieu 13 :30.

Dans l'accomplissement des devoirs de la vie, les justes côtoieront les infidèles jusqu'à la fin. Les enfants de lumière seront dispersés parmi les enfants des ténèbres afin que le contraste soit évident pour tous. Ainsi, les enfants de Dieu doivent "annoncer les vertus de celui qui les a appelés des ténèbres à son admirable lumière". Pierre 2 :9. L'amour divin qui illumine les cœurs et les dispositions chrétiennes se manifestant dans la vie seront comme un rayon céleste accordé aux hommes afin qu'ils puissent se rendre compte de la bonté de Dieu. Testimonies for the Church 2 :11.

Nul ne peut servir Dieu sans que s'unissent contre lui les hommes méchants et les mauvais anges. Ceux-ci poursuivront toute âme qui cherche à suivre le Christ, car Satan désire ressaisir la proie qui lui a échappé. Des hommes pervers se laisseront aller à croire à des erreurs subtiles qui attireront sur eux la condamnation. Ils revêtiront le manteau de la sincérité pour séduire, si possible, même les élus. Testimonies for the Church 1 :683.

La fin est proche

Le retour du Christ ne tardera plus longtemps. Que ce soit là le thème de toutes vos conversations. Testimonies for the Church 3 :11.

Aujourd'hui, l'Esprit de Dieu se retire de la terre. Ouragans, orages tempêtes, incendies et inondations, désastres sur mer et sur terre se succèdent sans interruption. La science cherche en vain à les expliquer. Les signes qui se multiplient autour de nous, et qui nous annoncent le retour prochain du Fils de Dieu, sont attribués à toutes autres causes qu'à la véritable. Les hommes ne peuvent apercevoir les anges qui retiennent les quatre vents afin qu'ils ne soufflent pas jusqu'à ce que les serviteurs de Dieu soient scellés ; mais lorsque le Seigneur leur ordonnera de laisser les vents souffler, alors se produira un conflit indescriptible. Instructions pour un Service Chrétien Effectif, 65.

Le danger de croire que le Christ tarde à venir

Le méchant serviteur qui se disait en lui-même : "Mon maître tarde à venir," (Matthieu 24 :48) faisait profession d'attendre le retour du Christ. C'était un "serviteur" apparemment dévoué au service de Dieu, tandis que son cœur était sous la dépendance de Satan. Comme le sceptique, il ne reniait pas ouvertement la vérité, mais sa vie laissait voir les sentiments de son cœur ; pour lui la venue du Maître était retardée. Sa présomption le rendait indifférent à ses intérêts éternels. Il acceptait les maximes du monde et se conformait à ses coutumes. L'égoïsme, l'ambition, l'orgueil prédominaient chez lui. Dans la crainte de se voir surpassé par ses frères, il dénigrait leurs efforts et suspectait leurs mobiles. C'est ainsi "qu'il battait ses compagnons de service".

A mesure qu'il s'éloignait du peuple de Dieu, il s'unissait de plus en plus aux incroyants. On le voyait "manger et boire avec les ivrognes" (Matthieu 24 :48-50), se joignant aux mondains et participant à leur esprit. Il s'endormit ainsi dans une sécurité toute charnelle, victime misérable de l'oubli, de l'indifférence et de l'apathie.

La soi-disant nouvelle lumière trompera un grand nombre

Satan espère entraîner le peuple de Dieu, le "Reste" dans la ruine générale qui menace la terre. Il fera des efforts déterminés et décisifs pour l'abattre à mesure qu'approche le retour du Christ. Des hommes et des femmes se lèveront, prétendant avoir de nouvelles lumières ou une révélation spéciale dont la tendance est d'ébranler la foi véritable "dans les anciennes bornes". Leurs doctrines ne supporteraient pas l'épreuve de la Parole de Dieu et pourtant des âmes seront séduites. Testimonies for the Church 2 :124.

De faux rapports circuleront et certains seront pris au piège. Ils croiront ces rumeurs, les répéteront et ainsi se formera un lien qui les unira à l'archange séducteur. Cet esprit ne sera pas toujours manifesté avec une défiance ouverte à l'égard des messages que Dieu envoie, mais une incrédulité manifeste est exprimée de bien des manières. Tout faux rapport contribue à entretenir et à fortifier cette incrédulité, et ainsi, bien des âmes seront poussées dans la mauvaise direction.

Nous ne serons jamais trop vigilants contre toute forme d'erreur, car Satan cherche constamment à éloigner les hommes de la vérité. Testimonies for the Church 2 :124.

Importance de la dévotion personnelle

Si, aujourd'hui, nous négligeons la prière privée et la lecture des Ecritures, nous pourrons demain nous en abstenir sans trop de remords. Alors s'ensuit une longue liste d'omissions, simplement parce qu'un seul grain a été semé dans notre cœur. Par contre, chaque rayon de lumière que nous chérissons rapportera beaucoup de lumière. Si nous résistons à la tentation une fois, la deuxième fois nous devenons plus fort et résistons plus fermement.

Tout croyant qui s'approche du Seigneur avec un cœur sincère et lui adresse sa requête avec foi, recevra une réponse. Vous ne devez pas douter des promesses de Dieu si vous constatez que vos prières ne sont pas exaucées sur-le-champ. Ne craignez pas de vous confier en lui. Comptez sur sa promesse, car il a dit : "Demandez et vous recevrez." Jean 16 :24. Il a trop de sagesse pour se tromper et trop de bonté pour "refuser aucun bien à ceux qui marchent dans l'intégrité". Psaumes 84 :12. L'homme est sujet à l'erreur et, bien que ses requêtes montent d'un cœur honnête, il ne demande pas toujours ce qui est bon pour lui ou ce qui sera à la gloire de Dieu. Notre Père céleste, dans sa sagesse et sa bonté, entend nos prières et les exauce, parfois sans délai ; mais il ne nous donne que ce qui est pour notre bien et pour sa gloire. Il nous accorde ses bénédictions ; si nous pouvions connaître ses desseins, nous verrions clairement qu'il sait ce qui est le meilleur pour nous et qu'il exauce en réalité nos prières. S'il ne nous donne pas ce que nous avions demandé, et qui nous aurait nui, en échange il nous envoie ce dont avons vraiment besoin.

Je vis que si nous avions le sentiment que Dieu ne répondait pas immédiatement à nos prières, il nous fallait persévérer dans la foi, ne pas laisser se glisser dans nos cœurs le doute qui sépare de Dieu. Si notre foi chancelle, nous ne recevrons rien. Notre confiance en Dieu doit être inébranlable, et, à l'heure où nous aurons le plus urgent besoin, la bénédiction descendra sur nous comme une ondée qui fertilise les campagnes.

Les chrétiens aiment penser aux choses célestes et à en parler

Dans le ciel, Dieu est tout en tous. La sainteté y règne en souveraine ; rien n'y vient troubler l'harmonie avec Dieu. Si nous cherchons à atteindre ce but, l'esprit du ciel habitera en nous ; mais si nous n'éprouvons aucun plaisir à contempler les choses célestes, si la connaissance de Dieu ne présente aucun intérêt pour nous, si nous ne trouvons aucun charme à contempler le caractère du Christ, si la notion de sainteté nous laisse indifférents, soyons assurés que notre espérance est vaine. La conformité parfaite avec la volonté divine, voilà le but élevé que le chrétien doit se proposer. Il aimera parler de son Dieu, de Jésus, de la demeure de félicité et de pureté qu'il est allé préparer pour ceux qui l'aiment, ceux qui ont contemplé ces sujets, ceux dont l'âme s'est délectée des précieuses assurances de Dieu, ont goûté, nous dit l'apôtre, "les puissances du siècle à venir".
Testimonies for the Church 2 :399 - 400.

Nous sommes à la veille du grand conflit, au cours duquel Satan, en vue de défigurer le caractère de Dieu, agira avec toutes sortes de miracles, de signes et de prodiges mensongers et avec toutes les séductions de l'iniquité, "au point de séduire, s'il était possible, même les élus". Matthieu 24 :24. Si jamais un peuple eut constamment besoin de la lumière d'en haut, c'est bien celui que, dans ces jours difficiles, Dieu a appelé à être le dépositaire de sa loi sainte, et à présenter son caractère devant le monde. Ceux auxquels a été confié un dépôt aussi sacré doivent être vivifiés, élevés, "spiritualisés" par les vérités auxquelles ils prétendent croire. Testimonies for the Church 2 :400.

Le peuple de Dieu avance sans douter ni craindre

Le Seigneur s'occupe maintenant de son peuple qui croit à la vérité présente. Il désire aboutir à de grands résultats et alors que sa providence agit dans ce sens, il dit à son peuple : "En avant !" En réalité, le chemin n'est pas encore ouvert. Mais si nous avançons avec foi, et courage, Dieu ouvrira ce chemin sous nos yeux. Il se trouvera toujours quelqu'un pour se plaindre, comme jadis en Israël, et pour rendre responsables des difficultés ceux que Dieu a choisis précisément pour faire progresser son œuvre. Ceux qui murmurent ne voient pas que Dieu les éprouve en les plaçant dans des situations critiques et sans issue, d'où sa main seule peut les tirer. Testimonies for the Church 1 :517.

Il y a des moments où la vie chrétienne semble être entourée de dangers et où le devoir paraît difficile à remplir. L'imagination place devant nous le précipice et, derrière, l'esclavage ou la mort. Cependant, la voix de Dieu se fait entendre clairement : Avance. Il faut obéir à cet ordre, sans se préoccuper du résultat, même si nos yeux ne peuvent percer l'obscurité et si nous sentons les vagues glacées se briser sur nos pieds. Testimonies for the Church 1 :517.

Dans une vie partagée, vous trouverez le doute et les ténèbres. Vous ne jouirez ni des consolations de la religion ni de la paix que le monde donne. Vous ne pouvez vous contenter d'en faire le moins possible, comme vous le conseille Satan. Il faut vous lever et chercher à atteindre le but élevé qui vous est proposé. Il fait bon de tout laisser pour suivre le Christ. Ne regardez pas les autres pour les imiter et vous tenir à leur niveau. Vous n'avez qu'un modèle, qui ne vous laissera jamais errer. Si vous suivez Jésus seul, vous serez en sécurité. Soyez décidés à laisser les autres vivre dans l'inertie spirituelle s'ils le veulent, mais cherchez vous-mêmes à atteindre la hauteur d'un caractère chrétien. Formez-vous un caractère pour le ciel. Ne vous endormez pas à votre poste de combat. Occupez-vous fidèlement du salut de votre âme. Testimonies for the Church 1 :92.

Chapitre 64 — Christ, notre souverain sacrificateur

Le fondement de notre foi réside dans une compréhension correcte du ministère qui s'opère dans le sanctuaire céleste. Evangelism, 204.

Le sanctuaire céleste fut construit selon le modèle révélé à Moïse sur la montagne. C'était un symbole pour le temps présent, matérialisé par la présentation d'offrandes et de sacrifices ; ses deux lieux saints étaient "des images des choses qui sont dans les cieux ;" Christ, notre Souverain Sacrificateur, est "ministre du sanctuaire et du véritable tabernacle, qui a été dressé par le Seigneur et non par un homme." Hébreux 9 :9, 23 ; 8 :2. Lorsque Saint-Jean eut le privilège de contempler en vision "le Temple de Dieu qui est dans le ciel", il vit "devant le trône sept lampes ardentes". Là, le prophète y aperçut les sept lampes ardentes et l'autel d'or, représenté par le chandelier d'or et l'autel des parfums du sanctuaire terrestre. Puis, "le temple de Dieu dans le ciel s'étant ouvert", (Apocalypse 11 :19), le révélateur, plongeant les regards au-delà du voile jusque dans le saint des saints, y distingua "l'arche de son alliance", représenté par le coffret sacré fait par Moïse pour contenir les tables de la Loi de Dieu. La tragédie des siècles, 449.

Jean dit avoir vu le sanctuaire céleste. Et que le sanctuaire céleste dans lequel Jésus exerce maintenant son sacerdoce est l'auguste original dont le sanctuaire construit par Moïse était la copie. La tragédie des siècles, 448.

Le palais du Roi des rois, entouré de mille milliers de servants et de dix mille millions d'assistants ; ce temple embrasé de la gloire du trône éternel, où d'étincelants gardiens, les séraphins, adorent en se voilant la face, ne trouvait qu'une pâle image de son immensité et de sa gloire dans les constructions les plus luxueuses érigées par la main des hommes. Néanmoins, les rites qui s'y déroulaient révélaient des faits importants touchant le sanctuaire céleste et l'œuvre qui s'y poursuit pour la rédemption de l'homme. La tragédie des siècles, 449.

C'est après son ascension que notre Sauveur inaugura son ministère de grand prêtre dans le sanctuaire céleste. Jésus-Christ, écrit l'apôtre Paul, "n'est pas entré dans un sanctuaire fait de main d'homme, imitation du vrai sanctuaire; mais il est entré dans le ciel même, afin de comparaitre maintenant pour nous devant la face de Dieu" Hébreux 9:24. Son ministère comprend deux grandes phases embrassant chacune une certaine période de temps, et se déroulant respectivement dans l'une ou l'autre des pièces du sanctuaire céleste. Tout s'y passe exactement comme dans le sanctuaire terrestre, c'est à dire deux cycles successifs : le service quotidien et le service annuel, pour chacun desquels était réservée l'une des deux pièces du tabernacle. Patriarches et prophètes, 329-330.

A son ascension, Jésus regagna le ciel pour y plaider en présence de Dieu les mérites de son sang en faveur des croyants, tout comme l'avaient fait les prêtres au tabernacle mosaïque lorsque, dans le lieu saint, ils faisaient aspersion du sang des sacrifices en faveur des pécheurs. Patriarches et prophètes, 330.

Mais le sang du Sauveur, tout en libérant de la condamnation le pécheur repentant, n'anéantit pas le péché. Celui-ci demeure sur les registres du sanctuaire jusqu'à l'expiation finale. C'est ce que montrait la dispensation mosaïque où le sang des sacrifices justifiait le pécheur, tandis que le péché lui-même subsistait dans le sanctuaire jusqu'au jour des expiations. Patriarches et prophètes, 330.

Au grand jour des récompenses finales, les morts seront "jugés selon leurs œuvres, d'après ce qui est écrit dans ces livres" Apocalypse 20:12. Cela fait, en vertu du sang expiatoire du fils de Dieu, les péchés de tous les croyants seront effacés des dossiers du sanctuaire. Ce sera la purification de celui-ci par l'élimination des sombres annales du péché. Sur la terre, cette liquidation solennelle : l'expiation définitive et l'effacement des péchés, était figurée par le cérémonial du grand jour des expiations ou de la purification du sanctuaire. Ce cérémonial consistait, en vertu du sang de la victime, à éliminer définitivement du sanctuaire tous les péchés qui s'y étaient accumulés. Patriarches et prophètes, 330.

Satan invente d'innombrables prétextes pour occuper notre attention ailleurs qu'aux objets qui devraient le plus nous absorber. Le grand séducteur hait les glorieuses vérités qui mettent en évidence un sacrifice expiatoire et un tout-puissant Médiateur. Il sait qu'il ne réussira dans ses entreprises qu'en détournant les esprits loin de Jésus et de sa vérité. La tragédie des siècles, 530.

Jésus présente devant Dieu ses mains meurtries et son côté percé, et dit à tous ceux qui veulent le suivre : "Ma grâce te suffit." "Prenez mon joug sur vous et recevez mes instructions, car je suis doux et humble de cœur ; et vous trouverez du repos pour vos âmes. Car mon joug est doux, et mon fardeau léger." Matthieu 11 :29, 30. Que nul donc ne considère ses défauts comme incurables. Dieu vous donnera foi et grâce pour les surmonter. La tragédie des siècles, 532.

Nous vivons à l'époque du grand jour des expiations. Dans le culte mosaïque, pendant que le souverain sacrificateur faisait l'expiation pour Israël, chacun devait se repentir de ses péchés et s'humilier devant le Seigneur, sous peine d'être retranché de son peuple. Maintenant, de même, pendant les quelques jours de grâce qui restent encore, tous ceux qui veulent que leur nom soit maintenu dans le livre de vie, doivent affliger leur âme devant Dieu, ressentir une véritable douleur de leurs péchés et faire preuve d'une sincère conversion. Un sérieux retour sur soi-même est nécessaire. Il faut, chez un bon nombre de ceux qui se disent disciples du Christ, que la légèreté et la frivolité disparaissent. Au prix d'une guerre sérieuse, on parviendra à vaincre ses tendances mauvaises et à remporter la victoire, car cette œuvre de préparation est une affaire individuelle. Nous ne sommes pas sauvés par groupe. La pureté et la consécration de l'un ne sauraient compenser le défaut de ces qualités chez un autre. Quoique toutes les nations doivent passer en jugement, Dieu examinera le cas de chaque individu avec autant de soin que si celui-ci était seul sur la terre. La tragédie des siècles, 532.

Solennelles sont les scènes qui marquent l'achèvement de l'expiation. Cette œuvre comporte des intérêts d'une valeur infinie. Le tribunal suprême siège depuis plusieurs années. Bientôt, nul ne sait quand, les dossiers des vivants y seront examinés. Bientôt notre vie passera sous le redoutable regard de Dieu. Il convient donc plus que jamais de prendre garde à cette exhortation du Sauveur : "Prenez garde, veillez et priez ; car vous ne savez quand ce temps viendra." Marc 13 :33 La tragédie des siècles, 533.

Lorsque l'instruction du jugement sera terminée, la destinée de chacun sera décidée soit pour la vie, soit pour la mort. Le temps de grâce prendra fin un peu avant l'apparition de notre Seigneur sur

468 Conseils á L'Eglise

les nuées du ciel. Dans une allusion à ce temps-là, il nous est dit dans l'Apocalypse : "Que celui qui est injuste soit encore injuste, que celui qui est souillé se souille encore ; et que le juste pratique encore la justice, et que celui qui est saint se sanctifie encore. Voici, je viens bientôt, et ma rétribution est avec moi, pour rendre à chacun selon ce qu'est son œuvre." Apocalypse 22 :11, 12 La tragédie des siècles, 533.

Justes et méchants seront encore sur la terre dans leur état mortel. Dans l'ignorance des décisions finales et irrévocables qui auront été prises dans le sanctuaire céleste, on plantera, on bâtira, on mangera et on boira. C'est silencieuse, inattendue et inaperçue, comme le voleur dans la nuit, que viendra l'heure décisive marquant la destinée de tout homme, l'heure où l'offre de la miséricorde sera retirée aux coupables. La tragédie des siècles, 533-534.

Chapitre 65 — Josué et l'ange

Si le voile qui sépare le visible de l'invisible pouvait être levé, et que les enfants de Dieu pouvaient contempler le grand conflit qui se déroule entre le Christ et les saints anges d'une part et Satan et les mauvais anges d'autre part, au sujet de la rédemption de l'homme ; s'ils pouvaient comprendre l'œuvre merveilleuse de Dieu pour libérer les âmes de l'esclavage du péché et l'action constante de sa puissance pour les protéger de la malice du diable, ils seraient mieux préparés à résister aux artifices de Satan. Un sentiment de solennité s'emparerait de leurs esprits devant l'étendue et l'importance du plan de la rédemption et devant l'ampleur de l'œuvre qui les attend comme collaborateurs du Christ. Ils seraient humiliés, et cependant encouragés, sachant que le ciel tout enter s'intéresse à leur salut. Testimonies for the Church 2 :202.

Par une illustration frappante, où il comparait l'œuvre du Christ à celle de Satan, il montra avec quelle puissance le Médiateur des enfants de Dieu peut confondre leur accusateur. Dans une vision, le prophète aperçut "Josué, le souverain sacrificateur...couvert de vêtements sales", debout devant l'ange et implorant la miséricorde divine pour son peuple qui était dans une grande affliction. Tandis qu'il suppliait Dieu, Satan se dressait plein d'arrogance pour l'accuser. Il rappelait les transgressions d'Israël pour l'empêcher de recevoir les faveurs divines.

Le grand prêtre n'arrivait pas à se défendre. Il ne prétendait pas qu'Israël n'était pas coupable. Couvert de vêtements sales, symbole des péchés du peuple dont il s'est chargé, Josué, le représentant de ce dernier, se tient debout devant l'ange. Il confesse toutes ses transgressions en exprimant la repentance et l'humiliation de leurs auteurs. Il s'en remet au Rédempteur qui pardonne, et il invoque avec foi les promesses divines.

Alors l'ange qui représente le Christ, le Sauveur des pécheurs, réduisit au silence l'accusateur du peuple de Dieu. "L'Eternel dit à Satan : Que l'Eternel te réprime, lui qui a choisi Jérusalem ! N'est-ce pas là un tison arraché du feu ?" Zacharie 3 :2 Prophètes et rois, 442. Lorsque l'intercession de Josué fut accepté, l'ange déclara : "Otez-lui les vêtements sales ! Puis il dit à Josué : vois, je t'enlève ton iniquité, et je te revêts d'habits de fête. Je dis : qu'on mette sur sa tête un turban pur ! Et ils mirent un turban pur sur sa tête, et ils lui mirent des vêtements." Zacharie 3 :4, 5. Ses péchés étaient pardonnés, ainsi que ceux de son peuple. Israël était revêtu "d'habits de fête", grâce à la justice du Christ. Prophètes et rois, 442.

De même que Satan accusa Josué et son peuple, de même il ne cesse d'accuser ceux qui, dans tous les âges, recherchent la miséricorde et l'amour de Dieu. Il est "l'accusateur des frères", "celui qui les accuse devant notre Dieu jour et nuit." Apocalypse 12 :10. Toute âme libérée du pouvoir du mal et dont le nom est inscrit dans le livre de vie de l'Agneau, subit ses assauts. Nul n'est reçu dans la famille divine sans susciter chez l'ennemi une résistance acharnée. Prophètes et rois, 443-444.

Les accusations de Satan contre ceux qui recherchent le Seigneur ne sont pas provoquées par sa haine du péché. Il se réjouit au contraire des défauts de caractère des chrétiens, car il sait que seule la transgression de la loi divine lui assurera tout pouvoir sur eux. Ses accusations sont uniquement inspirées par son inimitié pour le Sauveur. Mais par le plan du salut, Jésus supprime l'emprise de Satan sur la famille humaine, et il la délivre de sa puissance. Alors, toute la haine, toute la malice du prince du mal s'exacerbent en présence de la suprématie du Christ. Aussi met-il en œuvre sa puissance et sa ruse pour arracher au Seigneur les enfants des hommes qui ont accepté le salut. Prophètes et rois, 444.

Il les pousse au scepticisme, les incite à perdre confiance en Dieu, et à se séparer de son amour. Il leur suggère de transgresser sa loi, puis, il les revendique comme ses captifs et conteste au Christ le droit de les lui prendre. Satan sait que tous ceux qui demandent à Dieu son pardon et sa grâce obtiendront gain de cause ; c'est pourquoi il leur présente leurs péchés pour les décourager. Il ne cesse de susciter des occasions de se plaindre chez ceux qui s'efforcent d'obéir au Seigneur. Il cherche même à leur présenter comme viles leurs meilleures actions. Par d'innombrables stratagèmes, d'une subtilité et d'une cruauté incomparables, il s'applique à provoquer leur condamnation. Prophètes et rois, 444.

Il est impossible à l'homme par ses propres forces, de tenir tête aux accusations de l'ennemi. Debout devant Dieu, vêtu de vêtements sales, il confesse ses péchés. Alors Jésus, notre avocat, plaide efficacement en sa faveur. Il défend sa cause, et, grâce au sacrifice du Calvaire, il triomphe de l'accusateur. Sa parfaite obéissance à la loi divine lui a donné tout pouvoir dans le ciel et sur la terre, et il supplie son Père d'accorder sa miséricorde au pécheur et de le réconcilier avec lui. Il déclare à l'accusateur de son peuple : "Que l'Eternel te réprime, Satan ! Ce peuple a été racheté par mon sang, c'est un tison arraché du feu." Et à celui qui se confie en lui, il donne cette assurance ; "Vois, je t'enlève ton iniquité et je te revêts d'habits de fête."

Tous ceux qui ont revêtu la robe de justice du Christ se tiendront devant lui comme ses élus, ses fidèles, ses justes. Satan n'aura aucun pouvoir pour les ravir de la main du Sauveur. Aucune âme qui réclame sa protection avec foi ne tombera sous la puissance de l'ennemi. La Parole de Dieu nous en donne l'assurance. "Qu'on me prenne pour refuge, dit au nom du Seigneur le prophète Ésaïe (chapitre 27 :5), qu'on fasse la paix avec moi, qu'on fasse la paix avec moi." La promesse faite à Josué est aussi pour nous : "si tu marches dans mes voies et si tu observes mes ordres, ...je te donnerai libre accès parmi ceux qui sont ici." Zacharie 3 :7. Les anges de Dieu seront à nos côtés dès ici-bas. Prophètes et rois, 444-445.

Le fait que le peuple reconnu par Dieu comme sien est représenté devant le Seigneur en vêtements sales devrait conduire ceux qui prétendent le servir à une grande humilité et à une profonde contrition. Ceux qui purifient vraiment leur âme en obéissant à la vérité auront une très humble opinion d'eux-mêmes. Plus ils contempleront le caractère sans tache du Christ, plus ardemment ils désireront être conformes à son image et moins ils verront de pureté ou de sainteté en eux-mêmes. Mais si nous devons nous rendre compte de notre condition pécheresse, nous devons aussi nous reposer sur le Christ, notre justice, notre sanctification et notre rédemption. Nous ne pouvons nous défendre devant les accusations de Satan. Le Christ seul peut plaider avec succès en notre faveur. Il peut réduire l'accusateur au silence par des arguments fondés, non sur nos propres mérites, mais sur les siens.

L'église du reste

La vision de Zacharie relative à Josué et à l'ange s'applique particulièrement au peuple de Dieu et aux scènes finales du grand jour des expiations. L'Eglise des derniers temps connaîtra alors de terribles épreuves et une grande détresse. Ceux qui gardent les commandements de Dieu et qui ont le témoignage de Jésus subiront la colère de dragon et de ses suppôts. Satan considère le monde comme lui étant assujetti ; il exerce même sa domination sur de nombreux chrétiens de profession. Mais voici une petite minorité de croyants qui résiste à sa suprématie. S'il arrivait à l'anéantir, sa victoire serait totale. De même qu'il a incité les nations païennes à détruire Israël, de même, dans un proche avenir, il s'ingéniera à mobiliser les forces du mal pour anéantir le peuple de Dieu. Les hommes seront contraints d'obéir aux décrets humains et de violer la loi divine. Ceux qui resteront fidèles au Seigneur seront menacés, dénoncés, proscrits. Cette parole du Christ s'accomplira pour eux : "vous serez livrés même par vos parents, par vos frères, par vos proches et par vos amis, et ils vous feront mourir."

La miséricorde divine sera leur unique recours, et la prière leur seule défense. Comme Josué plaidait avec l'ange, l'Eglise "du reste" plaidera avec une foi inébranlable pour obtenir le pardon et la délivrance par Jésus, son avocat. Pleinement conscients de leurs iniquités, les enfants de Dieu verront leur faiblesse et leur indignité et seront prêts à se décourager. Prophètes et rois, 445-446.

Le tentateur se tiendra tout près d'eux pour les accuser, comme il le fit pour Josué. Il attirera leur attention sur leurs vêtements sales : leurs imperfections de caractère. Il leur montrera leur faiblesse, leur folie, leur ingratitude, leur peu de ressemblance avec le Christ, tous les péchés qui ont déshonoré leur Rédempteur. Il s'efforcera de les effrayer en suscitant chez eux la pensée que leur cas est désespéré, que leur souillure ne pourra jamais être purifiée. Il espérera ainsi détruire leur foi et les faire succomber à la tentation. Prophètes et rois, 446.

Il accable le pécheur de ses accusations en leur faisant croire qu'ils sont privés de la protection divine et qu'il a le droit de les anéantir. Il les a exclus de la faveur céleste comme il s'en est exclu lui-même. "Est-ce là le peuple qui prétend usurper ma place au ciel, ainsi que celle de mes anges ? Dit-il. Obéit- il vraiment à la loi de Dieu, garde-t-il ses préceptes ? Ces gens ne sont-ils pas plus attachés à leurs personnes qu'à Dieu ? N'ont-ils pas placé leurs intérêts personnels avant ceux d'en haut ? Ne sont-ils pas attachés aux choses du monde ? Regardez les péchés qui souillent leur vie. Considérez leur égoïsme, leur malice, la haine qu'ils éprouvent les uns pour les autres." Prophètes et rois, 446.

En bien des cas, le people de Dieu a été fautif. Satan connaît bien tous les péchés que les hommes commettent à son instigation. Et il les présente sous leurs aspects les plus exagérés, disant, "Dieu me chassera-t-il avec mes anges de sa présence pour récompenser ceux qui ont commis des péchés semblables aux nôtres ? Tu ne peux agir ainsi, ô Dieu de justice. La justice exige qu'une sentence soit prononcée contre eux." Prophètes et rois, 446.

Mais si les disciples du Christ ont péché, ils ne sont pas abandonnés à la domination des forces du mal. Ils se sont repentis, et ils ont recherché le Seigneur avec humilité et contrition. Alors, l'avocat divin a plaidé pour eux. Celui qui a connu l'ingratitude la plus noire de la part des hommes, mais qui a connu aussi leurs péchés et leur repentir, déclare : "Que l'Eternel te réprime, Satan ! J'ai donné ma vie pour ces âmes ; je les ai gravées sur la paume de mes mains." Prophètes et rois, 446-447.

Couvert de la robe de justice du Christ

Alors que le peuple de Dieu se lamente et implore son Dieu pour obtenir la pureté du cœur, voici l'ordre qui est donné d'en haut : "Otez-lui les vêtements sales." Puis suivre ces paroles réconfortantes : "Vois, je t'enlève ton iniquité, et je te revêts d'habits de fête." La robe immaculée de la justice du Christ est alors donnée aux enfants de Dieu qui, dans l'épreuve et la tentation sont demeurés fidèles. Ceux qui composent ce "reste" méprisé sont revêtus de vêtements glorieux qui ne connaîtront jamais les souillures du monde. Leurs noms sont écrits dans le livre de vie de l'Agneau, à côté de ceux des fidèles de tous les temps. Victorieux des ruses de Satan, ils sont restés inébranlables malgré les rugissements du dragon. Ils sont maintenant pour toujours à l'abri du tentateur ; leurs péchés sont transférés sur l'auteur de tout mal.

Ce reste fut non seulement pardonné et accepté, mais aussi honoré. Un "turban pur" est placé sur leurs têtes. Ils doivent être "un royaume, et des sacrificateurs pour Dieu". Lorsque Satan intensifiait ses accusations, des anges invisibles allaient et venaient, plaçant sur les fidèles le sceau du Dieu vivant. Ce sont ceux qui se tiendront sur la montagne de Sion avec l'Agneau et qui porteront sur leur front le nom de Dieu. Ils chanteront un cantique nouveau devant le trône, cantique que nul en dehors des cent quarante-quatre mille racheté, ne peut entonner. "Ce sont ceux qui ...suivent l'Agneau partout où il va. Ils ont été rachetés d'entre les hommes, comme des prémices pour Dieu et pour l'Agneau ; et dans leur bouche il ne s'est point trouvé de mensonge, car ils sont irrépréhensibles." Apocalypse 14 :4, 5 Prophètes et rois, 448.

Chapitre 66 — "Voici, je viens bientôt"

Récemment, au cours de la nuit, le Saint-Esprit m'a suggéré la pensée que si la venue du Seigneur est aussi proche que nous le croyons, nous devrions être plus actifs à porter la vérité au monde que nous ne l'avons été par le passé

A ce propos mon esprit s'est reporté à l'activité des croyants adventistes en 1843 et 1844. A ce moment là, on allait de maison en maison et l'on faisait des efforts infatigables pour avertir le monde de ce qu'annonçait la Parole de Dieu. Nous devrions faire des efforts encore plus grands que ceux des personnes qui proclamaient si fidèlement le message du premier ange. Nous approchons rapidement de la fin de l'histoire de cette terre ; quand nous aurons bien compris que Jésus est vraiment sur le point de venir, nous nous mettrons à l'œuvre plus que jamais. Il nous est ordonné de sonner l'alarme. La puissance de la vérité et de la justice doit se manifester dans nos vies. Bientôt le monde devra rendre compte au grand Législateur d'avoir enfreint sa loi. Ceux-là seuls qui passent de la transgression à l'obéissance peuvent espérer le pardon et la paix. Messages choisis 2 :464.

Que de bien pourrait être fait si tous ceux qui possèdent la vérité, la Parole de vie, voulaient s'efforcer d'éclairer ceux qui ne l'ont pas. Quand les habitants de Samarie vinrent à Jésus, invités par la femme samaritaine, le Christ les montra à ses disciples comme un champ de blé mûr pour la moisson. "Ne dites-vous pas qu'il y a encore quatre mois jusqu'à la moisson ? Voici, je vous le dis, levez les yeux et regardez les champs qui déjà blanchissent pour la moisson." Jean 4 :35. Le Christ demeura deux jours chez les samaritains ; ce furent deux jours bien remplis. Comme résultat de son travail, "un beaucoup plus grand nombre crurent à cause de sa parole". Jean 4 :41. Et voici quel fut leur témoignage : "Nous l'avons entendu nous-mêmes, et nous savons qu'il est vraiment le Sauveur du monde." Jean 4 :42 Messages choisis 2 :466.

Votre délivrance est proche

Lorsque j'entends les calamités qui tombent semaine après semaine, je me demande : qu'est-ce que cela signifie ? Les cataclysmes se succèdent à une cadence accélérée. Que de fois n'entendons-nous pas parler de tremblements de terre, de cyclones, de ravages causés par des incendies et des inondations, de lourdes pertes en vie humaines et en biens matériels ! A vues humaines, ces calamités sont des déchaînements capricieux des forces de la nature, désorganisées et déréglées, échappant au contrôle de l'homme. Mais ce sont des moyens employés par Dieu pour chercher à éveiller chez tous le sentiment du danger qu'ils courent. Prophètes et rois, 211.

La venue du Seigneur est plus proche que nous ne l'avons cru jusqu'à présent, le grand conflit touche à son terme. Chaque information signalant une catastrophe sur mer ou sur terre témoigne de ce que la fin de toutes choses est à la porte. Ils profèrent un sérieux avertissement, disant, "C'est pourquoi, vous aussi, tenez-vous prêts, car le Fils de l'homme viendra à l'heure où vous n'y penserez pas." Matthieu 24 :44.

Mais il en est bien peu dans nos églises qui connaissent la signification réelle de la vérité pour notre époque. Je les supplie de ne pas mépriser l'accomplissement des signes des temps, qui nous annoncent si clairement que la fin est proche. Oh, combien de ceux qui ne se sont pas souciés du salut de leur âme feront bientôt entendre cette amère lamentation : "La moisson est passée, l'été est fini, et nous ne sommes pas sauvés !" Jérémie 8 :20 ; Testimonies for the Church 3 :306.

Nous vivons les dernières scènes de l'histoire de cette terre. La prophétie s'accomplit rapidement. Le temps de grâce est bientôt fini. Nous n'avons pas de temps - pas une minute - à perdre. Prenons garde de ne pas nous endormir. Que nul ne dise en son cœur : "Mon Maître tarde à venir." Que le message de la venue prochaine du Christ résonne en sérieuses paroles d'avertissement. Persuadons les hommes et les femmes en tous lieux qu'ils ont à se repentir et à fuir la colère à venir. Qu'ils ne tardent pas à se préparer, car, nous ne savons pas ce qui nous attend. Que les prédicateurs et les membres d'église invitent tous les insouciants et les indifférents à rechercher le Seigneur tandis qu'il peut être trouvé. Les serviteurs de

Dieu moissonneront partout où les vérités bibliques sont proclamées. Ils entreront en contact avec ceux qui accepteront la vérité et se consacreront ensuite au salut des âmes. Testimonies for the Church 3 :306.

Le Seigneur va bientôt venir, et nous devons nous préparer à le rencontrer. Soyons déterminés à faire tout ce qui est en notre pouvoir pour communiquer la lumière à ceux qui nous entourent. Nous ne devons pas être tristes, mais joyeux, ayant toujours à la pensée le Seigneur Jésus. Il va bientôt venir, et il faut que nous soyons prêts à son apparition. Oh, que ce sera glorieux de le voir et d'être accueillis par lui comme ses rachetés ! Nous avons attendu longtemps, mais notre espérance ne s'est pas affaiblie. Si seulement nous pouvions contempler le Roi dans sa beauté, nous serions bénis à toujours. Il me semble que je devrais m'écrier : "En route pour la maison !" Nous approchons du temps où le Christ reviendra avec puissance et une grande gloire pour introduire les rachetés dans la demeure éternelle... Testimonies for the Church 3 :306 - 307.

Lors de l'achèvement de l'œuvre, nous serons confrontés à des difficultés devant lesquelles nous ne saurons que faire, mais n'oublions jamais que les trois grandes puissances du ciel sont en action, qu'une main divine tient le gouvernail, et que le Seigneur fera en sorte que ses desseins se réalisent. Évangéliser, 66. Il rassemblera du monde un peuple qui Le servira dans la justice.

La promesse du triomphe final

Je demande avec ferveur que l'œuvre que nous accomplissons en ce moment produise des effets durables sur les cœurs, les esprits et les âmes. Les sujets d'anxiété vont augmenter, mais encourageons-nous mutuellement, nous qui croyons en Dieu. Ne baissons pas le drapeau ; au contraire, tenons-le bien haut, regardant à l'Auteur et au Consommateur de notre foi. Quand, pendant la nuit, le sommeil fuit mes paupières, j'élève mon cœur vers Dieu par la prière, et il me fortifie et m'assure qu'il demeure auprès de ses serviteurs qui exercent le ministère dans notre pays et dans les pays éloignés. Ce qui m'encourage et me rend heureuse c'est de savoir que le Dieu d'Israël continue à guider son peuple et qu'il le fera jusqu'à la fin. Messages choisis 2 :470.

Le Seigneur désire que le message du troisième ange soit proclamé avec plus de succès. Tout comme il a assuré à son peuple des victoires à travers les âges, il désire achever glorieusement ses desseins en faveur de son Eglise. Il ordonne à ses saints croyants d'avancer en restant bien unis, allant de force en force, de foi en foi, avec une assurance et une confiance accrues en la vérité et la justice de sa cause. Messages choisis 2 :470.

Il nous faut rester fermes comme un rocher sur les principes de la Parole de Dieu, nous rappelant que Dieu est avec nous pour nous communiquer les forces nécessaires à chaque nouvelle expérience. Maintenons toujours dans nos vies les principes de la justice afin d'avancer de force en force au nom du Seigneur. Il nous faut maintenir le caractère sacré de la foi qui a été confirmée par les instructions et l'approbation de l'Esprit de Dieu depuis nos premières expériences jusqu'à ce jour. Il nous faut estimer à sa juste valeur l'œuvre que le Seigneur a poursuivie au moyen de son peuple, les observateurs des commandements, œuvre qui par sa grâce gagnera en puissance et en efficacité à mesure que le temps passe. L'ennemi s'efforce d'obscurcir l'entendement du peuple de Dieu et de diminuer son efficacité, mais si l'on travaille selon les directives de l'Esprit de Dieu, Il ouvrira des portes donnant l'occasion de rétablir les lieux dévastés. Il y aura une croissance constante, jusqu'au moment où le Seigneur descendra du ciel avec puissance et une grande gloire pour placer le sceau du triomphe final sur ses fidèles. Messages choisis 2 :470 - 471.

L'œuvre qui nous attend réclamera toutes les forces dont nous sommes capables. Une foi ferme et une vigilance constante seront exigées. Parfois les difficultés risqueront de nous décourager. Nous serons effrayés par la grandeur de la tâche. Néanmoins, avec l'aide de Dieu, ses serviteurs finiront par triompher. "Aussi", mes frères, "je vous demande de ne pas perdre courage" (Ephésiens 3 :13), malgré les épreuves qui vous attendent. Jésus sera avec vous : Il ira au-devant de vous par son Esprit-Saint, préparant le chemin ; il vous apportera son secours en toute circonstance. Messages choisis 2 :471.

"Or à celui qui peut faire, par la puissance qui agit en nous, infiniment au delà de tout ce que nous demandons où pensons, à lui soit la gloire dans l'Eglise et en Jésus-Christ, dans toutes les générations, aux siècles des siècles ! Amen !" Ephésiens 3 :20, 21. Messages choisis 2 :471.

Des scènes qui ont défilé devant moi pendant la nuit m'ont vivement impressionnée. J'ai cru assister à un grand mouvement, - une œuvre de réveil - poursuivie en divers lieux. Notre peuple entrait dans les rangs, en réponse à l'appel divin. Mes frères, le Seigneur nous parle. Ne voulons-nous pas écouter sa voix ? N'allons-nous pas préparer nos lampes et agir comme des hommes qui attendent la venue de leur Seigneur ? C'est le temps d'agir et de faire briller la lumière. Messages choisis 2 :464, 465.

"Je vous exhorte donc, ..." frères, "à marcher d'une manière digne de la vocation qui vous a été adressée, en toute humilité et douceur, avec patience, vous supportant les uns les autres avec amour, vous efforçant de conserver l'unité de l'Esprit par le lien de la paix.." Ephésiens 4 :1-3.

La récompense des fidèles

Mon frère, ma sœur, je vous supplie de vous préparer pour la venue du Seigneur sur les nuées des cieux. Jour après jour, extirpez de vos cœurs l'amour du monde. Comprenez par expérience ce qu'est la communion avec le Christ. Préparez-vous pour le jugement, afin que lorsque le Sauveur reviendra pour être "admiré en tous ceux qui auront cru", vous soyez parmi ceux qui iront à sa rencontre. En ce jour là, les rachetés resplendiront de la gloire du Père et du Fils. Les anges avec les harpes d'or, accueilleront leur Roi accompagné de ses trophées : ceux qui ont été lavés et blanchis dans le sang de l'Agneau. Un chant de triomphe remplira le ciel. Le Christ a vaincu ; il entre dans les parvis célestes, suivi de tous ses rachetés, témoins de la réussite de sa mission de souffrance et de sacrifice.

La résurrection et l'ascension de notre Seigneur sont une garantie certaine du triomphe des saints sur la mort et le sépulcre, et un gage de la possession du ciel par ceux qui lavent leur robe [leur caractère] et la blanchissent dans le sang de l'Agneau. Jésus est monté auprès du Père comme représentant de l'humanité, et ceux qui reflètent son image contempleront et partageront sa gloire. Testimonies for the Church 3 :512 - 513.

Il y a des demeures pour les pèlerins que nous sommes. Il y a des robes, des couronnes et des palmes de victoire pour les justes. Tout ce qui nous a troublés dans les dispensations divines deviendra clair, ainsi que les choses difficiles à comprendre. Les mystères de la grâce nous seront dévoilés. Où nos esprits bornés ne voyaient que confusion, nous découvrirons une harmonie merveilleuse. Nous reconnaîtrons alors que c'est l'amour infini qui a ordonné les péripéties les plus pénibles de notre existence. Lorsque nous nous rendrons compte de la tendre sollicitude de celui qui fait tout concourir à notre bien, nous nous réjouirons d'une joie ineffable et glorieuse. Testimonies for the Church 3 :513.

La douleur ne saurait exister dans le ciel. Dans la demeure des rachetés, il n y aura ni larmes, ni cortèges funèbres, ni vêtements de deuil. Là, "aucun habitant ne dit : je suis malade ! Le peuple de Jérusalem reçoit le pardon de ses iniquités". Ésaïe 33 :24. Le bonheur deviendra toujours plus intense, à mesure que se déroulera l'éternité. Testimonies for the Church 3 :513 - 514.

Bientôt nous verrons celui sur lequel se sont concentrées toutes nos espérances. En sa présence, les épreuves et les souffrances de cette vie nous paraîtront alors bien insignifiantes. "N'abandonnez donc pas votre assurance à laquelle est attachée une grande rémunération. Car vous avez besoin de persévérance, afin qu'après avoir accompli la volonté de Dieu, vous obteniez ce qui vous est promis. Encore un peu, un peu de temps : celui qui doit venir viendra, et il ne tardera pas." Hébreux 10 :35, 37 Prophètes et rois, 554.

Levez les yeux ! Regardez en haut ! Que votre foi augmente sans cesse ! Qu'elle vous guide dans l'étroit sentier qui aboutit aux portes de la cité céleste, dans la gloire infinie réservée aux rachetés. "Soyez donc patients, frères, dit l'apôtre Jacques, jusqu'à l'avènement du Seigneur. Voici, le laboureur attend le précieux fruit de terre, prenant patience à son égard, jusqu'à ce qu'il ait reçu les pluies de la première et de l'arrière-saison. Vous aussi, soyez patients, affermissez vos cœurs, car l'avènement du Seigneur est proche." Jacques 5 :7, 8 Prophètes et rois, 554-555.

"Ce que nous serons n'a pas encore été manifesté ; mais nous savons que lorsqu'il sera manifesté, nous serons semblables à lui, parce que nous le verrons tel qu'il est." 1 Jean 3 :2.

Alors le Christ pourra contempler les résultats de son œuvre, sa récompense. Face à cette foule innombrable, à ces hommes qui paraîtront, "devant sa gloire, irréprochable dans l'allégresse" (Jude 24), celui qui nous racheta de son sang, qui nous instruisit de sa vie, "après les tourments de son âme, [...] rassasiera ses regards" Ésaïe 53 :11. Éducation, 341.

Un dernier mot d'encouragement, de confiance et d'adieu

Je ne m'attends plus à vivre longtemps. Mon œuvre est presque achevée... Je ne pense pas que j'aurai d'autres *Témoignages* pour notre peuple. Nos hommes qui ont une solide expérience savent comment soutenir et poursuivre l'œuvre. Mais avec l'amour du Seigneur dans leurs cœurs, ils ont besoin d'approfondir toujours davantage les choses de Dieu. Testimonies for the Church 3 :525.

En jetant un coup d'œil sur notre passé, après avoir fait chaque pas en avant avec notre Mouvement, je puis m'écrier : Loué soit Dieu ! Lorsque je vois ce que le Seigneur a opéré en notre faveur, je suis remplie d'admiration et de confiance en notre chef Jésus-Christ. Nous n'avons rien à craindre de l'avenir, si ce n'est d'oublier les enseignements du Seigneur et la manière dont il nous a conduits dans le passé. Testimonies for the Church 3 :526.

www.ingramcontent.com/pod-product-compliance
Lightning Source LLC
Chambersburg PA
CBHW080858010526
44118CB00015B/2183